LEBEN IM LICHTE DES ISLAM

Praktische Regeln für Muslime

LEBEN IM LICHTE DES ISLAM

Praktische Regeln für Muslime

Dr. Ismail Büyükcelebi

Ins Deutsche übersetzt von Wilhelm Willeke

Fontäne-Verlag 2005

© 2005 by Fontäne-Verlag

2. Auflage

Erschienen im Fontäne-Verlag

Korrespondenz:
Dreieichstr. 3a
64546 Mörfelden-Walldorf
+49 610 597 93 36
www.fontaene-verlag.de

Ins Deutsche übersetzt von Wilhelm Willeke

ISBN 3-935521-13-8

Druck: Caglayan A.S.
Izmir - Türkei
Oktober 2005

INHALT

---

[1] Dieses Kapitel orientiert sich an Abschnitten aus den Büchern ‚Introduction to Islam' von Muhammad Hamidullah und ‚Hamdad Islamicus' von Ahmad Shafaat und Asghar Qureshi, die hier gekürzt und zusammengefasst wiedergegeben werden.

EINFÜHRUNG

Der Islam - wörtlich übersetzt: Frieden, Ergebenheit, Gehorsam - ist die Religion des ganzen Universums. Das Universum folgt einem Plan. Es ist ein Kosmos, dessen Einzelteile miteinander verbunden sind und gemeinsam auf das gleiche Ziel und den gleichen Zweck hinarbeiten.

DER ISLAM UND DAS UNIVERSUM

Im großen und wunderbaren Gefüge des Universums hat alles seinen festen Platz. Die Sonne, der Mond, die Sterne und alle anderen Himmelskörper sind in ein großartiges System eingebettet. Sie alle folgen unabänderlichen Gesetzen und weichen niemals von dem ihnen vorherbestimmten Kurs ab.

Das Universum ist, obwohl es scheinbar monoton und blind bestimmten Gesetzen gehorcht, weder eine Fabrik, wie einige Theisten des 18. Jahrhunderts glaubten, noch ein einziges Chaos, wie die Existenzialisten vermuteten. Es ähnelt vielmehr einem lebendigen und dynamischen Organismus, dessen einzelne Teile den Positionen, die sie besetzen, und den Rollen, die sie in diesem System der Wechselwirkungen spielen, gemäß tätig sind. Auf der anderen Seite ist Gott keine passive Kraft, die das Universum in Gang gesetzt hat, auf dass es dann mechanisch funktioniere. Vielmehr ist Er eine ,ständig aktive' Kraft, die Seine Namen unablässig im Spiegel des Universums reflektiert. Jede dieser Reflexionen erneuert das Universum; d.h., dass in jedem Moment ein neues Universum entsteht. Diese Erneuerung basiert auf bestimmten unwandelbaren Prinzipien, die uns erlauben, unser Leben zu lenken, und uns ein Leben als Menschen ermöglichen. Die Prinzipien, die wir aus der Beobachtung der ,natürlichen' Phänomene ableiten und als ‚Naturgesetze' bezeichnen, besitzen eine rein nominelle Existenz. Der Schöpfer und Herrscher des Universums hat sie etabliert. Ihm gehorcht die Schöpfung.

Aus diesem Grunde ist der Islam die Religion des Universums. Islam bedeutet nichts anderes als Gehorsam und Ergebenheit gegenüber Gott, dem Herrn des Universums. Die Sonne, der Mond, die Erde und alle anderen Himmelskörper sind ebenso *muslim* (Gott unterworfen) wie Luft, Wasser, Wärme, Steine, Bäume und Tiere. Denn alles in der Schöpfung gehorcht Gott und unterwirft sich Seinen Gesetzen. Selbst ungläubige Menschen sind - soweit es ihre körperliche Existenz betrifft - *muslim*, weil jedes ihrer Körperteile von ihrer Geburt bis zu Tod und Zerfall dem Kurs, den Gott vorgegeben hat, folgt.

Der Islam lehrt, dass Gott, die Natur und die Menschheit nicht voneinander getrennt und nicht einander fremd sind oder im Widerspruch zueinander stehen. Durch die Natur und die Menschheit macht Gott Sich Selbst bekannt. Sie sind zwei Bücher (der Schöpfung), die Gott vorstellen. Der Name des Codes, nach dessen Maßgabe die Natur in vollkommenem Gehorsam funktioniert und der von den Menschen verlangt, sie jedoch nicht dazu zwingt, ihr Leben nach ihrem freien Willen auszurichten, lautet Islam.

EINE ISLAM-DEFINITION IN BEZUG AUF DAS UNIVERSUM

Der Begriff Islam leitet sich aus dem Wortstamm *Silm* (Unterwerfung, Heil, Frieden) ab. Er kündet von der Gnade Gottes, die in den Arterien des Universums fließt. Als System Gottes, dem sich die ganze Schöpfung mit Ausnahme des Menschen willentlich unterworfen hat, kennt das Universum keinen Zustand des Chaos. Der Islam ist das unverwüstliche, strapazierfähige Seil, das vom Himmel hinabgelassen wurde. An dieses Seil klammern sich alle Geschöpfe, und an ihm kann der Mensch ins Paradies, in sein ursprüngliches Zuhause, klettern. Der Islam vereinigt die Geschöpfe zu einer einzigen Einheit. Daher ist er die Religion der Brüderlichkeit und Schwesterlichkeit und der Solidarität.

Der *Tawhid* (Monotheismus, Einheit) ist das Fundament des Islam. Er beinhaltet die Notwendigkeit, dass die Menschheit in Harmonie mit der Natur lebt. Das Universum, das Gott ergeben ist, zeugt von einer Kohärenz und Harmonie, die sich auch auf die Menschheit erstreckt. Unsere Welt ist sowohl den allgemeinen Gesetzen der ‚Natur' als auch ihren eigenen Gesetzen unterworfen. Zudem harmoniert sie mit weiteren Gesetzen, die jene Phänomene regeln, welche jenseits von ihr liegen. Die Menschheit, die als Einzige nicht dem Pfad der Natur folgt, besitzt einen freien Willen und das Geschenk der Freiheit. Der Mensch steht aber auch in der Pflicht, sein Leben im Einklang mit dem Rest der Natur zu leben. Über eine entsprechende Harmonisierung führt auch der Pfad zu Erhöhung und Entwicklung - der Pfad, auf dem Gott das Wesen des Menschen erschaffen hat:

> *So richte dein Antlitz in aufrichtiger Weise auf den Glauben; (dies entspricht) der natürlichen Veranlagung, mit der Allah die Menschen geschaffen hat. Es gibt keine Veränderung an Allahs Schöpfung. Das ist der beständige Glaube. Allein die meisten Menschen wissen es nicht.* (30:30)

Der Islam ist bestrebt, uns mit der gewaltigen Sphäre des Seins zu vereinigen und eine Einheit zwischen uns und dem Universum herzustellen. In der Sphäre des Seins sind wir die wichtigsten Partner, und jeder Muslim ist ein Glaubensgenosse aller Geschöpfe:

> *Verlangen sie etwa eine andere als Allahs Religion? Ihm ergibt sich, was in den Himmeln und auf der Erde ist, gehorsam oder wider Willen, und zu Ihm kehren sie zurück.* (3:83)

> *Hast du nicht gesehen, dass sich vor Allah anbetend niederwirft, wer in den Himmeln und auf Erden ist - ebenso die Sonne und der Mond und die Sterne und die Berge und die Bäume und die Tiere und viele Menschen?* (22:18)

EINE UNIVERSELLE BOTSCHAFT

Einerseits ist in der Natur ein konstanter Wandel im Gange, andererseits wohnt ihr aber auch in jeder Beziehung ein Aspekt der Dauerhaftigkeit inne. Auch der essenzielle Charakter der Menschheit und des menschlichen Lebens mit all seinen vitalen und unentbehrlichen Notwendigkeiten (der völlig unabhängig von externen materiellen oder anderen Veränderungen im Lebensstil ist) und sein Einfluss auf unser Leben und unsere Umwelt sind seit der Schöpfung Adams und Evas unverändert geblieben. Wir alle teilen gewisse allgemein gültige Lebensbedingungen und Werte. Wir wurden geboren, reifen, heiraten, haben Kinder und sterben. Wir besitzen so etwas wie einen freien Willen und Interessen. Wir teilen bestimmte Werte wie Ehrenhaftigkeit, Güte, Gerechtigkeit, Mut usw..

Daher wurden alle Propheten von Gott mit der gleichen Botschaft gesandt: Jedes erschaffene Geschöpf ist von seinem Schöpfer abhängig. Nur der Schöpfer besteht aus Sich Selbst heraus. Er ist einzigartig und einmalig, außerdem unteilbar, keinem Wandel unterworfen und nicht an Raum und Zeit gebunden. Der Glaube an ein solches Göttliches Wesen bildet die Hauptgrundlage der Religion Gottes, die alle Propheten verkündeten. Ihre anderen Säulen sind der Glaube an die Wiederauferstehung, an alle Propheten ohne Ausnahme, an die Engel, an die Schriften Gottes und an die Vorherbestimmung Gottes (zu der auch der freie Wille gehört).

Wer seinen freien Willen nicht zur Selbstdisziplinierung einsetzt, läuft Gefahr, zum Sklaven seiner Begierden zu werden. Ein Mangel an Selbstdisziplin verleitet uns, andere schlecht zu behandeln, nur weil wir unsere eigenen Wünsche verwirklicht sehen möchten. Weil die Religion Gottes ein solches Verhalten nicht billigt, versuchen diejenigen, die sich dessen schuldig machen, die Religion zu korrumpieren, um ihre Launen und Vorstellungen zu rechtfertigen. Das wiederum führt zu Anarchie, Unterdrückung, unendlichen Konflikten und Zerstörung. Gott hingegen wünscht Sich für Seine Schöpfung Barmherzigkeit statt Bevormundung und Ungerechtigkeit. Er möchte, dass ihre Mitglieder in Frieden leben und dass Gerechtigkeit herrsche. Die Geschichte aber lehrt, dass die Anhänger der vorangegangenen Propheten sich in einander bekämpfende Gruppen aufsplitteten und die Religion verfälschten, um ihre Vorlieben und Interessen durchzusetzen.

Alle Propheten wurden gesandt, um der Religion Gottes ihre ursprüngliche Reinheit zurückzugeben. Sie alle sollten die unerlaubten Neuerungen und Abweichungen, die eingeführt worden waren, korrigieren. Entsprechend wurde der Prophet Muhammad als Nachfolger Jesu gesandt, damit er die gleichen Grundpfeiler des Glaubens verkünde. Gott enthüllte ihm den Koran, der die ewigen Prinzipien unseres persönlichen und gesellschaftlichen Lebens enthält. Gott verfügte, dass der Koran vollkommen ist und für alle Zeiten bewahrt werden wird; deshalb war der Prophet Muhammad der letzte Gesandte Gottes.

Der Islam unterstreicht, dass es der universellen Vorsehung Gottes widersprochen hätte, wenn nur zu einem einzigen Volk Propheten geschickt worden wären und alle anderen Völker keine eigenen Propheten gehabt hätten. Der Koran stellt fest, dass Gott der Herr und Versorger aller Welten ist. Bei der Übermittlung Seiner Offenbarung macht er zwischen den Völkern keinen Unterschied. Daher dürfen die Muslime auch keinen Unterschied zwischen Seinen Gesandten machen:

> *Der Gesandte glaubt an das, was ihm von seinem Herrn herabgesandt worden ist, ebenso die Gläubigen; sie alle glauben an Allah und an Seine Engel und an Seine Bücher und an Seine Gesandten. Wir machen keinen Unterschied zwischen Seinen Gesandten. Und sie sagen: „Wir hören und gehorchen. Gewähre uns Deine Vergebung, unser Herr, und zu Dir ist die Heimkehr."* (2:285)

Der Islam stellt die Vollendung der Religion dar. Indem er alle Propheten und Schriften aller Völker anerkennt, bestätigt der Islam die Einheit Gottes und die universelle Vorherbestimmung ebenso wie die Allgemeingültigkeit der religiösen Erfahrung. Muslime sind wahre Anhänger aller Propheten einschließlich Abrahams, Mose und Jesu.

Die Muslime weisen den Begriff *Mohammedaner* zurück, denn sie beten den Propheten Muhammad nicht an. Will man den Islam so verstehen, wie seine Anhänger es tun, sollten Begriffe wie dieser fallen gelassen werden. Der Prophet Muhammad hat niemals behauptet, mehr als ein Mensch zu sein, der Offenbarungen von Gott empfangen hat. Er hat den Islam nicht geschaffen, sondern ihn ganz einfach nur entgegengenommen.

DER ISLAM AKZEPTIERT KEINE WIDERSPRÜCHE

Das Prinzip des *Tawhid* impliziert die Gleichheit und die Einheit aller Menschen in ihren Beziehungen zu Gott und weist so auf die Homogenität, Gleichheit und Einheit des menschlichen Ursprungs hin. Das Menschsein ist das Element, das in der Essenz aller Individuen verwurzelt ist. Die einzelnen sozialen Schichten zugehörigen Menschen wurden nicht von verschiedenen Göttern mit unterschiedlich starken Kräften erschaffen; denn Ungleichheit in der Essenz des Menschen zu dulden und unüberwindliche Barrieren zwischen den Schichten zu errichten, würde das *Tawhid*-Prinzip verletzen. Ein Einziger Gott hat alles erschaffen, und deshalb besitzen alle Menschen die gleiche grundlegende Essenz:

> *O ihr Menschen, fürchtet euren Herrn, der euch erschaffen hat aus einem einzigen Wesen.* (4:1)

Auf Grund dessen lehnt der Islam rechtliche, physische, schichtspezifische, soziale, politische, ethnische, nationale, territoriale, genetische und sogar ökonomische Unterscheidungsmerkmale ab. *Tawhid* bedeutet, die Menschheit als eine Einheit zu betrachten und auf das Ziel hinzuarbeiten, alle Bestrebungen, die auf eine Spaltung basierend auf Hautfarbe, sozialem Status, Beruf, Ausbildung, Herkunft, Religion oder Ideologie hinwirken, zu bekämpfen. Spaltungen dieser Art ersetzen das Prinzip des *Tawhid* durch *Schirk* (Dualismus, Dreieinigkeitslehre oder Polytheismus).

Der Koran erklärt:

> *O ihr Menschen, Wir haben euch aus Mann und Frau erschaffen und euch zu Völkern und Stämmen gemacht, auf dass ihr einander erkennen möget. Wahrlich, vor Allah ist von euch der Angesehenste, welcher der Gottesfürchtigste ist. Wahrlich, Allah ist allwissend, kundig.* (49:13)

Der ehrenwerteste Mensch ist in Gottes Augen derjenige, der sich Gottes am stärksten bewusst ist. Vom Propheten wird folgender Ausspruch überliefert:

> *Euer Gott ist Einer. Ihr stammt von Adam ab, und Adam vom Staub. Ein Araber ist nicht mehr wert als ein Nichtaraber, und ein weißer Mensch nicht mehr als ein schwarzer, es sei denn in Bezug auf seine Frömmigkeit und Rechtschaffenheit.*[2]

Dieser Glaube an die Einheit der Menschen ist die logische Folge der Einheit Gottes. Ein Gott hat alle Menschen erschaffen und versorgt, unabhängig von Rasse, Hautfarbe, Glauben und Kultur. Daher ist jeder Mensch ein Diener Gottes, und am liebsten sind Ihm diejenigen, die Ihm am ergebensten dienen. Der Prophet sagte:

> *Gott sagt am Jüngsten Tag zu Seinen Dienern: „Ihr habt Mich nicht besucht, als Ich krank war." Sie antworten: „Wie hätte ich Dich besuchen sollen, Du bist doch der Herr der Schöpfung?" Gott antwortet: „Ihr erinnert euch wohl nicht daran, dass der und der Diener von Mir krank wurde und ihr ihn nicht besucht habt. Hättet ihr ihn besucht, hättet ihr auch Mich bei ihm gefunden. Ihr habt Mir auch nicht zu essen gegeben, als Ich euch darum bat." Sie entgegnen: „Wie hätte ich Dir zu essen geben sollen, Du bist doch der Herr des Universums?" Gott erwidert: „Ihr erinnert euch wohl nicht daran, dass der und der Diener von Mir euch bat, ihm zu essen zu geben, ihr dies aber nicht getan habt. Hättet ihr ihm zu essen gegeben, hättet ihr Mich bei ihm gefunden." Gott fährt fort: „Ihr habt Mir nichts zu trinken gegeben, als ich euch darum bat." Sie entgegnen: „Wie hätten wir Dir zu trinken geben sollen, Du bist doch der Herr der Schöpfung?" Gott sagt darauf: ,Ihr erinnert euch wohl nicht daran, dass der und der Diener von Wasser von euch verlangte, ihr ihm aber nichts gegeben habt. Hättet ihr ihm Wasser gegeben, hättet ihr Mich bei ihm gefunden."*

Er teilte uns mit, dass eine Prostituierte zu Recht den Weg ins Paradies fand, weil sie einem durstigen Hund aus Mitleid Wasser gab, während eine andere Frau den Weg in die Hölle einschlug, weil sie eine Katze verhungern ließ.[3] Dies entspricht dem Islam,

---

[2]   Ibn Hanbal, *Musnad*, 5:411
[3]   Bukhari, Anbiya', 54

dessen Arme allen Geschöpfen, Regionen und Zeitaltern weit offen stehen.

Trotz all dieser Fakten und trotz der Jahrhunderte engen Kontakts mit anderen Kulturen, trotz aller Übereinstimmungen mit Judentum und Christentum ist der Islam merkwürdig fremdartig und ,anders' geblieben. Dadurch, dass er eine bedeutende Rolle im Kampf der muslimischen Welt gegen ihre Kolonialmächte spielte und ihr half, ihren rechtmäßigen Platz in der Welt wieder einzunehmen, assoziierten viele den Islam automatisch mit Politik und Ideologie. In der jüngeren Vergangenheit wurde er dann, als Muslime versuchten, ihr spirituelles und kulturelles Erbe wieder zu entdecken, mit Rückwärtsgewandtheit und anti-westlichen Gefühlen verknüpft. Viele, die nur allzu gern nach vereinfachenden Antworten und Erklärungen für unendlich komplizierte Themen suchen, greifen diese möglicherweise nahe liegenden Assoziationen und vermeintlichen Wahrheiten auf und fragen nicht weiter nach.

Ziel dieses Buches soll es sein, das wahre Gesicht des Islam vorzustellen und in knapper Form seine wichtigsten Aspekte herauszuarbeiten: seine Glaubensgrundlagen und -prinzipien, seine Art der Anbetung Gottes, seine Moral sowie seine Regeln, die das Leben des Menschen und seine Beziehungen zu anderen Menschen regeln.

KAPITEL 1

Die Bedeutung der Religion - ein allgemeiner Überblick über den Islam

Der Begriff Religion stammt entweder von dem lateinischen Wort *relegere* (lesen, etwas gemeinsam verfolgen; leserlich, intelligent) oder aber, was wahrscheinlicher und allgemein akzeptiert ist, von dem Wort *relegare* (zurückbinden, festbinden). Als religiöse Menschen wurden ursprünglich Mönche tituliert, die an ihr Gelübde gebunden waren. Auch die Wörter *Ligament* und *ligature* haben ihren Ursprung in dieser Wurzel. Die Römer bezeichneten mit ihnen das Festhalten an den Sitten und Glaubensvorstellungen der Vorfahren bzw. eine Art von Loyalität. Für die Christen hatte der Begriff Religion zunächst die Bedeutung, in Gott verwurzelt oder mit Gott verbunden zu sein.

Das entsprechende arabische Wort lautet *Din* (ursprünglich: Wiederereinsetzung von Rechten, Gehorsam, Annahme als Lebensweg; in jemandes Schuld stehen, zur Verantwortung ziehen, regeln, belohnen oder bestrafen; dienen, verleihen). Muslimische Theologen definieren den Begriff *Din* als das Set der Prinzipien, die Gott Seinen Propheten und Gesandten offenbart hat - als das Set, dem der Mensch aus freien Stücken folgen sollte, um sein Glück in beiden Welten zu finden.

Das Konzept der Religion lässt sich aus zwei Perspektiven heraus betrachten: aus der Perspektive Gottes und aus der des Menschen. Monotheisten gehen davon aus, dass die Religion aus von Gott offenbarten Prinzipien, Werten und Geboten besteht. Wenn sie den Ursprung der Religion erklären, sprechen sie sich daher nicht vom Menschen. Der moderne, vom wissenschaftlichen Materialismus beeinflusste Mensch im Westen hingegen sagt, der Mensch habe die Religion erst selbst erschaffen und sich anschließend der

Anthropologie, Soziologie und Psychologie bedient, um sie wegzuerklären.

Der gemeinsame Nenner in der ,wissenschaftlichen' Analyse der Religion im Westen besteht darin, dass die Religion angeblich entweder eine menschliche Erfindung ist, die entwickelt wurde, um ihr unterdrückte Begierden und Schwächen zu übertragen, oder das Resultat individueller bzw. kollektiver Bestrebungen, die Glaubensvorstellungen und Riten einer Gemeinschaft zu systematisieren.

RELIGION IM KORAN

Der Koran bedient sich des Begriffs *Din*, der im Allgemeinen mit ,Religion' übersetzt wird, in unterschiedlichen Zusammenhängen mit jeweils unterschiedlichen Bedeutungen. Die wichtigsten und geläufigsten dieser Bedeutungen sind: Sammlung moralischer, spiritueller und weltlicher Prinzipien, System und Verhaltensregeln (33:5, 40:26); Bewertung, Belohnung, Bestrafung (1:4, 51:6, 82:18-19); Weg, Gesetz, Verfassung (12:76); Dienerschaft und Gehorsam (16:52); Frieden und Ordnung (8:39).

Mit dem Islam hat Gott die Religion, die Er für die Menschheit erwählt und offenbart hat, vervollkommnet:

> *Heute habe Ich euch eure Religion vervollkommnet und Meine Gnade an euch vollendet und euch den Islam zum Glauben erwählt.* (5:3)

Wörtlich bedeutet Islam Unterwerfung, Frieden und Heil. In der meistzitierten Passage des Koran, der *Basmala* - Im Namen Gottes, des Barmherzigen (*Ar-Rahman*), des Erbarmers (*Ar-Rahim*) -, verbirgt sich in sehr knapper Form der grundlegendste Aspekt des Koran. Beide Wörter sind verwandt mit dem Wort *Rahma* (Barmherzigkeit, Mitgefühl). Gott manifestiert Sich Selbst über Seine absolute, alles einschließende Barmherzigkeit und Sein Mitgefühl, und der Islam wurzelt in dieser Versicherung. Der Koran nennt die Mission Muhammads *eine Gnade für die Welten*. (21:107)

Bestimmte wesentliche Kennzeichen unterscheiden den Islam von anderen Religionen. Einige Beispiele:

MONOTHEISMUS

Der Islam ist kompromisslos monotheistisch. Seine Theologie beginnt und endet mit der Einheit Gottes (*Tawhid*). Das Universum wird als ein integrales Ganzes von aneinander gebundenen und miteinander kooperierenden Teilchen betrachtet, in dem sich in jedem einzelnen lebenden Organismus eine prachtvolle Zusammenarbeit, Harmonie und Ordnung manifestieren. Diese Harmonie und Ordnung leiten sich aus der Einheit des Einen ab, der sie geschaffen hat und der absolut ist - d.h., ohne Partner, Teilhaber und Seinesgleichen. Gott hat das Universum mit allem, was sich in ihm befindet, erschaffen, und Er verwaltet es auch. Das, was wir aus dem Lauf des Universums ableiten und als ‚Naturgesetze‘ bezeichnen, sind in Wirklichkeit die festen Regeln folgenden Methoden Gottes, Dinge und Ereignisse hervorzubringen und das Universum zu verwalten. Insofern ist das Universum, das von Gott gelenkt wird und Ihm gehorcht, im wahrsten Sinne des Wortes *muslim* - Gott unterworfen. Die Entwicklung des Universums ist ebenmäßig und harmonisch.

MENSCHSEIN

Die Qualität des Menschseins erwächst aus unseren immateriellen und spirituellen, und nicht etwa aus unseren natürlichen und materiellen Aspekten. Geist und Verstand gründen nicht auf dem physischen Körper. Vielmehr ist der Geist auf den Körper angewiesen, und nur das Leben sfchenkt dem Körper eine Bedeutung.

Das Leben eines Obstbaums ist in seinen Samenkapseln eingeschlossen, und jeder Baum ist genau so viel wert, wie die Früchte, die er trägt, wert sind. Für den Menschen gilt: Seine Lebensgeschichte wird aufgezeichnet, und ihr Wert richtet sich nach den guten Taten, die er vollbracht hat, und nach dem Niveau an Tugendhaftigkeit, das er erreicht hat. So wie ein Baum seine Bedeutung durch die Samenkapseln seiner Früchte steigert, profitiert auch der Mensch von seinen guten Taten, deren Gewicht und Folgen ihm eines Tages enthüllt werden.

Wir Menschen verfügen über drei Hauptantriebskräfte: Begehren, Zorn und Verstand. Wir begehren das andere Geschlecht und lieben unsere Kinder und weltlichen Besitz. Unseren Zorn richten wir gegen alles, was uns im Weg steht; außerdem dient er unserer Verteidigung. Unser Verstand versetzt uns in die Lage, die richtigen Entscheidungen zu treffen. Der Schöpfer beschneidet diese Kräfte nicht, sondern verlangt von uns, dass wir uns selbst disziplinieren und sie nicht missbrauchen. Wenn diese Kräfte nicht gezügelt werden, leiden Gesellschaft und Individuen unter Unmoral, unrechtmäßigen sexuellen Beziehungen, illegitimem Erwerb des Lebensunterhalts, Tyrannei, Betrug, Falschheit und anderen Sünden.

Darüber hinaus stellen wir Menschen uns von Beginn unserer Existenz auf Erden an immer wieder folgende grundlegende Fragen: Wer sind wir? Woher kommen wir? Was ist unsere Bestimmung? Was verlangt der Tod von uns? Wer ist unser Führer auf der Reise, die im Staub ihren Anfang nimmt und die Stadien eines Samentropfens, eines Blutgerinnsels, eines Fleischklümpchens durchläuft - einer Reise, auf der dem Körper dann ein Geist eingehaucht wird und die schließlich über das Grab ins Jenseits führt? In all diesen Fragen offenbart sich das zentrale Thema des menschlichen Lebens, und unser individuelles und kollektives Glück finden wir nur dann, wenn wir korrekte Antworten auf diese Fragen erhalten können.

Genauso wichtig ist, dass wir unsere Fähigkeiten beherrschen, damit wir ein harmonisches und friedfertiges individuelles und soziales Leben führen können. Da der Verstand des Menschen nicht in der Lage ist, in jeder Hinsicht zu begreifen, wo unser Glück in dieser und der kommenden Welt liegt, bedürfen wir eines universellen Verstandes - einer Unterweisung, die jenseits unseres Verstandes und unserer Erfahrung liegt und deren Autorität sich alle freiwillig unterordnen. Diese Unterweisung bietet die Religion, die Gott durch Seine Propheten offenbart und vervollkommnet hat.

PROPHETEN

Alle Propheten kamen mit den gleichen Glaubensgrundlagen: dem Glauben an die Existenz und Einheit Gottes, an die Wiederauferstehung und das Jüngste Gericht, an die Prophetenschaft und an alle Propheten ohne Ausnahme, an alle Schriften Gottes, an die Engel und an die Vorherbestimmung Gottes (zu der auch der freie Wille des Menschen gehört). Die Propheten riefen die Menschen dazu auf, den Einen Gott anzubeten. Sie predigten und warben für Tugendhaftigkeit und verurteilten die Sünde. Unterschiede in Bezug auf bestimmte Regeln und Verfügungen ergaben sich lediglich aus den bestehenden ökonomischen und politischen Verhältnissen. Muslim zu sein, bedeutet also auch, an alle Propheten und ihre Originalschriften zu glauben.

Die Propheten, allesamt Menschen, die von Sünden reingewaschen wurden und eine tiefe Beziehung zu Gott unterhielten, führten die Menschen zur Wahrheit und gaben ihnen ein Vorbild, dem sie folgen konnten. Alle Propheten besaßen die folgenden Hauptcharaktereigenschaften: absolute und vollständige Aufrichtigkeit, Vertrauenswürdigkeit, Eignung als Übermittler der Botschaft Gottes; höchste intellektuelle Kapazität, Weisheit, tiefe Einsicht, Sündenfreiheit und Freisein von allen körperlichen und geistigen Makeln. So wie die Sonne die Planeten mit Hilfe der unsichtbaren Energie der Schwerkraft in ihren Bann zieht, gewannen die Propheten das Vertrauen der Menschen durch ihre tiefe Beziehung zu Gott, durch bestimmte Wunder und durch die Erhabenheit ihrer Persönlichkeiten, ihrer Ziele und ihrer Charaktere.

Der Islam akzeptiert die religiösen Erfahrungen jener, die vor seiner Offenbarung gelebt haben. Der Islam bestätigt und vervollständigt das, was an Wahrem in deren Religionen steckt. In Anbetracht dessen sagen die Muslime, dass der Prophet Abraham und alle anderen Propheten *muslim* waren. Diese Grundhaltung erklärt, warum die islamische Zivilisation von Beginn an - von sehr wenigen Ausnahmen einmal abgesehen - tolerant, pluralistisch und integrativ war und immer bleiben wird.

GLAUBE

Der Glaube, die Essenz der Religion, ist weit mehr als eine simple Bestätigung, die sich auf Imitation gründet. Er kennt Abstufungen und Phasen der Expansion und Entwicklung. Damit ähnelt er den Samenkapseln eines Baumes, die sich im Laufe der Zeit in voll ausgewachsene Obst tragende Bäume verwandeln. Der Glaube enthält so viele Gott und das Universum betreffende Wahrheiten, dass die perfekteste menschliche Wissenschaft, Erkenntnis und Tugend ein Glaube an bzw. ein Wissen um Gott ist, der bzw. das auf Forschung und Folgerung beruht. Diejenigen, die die Stufe der Sicherheit eines Glaubens erlangen, der sich aus direkter Beobachtung jener Wahrheiten speist, auf die sich der Glaube gründet, können das Universum als eine Art Schrift Gottes studieren.

Der Koran, das Universum und die Menschheit sind drei unterschiedliche Manifestationen einer einzigen Wahrheit. Daher existiert prinzipiell kein Widerspruch und keine Unvereinbarkeit zwischen den Wahrheiten des Koran (die Gottes Attribut Sprache entstammen) und den Wahrheiten, die sich aus dem objektiven Studium seines Gegenstücks, des erschaffenen Universums (das Gottes Attributen Macht und Wille entspringt), ergeben. Eine islamische Zivilisation, die ihrem authentischen ursprünglichen Impuls treu geblieben ist, kennt keinen Widerstreit zwischen Wissenschaft (dem objektiven Studium der Welt der Natur) und Religion (dem persönlichen und kollektiven Bemühen, das Wohlwollen Gottes zu erlangen). Ein echter Glaube basiert nicht auf blinder Imitation, sondern appelliert vielmehr an Herz und Verstand des Menschen. Er kombiniert die Bestätigung durch den Verstand mit den inneren Erfahrungen und dem Gehorsam des Herzens. Said Nursi ruft uns in Erinnerung:

> „Der Glaube an Gott ist das höchste Ziel und das erhabenste Resultat; und der höchste Rang des Menschen ist das Wissen um Gott. Das strahlendste Glück und der lieblichste Gunstbeweis für Menschen und Dschinn ist die Liebe Gottes, die sich im Wissen um Gott verbirgt. Die reinste Freude des menschlichen Geistes und das hellste Vergnügen des menschlichen Herzens ist die spirituelle Ekstase, die die Liebe Gottes bereithält. Jedes wahre Glück, alle rei-

nen Freuden, alle lieblichen Gunstbeweise und alle unbeschwerten Vergnügen stecken im Wissen um Gott und in der Liebe zu Ihm.[4]

ANBETUNG

Der Glaube bringt unterschiedliche Arten von Anbetung hervor, die ausdrücklichen Anordnungen (z.B. die vorgeschriebenen Gebete, das Fasten und die Pilgerfahrt) Respekt zollen und bestimmten Verboten gehorchen (Ablehnung von Betäubungsmitteln aller Art, Glücksspiel, Wucher, Mord, Unterdrückung, widerrechtlicher Machtaneignung, Betrug und unrechtmäßigen sexuellen Beziehungen). Wer seinen Glauben stärken und höhere Ränge der Vollkommenheit erklimmen möchte, sollte den Handlungen seines Verstandes und seines Herzens (Meditation, Reflexion, Bittgebet, Rezitation der Namen Gottes, Selbstkritik, Ausdauer, Geduld, Dankbarkeit, Selbstdisziplin und uneingeschränktes Gottvertrauen) gebührende Aufmerksamkeit schenken. Moralische Tugenden sind die Früchte des religiösen Lebens. Wie der Prophet Muhammad sagte: *Ich wurde gesandt, um gute Sitten zu vervollkommnen.*[5]

UNIVERSELLE MORALISCHE TUGENDEN

Wie bereits erläutert wurde, stärkt der Islam Tugenden wie Ehrenhaftigkeit, Liebe, Mitgefühl, Freigebigkeit, Uneigennützigkeit, Aufrichtigkeit, Vertrauenswürdigkeit, Hilfsbereitschaft sowie die Unterbindung von Sünden wie Lügen, Protzerei und Betrug. In diesen Tugenden manifestiert sich unsere wahre Natur. Erschaffen von dem Einen Weisen, Freigebigen und Mitfühlenden Gott verfügt jeder Mensch über eine angeborene Neigung zu diesen Tugenden, die der Islam bekräftigt und denen er Geltung verschafft. Durch Seine Propheten

---

[4] Nursi, Said; *The Letters* (Übersetzung); London 1995; 2:1-2. Said Nursi, 1876-1960, war einer der bedeutendsten zeitgenössischen muslimischen Gelehrten. Besondere Anerkennung gebührt seinen Bemühungen, in einer Phase der Säkularisierung in der Türkei am Islam festgehalten zu haben.

[5] Tabarani, *Mu'dscham al-Awsat*, 7:74

hat Gott den Menschen den Islam offenbart, um ihnen aufzuzeigen, wie sie ihre psychischen und sozialen Probleme lösen können.

LEBEN IN DER GEMEINSCHAFT

Über den Glauben und die Anbetung einerseits und spirituelle, moralische und intellektuelle Prinzipien andererseits unterweist uns der Islam auf bestmögliche Art und Weise. Darüber hinaus setzt er seine sozio-ökonomischen Prinzipien ein, um eine ideale Gesellschaft zu formen, in der es keine Unstimmigkeiten, Korruption, Betrug, Unterdrückung, Anarchie und Terror gibt - eine Gesellschaft, die jedem Individuum gestattet, in dieser und in der kommenden Welt sein Glück zu finden.

Ein Leben, das der Religion und dem Dienst an Gott gewidmet ist, akzeptiert Recht an Stelle von Gewalt als tragende Säule des Gemeinschaftslebens. Ein solches Leben impliziert, dass das Ziel des individuellen und sozialen Lebens im Erwerb von Tugenden und in der Anerkennung Gottes, nicht aber in der Verwirklichung egoistischer Interessen liegt. Erreicht werden soll dieses Ziel im Übrigen durch gegenseitige Unterstützung, und nicht durch Konflikte. Ein solches Leben stellt die Einheit nach innen und nach außen in den Mittelpunkt, die es durch eine Zusammenarbeit der unterschiedlichen Religionen, Berufsgruppen und Länder schaffen möchte. Rassismus und negativen Nationalismus lehnt es ab. Außerdem errichtet ein solches Leben Barrieren gegen weltliche Begierden und ermutigt uns, nach Vollkommenheit zu streben, indem wir unsere Seele dazu drängen, erhabene Ziele zu verfolgen. Recht verlangt nach Einheit, Tugend führt zu Solidarität, und gegenseitige Unterstützung bedeutet, den Mitmenschen zu helfen. Die Religion garantiert Brüderlichkeit, Schwesterlichkeit und Vertrauen. Selbstdisziplin und die Aufforderung an die Seele, tugendhaft zu sein, bescheren uns Glück in dieser und der kommenden Welt.

DIE ZWEI GESETZE GOTTES

Gott hat zwei Arten von Gesetzen erlassen: die religiösen Regeln (die Seinem Attribut Sprache entstammen und unser religiöses

Leben ordnen) und die so genannten Naturgesetze (die aus Seinem Attribut Wille hervorgehen und die Schöpfung und das Leben lenken). Die Belohnung bzw. Bestrafung für das Befolgen oder Ignorieren dieser Regeln wird zu unterschiedlichen Zeiten gewährt. Die Belohnung bzw. Bestrafung für das Befolgen oder Ignorieren der ersten Art von Regeln wird normalerweise im kommenden Leben gewährt, während das Befolgen oder Ignorieren der zweiten Art von Regeln in diesem Leben beantwortet wird.

Der Koran lenkt unsere Aufmerksamkeit permanent auf die Phänomene der Natur, die ja das zentrale Thema der Wissenschaft bilden, und ermahnt uns, sie zu studieren. In den ersten fünf Jahrhunderten des Islam haben die Muslime Wissenschaft und Religion, Herz und Verstand, Materielles und Spirituelles miteinander verknüpft. Später dann verloren sie nicht nur ihre Führungsrolle in der Wissenschaft, weil sie Gottes Gesetze für die Natur vernachlässigten, sondern hielten auch die religiösen Regeln nicht länger ein. Aus diesem Grunde fielen sie hinter den Mächten, die zumindest Wissenschaft und Technik beherrschen, in einen bedauernswerten Zustand zurück. Ihr Ausweg würde darin liegen, dass sie beiden Arten von Gesetzen wieder folgen.

MEHR DENN JE SIND WIR AUF GOTT UND DIE RELIGION ANGEWIESEN

Auch wenn die moderne Technik uns blind gegenüber einigen fundamentalen menschlichen Grenzen gemacht hat und wir uns für allmächtig und unabhängig oder für die Besitzer uneingeschränkter Macht halten, sind wir doch in Wahrheit schwach, zerbrechlich, bedürftig und mittellos. Obwohl wir noch nicht einmal in der Lage sind, ein Blatt, eine Mücke oder ein Wassermolekül hervorzubringen, verleitet uns unser Enthusiasmus für die moderne Technologie dazu, das Eingeständnis dieser Tatsache zu scheuen. Wir sind schon zufrieden, wenn wir alle Ereignisse in der Natur von Sonnenauf- und Sonnenuntergang bis hin zur Bewegung der Atome nominellen Naturgesetzen zuordnen können, die ohne unser Zutun funktionieren. Selbst unsere Körper arbeiten unabhängig von uns; denn wir können uns nicht davor schützen, müde zu werden, Hunger und Durst zu empfinden oder durch verschwindend kleine Organismen zu sterben.

Kummer, der uns aus längst vergangenen Unglücken erwächst, und Sorgen vor der Zukunft sind unsere ständigen Begleiter. Angst, Liebe und Erwartungen sind untrennbar mit unserem Wesen verbunden, während uns Jugend und Schönheit, auf die wir doch so stolz sind, verlassen, ohne auch nur „Lebe wohl!" zu sagen. Wir fürchten uns vor Unglücksfällen, Alter und Tod und werden doch ganz plötzlich von ihnen übermannt. Damit wir überhaupt leben können, müssen unendlich viele Bedingungen erfüllt sein, von denen wir jedoch keine einzige selbst erfüllen können. Wir sind leicht verletzlich, Unfälle bedrohen unsere Hoffnungen, Krankheiten und unerwartete Ereignisse blockieren unseren Weg zum Glück. Wir sind Erdbeben, Stürmen und anderen Naturkatastrophen ausgesetzt. Die große Bandbreite jener Phänomene und unser Bewusstsein unserer eigenen Anfälligkeit lassen unsere Schwäche und Hilflosigkeit recht deutlich hervortreten.

Trotz unserer Behauptung, die Natur kontrollieren und den Weltraum erobern zu können, benötigen wir die Religion dringender als unsere Vorfahren. Zwar beten wir keine Bäume, Flüsse, Himmelskörper und auch nicht Feuer und Regen an, so wie sie es taten, aber Erich Fromm zufolge haben Millionen von Menschen ihre eigenen Fetische: nationale Helden, Filmstars, Politiker, Sportler, Musiker und viele, viele andere.

Darüber hinaus praktizieren viele von uns moderne Religionen wie die Transzendentale Meditation, Geisterbeschwörung, Satanismus und Geisterverehrung in der Hoffnung, etwas zu befriedigen, was sich durch den wissenschaftlichen und technologischen Fortschritt nicht befriedigen lässt. Andere suchen Erfüllung in Stadien, Nachtklubs, Kasinos, am Arbeitsplatz oder in Gewerkschaften. Sie verwandeln diese Orte in Orte der Anbetung, weil sie ihr Bedürfnis zu beten nicht unterdrücken können. Diejenigen, die nicht an Gott glauben und nicht den Einen Gott verehren, werden zwangsläufig zu Sklaven zahlreicher Gottheiten.

KAPITEL 2

Der Islam, eine monotheistische Religion

Alle Propheten kamen mit den gleichen Glaubensgrundlagen, die auch die Glaubensgrundlagen des islamischen Glaubens sind: dem Glauben an die Existenz und Einheit Gottes, an die Zerstörung der Welt am Ende der Zeit, an die Wiederauferstehung und das Jüngste Gericht, an die Prophetenschaft und alle Propheten ohne Ausnahme, an alle Schriften Gottes, an die Engel und an die Vorherbestimmung Gottes (einschließlich des freien Willen des Menschen).

DIE EXISTENZ, DIE EINZIGARTIGKEIT UND DIE ATTRIBUTE GOTTES

Eigentlich ist die Existenz Gottes zu augenscheinlich, als dass sie irgendwelcher Argumente bedürfte. Einige Gelehrte haben sogar behauptet, Gott sei deutlicher sichtbar als jedes andere Geschöpf, nur jene, denen es an Einsicht mangelt, könnten Ihn nicht sehen. Andere wiederum haben allerdings die Meinung vertreten, Gott sei auf Grund der Intensität der Manifestation Seiner Selbst nicht direkt wahrzunehmen.

Die Kenntnis Gottes

Gott, der Allmächtige, sollte aus fünf verschiedenen Perspektiven heraus betrachtet werden. Zunächst einmal ist da Seine ‚Essenz‘ als göttliches Wesen (*Dhat*), die nur Er Selbst kennen kann. Der Gesandte riet uns: *Denkt nicht über das Wesen Gottes nach.*[6] Gott hat keine Partner. Nichts und niemand ähnelt ihm, was der Vers *Es gibt*

---

6   Abu Nu'aym, *Hilyat al-Awliya'*, 6:67

nichts Seinesgleichen (42:11) unterstreicht. Die zweite Perspektive umfasst Seine essenziellen, Ihm eigenen Qualitäten als Gott, die die Quelle Seiner Attribute bilden. Die dritte Perspektive birgt Seine Attribute in sich, die sich in drei Arten unterteilen lassen: essenzielle Attribute (Existenz, Anfanglos-Sein, ewige Permanenz, Kontrast zu allem Erschaffenen, Autarkie), positive Attribute (Leben, Wissen, Macht, Sprache, Wille, Gehör, Sehkraft, Schöpferkraft) und unzählige ‚negative‘ Attribute, die sich mit dem Satz „Gott ist absolut frei von allen Mängeln und Unzulänglichkeiten" zusammenfassen lassen.

Die Attribute sind die Quellen der Namen Gottes: Leben führt zum Namen ‚der Lebende‘, Wissen zum Namen ‚der Wissende‘ und Macht zum Namen ‚der Allmächtige‘. Auf den Namen wiederum gründen die Handlungen. Das Spenden von Leben gründet auf dem Namen ‚der Lebende‘ und die Kenntnis selbst der kleinsten Dinge entspringt dem Namen der ‚Allwissende‘. Gottes Handlungen, Namen und Attribute machen Ihn ‚bekannt‘. Alles, was im Universum, in den materiellen und immateriellen Welten, existiert, ist das Resultat von Manifestationen der Namen und Attribute. Die universelle und individuelle Versorgung weist auf Seinen Namen ‚der Versorger‘ hin, und der Name ‚der Heilende‘ ist die Quelle aller Heilmittel und der Genesung der Patienten. Die Quelle der Philosophie liegt in der Weisheit usw.. Die Handlungen, Namen und Attribute sind die ‚Bindeglieder‘ zwischen Gott und dem Erschaffenen oder auch ‚Reflektoren‘, durch die wir uns Wissen um Gott aneignen können.

Auch wenn wir uns bemühen sollen, Gott in Seinen Handlungen, Namen und Attributen zu erkennen und kennen zu lernen, dürfen wir nicht in Begriffen wie Vergleich oder Assoziation von Ihm denken; denn nichts kommt Ihm gleich, und nichts ähnelt Ihm. Er ist absolut einzigartig und unterscheidet Sich grundsätzlich von allem, was existiert oder das Potenzial zu existieren besitzt. In diesem Sinne lässt sich Seine Einzigartigkeit nicht in Zahlen ausdrücken. Er bildet eine Einheit mit allem Erschaffenen und unterhält Beziehungen zu ihm. Um Ihn anhand Seiner Handlungen, Namen und Attribute ein wenig besser kennen zu lernen, sind uns jedoch einige Vergleiche gestattet. Dies betont auch folgender Koranvers:

Auf Allah aber trifft das allerhöchste Gleichnis zu. (16:60)

Einige Namen Gottes

- *Ar-Rahman:* Der Barmherzige
- *Ar-Rahim:* Der Erbarmer
- *Al-Fard:* Der absolut Unabhängige Eine
- *Al-Ahad:* Der Einzigartige Unvergleichliche
- *Al-Hayy:* Der Lebende Eine (der Eine, der keinen Anfang und kein Ende hat, der lebt und niemals sterben wird)
- *Al-Qayyum:* Der Sich Selbst Erhaltende Eine (der Eine, der für Seine Schöpfung sorgt und sie bewahrt)
- *Al-Adl:* Der Gerechte
- *As-Samad:* Der Selbstgenügsame (der Eine, der auf niemanden angewiesen ist, den aber alle brauchen)
- *Al-Quddus:* Der Heilige (der Eine, der das Universum rein hält)
- *Al-Haqq:* Die Wahrheit (der Eine, der unentwegt die Wahrheit sagt, tut, befiehlt und ins Leben ruft. In Seinen Verfügungen und Handlungen liegt nichts Falsches oder Bedeutungsloses.)
- *Al-Hakim:* Der Weise (der Eine, Dessen Verfügungen und Handlungen von absoluter Weisheit künden)
- *Al-Alim:* Der Allwissende (der Eine, der alles weiß, was vor uns verborgen oder offen ist)
- *As-Sami':* Der Hörende
- *Al-Basir:* Der Sehende (der Eine, der alle Dinge und Geschehnisse bezeugt)
- *Al-Qadir:* Der Allmächtige (der Eine, der über absolute Macht über alle Dinge verfügt)
- *Ar-Razzaq:* Der Versorger
- *Al-Azim:* Der uneingeschränkt Gewaltige
- *Al-Kabir:* Der Große
- *Al-Khaliq:* Der Schöpfer
- *Al-Mawla:* Der Wächter (der Eine, der Seine Geschöpfe behütet und unterstützt, der Sieg und Schutz für jene bereithält, die Seine Befehle ausführen und unterlassen, was Er ihnen verboten hat)
- *Al-Aliy:* Der Höchste (der Eine, der in puncto Macht und Status hoch über allem anderen steht)

- *Al-Aziz:* Der Verehrte und Triumphierende, dem unwiderstehliche Macht eigen ist.
- *Al-Afuw:* Der Eine, der die Sünden und Fehler Seiner Diener sieht und vergibt
- *Al-Hafiz:* Der Beschützer
- *Al-Halim:* Der Gütige (der Eine, der nachsichtig, gütig und gutherzig ist und es nicht darauf anlegt, Seine Diener für ihre Sünden zu bestrafen)
- *Al-Ghafur:* Der Eine, der die Sünden und Fehler Seiner Diener verzeiht
- *Al-Karim:* Der Freigebige (der Eine, der ehrenhaft, gnädig und großzügig ist)
- *Al-Wadud:* Der Liebende
- *Al-Wahhab:* Der Eine, der Seiner Schöpfung Barmherzigkeit und Erfolg schenkt
- *Al-Nasir:* Der Helfende (der Eine, der Seinen gläubigen Dienern den Sieg beschert)
- *Asch-Schakur:* Der Eine, der Seine Diener für ihre guten Taten mehr belohnt, als sie verdienen
- *At-Tawwab:* Der Eine, der Seinen Dienern ermöglicht, Sich Ihm reuevoll zuzuwenden, und ihre aufrichtige Reue akzeptiert

At-Tawhid (Die Einzigartigkeit Gottes)

Die wichtigste und elementarste Lehre des Propheten Muhammad ist der Glaube an die Einzigartigkeit oder Einmaligkeit Gottes. Er kommt in der entscheidensten Formel des Islam „Es gibt keine Gottheit außer Gott!" (*La Ilaha illa'llah*) zum Ausdruck. Diese Formel ist der Grundstein, das Fundament und die Essenz des Islam.

Alle Religionen, die den Propheten verschiedener Nationen offenbart wurden, sind in ihrer Essenz gleich. Im Laufe der Zeit wurden die ursprünglichen Botschaften jedoch fehlinterpretiert und der Aberglaube hielt Einzug. Sie degenerierten zum Teil zu magischen Praktiken und bedeutungslosen Ritualen. Das Gotteskonzept, das Herzstück der Religion, wurde verfälscht durch Anthropomorphismen, Vergötterung der Engel, Assoziation anderer Wesen mit Gott und die Einstufung von Propheten oder anderer gottähnlicher Menschen als Inkarnationen Gottes.

Das *Tawhid*-Konzept ist das bedeutendste Gotteskonzept. Das Wissen um dieses Konzept übermittelte Gott der Menschheit wiederholt durch Seine Propheten. Mit eben diesem Wissen wurde Adam zur Erde gesandt. Es wurde Noah, Abraham, Moses und Jesus offenbart; und auch der Muhammad brachte es den Menschen. Dieses

Wissen ist rein und absolut, ohne den winzigsten Schatten von Unwissenheit. Es vertreibt alle Wolken der Unwissenheit und lässt den Horizont im Licht der Realität erstrahlen.

Wer aber ist überhaupt in der Lage, ein so majestätisches Universum zu erschaffen und zu verwalten? Dies vermag nur der Eine, der Herrscher über die ganze Schöpfung: Er, dem keine Grenzen gesetzt sind und der ewig ist, der Allmächtige, Weise und Allwissende, der alles weiß und alles sieht. Er muss die oberste Verfügungsgewalt über alles, was im Universum existiert, besitzen. Er muss über eine unendlich große Macht verfügen; Er muss der Herr des Universums sein, ohne jeden Makel und ohne jede Schwäche. Niemand kann Ihm in Sein Werk hinein pfuschen. Nur Er ist der Schöpfer, Lenker und Verwalter des Universums.

Essentiell ist dabei, dass all diese göttlichen Attribute und Kräfte bei einem einzigen Wesen liegen. Zwei oder mehr Persönlichkeiten können nicht genau die gleichen Kräfte und Attribute besitzen, denn dann würden sie sich zwangsläufig gegenseitig in die Quere kommen. Daher muss es einfach ein einziges Höchstes Wesen geben, das die Befehlsgewalt über alle anderen besitzt. Zwei Gouverneure für ein und dieselbe Provinz sind ebenso undenkbar wie zwei Feldherren für ein und dieselbe Armee.

Ähnlich undenkbar ist auch eine Aufteilung dieser Kräfte und Attribute auf unterschiedliche Gottheiten mit jeweils voneinander unabhängigen Sphären, sodass z.B. eine Gottheit der Allwissende ist, die andere der Versorger und eine weitere der Lebensspender. Das Universum ist ein unteilbares Ganzes, und jede dieser Gottheiten wäre bei der Erledigung ihrer Aufgaben auf andere angewiesen. Ein Mangel an Koordination wäre unvermeidlich; die Welt würde in Teile zerspringen.

Genauso darf ausgeschlossen werden, dass diese Attribute übertragbar sind oder dass ein bestimmtes Attribut für eine bestimmte Zeitspanne bei der einen, dann wieder bei einer anderen Gottheit anzutreffen ist. Ein göttliches Wesen, das nicht in der Lage ist, sein eigenes Leben zu bewahren, kann keine anderen Geschöpfe zum Leben erwecken. Wer seine eigene göttliche Kraft nicht schützen kann, taugt auch nicht zum Regenten des unendlich weiten Universums.

Die Bedeutung der *Tawhid*-Formel

Im Arabischen bezeichnet das Wort *Ilah* denjenigen, der verehrt wird; d.h., ein Wesen, das auf Grund seiner Größe und Macht als der Verehrung würdig empfunden wird, ein Wesen, vor dem man sich bescheiden und unterwürfig verbeugt. Das Konzept *Ilah* schließt auch den Besitz uneingeschränkter Macht mit ein. Es impliziert, dass andere von diesem Wesen abhängig sind, während es selbst auf niemanden angewiesen ist. Auch die Bedeutungen Geheimhaltung und Geheimnis schwingen in dem Wort Ilah mit. Die Wörter *Khuda* im Persischen, *Deva* in Hindi und *God* im Englischen tragen ähnliche Konnotationen. Aber auch in anderen Sprachen finden sich entsprechende Wörter.

Auf der anderen Seite ist *Allah*, was wir im Deutschen mit *Gott* zu übersetzen pflegen, der essenzielle persönliche Name Gottes. *La Ilah illa'llah* heißt wörtlich: „Es gibt keinen anderen *Ilah* als das Eine Wesen, das unter dem Namen Allah bekannt ist." Kein anderes Geschöpf im Universum außer Allah verdient es, dass wir es anbeten, verehren und uns unterwürfig vor ihm verbeugen. Er ist der Einzige, dem alle Macht gehört, Dessen Gnade wir bedürfen und den wir um Unterstützung bitten müssen. Er ist vor unseren Sinnen verborgen, und unser Verstand kann nicht begreifen, was Er darstellt.

Der Eine Wahre Gott steht im Zentrum des einzigartigen islamischen Gotteskonzepts. Für einen Muslim ist Gott der Allmächtige Schöpfer und Versorger des Universums, dem niemand ähnelt und dem nichts ebenbürtig ist. Als der Prophet von seinen Zeitgenossen nach Gott gefragt wurde, offenbarte Dieser die Sure *Al-Ikhlas*, die als Essenz der Einheit oder auch als Formel des Monotheismus gilt:

Im Namen Allahs, des Erbarmers, des Barmherzigen! Sprich: „Er ist Allah, ein Einziger, Allah, der Absolute (Ewige, Unabhängige, von dem alles abhängt). Er zeugt nicht und ist nicht gezeugt worden, und Ihm ebenbürtig ist keiner.“ (112:1-4)

Der Schöpfer muss von anderer Natur sein als die erschaffenen Dinge, denn sonst wäre Er vergänglich und würde Seinerseits einen Schöpfer benötigen. Daraus folgt, dass nichts ist wie Er. Wenn der Schöpfer unvergänglich ist, muss Er ewig sein. Wenn Er aber ewig ist, kann Er nicht ins Leben gerufen worden sein. Wenn nichts, was außerhalb von Ihm steht, Ihn weiter existieren lässt, genügt Er Sich Selbst und erhält Sich Selbst am Leben. Wenn er aber zur Verlängerung Seiner Existenz auf nichts und niemanden angewiesen ist, kann Seine Existenz kein Ende haben. Daher ist der Schöpfer beständig und ewig: Er ist der Erste und der Letzte.

Er genügt Sich Selbst und hält Sich Selbst am Leben; Er ist, um zwei im Koran verwendete Begriffe anzuführen, *As-Samad* und *Al-Qayyum*. Der Schöpfer erschafft nicht nur in dem Sinne, dass Er Dinge hervorbringt, sondern Er erhält sie auch, nimmt ihnen die Existenz und ist das letzte Ziel all dessen, was geschieht.

Von Ali ibn Abi Talib[7] wird folgende Aussage überliefert:

> „Er existiert, aber nicht durch das Phänomen des Ins-Leben-Tretens. Er existiert, aber nicht aus der Nicht-Existenz heraus. Er ist allem nahe, aber nicht durch physische Nähe. Er unterscheidet Sich von allem, aber nicht durch eine Form physischer Trennung. Er handelt, ohne aber dabei auf Bewegungen und Werkzeuge zurückzugreifen. Er ist schon allein dadurch der Eine, dass es niemanden gibt, dessen Gesellschaft Er sucht oder dessen Abwesenheit Er vermisst.“

Der Islam lehnt die Darstellung Gottes unter Verwendung menschlicher Muster ab und verwehrt sich auch gegen jede Behauptung, Gott würde bestimmte Menschen oder Völker in Bezug auf Wohlstand, Macht oder Rasse begünstigen. Er hat die Menschen gleichrangig erschaffen. Nur durch Tugendhaftigkeit und Frömmigkeit unterscheiden sie sich voneinander und gewinnen Seine Gunst.

---

[7] Ali ibn Abi Talib (600-661): Schwiegersohn des Propheten Muhammad, vierter Kalif (Regierungszeit 656-661); eine der herausragenden Persönlichkeiten des frühen Islam, die als Vorbild an Tugend, Mut und Weisheit gilt.

Tawhid bedeutet wörtlich Vereinigung (vieler Dinge zu einem Ganzen) oder Bekräftigung der Einmaligkeit. Der Begriff leitet sich aus dem arabischen Verb *wahhada* (vereinigen, vereinen, zusammenschließen) ab. In Bezug auf Gott drückt er die Umsetzung und Bewahrung der Einheit Gottes in all unseren Handlungen aus, die direkt oder indirekt mit Ihm in Verbindung stehen. Der *Tawhid* ist der Glaube an die Tatsache, das Gott der Eine ist - ohne Seinesgleichen in Seinem Einflussbereich und in Seinen Handlungen, ohne Ebenbild in Seiner Essenz und in Seinen Attributen, ohne Rivalen in Seiner Göttlichkeit und in Seiner Anbetung. Diesen drei Sphären werden in der Regel drei Kategorien zugeordnet:

- *Tawhid ar-Rububiya* (Bewahrung der Einheit der Herrschaft)
- *Tawhid al-Asma' wa-s-Sifat* (Bewahrung der Einheit der Namen und Attribute)
- *Tawhid al-Ibada* (Bewahrung der Einheit der Anbetung Gottes)

Der *Tawhid ar-Rububiya* basiert auf dem elementaren Konzept, dass Gott allein zu einer Zeit, in der nichts existierte, alle Dinge hervorgebracht hat. Er hält die Schöpfung in Gang, ohne in irgendeiner Form auf sie angewiesen zu sein, und Er ist der alleinige Herrscher über das Universum und seine Bewohner, ohne dass es irgendjemanden gäbe, der Seine Herrschaft herausfordern könnte. Im Arabischen wird diese Qualität als *Rububiya* bezeichnet (aus der Wurzel *Rabb* - Herr). Dieser Kategorie entspricht die These, dass Gott, der die einzige wahre Kraft darstellt, allen Dingen die Fähigkeit, sich zu bewegen und zu verändern, verliehen hat. Nichts geschieht in der Schöpfung ohne Seine Erlaubnis. Diese Wahrheit bekräftigend rief der Prophet Muhammad oft aus: *La Hawla wa la Quwwata illa bi'llah* (Es gibt keine Kraft und keine Stärke außer bei Gott!).

Der *Tawhid al-Asma' wa-s-Sifat* verfügt über vier Aspekte: Um die Einheit der Namen und Attribute aufrechtzuerhalten, darf Gott Aspekt eins zufolge ausschließlich so angesprochen werden, wie Er Selbst Sich genannt hat und wie Seine Propheten Ihn angerufen haben. Der zweite Aspekt stellt jene Art der Hinwendung zu Gott dar, die auch Gott Selbst für Sich gewählt hat, d.h., eine Hinwendung, die darauf verzichtet, Ihm irgendwelche zusätzliche Namen oder Attribute zu verleihen. Der dritte Aspekt ist das Herantreten an Gott, ohne Ihm die Attribute Seiner Schöpfung zuzusprechen. Zum Beispiel wäre die Aussage, Gott würde rasten oder schlafen, schlichtweg falsch, denn ihr zufolge besäße Gott ja dann einige Attribute Seiner Schöpfung. Auch darf man sich nicht vorstellen, Er würde ‚böse Gedanken bereuen‘, denn so verhalten sich nur Menschen, die Fehler eingesehen haben. Die Attribute Hören und Sehen sind zwar ebenfalls dem Menschen zuzuordnen. Wenn sie jedoch Gott zugeschrieben werden, besitzen sie eine absolut unvergleichliche Vollkommenheit. Mit anderen Worten: Gott braucht keine Augen und Ohren, um diese Attribute zu besitzen. Der vierte Aspekt verlangt, dass keinem Menschen die Attribute Gottes in ihrer ganzen Vollkommenheit zugesprochen werden.

Trotz der weit reichenden Konsequenzen der ersten beiden Kategorien reicht der feste Glaube an sie nicht aus, um die Bedingungen des Islam für den *Tawhid* zu erfüllen. Der *Tawhid ar-Rububiya* und der *Tawhid al-Asma' wa-s-Sifat* müssen vom *Tawhid al-Ibada* abgerundet werden. Erst dann kann der *Tawhid* im Sinne des Islam als vollständig betrachtet werden. Dem *Tawhid al-Ibada* gemäß dürfen alle Formen der Anbetung nur auf Gott ausgerichtet sein. Er allein ist der Anbetung wert, Er allein kann den erschaffenen Geschöpfen versprechen, dass sie vom Gebet zu Ihm profitieren werden. Darüber hinaus besteht kein Bedarf nach einem Vermittler zwischen Gott und der Menschheit. Gott unterstreicht die Bedeutsamkeit der direkten Anbetung, indem er aufzeigt, dass sie der Hauptzweck der Erschaffung von Dschinn und Menschen und die Essenz der von allen Propheten überbrachten Botschaften ist.

Konsequenterweise ist die schwerste Sünde der *Schirk*, die Anbetung anderer Wesen an Stelle Gottes bzw. neben Gott. Vers 5 der Sure *Al-Fatiha*, die jeder Muslim in seinen Gebeten mindestens 17-mal am Tag rezitieren soll, lautet:

Dir (allein) dienen wir, und Dich (allein) bitten wir um Hilfe. (1:4)

Hier wird mit allem Nachdruck unterstrichen, dass alle Formen der Anbetung ausschließlich an den Einen zu richten sind, der sie auch beantworten kann, nämlich an Gott.

Eine eingehende Analyse des *Tawhid* erfordert auch eine sorgfältige Analyse seines Gegenteils, des *Schirk*. *Schirk* bedeutet wörtlich Partnerschaft, Teilen, Assoziation. Im islamischen Kontext jedoch bezeichnet dieser Begriff die Beigesellung von Partnern zu Gott.

Arten von *Schirk*

Partner können Gott in den drei Kategorien *Rububiya*, *Asma' wa-s-Sifat* und *Ibada* beigesellt werden.

Schirk in Bezug auf Rububiya: Diese Art von *Schirk* bezieht sich entweder auf den Glauben, dass andere, die Gott ebenbürtig oder zumindest fast ebenbürtig sind, Anteil an der Herrschaft über die Schöpfung haben, oder auf den Glauben, dass gar kein Herrscher existiert. Im ersten Fall, dem *Schirk* durch Beigesellung, wird ein Hauptgott bzw. ein Höchstes Wesen der Schöpfung anerkannt. Dessen Herrschaft wird Ihm allerdings von unbedeutenderen Gottheiten, Geistern, Menschen, Himmelskörpern oder weltlichen Objekten streitig gemacht. Dem Islam zufolge sind alle diese Konstruktionen polytheistisch. Im zweiten Fall, dem *Schirk* durch Verneinung, leugnen die entsprechenden unterschiedlichen Philosophien und Ideologien die Existenz Gottes offen oder verdeckt. Pantheismus und Monismus fallen beispielsweise in diese Kategorie.

Schirk in Bezug auf al-Asma' wa-s-Sifat: Diese Art von *Schirk* schließt sowohl die gebräuchliche heidnische Praxis mit ein, Gott die Attribute Seiner Schöpfung zu verleihen, als auch die Gepflogenheit, erschaffene Wesen mit den Namen und Attributen Gottes, die in ihrer absoluten Bedeutung Gott eigen sind, auszustatten. Im ersten Fall, dem *Schirk* durch Vermenschlichung, werden Gott die Form und die Qualitäten von Mensch und Tier zugesprochen. Auf

Grund der Überlegenheit des Menschen gegenüber dem Tier bedienen sich Götzenanbeter bei der Repräsentation Gottes meistens der menschlichen Form. Daher wird der Schöpfer oft in der Gestalt von Menschen gemalt, geschnitzt oder gemeißelt - mit den physischen Merkmalen derer, die Ihn anbeten. Im zweiten Fall, dem *Schirk* durch Vergötterung, werden erschaffenen Wesen oder Dingen Gottes Namen oder Attribute in ihrer absoluten Bedeutung, die nur Gott eigen ist, verliehen.

Schirk in Bezug auf *Ibada*: Das Richten der Akte der Anbetung auf etwas anderes oder jemand anderen als Gott und die Erwartung einer Belohnung für diese Anbetung von der Schöpfung, und nicht von Gott. Diese Kategorie lässt sich in zwei Unterkategorien unterteilen:

Asch-Schirk al-Akbar (Elementarer *Schirk*): Dieser Begriff umfasst alle Akte der Anbetung, die auf etwas anderes oder jemand anderen als Gott gerichtet sind. Er steht für die deutlichste Art von Götzenanbetung, die Gott durch alle Seine Propheten verbieten ließ. Dieses Konzept wird gestützt durch den Vers:

> *Und in jedem Volk erweckten Wir einen Gesandten (der da predigte):*
> *„Dient Allah, und meidet die Götzen."* (16:36)

Taghut (Götzen) bezeichnet hier alles, was nach Anbetung verlangt und neben Gott oder an Stelle Gottes angebetet wird. Diese Sünde wurde ausdrücklich verurteilt, denn sie widerspricht dem Sinn der Schöpfung, der sich in folgendem Vers niederschlägt:

> *Und Ich habe die Dschinn und die Menschen nur darum erschaffen,*
> *damit sie Mir dienen.* (51:56)

Der elementare *Schirk* ist die folgenschwerste Auflehnung gegen den Herrn des Universums; damit stellt sie die schlimmste aller Sünden dar - eine Sünde, die alle guten Taten eines Menschen löscht und dem, der sie begeht, ewige Verdammnis in der Hölle garantiert. Auf dieser Art von *Schirk* gründen die meisten falschen Religionen. Alle von Menschen errichteten Systeme laden ihre Anhänger ein, die Schöpfung anzubeten.

Asch-Schirk al-Asghar (Geringerer *Schirk*): Der Gesandte Gottes sagte: *Was ich am meisten für euch befürchte, ist Asch-Schirk al-Asghar.* Die Gefährten fragten ihn: „Gesandter Gottes, was ist *Asch-Schirk al-Asghar?*" *Er erwiderte: Protzerei (Riya), denn Gott wird am Tag der Wiederauferstehung, wenn die Menschen ihre Belohnungen erhalten, sagen: ‚Geht zu jenen, vor denen ihr in der materiellen Welt geprotzt habt und vergewissert euch, ob ihr irgendeine Belohnung von ihnen erwarten könnt.'* Außerdem erklärte er: *Ihr Menschen, hütet euch vor verstecktem Schirk!* Die Menschen fragten ihn: „Gesandter Gottes, was ist versteckter *Schirk?*" Er entgegnete ihnen: *Wenn ein Mensch sich für das Gebet herausputzt und versucht, sein Gebet zu schmücken, nur weil die Leute auf ihn schauen. Das ist versteckter Schirk.*[8]

DIE LIEBE GOTTES ALS GRUND FÜR DIE EXISTENZ[9]

Gott, die Natur und der Mensch sind untrennbar miteinander verbunden. Natur und Mensch sind zwei ‚Bücher', die zwar mit unterschiedlichen Werkstoffen niedergeschrieben wurden, aber dennoch die gleiche Bedeutung besitzen. Ihre Existenz erklärt sich aus der Liebe Gottes.

Stellen wir uns einen liebenswürdigen, sanftmütigen und großzügigen Mann vor. Um einige sehr arme, hungrige und bedürftige Menschen mit Nahrung zu versorgen, gibt er auf seiner Yacht ein großes Bankett. Während des Essens schaut er ihnen von einer Kabine aus zu. Man kann sich vorstellen, wie sehr ihre Freude am Essen, ihre Hochstimmung und die Dankbarkeit, die sie empfinden, diesen edlen und großzügigen Spender entzücken.

In ähnlicher Weise hat der Gnädige und Barmherzige eine große Tafel errichtet, auf der all die unterschiedlichen Früchte der

---

[8]   Al-Daylami, *Al-Firdaws*, 2:376
[9]   Diese Passage gibt in verkürzter Form Gedanken des 32. Worts aus dem Buch *The Words* von Said Nursi wider.

Erde ausgebreitet sind. Er lässt die Erde mitsamt ihren Lebewesen
- Menschen, Dschinn und Tieren - den Kosmos durchqueren. Aber
Er beschränkt Sich nicht allein darauf, all diese Lebewesen in der
Welt mit den Früchten Seiner Tafel zu beschenken, sondern lädt
Seine unermesslich hungrigen und bedürftigen Diener auch in die
ewigen Gärten des Paradieses ein. Er schmückt jeden dieser Gärten
wie eine Tafel mit allen Arten von Speis und Trank, deren Genuss
reine Freude und Vergnügen beschert.

Nun rufe man sich noch einmal die Freude und das Glücksgefühl des großzügigen Menschen aus unserem Vergleich angesichts
der Zufriedenheit seiner Gäste ins Gedächtnis. Weil dieser aber
nicht mehr als ein Bediensteter ist, der damit beauftragt wurde, die
Gunstbeweise Gottes zu überbringen, nicht jedoch der wahre
Besitzer der von ihm angebotenen Speisen, können wir vielleicht
ahnen, welch heilige Liebe und welch unbeschreibliches Vergnügen
erst der Barmherzige Eine verspüren muss.

Ein weiteres Beispiel: Wenn ein fähiger Ingenieur etwas erfun-
den hat, was so funktioniert, wie er sich das vorstellt, ist er glücklich
und ruft aus: „Welche Wunder Gott doch gewollt hat!" Der Majestätische Schöpfer aber hat das weite Universum erschaffen. Er hat
die Erde als Ganze und ihre Geschöpfe jedes für sich erschaffen. Insbesondere die Köpfe der Menschen hat Er individuell gestaltet. Die
Wissenschaften sollten sich angesichts Seiner Leistungen voller
Bewunderung vor Ihm verneigen. All diese Geschöpfe erbringen die
von ihnen erwarteten Resultate voll und ganz. Sie alle gehorchen
den Gesetzen Gottes für die Schöpfung und die Verwaltung des
Universums, sie alle lobpreisen Gott auf ihre Art, verehren Ihn und
beten Ihn an. Sie alle richten ihr Leben den Plänen Gottes gemäß
aus. Darüber ist Gott so glücklich, dass das Ausmaß Seines Glücks
weit über unser Vorstellungsvermögen hinausgeht.

Ein weiteres Beispiel: Ein gerechter Richter, dem es sehr viel
bedeutet, gerecht zu handeln und das Gesetz durchzusetzen, findet
großen Gefallen daran, die Rechte der Unterdrückten gegenüber
ihren Unterdrückern zu schützen. Ähnlich verhält es sich bei dem
Gerechten Herrscher, dem Majestätischen Überwältigenden Einen.

Er schenkt allen Geschöpfen das Recht auf eine Existenz und allen Lebewesen das Recht auf Leben. Er schützt und bewahrt ihre Existenz bzw. ihr Leben vor allen Arten von Aggressionen. Er verhilft allen Ansprüchen und Handlungen im Universum auf absolut objektive Art und Weise zu ihrem Recht. Außerdem wird Er im Jenseits alle Menschen und Dschinn richten und dafür sorgen, dass absolute Gerechtigkeit herrscht.

Aus den hier zitierten Beispielen wird deutlich, dass sich in jedem der Namen Gottes zahllose Arten von Schönheit, Anmut und Vollkommenheit und eine Fülle von Ebenen der Liebe, des Stolzes, der Ehre und der Erhabenheit verbergen. Aus diesem Grunde folgern die gewissenhaften Gelehrten, in denen sich Gottes Name ‚der Liebende' manifestiert: „Die Essenz des Universums ist die Liebe. Alle Geschöpfe bewegen sich um der Liebe willen. Alle Gesetze der Anziehungskraft, der Verzückung und der Schwerkraft haben ihren Ursprung in der Liebe." Einer von ihnen sagte sogar:

> *„Die Sphären sind berauscht. Die Engel sind berauscht*
> *und auch die Sterne.*
> *Die Himmel, die Sonne, der Mond*
> *und die Erde sind berauscht.*
> *Berauscht sind die Elemente, die Pflanzen,*
> *die Bäume und die Menschen.*
> *Alle Lebewesen sind berauscht*
> *und auch alle Teilchen der Schöpfung."*

Alle Geschöpfe sind also, ihren Fähigkeiten entsprechend, berauscht vom ‚Wein' der Liebe Gottes. Der Mensch liebt den, der ihm Gutes tut; jeder Mensch liebt wahre Vollkommenheit und überirdische Schönheit. Der Mensch liebt aber auch denjenigen, der jenen Gutes tut, die er liebt und denen er barmherzig ist. Der Majestätische Schöne Eine, der am innigsten Geliebte Vollkommene, in Dessen Namen unzählige Schatzkammern der Güte verborgen sind, der alle, die Er liebt, mit Seinen Gunstbeweisen beglückt, und der die Quelle der Vollkommenheit und aller Ebenen der Schönheit und der Gnade ist, verdient also die unendlich große Liebe der ganzen Schöpfung. Er ist es wert, dass sich die ganze

Schöpfung an Seiner Liebe berauscht. Auf Grund dieser Tatsache stellen einige Gelehrte, die Gottes Namen ‚der Liebende' widerspiegeln, fest: „Wir streben noch nicht einmal nach dem Paradies. Ein Funke der Liebe Gottes wird uns bis in alle Ewigkeit genügen." Ebenfalls von dieser Tatsache animiert sagte der Prophet Muhammad:

> *Eine einzige Minute, die damit verbracht wird, im Paradies die Schönheit Gottes zu schauen, übertrifft alle Gunstbeweise des Paradieses.*

Vollkommene Liebe und Vollkommenheit, die durch die Liebe erlangt wurde, sind nur innerhalb der Sphären der universellen Manifestationen der Namen Gottes auf den Geschöpfen als Ganzes (Einheit) und innerhalb der Sphären ihrer individuellen Manifestationen auf den Individuen (Einzigartigkeit und Einmaligkeit) zu verwirklichen. Eine Vollkommenheit, die außerhalb dieser Sphären liegt, ist eine falsche Vollkommenheit.

WARUM DIE DINGE IM UNIVERSUM GESCHEHEN

Wenn jemand voller Begeisterung eine natürliche oder soziale Pflicht erfüllt, wird der Beobachter zwei Gründe dafür ausmachen können: eine übergeordnete Ursache (Was bringt es diesem Menschen, so zu handeln?) und eine erforderliche Ursache (das Verlangen, so zu handeln und die Freude am Handeln). Zu essen, wenn man hungrig ist, befriedigt uns (erforderliche Ursache), während die Nahrung den Körper ernährt (übergeordnete Ursache).

Die Existenz des Universums und die unablässige erstaunliche Aktivität in ihm werden von zwei Arten von Namen Gottes für zwei umfassende Zwecke und Resultate hervorgerufen. Der erste Zweck (die erste Ursache) besteht darin, dass sich die Schönen Namen Gottes in unterschiedlichster Art und Weise manifestieren. Er ist für die Vielfalt in der Schöpfung verantwortlich. Darüber hinaus manifestieren sich die Namen Gottes ununterbrochen; permanent stellen sie ihre Handlungen zur Schau. Dadurch wird das Buch des Universums mit all seinen ‚Sätzen, Wörtern und Buchstaben' ständig erneuert. Jeder Teil dieses Buches, das die Manifestation der Namen Gottes ist, ist ein Zeichen oder ein Hinweis auf die heilige Essenz Gottes, der den Lebewesen dabei hilft, Ihn kennen zu lernen.

Der zweite Zweck (die zweite Ursache) besteht darin, dass jedes Geschöpf aktiv ist, weil es sich nach Aktivität sehnt und aus ihr Freude schöpft. Die Aktivität selbst stellt ein Vergnügen dar. Ähnlich fühlt auch Gott, das notwendigerweise Existierende Wesen, entsprechend Seiner Unabhängigkeit von der Schöpfung und gemäß Seiner absoluten Vollkommenheit eine unendlich große Zuneigung und Liebe. Diese Zuneigung und Liebe wecken eine unendlich große Begeisterung, die ihrerseits eine unermesslich große Freude entfacht, welche wiederum die Quelle unendlich großen Vergnügens darstellt. Auf Grund dieses Vergnügens, das Seiner göttlichen ,Essenz' innewohnt, verfügt Gott über eine unendlich große Barmherzigkeit. Sie veranlasst Seine Geschöpfe, eine relative Vollkommenheit anzustreben, indem sie ihnen erlaubt, ihr ganzes Potenzial auszuschöpfen. Die Vollkommenheit Seiner Geschöpfe und das Vergnügen, das sie beim Streben nach dieser Vollkommenheit empfinden, erfreuen Gott so sehr, dass Seine unermessliche heilige Freude die Geschäftigkeit der Schöpfung bewirkt.

Die Anhänger der materialistischen Philosophie und der säkularen Naturwissenschaften, die sich dieser erhabenen Wahrheit nicht bewusst sind, schreiben diese Aktivität, welche von Weisheit, Wissen und Einsicht kündet, der unbewussten Natur, blindem Zufall oder der Kausalität zu. Damit fallen sie in die dunklen Abgründe der Fehlleitung hinab.

KAPITEL 3

Die Säulen des Islam
und der Alltag der Muslime

Der Islam gründet auf fünf Säulen: auf der Bekräftigung der Existenz und Einheit Gottes und der Prophetenschaft Muhammads, auf dem fünfmal täglich zu verrichtenden Pflichtgebet, auf dem Fasten im Monat Ramadan, auf der Entrichtung der *Zakat* (der reinigenden Sozialabgabe) und auf der *Hadsch*, der Pilgerfahrt. Die erste Säule beinhaltet alle Grundlagen des Glaubens, die in den vorangegangenen Kapiteln aufgezeigt wurden.

TAHARA (REINHEIT ODER REINIGUNG)

Der Islam verlangt vom Menschen physische und spirituelle Reinheit. Auf den Körper bezogen bedeutet dies, dass Muslime Körper, Kleidung, Häuser und Gemeinschaft sauber zu halten haben. Dafür werden sie von Gott belohnt. Im Prinzip hält jeder Mensch Hygiene für erstrebenswert, der Islam jedoch besteht auf ihr und erhebt sie in den Rang eines unverzichtbaren Fundaments des religiösen Lebens. Bücher zum Thema islamische Rechtsprechung widmen dieser Notwendigkeit mitunter ein ganzes Kapitel.

Der Prophet Muhammad riet den Muslimen, sauber und ordentlich in der Öffentlichkeit aufzutreten. Als er einmal von einer Schlacht nach Hause zog, wies er seine Armee an:

> *Bald werdet ihr eure Brüder treffen, deshalb reinigt eure Sättel und eure Kleidung.*[10]

Bei anderer Gelegenheit sagte er:

---

[10]   Abu Dawud, *Libas*, 25

Wenn ich nicht befürchtet hätte, meine Anhänger zu sehr zu beanspru-
chen, hätte ich ihnen befohlen, vor jedem Gebet einen Miswak zu benut-
zen (die Zähne zu putzen).[11]

Auch auf moralische Hygiene wird großer Wert gelegt, denn
der Prophet ermutigte die Muslime, bei jedem Blick in den Spiegel
ein spezielles Gebet zu sprechen:

O Gott, Du hast mir einen schönen Leib geschenkt; segne mich auch mit
einem makellosen Charakter.[12]

Er empfahl Männern wie Frauen, bescheidene Kleidung zu tragen, die ihnen dabei helfen würde, die Reinheit ihrer Gedanken zu
bewahren.

Die Wohltätigkeit dient dem Muslim als ein Mittel, den eigenen
Reichtum reinzuwaschen. Ein Muslim, der keine *Sadaqa* leistet (nicht
spendet), oder die *Zakat* (Sozialabgabe) nicht entrichtet, beschmutzt
seine Wohlhabenheit, indem er etwas hortet, das eigentlich jemand
anderem gehört.

Nimm Almosen von ihrem Besitz, auf dass du sie dadurch reinigen und
läutern mögest. (9:103)

Alle Gesetze und Weisungen, die auf Gott und Seinen Propheten zurückgehen, sind rein. Jedes Gesetz, das mit der Unterstützung
der Rechtleitung Gottes erlassen wurde, ist gerecht und fehlerfrei.

Die Reinheit des Wassers

Reines Wasser wird vor allem zur Reinigung wie z.B. bei *Wudu'*
(der kleineren Waschung) und *Ghusl* (der Ganzwaschung) verwendet. Hieraus leitet sich die Notwendigkeit ab, auf die Reinheit des
Wassers zu achten. Wasser hat vier wesentliche Attribute: Geruch,
Geschmack, Farbe und Flüssigkeit. Jedes reine und reinigende Wasser ist danach zu beurteilen, inwieweit es sich diese Attribute erhal-

---

[11]   Bukhari, *Iman*, 26
[12]   Ibn Hanbal, *Musnad*, 1:34, 6:155

ten hat. Daher lässt sich Wasser in zwei Kategorien unterteilen: *mutlaq* (uneingeschränkt, absolut) und *muqayyad* (eingeschränkt).

Mutlaq-Wasser ist ‚natürliches‘ Wasser, wobei auch hier Abstufungen vorhanden sind:

- Wasser, das sowohl rein als auch reinigend ist (z.B. Regenwasser, Wasser aus Schnee und Hagel, Meerwasser und das Wasser der Quelle *Zamzam*).
- Wasser, das von einem Menschen herabtropft, nachdem dieser die kleinere Waschung oder die Ganzwaschung verrichtet hat. Dieses Wasser gilt als gebraucht. Es ist zwar rein, darf aber nicht für eine weitere kleinere Waschung oder eine Ganzwaschung genutzt werden.
- Wasser, das sowohl rein als auch reinigend ist, dessen Verwendung aber *makruh* (verpönt) ist (Wasser in einem Gefäß, aus dem eine Katze, ein Vogel oder ein anderes [‚statthaftes‘] Tier getrunken hat).
- Wasser, das mit unreinen Elementen vermischt wurde. Wasser, dessen Geruch, Farbe oder Geschmack durch eine unreine Substanz verändert wurden, darf nicht zur Reinigung verwendet werden. Solange die verbleibende Flüssigkeit aber noch als Wasser bezeichnet werden kann (d.h., solange die unreine Substanz ihren Geruch, ihre Farbe und ihren Geschmack nicht völlig verändert hat), darf sie zur Reinigung verwendet werden.
- Wasser, das zwar rein ist, von dem sich aber nicht mit Sicherheit sagen lässt, ob es in der Lage ist, reinigend zu wirken. Ein Beispiel hierfür ist Wasser, das in einer Schüssel zurückbleibt, nachdem ein Esel daraus getrunken hat.

Zum *muqayyad*-Wasser gehört natürliches *muqayyad*-Wasser wie z.B. in Fruchtsäften oder solches, das mit Substanzen wie Seife, Safran, Blumen bzw. durch Objekte, die dem islamischen Recht gemäß als rein gelten, vermischt wurde. Wasser dieser Art gilt so lange als rein, bis es infolge einer Vermischung mit den anderen Substanzen nicht länger als Wasser zu bezeichnen ist. Auch danach wird es zwar immer noch als rein betrachtet, aber es darf nicht mehr zur Reinigung (zur kleineren Waschung oder zur Ganzwaschung) herangezogen werden.

Formen der Unreinheit

Der Begriff *Nadschasa* (Unreinheit) kennzeichnet unreine Substanzen, von denen sich Muslime fern halten und die sie abwaschen sollten, sobald sie mit ihnen in Kontakt gekommen sind. Gott sagt:

> *...und reinige deine Kleider.* (78:4)

> *Wahrlich, Allah liebt diejenigen, die sich (Ihm) reuevoll zuwenden und die sich reinigen.* (2:222)

- Tiere, die auf natürlichem Wege gestorben sind (d.h., nicht auf islamische Weise getötet wurden), sind ebenso unrein wie jedes Körperteil, das einem lebenden Tier abgeschnitten wurde. Tote Meerestiere und Tiere wie Bienen oder Ameisen, in denen kein Blut fließt, sind hingegen nicht unrein. Knochen, Krallen, Pelz, Federn und die Haut toter Tiere sind rein (mit Ausnahme jener von Schweinen).

- Blut, das aus dem Körper von Mensch oder Tier fließt, ist unrein (etwa Blut eines getöteten Tieres oder einer menstruierenden Frau). Blut, das in den Blutgefäßen verblieben ist, ist jedoch statthaft. Auch Blut, das in essbarem Fleisch, in Leber, Herz oder Milz zurückbleibt, gilt nicht als unrein, vorausgesetzt, das Tier wurde auf islamische Weise geschlachtet.

- Erbrochenes, Urin, Kot, *Wadi* (ein dickflüssiges Sekret, das nach dem Urinieren ausgeschieden wird), *Mazi* (eine klebrige Flüssigkeit, die bei sexuellen Gedanken aus den Sexualorganen fließt), Prostataflüssigkeit und Sperma sind unrein. Manche betrachten Sperma zwar nicht als unrein, sind aber der Ansicht, es müsse in flüssigem Zustand abgewaschen und in trockenem Zustand abgekratzt werden. Jeder Teil menschlichen Fleisches ist unrein.

- Der Urin, der Speichel und das Blut aller Tiere, deren Fleisch untersagt ist, und die Exkremente aller Tiere sind im Allgemeinen unrein.

- Schwein und Alkohol sind unrein.

- Hunde gelten ebenfalls als unrein. Jedes Gefäß, das ein Hund abgeleckt hat, muss gewaschen und sterilisiert werden. Wenn ein Hund an einem Gefäß leckt, das trockene Lebensmittel enthält, muss das, was der Hund berührt hat, und das, was sich in dessen unmittelbarer Nachbarschaft befindet, weggeworfen werden. Der Rest darf zurückbehalten werden, er gilt weiterhin als rein. Hundehaare sind rein.

- Die bis zu diesem Punkt genannten Unreinheiten nennt man auch grobe Unreinheiten (*Nadschasat ghaliza*). Auch kleinste Mengen dieser Unreinheiten verunreinigen alles, womit sie in Berührung kommen. Wenn sich jedoch eine geringe Menge eines solchen Schmutzes auf Körper oder Kleidung eines Betenden, auf dem Boden unter ihm oder auf seiner Gebetsmatte befindet, ist die Menge entscheidend. Jeder Klumpen Dreck, der über drei Gramm wiegt, und jede dreckige Flüssigkeit, die sich über die Größe der Handfläche des Menschen erstreckt, machen das Gebet ungültig.

- Der Urin von Pferden, von Haustieren und von wilden Tieren, deren Verzehr erlaubt ist, gilt als leichte Unreinheit (*Nadschasa khafifa*). Wenn mehr als ein Viertel eines Körpergliedes oder mehr als ein Viertel der Kleidung davon verdreckt sind, ist das Gebet ebenfalls ungültig.

Möglichkeiten, sich zu reinigen

Die Reinigung von Körper und Kleidung: Wenn Körper und Kleidung dreckig sind, sind sie solange mit Wasser zu waschen, bis keine Spur von Schmutz mehr zurückgeblieben ist. Dies gilt vor allem dann, wenn die Unreinheit deutlich sichtbar ist, wie z.B. bei der Verunreinigung durch Blut. Sollten sich einige Flecken nicht komplett abwaschen lassen, dürfen sie ignoriert werden. Ist die Verunreinigung (z.B.

durch Urin) nicht sichtbar, sollte alles, was mit ihr in Berührung gekommen ist, dreimal gewaschen und ausgewrungen werden.

Die Reinigung von Böden: Böden sind zu säubern, indem sie mit Wasser übergossen werden. Ist die Verunreinigung hartnäckig, lässt sich die Reinheit möglicherweise nur dadurch wiederherstellen, dass sie entfernt werden oder von selbst zusammenbrechen.

Die Reinigung verunreinigter Butter oder ähnlicher Substanzen: Wenn ein totes Tier in eine feste Substanz gefallen ist, aber weder aufgequollen ist noch sich zersetzt hat, muss das, was seine sterblichen Überreste berührt und sie umgibt, weggeworfen werden. Der Rest kann aufbewahrt werden, wenn sichergestellt ist, dass er nicht mit dem toten Tier in Berührung gekommen ist. Wenn das tote Tier in eine Flüssigkeit gefallen ist, sagt die Mehrzahl der Gelehrten, dass damit die ganze Flüssigkeit verunreinigt ist.

Die Reinigung der Haut eines toten Tieres: Gerben reinigt Haut und Pelz toter Tiere. Der Prophet sagte:

Wenn die Haut eines Tieres gegerbt wird, wird sie rein.[13]

Die Reinigung von Spiegeln und ähnlichen Objekten: Spiegel, Messer, Schwerter, Nägel, Knochen, Glas, bemalte Gefäße und andere Objekte mit glatten Oberflächen ohne Poren werden gereinigt, indem man Unreinheiten abwischt.

Einige hilfreiche Punkte

*   Wenn man mit einer unbekannten Flüssigkeit besprizt wird, braucht man diese nicht weiter zu untersuchen oder die Kleidung zu waschen.
*   Wenn man nachts etwas Feuchtes auf Körper oder Kleidung vorfindet und nicht weiß, worum es sich dabei handelt, braucht man nicht daran zu riechen, um es zu identifizieren.

---

[13]   Muslim, *Haydh*, 105

- Kleidungsstücke, die von Matsch auf der Straße verunreinigt sind, brauchen nicht gewaschen zu werden.
- Wenn man ein Gebet abschließt und dann eine Unreinheit von Körper oder Kleidung entdeckt, die man zuvor nicht gesehen hatte bzw. die man wohl gesehen, dann aber vergessen hatte, muss das Gebet nicht wiederholt werden.
- Wenn man nicht genau weiß, welches Teil eines Kleidungsstücks verunreinigt ist, sollte das ganze Kleidungsstück gewaschen werden. Denn „...wenn eine Pflicht nur durch die Ausführung einer anderen verwandten Handlung erfüllt werden kann, dann wird diese Handlung ebenfalls zur Pflicht."
- Wenn man reine und unreine Kleidungsstücke zusammen trägt und vergessen hat, welche nun rein und welche unrein sind, sollte man das Gebet sowohl in den einen als auch in den anderen Kleidungsstücken verrichten.
- Es geziemt sich nicht, etwas, das den Namen Gottes trägt, mit ins Bad zu nehmen, es sei denn man befürchtet, dass man es verlieren oder dass es gestohlen werden könnte.
- Im Bad sollte man nicht sprechen, keinen Gruß erwidern oder den Ruf des Muezzins wiederholen. Reden sollte man dort nur dann, wenn es unumgänglich ist. Bei jedem Niesen sollte man Gott lobpreisen, indem man seine Lippen bewegt.
- Während man, insbesondere im Freien, einem Ruf der Natur folgt, sollte man sich weder der *Qibla* (Kaaba) zuwenden noch ihr den Rücken kehren.
- Um beim Urinieren jede Verunreinigung zu vermeiden, sollte man sich einen weichen und tiefen Untergrund suchen. Der Prophet sagte:

> *Wenn jemand von euch uriniert, sollte er sich einen geeigneten Ort dafür suchen.*

- Dunkle Plätze und Plätze, die Menschen aufsuchen und an denen sie sich versammeln, gilt es dabei aber zu meiden.
- Einem Ruf der Natur sollte man nicht in Bädern und weder in stillem noch in fließendem Wasser folgen.

- Man sollte nicht im Stehen urinieren (obwohl dies von einigen gebilligt wird).
- Nachdem man sich erleichtert hat, müssen sämtliche Verunreinigungen von Kleidung und Körper abgewischt werden.
- Man sollte sich nie mit der rechten Hand reinigen.
- Nachdem man einem Ruf der Natur gefolgt ist, sollte man jeden schlechten Geruch von der Hand abwaschen.
- Man sollte das Bad mit dem linken Fuß betreten und sprechen: „Bei Gott suche ich Zuflucht vor den Unheil bringenden männlichen und weiblichen Wesen (Teufeln)". Verlassen sollte man das Bad mit dem rechten Fuß zuerst und dem Spruch: „O Gott, ich erbitte Deine Vergebung."
- Nachdem sich der Mann erleichtert hat, sollte er warten, bis der Urinfluss vollständig zum Stillstand gekommen ist und nichts seine Kleidung benetzen kann. Dieser Vorgang nennt sich *Istibra* (Bemühen um völlige Reinheit). Ibn Abbas erzählte, dass der Prophet einmal an zwei Gräbern vorbeikam und sagte: *Sie werden bestraft werden, aber nicht für eine große Sache (die sie begangen hätten). Der Eine von ihnen wusch sich den Urin nicht ab, und der andere pflegte Verleumdungen zu verbreiten.*[14] Um alle Zweifel zu zerstreuen, sollte man Penis und Unterwäsche mit Wasser besprenkeln.

Handlungen, die der menschlichen Natur entsprechen

Gott hat für alle Seine Propheten und ihre Anhänger bestimmte Handlungen ausgewählt, die diese vollziehen sollen. Diese Handlungen, die als *Sunan al-Fitra* (Handlungen, die die menschliche Natur bedingt) bezeichnet werden sind:

Die Beschneidung: Sie verhindert, dass sich auf dem Penis Schmutz ablagert und sorgt dafür, dass er leicht zu reinigen ist. Die schafi'itischen Gelehrten sind der Meinung, die Beschneidung habe

---

[14]   Tirmidhi, *Tahara*, 53

am siebten Lebenstag zu erfolgen, es sei aber auch statthaft, sie später zu vollziehen.

Das Rasieren des Schamhaars und das Auszupfen der Haare am Unterarm: Das Rasieren ist Sunna. Es genügt aber auch, das Haar zu stutzen oder auszuzupfen.

Das Schneiden der Fingernägel, das Trimmen des Schnurrbarts und das Sauberhalten des Barts: Abu Hurayra überliefert folgende Worte des Gesandten Gottes:

> *Fünf Dinge sind Bestandteil der Natur des Menschen: Das Rasieren des Schamhaars, die Beschneidung, das Trimmen des Schnurrbarts, die Entfernung der Unterarmhaare und das Schneiden der Fingernägel.*[15]

Ein Schnurrbart sollte nicht so lang sein, dass sich Reste von Speis und Trank oder Schmutzpartikel in ihm sammeln können. Wenn man sich einen Bart wachsen lässt, sollte dieser nicht ungepflegt sein.

Das Zurechtmachen und Kämmen des Haares: Abu Hurayra berichtet, dass der Gesandte Gottes sagte:

> *Wer Haare hat, sollte sie auch schön zurechtmachen.*[16]

Das Haar abzuschneiden ist ebenso zulässig, wie es wachsen zu lassen, sofern es nur gepflegt wird.

Das Behalten von grauen Haaren: Dies gilt für Männer wie für Frauen. Amr ibn Schu'ayb berichtet mit der Autorität seines Vaters von seinem Großvater, dass der Prophet empfahl:

> *Reißt die grauen Haare nicht aus, denn sie sind das Licht des Muslims. Ein Muslim ergraut im Islam nicht, ohne dass Gott ihm dafür eine gute Tat zuschreibt, ihn um einen Rang erhöht und eine seiner Sünden tilgt.*[17]

---

[15]   Muslim, *Tahara*, 49
[16]   Abu Dawud, *Taradschul*, 3:4163
[17]   Ibn Hanbal, 2:179; Tirmidhi, *Adab*, 56

Das Färben von ergrautem Haar: Der Meinung der Mehrheit zufolge ist das Färben von grauem Haar mit Henna, roter, gelber oder anderer Farbe statthaft, vorausgesetzt, dass die Farben religiös statthaft sind.

Der Gebrauch von Parfüm: Der Gebrauch von Moschus und anderen Parfümen, die frei von Alkohol oder ähnlichen verbotenen Substanzen sind, ist empfehlenswert, denn sie erfreuen die Seele und sorgen für eine schöne Atmosphäre.

Menstruation und Blutungen nach der Niederkunft

Ab der Pubertät fließt während der Menstruation in regelmäßigen Abständen Blut aus dem Uterus der Frau. Gott hat in Bezug darauf bestimmte Regeln aufgestellt, die der Frau entgegenkommen und ihrem Zustand in dieser Phase Rechnung tragen.

Die Menstruation dauert normalerweise drei bis zehn Tage und Nächte, sie variiert von Frau zu Frau. Die meisten Frauen bekommen ihre Tage regelmäßig. Die Anzahl der Tage kann schwanken, manchmal kommen sie ein wenig früher, dann wieder ein wenig verspätet. Daher sollten die Frauen immer dann davon ausgehen, dass sie ihre Tage bekommen haben, wenn sie Menstruationsblut entdecken. Sobald dies dann versiegt, sind sie wieder rein. Sollte nach dem Ende der Menstruation noch mehr Blut hervorströmen, das aber eine andere Farbe besitzt, gilt die Frau nicht mehr als menstruierend.

Blutungen treten auch während und nach der Entbindung auf. Sie können zwei bis drei Tage vor der Niederkunft einsetzen und sind von Wehen begleitet. Im Allgemeinen klingen diese Blutungen spätestens 40 Tage nach der Geburt ab.

Während ihrer Menstruation sind der Frau bestimmte Handlungen verwehrt:

- Nach dem Einsetzen der Blutungen darf sie nicht das Gebet (*Salat*) verrichten, braucht die versäumten Gebete aber nicht nachzuholen.

- Sie darf sich weder an vorgeschriebenem noch an freiwilligem Fasten beteiligen. Nachdem sie ihre rituelle Reinheit wiedererlangt hat, muss sie die vorgeschriebenen Fastentage nachholen. Wenn ihre Blutung während eines Tages beginnt, an dem sie freiwillig fasten wollte, muss sie diesen Tag ebenfalls nachholen.
- Alle Riten der Pilgerfahrt mit Ausnahme der Umschreitung der Kaaba (*Tawaf*) sind ihr erlaubt.
- Sie sollte Moscheen und andere Orte des Gebets meiden und den Koran nicht berühren (auch nicht die Übersetzung des Koran). Sie sollte ihn auch nicht aus dem Gedächtnis rezitieren, darf aber, wenn sie die Absicht hat zu beten, die für das Bittgebet bestimmten Verse lesen. (Sie darf das *Salat* nicht verrichten, darf aber Bittgebete sprechen und diejenigen Gebete rezitieren, die im Koran als Bittgebete vorgegeben werden.)
- Der Mann darf während der Blutungen nach der Niederkunft keinen Geschlechtsverkehr mit seiner Frau haben, denn ihr ist verboten, sich für ihn verfügbar zu machen. Allerdings darf er sie (überall außer in der Schamregion) küssen, an sich drücken oder berühren. Er sollte jedoch die Region zwischen Bauchnabel und Knien meiden.

Wenn eine menstruierende Frau aufhört zu bluten, muss sie die Ganzwaschung (*Ghusl*) vornehmen. Danach darf sie Gebet und Fasten wieder aufnehmen, den *Tawaf* vollziehen, den Koran rezitieren und mit ihrem Mann schlafen. Sie muss die Fastentage, die sie im Ramadan ausgelassen hat, nachholen, die Gebete hingegen nicht. Die gleichen Regeln gelten auch für die Blutungen nach und während der Niederkunft.

Istihadha (nicht durch die Menstruation bedingte Blutungen)

Bei einigen Frauen kommen die Blutungen nie ganz zum Stillstand, bei anderen dauern sie länger als üblich an. Diese Blutungen werden *Istihadha* genannt. Auch alle Blutungen vor der Pubertät und nach der Menopause gelten als *Istihadha*.

Eine Frau in diesem Zustand sollte versuchen zu errechnen, wann ihre Periode normalerweise enden würde, und sich dann während jener Tage an die Menstruationsregeln halten. Während der übrigen Tage werden ihre Blutungen als *Istihadha* behandelt. Wenn sie keine regelmäßige Periode hat oder sich nicht daran erinnert, wann sie ihre Tage bekommen sollte, aber die beiden Arten von Blut über Farbe, Konsistenz und Geruch unterscheiden kann (Menstruationsblut ist dunkel, dickflüssig und riecht streng, während *Istihadha*-Blut rot und dünnflüssig ist und nicht so unangenehm riecht), muss sie sich entsprechend verhalten. Wenn sie keine regelmäßige Periode hat und nicht zwischen den beiden Arten von Blut unterscheiden kann, muss sie das Blut, das an drei bis zehn Tagen im Monat kommt, als Menstruationsblut betrachten und anhand des Zeitpunkts, an dem sie die Blutungen entdeckt, ihre Periode berechnen.

Der Zustand einer Frau im *Istihadha* unterscheidet sich von dem einer Frau, die keine Monatsblutung mehr hat, nur in folgenden Punkten.

- Wenn die Frau im Zustand der *Istihadha* ihre rituelle Waschung (*Wudu'*) vollziehen möchte, soll sie sich das Blut aus der Scheidenregion abwaschen und dann eine Monatsbinde mit einem Wattebausch oder einem Baumwollpolster dort anbringen, die möglicherweise noch kommendes Blut auffängt. Blut, das in der Folge austritt, fällt nicht ins Gewicht.
- Sie muss bei jedem Pflichtgebet eine rituelle Waschung vollziehen.

Ghusl (Ganzwaschung)

Ghusl bedeutet vorschriftsmäßige Waschung oder vollständige Waschung des Körpers. Sie ist nach jedem Geschlechtsakt verpflichtend, auch dann, wenn nur die Spitze des Penis in die Scheide eindringt; darüber hinaus nach jedem Ausfluss von Sperma, nach jeder Regelblutung und nach Blutungen, die mit der Niederkunft in Verbindung stehen.

Empfohlen wird, den *Ghusl* vor jedem freitäglichen Gemeinschaftsgebet zu vollziehen, denn das pflegte auch der Prophet zu tun. Unmittelbar vor dem *Ghusl* sollte man die Absicht formulieren, diesen zu vollziehen (und danach zu beten, wenn man dies vorhat).

Dinge, die einem rituell unreinen Menschen untersagt sind

Menschen, die sich im Zustand der rituellen Unreinheit befinden, dürfen nicht beten, nicht die Kaaba umschreiten, Moscheen oder Orte des Gebets nur dann betreten, wenn es unbedingt notwendig ist, und den Koran oder einzelne seiner Verse nur mit einem sauberen Tuch oder etwas Ähnlichem berühren.

Was zeichnet einen vorschriftsmäßigen Ghusl aus?

* Das gründliche Ausspülen des Mundes und die Reinigung des gesamten Mundraums;
* das Ausspülen der Nase bis zum Nasenknochen;
* das Waschen aller Körperteile und der Haare;

Am besten sollte man den *Ghusl* in folgender Reihenfolge vollziehen:

* Man sollte die Absicht (*Niyya*) formulieren, den Körper von (ritueller) Unreinheit zu befreien.
* Man sollte sich dreimal die Hände bis zu den Handgelenken waschen.
* Man sollte die Geschlechtsorgane sorgfältig reinigen.
* Man sollte allen Dreck von allen Körperteilen waschen.
* Man sollte die Waschung (*Wudu'*) vollziehen.
* Man sollte alle Körperteile einschließlich der Haare dreimal gründlich waschen. Kein Körperteil, und sei es auch noch so klein, darf trocken bleiben. Das Abreiben und Abtrocknen des Körpers ist nicht obligatorisch.

Tayammum (Waschung mit sauberer Erde)

Wenn ein Mensch zu krank ist, um sich mit Wasser zu waschen, oder während der Gebetszeit kein Wasser zur Hand hat, kann er an Stelle von *Wudu'* oder *Ghusl* den *Tayammum* vollziehen. Dabei ist Folgendes zu beachten:

- Man sollte die Absicht formulieren, den Tayammum zu vollziehen, um alle Verunreinigungen zu beseitigen.
- Dann sollte man die reine Erde mit den Innenflächen beider Hände berühren; anschließend streicht man sich mit diesen über das Gesicht.
- Danach berührt man die reine Erde erneut mit den Handinnenflächen und reibt mit der rechten oder linken Hand über Finger und Ellenbogen des jeweils anderen Armes.

Sobald der Grund für die Vollziehung des *Tayammum* wegfällt (d.h., wenn der Kranke wieder gesund ist oder wenn reines Wasser bereitsteht), darf dieser nicht mehr vollzogen werden. Wenn jemand den *Tayammum* vollzieht und dann betet, braucht er das Gebet nicht zu wiederholen, wenn die Vorbedingungen noch vor Ende des Gebets nicht mehr erfüllt sind.

Wudu' (Waschung)

Der *Wudu'* umfasst die Waschung der unverhüllten Körperteile (Gesicht, Hände, Arme bis hinauf zu den Ellbogen, Füße) mit Wasser und das Abreiben eines Viertels des Kopfes. Der *Wudu'* ist vor allen verpflichtenden und freiwilligen Gebeten, vor Umschreiten der Kaaba und vor der Berührung des Koran mit bloßen Händen vorgeschrieben. Er wird in folgender Reihenfolge ausgeführt:

- Man vergewissert sich, dass das Wasser auch wirklich rein ist.
- Man formuliert die Absicht, den *Wudu'* zu vollziehen um zu beten, wenn man denn vorhat zu beten.
- Man rezitiert *Bi'sm-illah ar-Rahman ar-Rahim* (Im Namen Gottes, des Erbarmers, des Barmherzigen!)

- Man wäscht sich die Hände bis zu den Handgelenken hinauf dreimal, ohne dabei die Zwischenräume zwischen den Fingern zu vergessen.
- Man reinigt den Mund mit einem Miswak (einer Zahnbürste) oder einem Finger und gurgelt dreimal mit Wasser.
- Man wäscht sein Gesicht von der Stirn bis zum Kinn und von Ohr zu Ohr dreimal.
- Man wäscht sich zuerst den rechten, dann den linken Arm bis hinauf zu den Ellbogen dreimal.
- Man reibt mindestens ein Viertel des Kopfes mit nassen Händen ab. Mit den Spitzen der kleinen Finger reinigt man die Ohren selbst, mit den Spitzen der Daumen die Außenseiten der Ohren. Mit den Handinnenflächen streicht man über Nacken und Hals.
- Zuletzt wäscht man sich dreimal die Füße einschließlich der Knöchel und achtet darauf, die Zwischenräume zwischen den Zehen nicht zu vergessen.

Pflicht (*Fard*) sind:

- das Waschen des Gesichts,
- das Waschen der Arme einschließlich der Ellenbogen,
- das Abreiben eines Viertels des Gesichts und
- das Waschen der Füße einschließlich der Knöchel.

Folgende Handlungen machen den *Wuduʿ* ungültig:

- Der Austritt von Kot, Urin, Gas, *Wadi*, *Mazi* und Prostataflüssigkeit aus den Geschlechtsteilen bzw. aus dem After; Sperma, Menstruationsblut oder Niederkunftsblut erfordern einen *Ghusl*.
- Der Ausfluss von Blut, Eiter oder einer gelben Flüssigkeit aus einer Wunde, einem Pickel, einem Geschwür oder etwas Ähnlichem;
- das Erbrechen einer Mundvoll einer Mahlzeit;
- der physische Kontakt zwischen Mann und Frau (mit dem Ziel, sich zu vergnügen); sobald die Spitze des Penis in die Scheide eindringt, ist ein *Ghusl* erforderlich.

- der Verlust des Bewusstseins infolge von Schlaf, Schläfrigkeit usw.;
- vorübergehende Überspanntheit, Ohnmacht, Hysterie oder Vergiftung;
- vernehmbares Gelächter während des Gebets.

Die Reinigung von sauberen Hausschuhen (Khuffayn)

Bei der Verrichtung des *Wudu'* kann man sich, anstatt sich die Füße zu waschen, über die Vorderseite der Schuhe streichen (*Mash*). Dies ist jedoch nur unter bestimmten Voraussetzungen möglich:

- Die Schuhe müssen wasserdicht sein und den ganzen Fuß einschließlich der Knöchel bedecken. Sie dürfen keine Löcher aufweisen, die größer als drei Finger breit sind.
- Sie sollten sich in einem ordentlichen, stabilen Zustand befinden und den Füßen so viel Halt geben, dass diese nicht aus ihnen hervortreten. Man sollte noch mindestens vier Kilometer in ihnen gehen können.
- Sie dürfen nicht aus Holz, Glas oder Metall sein.
- Diese Schuhe werden angezogen, nachdem man sich im Rahmen des Wudu' die Füße gewaschen hat. Wenn man sich am eigenen Wohnort befindet, kann man sie einen Tag lang tragen, auf der Reise sogar drei Tage, ohne sich vor dem Gebet erneut die Füße waschen zu müssen.

DAS GEBET (SALAT)

Das Gebet ist die wichtigste Form der Anbetung, denn es demonstriert die Aufrichtigkeit des Menschen und seine Loyalität gegenüber Gott. Dem Gesandten Gottes zufolge ist es die Säule und die wichtigste Stütze des religiösen Lebens.[18]

Es gibt unterschiedliche Arten von Gebeten:

---

[18]   Daylami, Al-Firdaws, 2:404

- *Die vorgeschriebenen Gebete:* In erster Linie das fünfmal täglich zu verrichtende Pflichtgebet und das *Dschum'a*-Gebet (das Freitagsgebet). Letzteres ist für Frauen nicht verpflichtend; sie können es jedoch verrichten, wenn sie dies wünschen. Auch bei Begräbnissen gibt es Gebete, die in diese Kategorie fallen. Sie sind jedoch nicht für alle Teilnehmer verpflichtend.

- *Die notwendigen Gebete (Wadschib-Gebete):* Zu ihnen gehören die Gebete an religiösen Festtagen und das *Witr*-Gebet (das zwischen Nachtgebet und Morgengrauen verrichtet wird).

- *Die Sunna-Gebete (die Gebete, die der Prophet verrichtet oder empfohlen hat):* Zu ihnen gehören die Gebete, die vor oder nach den fünf Pflichtgebeten verrichtet werden, das *Tahadschud*-Gebet (das nach dem Abendgebet und vor dem *Witr* verrichtet wird), das *Tarawih*-Gebet (das nach dem Abendgebet im Monat Ramadan verrichtet wird), *Khusuf-* und *Kusuf*-Gebet (die während Sonnen- und Mondfinsternissen verrichtet werden) und das Gebet um Regen (*Salat al-Istisqa*).

- *Die freiwilligen und belohnten Gebete:* Zu ihnen gehören das *Salat al-Ischraq* (das ca. 45 Minuten nach Sonnenaufgang verrichtet wird), das *Salat al-Duha* (das Vormittagsgebet, das ca. 45 Minuten vor dem Mittagsgebet verrichtet wird), das *Salat at-Tawba* (das zwischen Abend- und Nachtgebet verrichtet wird), das *Salat at-Tawba* (das verrichtet wird, bevor man Gott um Verzeihung bittet), das *Salat al-Istikhara* (das verrichtet wird, bevor man Gott bittet, eine Sache gut ausgehen zu lassen), das *Salat at-Tasbih*, (das Gebet zum Lobpreis Gottes), das Gebet, das vor Aufbruch zu einer Reise verrichtet wird, und das Gebet, das bei Rückkehr von einer Reise verrichtet wird.

Die Bedeutung des Gebets[19]

Die vorgeschriebenen Gebete (*Salat*, pl.: *Salawat*) sind die Säulen des Islam. Um ihre Bedeutung besser nachvollziehen zu können,

---

[19] Teile dieses Kapitels sind dem 4. Wort des Buches *Die Worte 1* von Said Nursi, INID-Verlag Hamm, 2003, entnommen.

beachte man folgendes Gleichnis: Ein bedeutender Herrscher ent-
sendet zwei seiner Diener mit jeweils 24 Goldstücken zu einer
wunderschönen Farm. Diese Farm liegt eine Zweimonatsreise entfernt. Er gibt ihnen folgende Anweisungen: „Nehmt dieses Geld
für die Fahrkarte und für alles, was ihr auf der Reise und nach der
Ankunft braucht! Eine Tagesreise entfernt gibt es einen Terminal,
an dem Züge, Schiffe, Autos und Flugzeuge zur Verfügung stehen.
Je nach eurer finanziellen Lage könnt ihr euch eines dieser Ver-
kehrsmittel aussuchen, um es zu benutzen."

Nun machen sich die beiden auf den Weg. Der eine ist glücklich, nur wenig von seinem Geld ausgegeben zu haben, bevor er
den Terminal erreicht. Er setzt sein Geld so sinnvoll ein, dass sein
Herrscher mit ihm zufrieden ist. Zur Belohnung vermehrt er seinen Besitz um ein Tausendfaches. Der andere unglückselige und
törichte Mann versetzt, noch bevor er den Terminal erreicht, 23
seiner 24 Goldstücke bei Glücksspielen und ähnlichen Aktivitäten.
Er behält nur ein einziges Goldstück über. Sein Freund rät ihm:
„Kauf dir für dieses Goldstück das Ticket! Wenn du es nicht tust,
wirst du zu Fuß gehen und Hunger leiden müssen. Unser Herr ist
großzügig, und vielleicht wird er Mitleid haben und dir verzeihen.
Vielleicht lässt man dich das Flugzeug nehmen, dann könnten wir
die Farm in einem Tag erreichen. Falls nicht, wirst du zu Fuß gehen
und beim Durchqueren der Wüste Hunger leiden müssen."

Wenn dieser unglückselige Mann nun nicht auf seinen Freund
hört und sein letztes Goldstück nicht für das wertvolle Ticket aus-
gibt, kann man sich leicht vorstellen, was passieren wird.

Nun, du Mensch, der du nicht betest, und du, meine Seele, die
sich nicht dem Gebet zuwendet, hört, was dies bedeuten mag: Jener
bedeutende Herrscher ist unser Herr, unser Schöpfer. Von den zwei
Reisenden ist einer religiös und verrichtet eifrig seine Gebete. Der
andere unachtsame Reisende repräsentiert die Menschen, die nicht
beten wollen. Die 24 Goldstücke stehen für die 24 Stunden eines
Tages. Die Farm ist der Himmel, während der nahe Terminal das
Grab versinnbildlicht. Die Reise verläuft über das Grab hin zum ewi-

gen Leben. Entsprechend ihrer Taten und Verhaltensweisen brauchen die Menschen unterschiedlich lange für die Reise. Einige wirklich fromme Menschen legen Entfernungen von 1.000 Jahren schnell wie der Blitz an einem Tag zurück, andere wiederum bewältigen 50.000 Jahre mit der Geschwindigkeit ihrer Vorstellungskraft innerhalb von nur einer Stunde. Der Koran weist in den Versen 22:47 und 70:4 auf diese Wahrheit hin.

Das Ticket ist das *Salat*, das vorgeschriebene Gebet. Eine Stunde pro Tag reicht für die Gebete. Wenn du in deinem kurzen Leben täglich 23 Stunden für die Angelegenheiten dieser Welt aufbringst und dir die verbleibende Stunde nicht für die wichtigen - da für die kommende Welt notwendigen - Gebete frei hältst, dann zeigt dies deine Torheit und gereicht dir sehr zum Nachteil. Schon bei einer Lotterie, bei der 1.000 Menschen mitspielen und bei der die Chance zu gewinnen nur 1 zu 1.000 ist, bist du versucht, die Hälfte deines Geldes zu setzen, Wenn du aber betest, liegt deine Gewinnchance bei 99 Prozent. Nimmst du diese Chance nicht wahr und setzt nicht eines deiner 24 Goldstücke, um einen unermesslich kostbaren Schatz zu gewinnen, stimmt offensichtlich etwas nicht mit dir.

Darüber hinaus bietet das Gebet Trost für die Seele und den Verstand. Und dem Körper fällt es überhaupt nicht schwer. Mit der richtigen Einstellung werden schließlich alle Taten und Aktivitäten eines betenden Menschen zu einer Anbetung Gottes. So verbringt ein gläubiger Mensch sein kurzes Leben um des ewigen Lebens in der anderen Welt willen. Sein vergängliches Leben erlangt eine Art Unsterblichkeit.

Das Pflichtgebet ist die Säule der Religion und die beste aller guten Taten. Wer es vernachlässigt, ist nicht in der Lage, das Bauwerk der Religion auf dem Fundament des Glaubens zu errichten. Der Gesandte Gottes erklärte, dass das Pflichtgebet mit einem Fluss zu vergleichen ist, der vor unserem Haus fließt. Wer fünfmal täglich in ihm schwimmt, reinigt sich von allem Schmutz (der sich jeweils nach dem letzten Schwimmgang angesammelt haben mag). Außerdem erläuterte er, dass uns das Pflichtgebet als eine Sühne für die kleineren zwischen den Gebetszeiten begangenen Sünden dienen kann.[20]

Der Koran erwähnt, dass uns das Pflichtgebet davor bewahrt, uns Unanständigkeiten oder anderen Arten von Übeln hinzugeben. (29:45) Mit ihm bereuen wir und bitten Gott um Verzeihung. Darüber hinaus kann auch jede gute Tat, die wir nach einer schlechten Tat verrichten, dafür sorgen, dass letztere vergeben wird. Daher wird empfohlen, jeder schlechten Tat unverzüglich eine gute folgen zu lassen. Dieses Vorgehen mag, ebenso wie das Pflichtgebet, dazu beitragen, dass wir in der Zukunft nicht weiter sündigen.

Oberflächlich betrachtet mag das Gebet eine anstrengende Pflichtübung sein. In Wirklichkeit aber schenkt es uns unbeschreiblichen Frieden und Trost. Jemand, der betet, rezitiert in seinen Gebeten *Aschhadu an la Ilaha illa'llah* (Ich bezeuge, dass es keine Gottheit außer Allah gibt!) - Gott ist der Schöpfer und Ernährer. Alles ist ein Geschenk Gottes, unabhängig davon, ob es zu meinem Vorteil oder Nachteil ist. Niemals tut Er etwas Sinnloses. Er ist der Erbarmer. Seine Barmherzigkeit und Seine Gaben sind unerschöpflich. Der gläubige Mensch sieht in jedem Ereignis eine Pforte zur Schatzkammer der Barmherzigkeit Gottes, an die er flehentlich klopft. Er weiß, dass alles im Universum seinem *Rabb*, seinem Herrn und Ernährer, untersteht. Bei Ihm sucht er Zuflucht. Indem er in vollkommener Ergebenheit sein Vertrauen in Gott setzt, schützt er sich vor allem Bösen dieser Welt. Sein Glaube schenkt ihm vollkommenes Selbstvertrauen.

Bei jeder rechtschaffenen Handlung bezieht der Mensch seinen Mut aus dem Glauben an Gott und aus der loyalen Ergebenheit Ihm gegenüber. Bei jeder sündhaften Handlung ist andererseits das Abweichen vom rechten Weg für Feigheit verantwortlich. Selbst wenn die Erde wie eine Bombe explodieren würde, würde dies einen guten Diener Gottes mit einem wirklich erleuchteten Herz nicht in Furcht versetzen. Er würde das Ereignis wahrscheinlich sogar als ein wundersames Zeichen der Macht des ewig um alles Anzuflehenden

---

[20]   Muslim, *Tahara*, 16

betrachten. Ein rationalistischer ungläubiger Philosoph würde dagegen beim Anblick eines Kometen am Himmel wohl vor Furcht, dieser könnte eventuell auf der Erde einschlagen, erzittern.

Die Bedürfnisse des Menschen sind uferlos. Seine Fähigkeiten, diese zu befriedigen, aber nur allzu beschränkt. Er sieht sich vielen Bedrohungen ausgesetzt. Seine individuelle Kraft reicht jedoch kaum aus, ihnen standzuhalten. Mit anderen Worten: Während seine Kraft in Bezug auf das, was er erreichen kann, limitiert ist, sind seine Wünsche und Forderungen, wie auch sein Leiden und seine Sorgen so groß, wie seine Vorstellungskraft es erlaubt.

Jeder, der nicht blind gegenüber der Wahrheit ist, sollte daher verstehen, dass es für eine so armselige, unfähige und schwache Kreatur wie den Menschen ein enormer Gewinn, ein großes Glück und eine reiche Gabe ist, sich Gott hinzugeben, Ihn anzubeten, an Ihn zu glauben und Ihm Vertrauen zu schenken. Jeder sollte zugeben, dass eine sichere Straße einer gefährlichen vorzuziehen ist, selbst wenn die Wahrscheinlichkeit, sicher auf ihr zu wandern, nicht allzu hoch wäre. Der Weg des Glaubens, den wir hier aufzeigen möchten, ist der sichere Weg und führt uns mit großer Sicherheit zur ewigen Glückseligkeit. Der Weg der Ungläubigen und Sünder jedoch - und das bestätigen unzählige Experten und Menschen mit Einsicht und Beobachtungsgabe, ja sogar manche Sünder selbst - ist mit ebenso großer Sicherheit nachteilig und voller endloser Verluste.

Zusammenfassend können wir vielleicht Folgendes festhalten: Genau wie die Glückseligkeit der anderen Welt hängt auch das Glück dieser Welt von der anbetenden Hingabe zu Gott und der Bereitschaft ihm zu dienen ab. Darum sollten wir Gott kontinuierlich preisen und sprechen: *Gepriesen sei Allah für den Gehorsam und den Erfolg auf Seinem Weg!* Wir sollten Ihm stets dafür danken, dass wir Seine gläubigen und Ihn verehrenden Diener sind.

Wer ist verpflichtet zu beten?

Jeder geistig gesunde Muslim, der das Alter der Pubertät erreicht hat, ist verpflichtet zu beten. Nur Frauen, die gerade ihre Tage oder

Blutungen infolge einer Niederkunft haben, sind von dieser Regelung ausgenommen. Kinder müssen nicht beten; aber der Gesandte Gottes riet, sie ab dem achten Lebensjahr zum Gebet zu ermutigen, um ihre Herzen darauf vorzubereiten.

Die Tageszeiten für die fünf Pflichtgebete

Jeder geistig gesunde Muslim ist dazu aufgefordert, die fünf Pflichtgebete zur vorgeschriebenen Zeit zu verrichten. Der Koran legt diese Zeiten fest:

> *Und verrichte das Gebet an den beiden Tagesenden und in den Stunden der Nacht, die dem Tage näher sind. Wahrlich, die guten Taten tilgen die bösen. Das ist eine Ermahnung für die Nachdenklichen.* (11:114)

> *Verrichte dein Gebet vom Neigen der Sonne an bis zum Dunkel der Nacht, und (lies) den Qur'an bei Tagesanbruch. Wahrlich, (besonders bei der Lesung) des Qur'an bei Tagesanbruch (sind die Engel) zugegen.* (17:78)

> *Ertrage denn geduldig, was sie sagen, und lobpreise deinen Herrn vor dem Aufgang und vor dem Untergang der Sonne, und verherrliche (Ihn) in den Nachtstunden und an den Tagesenden, auf dass du wahre Glückseligkeit finden mögest.* (20:114)

> *Preis sei denn Allah, wenn ihr den Abend und wenn ihr den Morgen verbringt; denn Ihm gebührt alles Lob in den Himmeln und auf Erden und am Abend und zu eurer Mittagsruhe.* (30:17-18)

Diese Verse skizzieren die fünf Pflichtgebete. Die Gebete, die an den Tagesenden - zu Beginn des Niedergangs der Sonne bis es dunkel wird - verrichtet werden sollen, sind das Mittags- und das Nachmittagsgebet.

Das arabische Wort für die deutsche Übersetzung *in den Stunden der Nacht, die dem Tage näher sind* (11:114) lautet *Zulaf* und ist eine Pluralform. Im Arabischen gehören zum Plural mindestens drei Dinge. Dies lässt darauf schließen, dass hier die drei Gebete gemeint sind, die der Nacht zuzuordnen sind (d.h., das Abendgebet, das Nachtgebet und das Gebet zur Morgendämmerung). Diese insgesamt fünf Gebete wurden den Muslimen während der

Himmelsreise des Gesandten im neunten Jahr seiner Prophetenschaft, vier Jahre vor der Hidschra, auferlegt.

Auch Vers 17:78 spielt auf die Pflichtgebete und deren Zeiten
an. *Vom Neigen der Sonne an* bedeutet: nachdem die Sonne ihren
Scheitelpunkt überschritten hat, und weist daher auf das Mittagsgebet hin. Unmittelbar nach Sonnenuntergang und nach Einbruch
der Nacht sind das Abendgebet bzw. das Nachtgebet zu verrichten.
Der Vers erwähnt darüber hinaus insbesondere das Gebet zu Tagesanbruch wegen seiner Wichtigkeit, und fordert uns dazu auf, in
diesem Gebet den Koran zu rezitieren; denn der Gesandte pflegte
während dieses Gebets seine Rezitation auszudehnen.

Einige Hadithe (z.B. Tirmidhi, *Salat*, 1) geben die Aussagen
des Propheten bezüglich der exakten Gebetszeiten wider. Diesen
Hadithen zufolge, aber auch der Praxis des Propheten und seiner
Gefährten gemäß liegen die Gebetszeiten wie folgt:

- Das *Fadschr*-Gebet (Morgengebet) wird vom Beginn der Mor-
  gendämmerung bis vor Sonnenaufgang verrichtet.
- Das *Zuhr*-Gebet (Mittagsgebet) wird ab dem Moment, da die
  Sonne ihren Scheitelpunkt überschritten hat, bis zu jenem
  Zeitpunkt verrichtet, da der Schatten des Menschen genauso
  lang ist wie der Mensch selbst.
- Das *Asr*-Gebet (Nachmittagsgebet) wird ab dem Zeitpunkt, da
  der Schatten des Menschen genauso lang ist wie der Mensch
  selbst, bis zu dem Moment verrichtet, da die Sonne sich gelb färbt.
- Das *Maghrib*-Gebet (Abendgebet) wird zwischen dem Einsetzen
  der Abenddämmerung und deren Ende verrichtet.
- Das *Ischaʿ*-Gebet (Nachtgebet) wird zwischen Ende der Abenddämmerung und Aufziehen der Morgendämmerung verrichtet.
- Das *Dschum'a*-Gebet wird freitags während der Zeit des Mittagsgebets verrichtet.

An religiösen Festtagen wird eine Dreiviertelstunde nach Sonnenaufgang bis spätestens dann, wenn die Sonne ihren Scheitelpunkt erreicht, das *Id*-Gebet (Festtagsgebet) verrichtet.

Die Zeiten, zu denen nicht gebetet werden darf

- während Sonnenauf- und Sonnenuntergang;
- vom Sonnenaufgang bis zu dem Moment, da die Sonne die Länge eines Speeres am Horizont emporgeklettert ist (ca. eine Dreiviertelstunde nach Sonnenaufgang);
- wenn die Sonne ihren Scheitelpunkt erreicht hat bis zu jenem Moment, da sie sich leicht nach Westen bewegt;
- eine Dreiviertelstunde vor Sonnenuntergang. Nur wer nicht in der Lage war, das Nachmittagsgebet zur rechten Zeit zu verrichten, darf es bis zu dem Moment, da die Sonne im Westen zu verschwinden beginnt, nachholen. Zu dieser Zeit dürfen aber keine freiwilligen Gebete, sondern nur die Pflicht-*Rak'at* des Nachmittagsgebets verrichtet werden.

Die Bedeutung der unterschiedlichen Gebetszeiten[21]

Jede Gelegenheit zu beten eröffnet uns nicht nur die Gelegenheit, einen bedeutsamen Wendepunkt zu setzen, sondern ist gleichzeitig ein Spiegel der Macht der Verfügungsgewalt Gottes sowie Seiner universellen Wohltaten innerhalb dieser Verfügungsgewalt. Wir sind verpflichtet, die vorgeschriebenen Gebete zu den festgelegten Zeiten zu verrichten, um auf diese Weise dem Allmächtigen Majestätischen Einen noch größere Verehrung entgegenzubringen und Ihm für all die Wohltaten zu danken, die sich zwischen zwei Anlässen (Gebeten) angesammelt haben. Hierin liegt die erhabene und fundamentale Bedeutung der Pflichtgebete. Um sie besser verstehen zu können, sollten wir uns fünf Punkte vor Augen führen.

Erster Punkt

Jedes einzelne Gebet steht für die Anbetung und den Lobpreis Gottes und für die Dankbarkeit, die man Ihm gegenüber empfindet. Das heißt, Er ist dadurch zu verherrlichen, dass der Ausdruck

---

[21]   Teile dieses Kapitels sind dem 9. Wort des Buches Die Worte von Said Nursi entnommen.

Subhan'Allah (Allah sei gepriesen!) im Bewusstsein der Erhabenheit Gottes durch Worte und Handlungen artikuliert wird. Gott soll dadurch gepriesen und gerühmt werden, dass der Ausdruck *Allahu akbar* (Allah ist der Größte!) im Bewusstsein Seiner Vollkommenheit durch Worte und Handlungen ausgesprochen wird. Durch den Gebrauch des Ausdrucks *Al-Hamdu li'llah* (Aller Lobpreis gebührt Allah!) mit Herz, Zunge und dem ganzen Körper im Bewusstsein Seiner Gnade wird Gott Dank entgegengebracht. Daraus schließen wir, dass Anbetung, Lobpreis und Danksagung das Herzstück des Gebets bilden. Aus diesem Grunde kommen die drei Begriffe in allen Teilen des Gebets wie auch in allen dazu gehörigen Bewegungen und Worten vor. Darüber hinaus werden diese drei heiligen Sätze nach jedem Gebet jeweils 33-mal wiederholt, um die Ziele des Gebets zu bestätigen und zu vervollständigen. Die Bedeutung des Gebets wird also durch diese drei prägnanten Äußerungen zum Ausdruck gebracht.

Zweiter Punkt

Der Mensch, ein Diener Gottes, der sich seiner Fehler, Schwäche und Armseligkeit im Angesichte Gottes bewusst ist, wirft sich angesichts der Vollkommenheit Seiner Herrschaft, Seiner göttlichen Macht und Seines Mitgefühls voller Liebe und Erstaunen zu Boden. Mit anderen Worten: So, wie die Souveränität Seiner Herrschaft Demut und Gehorsam erfordern, verlangt Seine Heiligkeit von uns Menschen, unsere Schwächen zu erkennen und Ihn um Vergebung zu bitten. Außerdem wird von uns verlangt, dass wir erklären, dass Er frei von allen Mängeln und Fehlurteilen unbewusster Menschen ist, und über allen Schwächen Seiner Geschöpfe steht.

Die Vollkommenheit Seiner Macht erfordert, dass der Diener in Erkenntnis seiner Schwäche und der Hilflosigkeit aller anderen Geschöpfe in Verwunderung und Erstaunen über die Herrlichkeit der Werke des ewig um alles Anzuflehenden *Allah ist der Größte!* ausruft und Zuflucht bei Ihm sucht, indem er sich in tiefer Demut verneigt und sein Vertrauen auf Ihn setzt. Die unendlich große

Schatzkammer des Mitgefühls Gottes gebietet, dass der Diener von seinen eigenen Bedürfnissen und denen aller anderen Geschöpfe Zeugnis ablegt, indem er betet und Seine Hilfe erbittet. Daneben muss er in Form von Lobpreis und Danksagung mit dem Ausspre-chen der Worte *Al-Hamdu li'llah* die Segnungen Gottes verkünden. Zusammengefasst umfassen die Worte und Handlungen der hier beschriebenen Pflichtgebete all diese Bedeutungsinhalte, weshalb sie von Gott vorgeschrieben und festgelegt wurden.

Dritter Punkt

Die Menschheit ist eine Miniatur des gesamten Universums. Ent-sprechend ist die *Fatiha*, die erste *Sure* (das erste Kapitel) des Koran, eine glanzvolle Miniatur der gesamten Offenbarungsschrift. Das Gebet wiederum ist ein strahlendes Hinweiszeichen, das alle Arten der Verehrung umfasst. Es ist eine heilige Karte, die auf die unterschiedlichen Arten der Anbetung Gottes durch unterschiedli-che Arten von Lebewesen hindeutet.

Vierter Punkt

Die Abfolge von Tag und Nacht, Jahren und Lebensphasen eines jeden Individuums auf Erden ist gewissermaßen ein riesiger Zeit-messer, dessen Einzelteile wie die Rädchen und Zeiger einer Uhr funktionieren und durch ihre Bewegung Sekunden, Minuten und Stunden anzeigen. Zum Beispiel:

Die Zeit des Fadschr-Gebets (vor Sonnenaufgang), die für das Morgengebet festgesetzt ist und bis zum Sonnenaufgang geht, könnte man mit dem Anbruch des Frühling oder mit dem Moment vergleichen, in dem das Sperma im schützenden Mutterleib Zuflucht sucht; vielleicht auch mit den ersten sechs Tagen, während derer die Erde und die Himmel erschaffen wurden. Sie ruft uns in Erinnerung, wie Gott uns Seine Macht und Seine Handlungen zu solchen Zeiten und Anlässen zeigt.

Die Zeit des Zuhr-Gebets (unmittelbar nach dem Mittag) kann man mit dem Erreichen des Erwachsenenalters, mit dem Hochsommer oder mit der Zeit der Erschaffung des Menschen in der bereits existierenden Welt vergleichen. Sie weist auch auf die von Mitgefühl zeugenden Manifestationen Gottes und auf die reichhaltigen Segnungen bei jenen Ereignissen und in jenen Phasen hin.

Die Zeit des Asr-Gebets (nachmittags) ähnelt dem Herbst, einem fortgeschrittenen Lebensalter und der Zeit des letzten Propheten, an die man sich unter dem Namen ‚Zeit der Glückseligkeit‘ erinnert. Sie ruft uns die Handlungen Gottes und das Wohlwollen des Barmherzigen, das sich in ihnen äußert, ins Gedächtnis.

Die Zeit des Maghrib-Gebets (nach Sonnenuntergang) lässt uns an den Tod sehr vieler Geschöpfe am Ende des Herbstes und an den Tod des Menschen denken. Sie warnt uns vor der Zerstörung der Welt zu Beginn der Phase der Wiederauferstehung und lehrt uns ferner wie die Manifestationen der Majestät Gottes zu verstehen sind. Auf diese Weise weckt sie uns aus einem tiefen Schlaf der Nachlässigkeit.

Die Zeit des Ischaʿ-Gebets (bei Einbruch der Dunkelheit) gemahnt uns an die Welt der Finsternis, die alles am Tage Sichtbare mit ihrem schwarzen Leichentuch bedeckt, und an den Winter, der die Oberfläche der toten Erde mit seinem weißen Totenhemd überzieht. Sie ruft uns auch die bleibenden, aber vergessenen Werke der Toten in Erinnerung und macht uns auf den unvermeidbaren vollständigen Niedergang dieser Welt, die nicht mehr als ein Ort der Prüfung ist, aufmerksam. Somit verkündet die Zeit des *Ischaʿ*-Gebets die eindrucksvollen Werke des Unvergleichlichen Erhabenen Einen. Wenn sich der Mensch nachts den Winter, das Grab oder auch die Zwischenwelt vergegenwärtigt, dann erinnern sie ihn daran, wie sehr der menschliche Geist tatsächlich auf die Gnade des Barmherzigen angewiesen ist.

Das *Tahadschud*-Gebet im späteren Teil der tiefen Nacht erinnert und ermahnt uns, dass dieses Gebet in der Finsternis des Grabes ein unentbehrliches Licht sein wird. Der Mensch verkündet durch dieses Gebet, wie würdig Gott des Lobpreises und des Dankes ist, indem er sich der unendlichen, ihm im Rahmen all dieser außerordentlichen Ereignisse vom Wahrhaft Schenkenden gewährten Wohltaten besinnt.

Der folgende Morgen ist eine Zeit, die auf den Morgen nach der Wiederauferstehung hinweist. Genauso folgerichtig, notwendig und sicher wie der Glaube daran, dass der Morgen der Nacht und der Frühling dem Winter folgt, ist auch, dass sich dem Zwischenleben der Morgen der Auferstehung oder ein neuer Frühling anschließt.

Jeder festgelegte Zeitpunkt für die fünf täglichen Pflichtgebete stellt also einerseits den Beginn eines unbedingt notwendigen Wendepunktes, gleichzeitig eine Erinnerung an bedeutendere Revolutionen oder Wendepunkte im Leben des Universums dar. Dadurch, dass uns die Gebetszeiten Tag für Tag die Ehrfurcht gebietende Verfügungsgewalt des ewig um alles Anzuflehenden vor Augen führen, rufen sie uns die Wunder der Macht Gottes und die Geschenke Seiner Barmherzigkeit in jedem Jahr, in jedem Zeitalter und in jeder Epoche wieder in Erinnerung. Die Pflichtgebete, die einen natürlichen Dienst an Gott, die Grundlage Seiner Verehrung und eine unbestreitbare Verpflichtung für den Menschen darstellen, sind somit den jeweiligen Zeiten angemessen.

Fünfter Punkt

Der Mensch wurde als ein schwaches Wesen erschaffen, den alles interessiert, berührt und betrübt. Er ist ausgesprochen hilflos, die ihn bedrückenden Katastrophen und Feinde sind zahlreich. Er ist ein äußerst armseliges und sehr bedürftiges Geschöpf. Träge ist er und hilflos, und die Last seines Lebens wiegt schwer. Als menschliches Wesen steht er mit seiner ganzen Umwelt in Verbindung. Der Verlust dessen, was er liebt und mit dem er vertraut ist, und der Kummer, der ihn auf Grund dieses Verlusts trifft, setzen ihm immer wieder zu. Seine Mentalität und seine Sinne inspirieren ihn, sich hohe Ziele zu setzen und weisen auf immer während Belohnungen hin. Andererseits ist er ungeduldig und machtlos. Seine Lebensspanne ist kurz.

Jeder menschliche Geist profitiert davon, dem Barmherzigen Gnädigen Einen am frühen Morgen zur Zeit des *Fadschr*-Gebets am Gerichtshof Seiner Allmächtigen Hoheit Bitten, Andacht und Gebet vorzutragen und Erfolg und Unterstützung bei Ihm zu suchen. Dieses Gebet vermag dem Menschen dabei zu helfen, die Schwierigkeiten und Belastungen, denen er sich am Tag vielleicht gegenüber sehen wird, zu ertragen und durchzustehen.

Das *Zuhr*-Gebet wird zu einer Tageszeit verrichtet, an der der Tag seinen Zenit erreicht hat und beginnt, seiner Vollendung entgegen zu streben. Menschen unterbrechen ihre Arbeit, um sich kurzzeitig von geschäftlichen und anderen Dingen auszuruhen. Ihr Geist benötigt eine Ruhepause, weil ihn die harte Arbeit unempfindlich und achtlos gemacht hat. Hier manifestieren sich die Segnungen Gottes in aller Deutlichkeit. Ein Mensch, der nicht erkennt, wie gut, notwendig, angenehm und angemessen die Verrichtung des Mittagsgebets ist, ist kaum als wahrhaft menschlich zu betrachten. Denn dieses Gebet bietet dem Menschen die Gelegenheit, die Belastungen und die Achtlosigkeit des täglichen Lebens hinter sich zu lassen, demütig vor dem Wahren Spender der Wohltaten zu stehen, Dankbarkeit Ihm gegenüber zum Ausdruck zu bringen und Ihn um Hilfe zu bitten. Der Mensch verneigt sich, um seine Hilflosigkeit vor der Herrlichkeit und Macht Gottes zu bezeugen, und wirft sich zu Boden, um sein Erstaunen, seine Liebe und seine Demut gegenüber der ewigen Vollkommenheit und der unvergleichlichen Würde Gottes zu artikulieren.

Was nun die Tageszeit des *Asr*-Gebets am Nachmittag betrifft, so ähnelt diese der traurigen Jahreszeit des Herbstes, dem trübseligen Stadium des hohen Alters und der erschütternden Phase am Ende der Zeit. Mit diesem Gebet werden wir ermahnt, über jene Zeitabschnitte nachzudenken. Zur Zeit des *Asr*-Gebets sind die Aufgaben des Tages bereits fast bewältigt. Viele Gunstbeweise Gottes wie Gesundheit, Sicherheit und die Fähigkeit, Gott zu dienen, wurden uns bereits zuteil. Wir erleben, wie die Sonne am Horizont immer mehr verblasst und schließlich den Beweis antritt, dass alles vergänglich ist: Was heute noch präsent ist, ist morgen vielleicht schon erloschen. Der Mensch, der sich nach der Ewigkeit sehnt und für sie erschaffen wurde, der den ihm gewährten Wohltaten gegenüber Ehrfurcht bekundet, aber bekümmert ist, von geliebten Menschen getrennt zu sein, erhebt sich nun, vollzieht den *Wudu'* und verrichtet sodann das vorgeschriebene Gebet.

Jeder aufrichtige Mensch sollte verstehen, welch erhabene Pflicht, welch angemessener Dienst, welch vernünftiger Weg, eine Schuld zu begleichen, und welch angenehmes Vergnügen die Verrichtung des Nachmittagsgebets darstellt. Denn durch das Bittgebet am unvergänglichen Gerichtshof des Ewigen, des nie Vergehenden, Sich Selbst Erhaltenden, durch die Zufluchtsuche bei Seiner unendlichen Barmherzigkeit, durch Danksagung und Lobpreis für Seine unzähligen Gunstbeweise, durch die demütige Verbeugung vor der Macht und Herrlichkeit Seiner Herrschaft und durch die Niederwerfung vor Seiner Ewigen Göttlichkeit in vollkommener Bescheidenheit erlangt der Mensch Seelenfrieden und findet wahren Trost und Wohlbehagen für seinen Geist.

Der Abend erinnert uns an den Winteranfang und den betrüblichen Abschied von den zerbrechlichen Geschöpfen des Sommers und des Herbstes. Er gemahnt uns auch an die bedauerliche Trennung von lieb gewonnenen Menschen durch den Tod. Außerdem ruft er uns die Zeit ins Gedächtnis, zu der das Sonnenlicht der Erde, des Ortes unserer Prüfung, endgültig ausgelöscht werden wird und die Bewohner dieser Welt nach dem Zusammenbruch, der aus den allerletzten, verhängnisvollen Erdbeben resultiert, in die andere Welt auswandern werden. Der Abend ist auch eine ernst zu nehmende Warnung an jene, die vergängliche und kurzlebige geliebte Menschen anbeten, die doch alle eines Tages sterben müssen.

Zur Zeit des Abendgebets wendet sich der menschliche Geist, der sich von Natur aus nach dem Ewigen Schönen sehnt, dem Ewig Lebenden zu, der alle Geschehnisse und Phänomene erschafft und gestaltet und die riesigen Himmelskörper befehligt. Der Abend ist eine Zeit, zu der der Mensch sich weigert, sich auf irgendetwas

Begrenztes zu verlassen und laut *Allahu akbar* - Allah ist der Größte!
- ruft. Dann spricht er *Al-Hamdu li'llah* - Aller Lobpreis gebührt
Allah! - und preist Gott im Bewusstsein Seiner fehlerlosen Vollkommenheit, Seiner unvergleichlichen Schönheit und Würde und Seiner
unendlichen Barmherzigkeit. Durch die Rezitation der Worte *Dir
(allein) dienen wir, und Dich (allein) bitten wir um Hilfe* (1:5) betet
der Mensch Seine von fremder Hilfe unabhängige Herrschaft, Seine
von Partnern autonome Göttlichkeit und Seine ungeteilte Souveränität an und sucht dort Rat. Danach verbeugt sich der Mensch vor
Gottes unendlicher Größe, vor Seiner grenzenlosen Macht, Seiner
vollkommenen Ehrenhaftigkeit und Herrlichkeit und demonstriert
auf diese Weise zusammen mit der gesamten Schöpfung die eigene
Schwäche, Hilflosigkeit, Demut und Armseligkeit. Er spricht:
„Gepriesen sei mein Herr, der Allmächtige!" Nun wirft sich der
Mensch im Bewusstsein der unsterblichen Schönheit und Würde Seines Wesens, Seiner unveränderlichen heiligen Eigenschaften und Seiner konstanten ewigen Vollkommenheit vor Ihm zu Boden. Dadurch,
dass er sich von allem außer von Ihm loslöst, tut der Mensch staunend
und sich selbst außer Acht lassend seine Liebe und Bereitschaft zu dienen kund. Er trifft auf den Beständigen und Barmherzigen Ewigen
Einen. Durch die Worte „Gepriesen sei mein Herr, der Erhabene!"
bringt er zum Ausdruck, dass sein erhabener Gott frei von allen Mängeln und Fehlern ist.

Danach setzt sich der Mensch ehrfurchtsvoll nieder und bietet
dem Ewigen, Allmächtigen und Majestätischen Einen an, alle
Geschöpfe zu lobpreisen. Er bittet Gott, dass Er Seinem heiligen
Gesandten Muhammad Frieden und Segen gewähre. Indem er so
handelt, erneuert er seine Loyalität dem Gesandten Gottes gegenüber
und verkündet, dass er dessen Anweisungen befolgen wird. Er bekräftigt und stärkt seinen Glauben und bezeugt, indem er die weise Ordnung dieses Palastes namens Universum achtet, die Einheit des
Schöpfers und die Eigenschaft Muhammads als Gesandter, Herold
der Herrschaft, Verkünder dessen, was Sein Wohlwollen hervorruft,
und Deuter der Zeichen und Verse des Buchs des Universums.

Wie kann man denn ein wahrer Mensch sein, solange man nicht bemerkt, um welch angenehme Pflicht es sich beim Abendgebet handelt, um welch wertvollen und erfreulichen Akt des Dienens, um welch wunderschöne Form der Anbetung, um welch ernsthafte Angelegenheit, um welch bedeutsames Zwiegespräch mit dem Schöpfer und um welch beständiges Glück in diesem vergänglichen Gästehaus?

Die Zeit des *Ischaʿ*-Gebets, bei der es sich um die Tageszeit handelt, zu der die am Horizont noch verbliebenen letzten Spuren des Tages verschwunden sind und die Nacht die Erde bedeckt, erinnert uns an die mächtige Verfügungsgewalt der Herrschaft Gottes als Wandler von Tag und Nacht und an die Aktivitäten des Vollkommenen Weisen als Beherrscher der Sonne und des Mondes. Verfügungsgewalt und Herrschaft können beobachtet werden, wenn Er die helle Seite des Tages auf die schwarze Seite der Nacht dreht und die schöne farbenprächtige Handschrift des Sommers in die frostige weiße Seite des Winters verwandelt. Diese Tageszeit ruft uns, genauso wie die Tatsache, dass im Laufe der Zeit auch die letzten verbleibenden Werke der Toten in der Sphäre der Lebenden in Vergessenheit geraten, die Handlungen Gottes als Schöpfer von Leben und Tod in Erinnerung. Es ist eine Zeit, die uns gemahnt, an die majestätische Verfügungsgewalt und an die anmutigen Manifestationen Gottes als Schöpfer der Himmel und der Erde zu denken - Manifestationen, die sich in der vollkommenen Zerstörung dieser begrenzten, vergänglichen und bescheidenen Welt widerspiegeln, die von enormen Tumulten und Erschütterungen und von der Ausbreitung der weiten, ewigen und majestätischen Welt des Jenseits begleitet sind. Diese Zeit erinnert uns auch daran, dass nur der Eine, der so einfach den Tag in die Nacht, den Winter in den Sommer und diese Welt in die jenseitige Welt verwandeln kann, der Eigentümer und Wahre Meister des Universums ist. Er allein ist würdig, angebetet und wirklich geliebt zu werden.

Deshalb verrichtet der unendlich hilflose, schwache, unermesslich arme und bedürftige menschliche Geist, der durch vielerlei Umstände bald hierhin, bald dorthin geworfen und in eine dunkle, unbekannte Zukunft gewirbelt wird, bei Anbruch der Nacht das *Ischaʿ*-Gebet. Die Bedeutung dieses Gebets ist im folgenden Koranvers zu finden: Wie Abraham sagt der Mensch *„Ich liebe nicht die Untergehenden"* (6:76) und sucht durch seine Gebete am Gerichtshof des ewig Lebenden, immerfort Angebeteten und ewig Geliebten Zuflucht. Aus dem vergänglichen Leben dieser finsteren, flüchtigen Welt und aus der dunklen Zukunft heraus richtet er sein Flehen an den Beständigen und immer Währenden. Für einen Augenblick nicht endenden Gespräches und für einige Sekunden unsterblichen Lebens bittet er darum, die Gunstbeweise des Barmherzigen und Mitfühlenden Einen und das Licht Seiner Rechtleitung zu erhalten. Denn sie werfen ihren Schein auf die Welt des Menschen, erleuchten seine Zukunft und verbinden die vom Ableben aller Geschöpfe und Freunde zugefügten Wunden.

Der Mensch vergisst die Welt, die ihn mit der Nacht allein gelassen hat, und schüttet die Sorgen seines Herzens unter Tränen vor dem Gerichtshof der Barmherzigkeit aus. Bevor der todesähnliche Schlaf kommt und ihn möglicherweise nicht mehr erwachen lässt, erfüllt er seine ‚letzte' Gebetspflicht des Tages. Um die Liste seiner tagsüber verrichteten Handlungen zu einem positiven Abschluss zu bringen, erhebt er sich zum Gebet. Das heißt, er steht auf, um sich in die Gegenwart des Ewig Geliebten und Angebeteten zu begeben und sich von den Sterblichen, denen er den ganzen Tag verbunden war, abzuwenden. Er überlässt sich der Präsenz des Allmächtigen und Großzügigen Einen, nicht mehr den unqualifizierten Geschöpfen, die er den ganzen Tag über angebettelt hat. Er hofft, von den Sünden der unzulänglichen Geschöpfe, vor denen er den ganzen Tag gezittert hat, reingewaschen zu werden.

Er beginnt sein Gebet mit der *Fatiha*, der Eröffnungssure des Koran. Statt den fehlerhaften und bedürftigen Geschöpfen unzulässigerweise zu schmeicheln und sich ihnen zu verpflichten, rühmt und preist er den Herrn der Welten, den Vollkommenen und Sich Selbst Genügenden, den Mitfühlenden und Großzügigen Einen. Dann fährt er mit den Worten fort: *Nur Dir dienen wir, und Dich beten wir an.* Trotz seiner Unscheinbarkeit und seines Alleinseins erlangt der

Mensch also durch seine Beziehung zu dem Herrn des Tages des Jüngsten Gerichtes, dem Ewigen Erhabenen Einen, den Status eines gern gesehenen Gastes und eines bedeutenden Offiziers des Universums. Durch die Erklärung *Nur Dir dienen wir, und Dich beten wir an, und nur Dich bitten wir um Hilfe* betet er Gott im Namen aller Geschöpfe an und fleht um Seine Unterstützung für die gesamte, riesige Gemeinschaft aller Geschöpfe. Dann bittet er dadurch, dass er *Führe uns den geraden Weg!* spricht, auf den geraden strahlenden Weg, der zum ewigen Glück leitet, geführt zu werden.

Nun ist es an der Zeit, *Allah ist der Größte!* zu sprechen und sich in spirituellen Betrachtung der Erhabenheit des Majestätischen zu verbeugen. Denn Dessen Anordnungen unterwerfen sich die schlafenden Pflanzen und Tiere ebenso wie die verborgenen Sonnen und die stillen Sterne, die Lampen und Dienern in diesem Gästehaus der Welt ähneln, als seien sie gehorsame Soldaten.

Der Mensch denkt nun an die große Niederwerfung aller Geschöpfe, wenn auf Gottes Befehl *Sei!* hin all die verschiedenen Arten von Geschöpfen aller Zeitalter und aller Epochen - inklusive der Erde und des Universums - wie eine wohl geordnete Armee gehorsamer Soldaten von ihren Pflichten entbunden, das heißt, in die Welt des Unsichtbaren entsandt werden. Angesichts ihres Lebens und ihres Sterbens werfen sie sich zu Boden und erklären in vollkommenen geordneten Reihen *Allah ist der Größte*. Und wenn sie im Frühling durch den Befehl *Sei!* mit einem neues Leben spendenden Trompetensignal geweckt werden, erheben sie sich und sind gewappnet, ihrem Herrgott zu dienen. Auch der unscheinbare Mensch folgt ihnen und erklärt in der Gegenwart des Barmherzigen Vollkommen, des Gnädigen Mitfühlenden Einen in von Staunen ergriffener Liebe, mit einer Demut, die auf die Ewigkeit gerichtet ist, und mit ehrwürdiger Zurückhaltung: *Allah ist der Größte*. Auch er wirft sich zu Boden und erlebt so eine Art Himmelsreise. Nun wird deutlich, welch angenehme, vorteilhafte, glückliche, erhabene, edle, wunderbare, vernünftige und angemessene Pflicht, welch Akt der Anbetung und welch ernste Angelegenheit die Verrichtung des Ischa'-Gebets darstellt.

Da nun also jede dieser fünf Gebetszeiten ein Hinweis auf eine gewaltige Revolution, ein Zeichen der ungeheuren Aktivität Gottes sowie ein Symbol für Seine universellen Gunstbeweise ist, künden auch die vorgeschriebenen Gebete selbst von vollkommener Weisheit.

Adhan (Der Ruf zum Gebet)

Der *Adhan* ruft die Muslime zum Gebet. Obwohl er aus nur wenigen Worten besteht, enthält er die Grundlagen des Glaubens. Er bringt die Glaubenspraxis des Islam zum Ausdruck, stellt eine Form der Anbetung dar und ist eines der spezifischen Symbole des Islam, die anzeigen, dass der Ort, an dem der Ruf erklingt, ein muslimischer Ort ist. Der *Adhan* erklingt zu Beginn jedes Pflichtgebets und sollte von dem Mann kundgetan werden, der dies am besten kann. Selbst wenn jemand das Gebet allein verrichtet, wird ihm dringend empfohlen, davor den Ruf zu tätigen.

Die Formeln des *Adhan* lauten im Einzelnen:

- *Allahu akbar* (Gott ist der Größte!): viermal wiederholt;
- *Aschhadu an la Ilaha illa'llah* (Ich bezeuge, dass es keine Gottheit außer Allah gibt!): zweimal;
- *Aschhadu anna Muhammadan Rasulu'llah* (Ich bezeuge, dass Muhammad der Gesandte Gottes ist!): zweimal;
- *Hayya ala s-Salah* (Kommt zum Gebet!): zweimal;
- *Hayya ala l-Falah* (Kommt zur Erlösung!): zweimal;
- *Allahu akbar* (Gott ist der Größte!): zweimal;
- *La Ilaha illa'llah* (Außer Allah gibt es keine Gottheit!): einmal;

Zum *Adhan* des Morgengebets gehört die zweimal wiederholte Proklamation *As-Salutu khayrun min an-Nawm* (Das Gebet ist besser als der Schlaf!) nach dem *Hayya ala l-Falah*. Der Gesandte Gottes riet uns nachdrücklich, nach dem Adhan auch tatsächlich zu beten.

Obligatorische Handlungen vor dem Gebet

Für ein vollständiges Gebet, das von Gott akzeptiert wird, müssen folgende Handlungen ausgeführt werden.

- Der Betende muss sich von allen größeren und kleineren Verunreinigungen befreien, indem er *Ghusl* (die Ganzwaschung) bzw. *Wudu'* (die kleinere Waschung) vollzieht. Wenn jemand seinen *Wudu'* zwischen zwei Gebetszeiten nicht gebrochen hat, braucht dieser vor dem anstehenden Gebet nicht erneuert zu werden. Der Prophet empfahl uns, beim *Wudu'* auch die Zähne mit einem *Miswak* (einer Zahnbürste) oder zumindest mit einem anderen sauberen Gegenstand zu putzen.

- Körper, Kleidung und Gebetsort müssen von allen Unreinheiten befreit werden. Die Verunreinigungen, die das Gebet ungültig machen, wurden bereits im Kapitel ‚*Tahara*' erwähnt. Sie lassen sich in zwei Gruppen unterteilen: *Nadschasat ghaliza* (grobe Unreinheiten) und *Nadschasat khafifa* (kleine Unreinheiten). Erbrochenes, Urin, Kot, *Wadi* (ein dickflüssiges Sekret, das nach dem Urinieren ausgeschieden wird), *Mazi* (eine klebrige Flüssigkeit, die bei sexuellen Gedanken aus den Sexualorganen fließt), Prostataflüssigkeit und Sperma zählen zu den groben Unreinheiten. Auch der Urin, der Speichel und das Blut aller Tiere, deren Fleisch untersagt ist, und die Exkremente aller Tiere mit Ausnahme jener Vögel, deren Fleisch verzehrt werden darf, die Ausscheidungen aller Arten von Geflügel (z.B. von Gänsen, Hühnern und Enten) sowie Schwein und Alkohol gelten als grobe Unreinheiten. Jeder Klumpen Dreck, der über drei Gramm wiegt, und jede dreckige Flüssigkeit, die sich über die Größe der Handfläche des Menschen erstreckt, macht das Gebet ungültig.

- Der Urin von Pferden, von Haustieren und von wilden Tieren, deren Verzehr erlaubt ist, gilt als leichte Unreinheit (*Nadschasa khafifa*). Wenn mehr als ein Viertel eines Körpergliedes oder mehr als ein Viertel der Kleidung davon verdreckt sind, ist das Gebet ebenfalls ungültig.

- Die Körperzonen, die nicht in der Öffentlichkeit zur Schau gestellt werden sollen, sind zu bedecken. Für Männer ist dies die Region von den Knien bis zum Bauchnabel und für Frauen der ganze Körper mit Ausnahme der Hände, des Gesichts und der Füße.

- Während des Gebets wendet sich der Betende zur *Qibla* (in Richtung der Kaaba von Mekka). Wer nicht weiß, welche die richtige Richtung ist, muss versuchen, es herauszufinden. Wer sich danach trotzdem versehentlich einer falschen Richtung zuwendet, dessen Gebet ist gültig. Wenn sich die Brust während des Gebets von der *Qibla* abwendet, wird das Gebet dadurch ungültig. Wenn das Gesicht auch nur einen Moment lang abschweift, muss der Betende es unverzüglich wieder auf die *Qibla* ausrichten.

- Das Gebet muss zur vorgegebenen Zeit verrichtet werden.

Obligatorische Handlungen während des Gebets

- Zunächst gilt es, die Absicht zu formulieren, ein bestimmtes Gebet zu verrichten. Bukhari, Muslim und Abu Dawud überliefern von Umar folgende Worte des Propheten:

> *Handlungen werden nach ihrer Absicht beurteilt. Der Mensch wird für das belohnt, was er zu tun beabsichtigt. Jeder, der für Gott und Seinen Gesandten emigriert, ist für Gott und Seinen Gesandten emigriert. Jeder, der aus weltlichen Gründen oder um zu heiraten emigriert, ist für das emigriert, was er beabsichtigt hat.* [22]

Die Absicht bildet also Ziel und Zweck der Dinge. Sie ist eine Handlung des Herzens, die nicht laut vorgetragen zu werden braucht. Aus diesem Grunde taten der Prophet und die Gefährten ihre Absichten auch nicht immer öffentlich kund.

- Dann sollte man den Eröffnungs-*Takbir* sprechen und mit dem Gebet beginnen. Immer wenn der Gesandte Gottes vorhatte zu beten, stellte er sich aufrecht hin, erhob die Hände bis auf die Höhe seiner Ohren und sagte, die Handflächen in Richtung *Qibla* gewandt: *Allahu akbar.*

- Während der Rezitation der Eröffnungssure des Koran, der *Fatiha*, und bestimmter anderer Verse sollte man stehen. Während der Verrichtung der Pflichtgebete sollte man generell stehen, sofern dies möglich ist. Falls nicht, kann das Gebet auch

---

[22] Bukhari, *Badʿ al-Wahy*, 1; Muslim, Iman, 155

im Sitzen oder gegebenenfalls auf der rechten Seite liegend verrichtet werden. Die Füße sollten beim Stehen die Spannweite einer Hand oder ein wenig weiter auseinander platziert werden. Die freiwilligen, über das Pflichtmaß hinaus gehenden Gebete können auch im Sitzen verrichtet werden, obgleich das Stehen eine höhere Belohnung abwirft.

- Während der ersten beiden Zyklen (*Rak'at*; sing.: *Rak'a*) der Pflichtgebete und während jeder *Rak'a* der notwendigen (*Wadschib-*), empfohlenen (*Sunna-*) und zusätzlichen (*Nafila-*) Gebete ist die Rezitation der Sure *Al-Fatiha* und eines weiteren Teils des Koran obligatorisch. Im letzten Zyklus (d.h., bei der dritten *Rak'a* des Abendgebets und bei den letzten beiden *Rak'at* der vorgeschriebenen Mittags-, Nachmittags- und Abendgebete) empfiehlt sich eine Rezitation der *Fatiha*. Alternativen sind jedoch, Gott zu rühmen (*Subhan'Allah*), Ihn zu lobpreisen (*Al-Hamdu li'llah*), Ihn zu verherrlichen (*Allahu akbar*) und Seine Einheit zu verkünden (*La Ilaha illa'llah*). Der Teil des Koran, der im Anschluss an die *Fatiha* rezitiert wird, sollte mindestens so lang wie die kürzeste Sure des Koran (*Al-Kawthar*) sein. Im Gebet darf keine Übersetzung des Koran rezitiert werden; denn der Koran besteht sowohl aus Bedeutung als auch aus Formulierung. Beide wurden von Gott offenbart.

- Nun soll man sich verneigen und eine Zeit lang in dieser Position (*Ruku'*) verharren (lange genug, um dreimal die Worte Subhan'Allah zu sprechen). Die Position des Ruku' beinhaltet, die Knie zu beugen, sie mit den Handinnenflächen zu umfassen und die Finger dabei leicht abzuspreizen. Diese Position soll der Betende solange halten, bis er einen Zustand der Ruhe erreicht. Während der Beugung soll der Rücken gerade gehalten werden.

- Die Niederwerfung (*Sudschud*). Der Gesandte Gottes erklärte:

Werft euch solange zu Boden, bis ihr in eurer Niederwerfung einen Zustand der Ruhe erreicht habt; dann erhebt euch, (und setzt euch hin) bis ihr beim Sitzen einen Zustand der Ruhe erreicht habt; dann werft euch solange zu Boden, bis ihr in eurer Niederwerfung einen Zustand der Ruhe erreicht habt.

Die erste Niederwerfung, das anschließende Sitzen, die zweite Niederwerfung und der Zustand der Ruhe bei diesen Handlungen während jeder einzelnen *Rak'a* sind bei jedem Gebet vorgeschrieben.

Bukhari berichtet, dass der Gesandte Gottes bezüglich der Körperteile, die während der Niederwerfung den Boden berühren müssen, sagte:

> *Mir wurde aufgetragen, mich auf sieben Körperteile niederzuwerfen: auf die Stirn (und er deutete auch auf seine Nase), die Hände, die Knie und die Spitzen der Zehen.*

- Das abschließende Sitzen und die Rezitation des *Taschahhud*. Bei der letzten *Rak'a* des Gebets soll der Betende solange sitzen, dass ihm genug Zeit bleibt, vor Ende des Gebets den *Taschahhud* zu rezitieren und den linken und rechten Nachbarn mit den Worten *As-Salamu alaykum wa Rahmat'ullah*. (Der Friede und die Gnade Gottes seien mit dir!) zu grüßen. Während er sitzt, spricht der Betende den *Taschahhud* oder die *Tahiyyat* und ruft den Frieden und Segen Gottes auf Muhammad und seine Familie herab.

Notwendige (aber nicht obligatorische) Dinge, die das Gebet vervollständigen

- Um das Gebet abzurunden, sollte man korrekt, wohlartikuliert und verständlich rezitieren. Man sollte alle obligatorischen Handlungen fehlerfrei und in der richtigen Reihenfolge ausführen. Man sollte innere Ruhe finden, den Körper im Stehen, bei der Verbeugung und bei der Niederwerfung strecken. Man sollte sich verbeugen, niederwerfen und stehen, nachdem man sich verbeugt hat und bevor man sich niederwirft. Und zwischen zwei Niederwerfungen sollte man sich mindestens so lange hinsetzen, dass man in der Zeit ein *Subhan'Allah* sprechen kann.
- Wenn es keinen wichtigen Grund gibt, der dagegen spricht, sollte das Gebet in der Gemeinschaft verrichtet werden.
- Wer allein betet, sollte sowohl bei den Pflichtgebeten als auch bei den freiwilligen Gebeten, die bei Tage verrichtet werden, die

Fatiha und einen Teil des Koran stimmlos rezitierten. Die Nacht-
gebete können ebenfalls stimmlos oder auch laut verrichtet werden. Beim gemeinschaftlichen Gebet sollte der *Imam* (der Leiter
des Gebets) sämtliche *Rak'at* von Morgen-, Freitag-, *Tarawih-*
und *Witr*-Gebet und außerdem die ersten beiden *Rak'at* von Mit-
tags- und Nachmittagsgebet sowie die letzte *Rak'a* des Abendgebets und die letzten beiden *Rak'at* des Nachtgebets laut hörbar
rezitieren.

- Zwischen der zweiten und dritten *Rak'a* der Gebete, zu denen
  drei oder vier *Rak'at* gehören, sollte man sitzen.
- Die obligatorischen Handlungen während des Gebets sollten
  der Reihe nach ausgeführt werden, ohne dass diese Reihe unter-
  brochen wird.
- Zum Abschluss des Gebets sollte man zur Rechten und zur
  Linken mit den Worten *As-Salamu alaykum wa Rahmat'ullah*
  grüßen.[23]
- Aufrichtigkeit, Bescheidenheit und Konzentration. Das Gebet ist
  die wichtigste Form der Anbetung; daher muss es so nutzbrin-
  gend wie möglich verrichtet werden. Neben dem Vollzug der
  obligatorischen und erforderlichen Handlungen ist es von größter
  Wichtigkeit, bescheiden, aufrichtig und konzentriert zu beten.

Sunna-Handlungen

Jedes Gebet beinhaltet bestimmte *Sunna*-Handlungen, die der
Gesandte vollzog und auch den Muslimen empfahl. Diese Handlungen runden das Gebet ab und tragen dazu bei, dass es eine
höhere Belohnung einträgt.

- Zu Beginn des Gebets, während der Eröffnungs-*Takbir* gesprochen wird, sollte man die Hände (den Hanafiten zufolge) bis zu
  den Ohren erheben und mit den Daumen die Ohrläppchen
  berühren.

---

[23]   Gegrüßt werden Gebetsnachbarn und die beiden Engel, die auf der rechten bzw. linken Seite des Betenden sitzen.

- Den Hanafiten zufolge sollten die Hände unter dem Bauchnabel platziert werden (den Schafi'iten zufolge unter der Brust). Dabei sollte die rechte Hand das Handgelenk der linken Hand umfassen.
- Das Gebet sollte mit einem Bittgebet des Propheten beginnen. Dieses wird nach dem Eröffnungs-*Takbir* und vor der Rezitation der *Fatiha* gesprochen. Die Hanafiten beten: *Subhanaka'l-lahumma wa bi-Hamdik. Wa tabaraka'smuk. Wa ta'ala Dschadduk. Wa la Ilaha ghayruk.* (Gepriesen seist Du, o Gott, und Dir gebührt Lobpreis. Gesegnet sei Dein Name, und unerreicht ist Dein Ruhm. Außer Dir gibt es keinen Gott!) Die Schafi'iten beten: *Inni wadschahtu Wadschhi li'lladhi fatara 's-Samawati wa'l-Ardi Hanifan wa ma ana min al-Muschrikin. Inna Salati wa Nusuki wa Mahyaya wa Mamati lli'llahi Rabbi'l-Alamin; la Scharika lah, wa bi-dhalika umirtu; wa ana min al-Muslimin.* (Ich habe als aufrichtiger Untergebener mein Antlitz dem Einen zugewandt, der die Himmel und die Erde erschaffen hat. Ich bin kein Polytheist. Meine Gebete, mein Opfer, mein Leben und mein Tod gehören Gott, dem Herrn der Welten. Er hat keine Partner. Dies wurde mir aufgetragen, und ich bin einer derer, die gehorchen!) Andere Bittgebete, die auf den Gesandten Gottes zurückgehen, können ebenfalls vor der *Fatiha* rezitiert werden.
- Vor der Rezitation der *Fatiha* sollte *Amin* gesagt werden.
- Die Rezitation von längeren Passagen des Koran nach der *Fatiha* bei Morgengebet (ca. eine Seite oder mehr während jeder *Rak'a*, wobei die erste Passage die längste sein sollte), Mittags- und Nachmittagsgebet (je ca. eine Seite). Darüber hinaus eine ähnlich lange oder etwas kürzere Passage beim Abendgebet und kurze Passagen beim Nachtgebet.
- Das Sprechen des *Takbir* bei jeder Verbeugung, bei jedem Hinsetzen, bei jeder Niederwerfung und bei jedem Wiederaufrichten nach der Niederwerfung sowie bei jedem Wiederaufrichten nach dem Sitzen. Beim Wiederaufrichten nach der Verbeugung sollten alle Muslime sagen: *Sami'a-llahu li-man hamidah.* (Gott schenkt denen, die ihn lobpreisen, Gehör.) Und anschließend: *Rabbana wa laka'l-Hamd.* (Unser Herr, Dir gebührt unser Lobpreis!)

- Das dreimalige Sprechen der Formel *Subhana Rabiyya'l-Azim* (Gelobt sei mein Gott, der Allmächtige!) während der Verbeugung und der Formel *Subhana Rabiyya'l-A'la* (Ehre sei meinem Gott, dem Höchsten!) während der Niederwerfung.

- Das Bittgebet nach dem abschließenden *Taschahhud* und vor dem Austausch der Grußworte, der das Gebet beendet. Möglich sind alle im Koran erwähnten oder vom Gesandten Gottes überlieferten Bittgebete.

- Das Sprechen von Gedenkworten und Bittgebeten sowie die Bitte um Vergebung nach dem Gebet. Die berühmtesten und am weitesten verbreiteten vom Propheten überlieferten Worte dieser Art lauten: *Astaghfiru'llaha l-Azim* (Ich bitte Gott, den Allmächtigen, um Vergebung!; dreimal wiederholt) und *Allahumma anta's-Salumu wa minka's-Salam. Tabarakta ya Dha'l-Dschalali wa'l-Ikram* (O Gott, Du bist der Frieden, und Du schenkst Frieden. Gesegnet seist Du, o Du Majestätischer und Freigebiger!). Im Anschluss daran die Rezitation der *Ayat al-Kursi* (2:255) und das Sprechen der Worte zum Ruhm (*Subhan'Allah*), zum Lobpreis (*Al-Hamdu li'llah*) und zur Verherrlichung Gottes (*Allahu akbar*) jeweils 33-mal.

Verpönte Handlungen und Handlungen, die missbilligt werden

- Mit dem Gebet zu beginnen, wenn man das Gefühl hat, dem Ruf der Natur folgen zu müssen;
- *Sunna*-Handlungen auszulassen;
- Dinge zu tun, die sich nicht mit der Tatsache, dass man sich in der Gegenwart Gottes befindet, in Einklang bringen lassen (z.B. mit den Knöcheln zu knacken, mit irgendeinem Körperteil oder Kleidungsstück zu spielen, den Untergrund glatt zu streichen, die Hände während der Verbeugung oder beim Stehen in die Hüften zu stämmen, zu gähnen, etwas anzupusten, zu husten oder sich ohne besonderen Grund zu räuspern);
- sich grundlos an einen Pfosten, eine Mauer oder etwas Ähnliches zu lehnen;

- während des Gebets etwas Ess- oder Kaubares im Mund zu haben, egal wie groß dies auch sein mag;
- zu beten, wenn man wütend oder hungrig ist oder wenn sich Nahrungsmittel in der Nähe befinden;
- beim Gebet Kleidungsstücke zu tragen, die die Aufmerksamkeit beeinträchtigen;
- an einem Ort zu beten, an dem Menschen direkt vor uns auf und ab gehen.

Dinge, die das Gebet ungültig machen

- Das Auslassen einer der obligatorischen Handlungen des Gebets, unabhängig davon, ob dies bewusst, aus Unwissenheit oder aus Vergesslichkeit geschieht;
- das Aussprechen von Worten, die nicht zu den Rezitationen der Gebete gehören, selbst wenn diese nur aus zwei Buchstaben bestehen;
- Weinen, Stöhnen und Gejammer über weltliche Dinge; das Hervorbringen jeder Art von Geräuschen (Ausnahmen: Räuspern, Husten und Gähnen) oder Sprechen. Unbeabsichtigtes Weinen aus Furcht vor oder Liebe zu Gott und ähnliche Handlungen machen das Gebet nicht ungültig;
- Unterhaltungen, Antworten auf Fragen oder Austausch von Grüßen;
- eine falsche Rezitation von Koranversen oder Bittgebeten, die so weder im Koran noch in den Überlieferungen vom Propheten zu finden sind und daher die Wahrheiten und Prinzipien des Islam verletzen;
- das Sprechen von Gebeten, die weder im Koran noch in den Hadithen des Propheten zu finden sind und weltliche Dinge betreffen, etwa: „O Herr, ermögliche mir, meine Schulden zurückzahlen zu können!", oder: „O Herr, ermögliche mir, diese oder jene Frau zu heiraten!";
- das Zur-Seite-Rücken auf Anfrage oder Befehl von jemandem, der nicht gerade betet;

- Handlungen, die jemand anderen denken lassen, dass man nicht betet;
- Handlungen, die die rituelle Reinheit aufheben;
- das Abwenden der Brust von der *Qibla*;
- das Essen oder Schlucken von Dingen, die sich in den Zahnzwischenräumen gesammelt haben und größer als eine Kichererbse sind.

Wie betet man richtig?

Das Gebet zur Morgendämmerung (das Morgengebet [Fadschr-Gebet]):

Wenn alle notwendigen Vorbereitungen getroffen sind, die das Gebet akzeptabel machen, rezitieren Männer - auch wenn sie allein beten - die *Iqama*:

- *Allahu akbar* (Gott ist der Größte!): viermal wiederholt;
- *Aschhadu an la Ilaha illa'llah* (Ich bezeuge, dass es keine Gottheit außer Allah gibt!): zweimal;
- *Aschhadu anna Muhammadan Rasulu'llah* (Ich bezeuge, dass Muhammad der Gesandte Gottes ist!): zweimal;
- *Hayya ala s-Salah* (Kommt zum Gebet!): zweimal;
- *Hayya ala l-Falah* (Kommt zur Erlösung!): zweimal;
- *Qad qamat as-Salah* (Nun wird das Gebet verrichtet.): zweimal;
- *Allahu akbar* (Gott ist der Größte!): zweimal;
- *La Ilaha illa'llah* (Außer Allah gibt es keine Gottheit!): einmal;

Zwischen den einzelnen Formeln des *Adhan* sollte man kurz innehalten; die *Iqama* hingegen sollte zügig rezitiert werden. Frauen beten die *Iqama* nicht.

Nach der *Iqama* formuliert man die Absicht, das Morgengebet zu verrichten. Und während man den Eröffnungs-*Takbir* rezitiert, erhebt man die Hände mit den Handinnenflächen Richtung *Qibla* bis zu den Ohren, wobei die Daumen die Ohrläppchen berühren. Dann legt man die Hände nach Art der Hanafiten unter den Bauchnabel und umfasst mit der rechten Hand das Handgelenk der linken Hand. Nun spricht man eines der Bittgebete, mit denen der Prophet sein Gebet zu beginnen pflegte. Die Hanafiten bevorzugen folgendes: *Subhanaka'llahumma wa bi-Hamdik. Wa tabaraka's-muk. Wa ta'ala Dschadduk. Wa la Ilaha ghayruk.* (Gepriesen seist Du, o Gott, und Dir gebührt Lobpreis. Gesegnet sei Dein Name, und unerreicht ist Dein Ruhm. Außer Dir gibt es keine Gottheit!)

Anschließend rezitiert man die *Fatiha*, sagt *Amin* und rezitiert eine Passage des Koran. Dann verbeugt man sich und sagt: *Allahu akbar.* Mit aufrechtem Rücken versucht man, einen Zustand der Ruhe zu erlangen, und sagt dreimal: *Subhana Rabiyya'l-Azim* (Gelobt sei mein Gott, der Allmächtige!). Dann erhebt man sich und sagt: *Sami'a-llahu li-man hamidah* (Gott schenkt denen, die ihn lobpreisen, Gehör.) und *Rabbana wa laka'l-Hamd* (Unser Lord, Dir gebührt unser Lobpreis!). Nach einer kurzen Pause wirft man sich nieder und spricht erneut: *Allahu akbar.* Dabei berühren Handinnenflächen, Knie, Zehenspitzen, Stirn und Nase den Boden. Während dieser Niederwerfung rezitiert man dreimal *Subhana Rabiyya'l-A'la* (Ehre sei meinem Gott, dem Höchsten!). Nun setzt man sich auf und spricht: *Allahu akbar.* Nach einer kurzen Pause im Sitzen wirft man sich abermals nieder und spricht: *Allahu akbar.* Dabei rezitiert man die gleichen Formeln wie bei der ersten Niederwerfung. Diese Abfolge bildet bei allen Gebeten mit Ausnahme des *Id*-Gebets und des *Salat at-Tasbih* (das Gebet zum Lobpreis Gottes), die weiter unten beschrieben werden, die erste *Rak'a.*

Nun erhebt man sich von der Niederwerfung und sagt: Allahu akbar. Dann verrichtet man die zweite *Rak'a* auf die gleiche Art und Weise wie die erste. Nach der zweiten Niederwerfung setzt man sich auf und rezitiert *Taschahhud* oder *Tahiyyat*, die wie folgt lautet: *At-Tahiyyatu li'llah wa's-Salawatu wa't-Talibatu. As-Salamu alayka ayyuh'n-Nabiyyu wa-Rahmatu'llahi wa-Barakatuh. As-Salamu alayna wa ala Ibadi'llahi's-Salihin. Aschhadu an la Ilaha illa'llah wa aschhadu ann Muhammadan Abduhu wa Rasuluh.* (Ehre sei Allah und Anbetung und Heiligkeit. Friede sei mit dir, o Prophet, und der Segen Allahs und Seine Gnade. Friede sei mit uns und den aufrichtigen Dienern Allahs. Ich bezeuge, dass es keine

Gottheit außer Allah gibt, und ich bezeuge, dass Muhammad Sein Diener und Gesandter ist.)

Dann ruft man den Segen und Frieden Gottes auf Seinen Gesandten herab: *Allahumma salli ala Muhammadin wa ala Al-i Muhammad, kama sallayta ala Ibrahima wa ala Al-i Ibrahim. Innaka Hamidu Madschid. Allahumma barik ala Muhammadin wa ala Al-i Muhammad, kama barakta ala Ibrahima wa ala Al-i Ibrahim. Innaka Hamidun Madschid.* (O Allah, spende Muhammad und seiner Familie Deinen Segen, wie du Abraham und seiner Familie Deinen Segen gespendet hast. Wahrlich, du bist der Gepriesene, der Ruhmreiche! O Allah, segne Muhammad und seine Familie, wie du Abraham und seine Familie gesegnet hast. Wahrlich, du bist der Gepriesene, der Ruhmreiche!)

Danach betet man zu Gott. Hierzu wählt man Gebete aus dem Koran und Gebete des Gesandten Gottes aus. Mit den Worten *As-Salamu alaykum wa Rahmatu'llah* (Der Friede und die Gnade Gottes seien mit dir!) wendet man den Kopf nach links und rechts. Die nach rechts entrichteten Grüße gelten dem rechten Nachbarn (wenn man in Gemeinschaft betet) und dem erhabenen Engel, der unsere guten Taten aufzeichnet. Die nach links entrichteten Grüße gelten dem linken Nachbarn (wenn man in Gemeinschaft betet) und dem erhabenen Engel, der unsere schlechten Taten aufzeichnet. Bediuzzaman Said Nursi zufolge können nach rechts verteilte Grüße aber auch dem Gesandten Gottes, anderen Gesandten, den gläubigen Mitgliedern seiner Familie, seinen Gefährten und allen anderen rechtschaffenen und lauteren Gelehrten gelten, die in die andere Welt emigriert sind. Die nach links verteilten Grüße wiederum können allen Gläubigen, die noch bis zum Jüngsten Tage leben werden, gelten.

Das Mittagsgebet, das Nachmittagsgebet und das Nachtgebet (Zuhr-Gebet, Asr-Gebet und Ischa'-Gebet)

Wenn alle notwendigen Vorbereitungen getroffen sind, die das Gebet akzeptabel machen, rezitieren Männer - auch wenn sie allein beten - die *Iqama*. Von Frauen wird nicht verlangt, die *Iqama* zu beten.

Dann verrichtet man die ersten beiden *Rak'at* genauso wie beim Morgengebet mit einer Ausnahme: Im Sitzen rezitiert man während der zweiten *Rak'a* den *Taschahhud*, dann erhebt man sich und sagt *Allahu akbar*. Anschließend führt man zwei weitere *Rak'at* aus, ohne jedoch den Eröffnungs-*Takbir* zu sprechen; und im Stehen rezitiert man vorzugsweise die *Fatiha*. Möglich sind aber auch das Sprechen der Worte zum Ruhm (*Subhan'Allah*), zum Lobpreis (*Al-Hamdu li'llah*) und zur Verherrlichung Gottes (*Allahu akbar*) sowie die Bestätigung der Einheit Gottes (*La Ilaha illa'llah*). Im Sitzen während der vierten und letzten *Rak'a* rezitiert man das, was auch beim Morgengebet und bei allen anderen Gebeten rezitiert wird. Das Gebet endet mit dem Gruß nach rechts und nach links.

Das Abendgebet (Maghrib-Gebet)

Man beginnt das Gebet, indem man die oben beschriebenen ersten beiden *Rak'at* durchführt. Nach der Rezitation des *Taschahhud* im Sitzen während der zweiten *Rak'a* verrichtet man die dritte *Rak'a* genauso wie während des Mittags-, Nachmittags- und Abendgebets. Nach der zweiten Niederwerfung setzt man sich jedoch auf - so wie beim zweiten (oder letzten) Sitzen der anderen Gebete oder während der zweiten *Rak'a* des Morgengebets - und tut das, was dort zu tun ist.

Niederwerfungen infolge von Achtlosigkeit

Wenn irgendeine der erforderlichen Handlungen infolge von Achtlosigkeit übergangen oder zu spät ausgeführt wurde (z.B. wenn man sich zwischen der zweiten und dritten *Rak'a* von Gebeten, die aus drei oder vier *Rak'at* bestehen, hingesetzt hat; wenn man zwischen den obligatorischen Handlungen für länger als einige wenige Sekunden stockt; oder wenn man das *Qunut* beim *Witr*-Gebet ausgelassen hat), gilt: Nachdem man nach rechts gegrüßt hat, vollzieht man zwei vorschriftsmäßige Niederwerfungen, rezitiert den *Taschahhud* (*Tahiyyat*) und ruft den Frieden und den Segen Gottes auf Seinen Gesandten herab. Dann tauscht man Grüße aus und beendet das Gebet.

Beim Gemeinschaftsgebet rezitiert der Imam lediglich die *Tahiyyat* und den Anfang dieses Segenswunsches für den Gesandten Gottes und seine Familie (d.h., *Allahumma salli ala Muhammadin wa ala Al-i Muhammad*), bevor die durch Achtlosigkeit bedingten Niederwerfungen durchgeführt werden.

Niederwerfungen während der Rezitation

Wer einen Vers der Niederwerfung rezitiert oder hört, sei es während oder außerhalb des Gebets, sollte den *Takbir* sprechen, sich niederwerfen, dreimal die Worte *Subhana Rabiyya'l-A'la* rezitieren und sich wieder erheben. Insgesamt finden sich 15 solcher Verse (der Niederwerfung) im Koran. Wenn einer von ihnen während eines Gebets rezitiert wird, wirft man sich nieder, ohne das Gebet zu unterbrechen, und setzt es dann fort.

Die *Sunna*-Gebete

- Der Gesandte Gottes empfahl dringend, vor dem Morgengebet zwei *Rak'at* zu verrichten. Diese sollen jenen des Morgengebets entsprechen, nur dass die nach der *Fatiha* rezitierten Koranpassagen kürzer sein sollen.
- Der Gesandte Gottes empfahl dringend, vor dem Mittagsgebet vier *Rak'at* zu verrichten. Diese sollen jenen des Mittagsgebets entsprechen, nur dass nach der *Fatiha* in allen *Rak'at* Koranpassagen rezitiert werden sollen. Nach dem Pflichtgebet verrichtete Muhammad zwei oder vier weitere *Rak'at*, und die Muslime sind dazu aufgefordert, seinem Beispiel zu folgen.
- Auch vor dem Nachmittagsgebet wird empfohlen, vier *Rak'at* zu verrichten. Diese sollen jenen des Nachmittagsgebets entsprechen, nur dass während der dritten und vierten *Rak'a* nach der *Fatiha* Koranverse rezitiert werden.
- Nach dem Abend- und dem Nachtgebet wird dringend empfohlen, zwei *Rak'at* zu verrichten; die Verrichtung von vier

Rak'at vor dem Nachtgebet (wie vor dem Nachmittagsgebet)
ist ebenfalls *Sunna*, wird aber nicht nachdrücklich betont.

Tahadschud und Witr

Unter den sehr empfehlenswerten hervorgehobenen *Sunna*-Gebe-
ten nimmt das *Tahadschud*-Gebet eine Sonderstellung ein. Für den
Gesandten war es von Beginn seiner Prophetenschaft an obligatorisch. Die Unterbrechung des Schlafes um der Sache Gottes willen
und die Zuwendung zu Gott voller Hingabe und reiner Gefühle
während der Nachtstunden ist eine wichtige Quelle der Unterstützung und Ernährung des menschlichen Geistes. Als der Allmächtige dem Propheten befahl zu beten, sagte Er:

> *O du Verhüllter! Verbringe die Nacht stehend (im Gebet) bis auf wenige
> Zeit davon, die Hälfte von ihr, oder verringere sie ein wenig, oder füge ein
> wenig hinzu - und trage den Qur'an mit Tartil vor. Wahrlich, Wir legen
> dir da ein Wort auf, das gewichtig ist. Wahrlich, der Anbruch der Nacht
> ist die beste Zeit zur Selbstzucht und zur Erreichung von Aufrichtigkeit
> im Reden. Du hast ja gewiss während des Tages eine lange Beschäfti-
> gung. Und gedenke des Namens deines Herrn, und wende dich Ihm von
> ganzem Herzen zu. (Er ist) der Herr des Ostens und des Westens - es ist
> kein Gott außer Ihm; darum nimm Ihn zum Beschützer. (73:1-9)*

Da alle Muslime hingebungsvolle Diener Gottes sein sollen,
liegt die Bedeutung des *Tahadschud*-Gebets auf der Hand. Zuver-
lässigen Überlieferungen zufolge besteht es zusammen mit dem
Witr Gebet aus 11 *Rak'at* und wird wie das Morgengebet in Zyklen
von je zwei *Rak'at* verrichtet.[24] Obwohl das *Witr*-Gebet auch nach
dem Nachtgebet vor dem Zubettgehen verrichtet werden kann,
damit man es nicht verschläft, sollte es eigentlich nach dem *Tahadschud* vollzogen werden. Es besteht aus drei *Rak'at* und ähnelt dem
Abendgebet, wobei folgende Abweichungen zu beachten sind:

Während der dritten *Rak'a* werden nach der *Fatiha* eine Koranpassage und die *Qunut*-Gebete rezitiert. Vor dem *Qunut*-Gebet

---

[24] Bukhari, *Tahadschud*, 10

spricht man den *Takbir* (*Allahu akbar*), wobei man wie zu Beginn des Gebets die Hände erhebt. Die *Qunut*-Gebete des Gesandten lauten:

> *Allahumma inna nasta'inuka wa nastaghfiruka wa nastahdika wa nu'minu bika wa natubu ilayk; wa natawakkalu alayka wa nuthni alayka l-Khayra kullahu naschkuruka wa la nakfuruk. Wa nakhla'u wa natruku man yafäschuruk. Allahumma iyyaka na'budu wa laka nusalli wa nasdschudu wa ilayka nas'a wa nahfidu; nardschu Rahmataka wa nakhsa Adhabaka inna Adhabaka bi'l-Kuffari mulhiq.* (O Gott! Dich bitten wir um Hilfe, Vergebung und Rechtleitung. An Dich glauben wir, und Dir wenden wir uns reuevoll zu. In Dich setzen wir unser Vertrauen. Dich lobpreisen wir, indem wir Dir alles Gute zuschreiben. Wir danken Dir und sind niemals undankbar. Diejenigen, die gegen Dich rebellieren, weisen wir zurück. Die Verbindungen zu ihnen lassen wir abreißen. O Gott, Dich allein verehren wir, Dich allein beten wir an, und vor Dir allein werfen wir uns zu Boden. Wir bemühen uns auf Deinem Weg, um Dein Wohlgefallen und Deine Zustimmung zu finden. Wir erhoffen uns und erwarten, Deine Gnade zu finden, und fürchten Deine Strafe; denn Deine Strafe hängt den Ungläubigen an.)

Tarawih-Gebete

Die Gebete des Fastenmonats Ramadan, die *Tarawih*-Gebete, sind sowohl für Männer als auch für Frauen *Sunna*. Sie werden nach dem Nachtgebet und vor dem *Witr*-Gebet verrichtet. Sie bestehen aus 20 *Rak'at* und werden in Zyklen von je zwei *Rak'at* gebetet.

Tarawih-Gebete können in Gemeinschaft oder auch allein verrichtet werden. Die Mehrzahl der Gelehrten befürwortet jedoch, dass sie in Gemeinschaft verrichtet werden. Der Gesandte betete sie zunächst in Gemeinschaft, später hingegen nicht mehr; er fürchtete, sie könnten sonst zu Pflichtgebeten werden. Umar setzte die Praxis durch, die *Tarawih*-Gebete hinter einem Imam zu verrichten.

Das Gebet des Kranken (Salat al-Marid)

Wer infolge einer Krankheit oder aus anderen akzeptablen Gründen nicht im Stehen beten kann, darf im Sitzen beten. Jemand, dem auch dies nicht möglich ist, darf auf der rechten Seite liegend beten, indem er sich mit Gesten ausdrückt. In diesem Fall sollten die Gesten für die *Sadschda* weniger aufwendig sein als die für den *Ruku'*.

Das Gebet in Zeiten der Angst oder der Gefahr (Salat al-Khawf)

> *Und wenn du unter ihnen bist und für sie das Gebet anführst, so soll ein Teil von ihnen (für das Gebet) bei dir stehen, doch sollen sie ihre Waffen tragen. Und wenn sie sich niederwerfen, so sollen sie hinter euch treten und eine andere Abteilung, die noch nicht gebetet hat, soll mit dir beten; doch sollen sie auf der Hut sein und ihre Waffen bei sich haben. Die Ungläubigen sähen es gerne, dass ihr eure Waffen und euer Gepäck außer Acht ließet, sodass sie euch auf einmal überfallen könnten. Und es ist keine Sünde für euch, wenn ihr eure Waffen ablegt, falls ihr unter Regen leidet oder krank seid. Seid jedoch (immer) auf der Hut. Wahrlich, Allah hat für die Ungläubigen eine schmähliche Strafe bereitet.* (4:102)

Das Gebet des Reisenden (Salat al-Musafir)

Wer eine Reise von mindestens drei Tagen und über ca. 90 Kilometern Dauer antritt, verkürzt die vier *Rak'at* umfassenden Pflichtgebete (Mittags-, Nachmittags- und Nachtgebet) auf zwei *Rak'at*, was dem Morgengebet entspricht.

Als Reisende gelten Menschen, die ihr Zuhause und ihre Stadt vorübergehend verlassen haben. Solange sie unterwegs sind, können sie die oben genannten Gebete verkürzen. Wenn sie an einem Ort ankommen und planen, kürzer als 15 Tage dort zu bleiben, werden sie nach wie vor als Reisende betrachtet, sodass ihnen gestattet ist, ihre Gebete zu verkürzen. Dies gilt auch dann, wenn sie, ohne es geplant zu haben, über den 15. Tag hinaus noch immer am selben Ort sind. Die meisten Gelehrten sind der Meinung, dass die *Sunna*-Gebete und die über das Pflichtmaß hinausgehenden Gebete unverkürzt verrichtet werden sollten.

Der Hauptgrund für die Verkürzung der oben genannten Gebete liegt im Reisen selbst, und nicht in den Strapazen des Reisens. Daher werden diese Gebete auch dann verkürzt, wenn das Reisen kein Problem darstellt. Der Grund für die Formulierung einer Regel unterscheidet sich von der Weisheit, der die Regel entspringt, und von dem Nutzen, den sie abwirft. Weisheit oder Nutzen sorgen dafür, dass eine bestimmte Regel aufgestellt wird, während der Grund die Existenz dieser Regel erforderlich macht. Deshalb verkürzen reisende Muslime ihre Gebete. Das Reisen liefert den Grund für diese Verfügung Gottes; und die Weisheit, die ihr zu Grunde liegt, liegt in den Reisestrapazen. Daher werden diese Gebete auch dann verkürzt, wenn das Reisen unproblematisch ist; denn der Grund bleibt existent. Muslime, die zu Hause Probleme haben, dürfen ihre Gebete hingegen nicht verkürzen, weil die Weisheit oder der Nutzen keinen Grund für eine entsprechende Verfügung liefern.

Wer reist, muss seine Gebete auch auf dem Schiff, in der Bahn oder im Flugzeug verrichten, wenn es ihm nicht gelingt, rechtzeitig einen geeigneteren Ort aufzusuchen.

Besondere *Sunna*-Gebete

Die Bitte um die richtige Eingebung (Salat al-Istikhara): Der Gesandte empfahl allen Muslimen, bei der Wahl zwischen zwei zulässigen Alternativen seinem Beispiel zu folgen: Man verrichtet zwei nicht-obligatorische *Rak'at* und bittet Gott dann, dafür Sorge zu tragen, dass man die richtige Wahl trifft.

Das Gebet zum Lobpreis Gottes (Salat at-Tasbih): Ibn Abbas überlieferte folgende Worte des Propheten Muhammad, die dieser zu Abbas ibn Abd al-Muttalib sagte:

> *O Abbas, mein Onkel, soll ich dich nicht beschenken und dir von zehn Handlungen berichten, für die Gott dir, wenn du sie verrichtest, deine ersten und letzten Sünden, deine Sünden der Vergangenheit und der Gegenwart, deine bewussten und unbewussten wie auch deine individuellen und öffentlichen Sünden verzeiht? Die zehn Handlungen sind: Bete vier Rak'at, rezitiere während jeder Rak'a die Fatiha und eine Sure. Wenn du die Koranrezitation der ersten Rak'a beendet hast, sprich 15-mal im Stehen: Subhan'Allah al-Hamdu li'llah wa La Ilaha illa'llah wa Allahu akbar. (Allah sei gepriesen! Aller Lobpreis gebührt Allah! Außer Allah gibt es keine Gottheit! Allah ist der Größte!) Vollziehe den Ruku' und wiederhole die Worte währenddessen 10-mal. Steh auf, und sprich die*

*Worte 10-mal. Dann begib dich auf den Boden, und verrichte die Sad-
schda. Dabei sprich die Worte 10-mal. Anschließend setz dich hin und
wiederhole die Worte 10-mal. Verrichte die Sadschda erneut, und sprich
die Worte 10-mal. Nach dieser zweiten Sadschda setz dich hin und sprich
sie wieder 10-mal. Dies sind 75 (Wiederholungen jener Worte) während
jeder Rak'a. Gehe nun genauso in allen vier Rak'at vor. Wenn du sie einmal pro Tag so verrichten kannst, tue dies. Wenn du das nicht kannst,
dann jeden Freitag. Wenn du auch das nicht kannst, dann einmal im
Jahr. Und wenn du auch das nicht kannst, dann einmal im Leben.*[25]

Nachdem man die empfohlenen Worte nach der zweiten
Sadschda während der zweiten *Rak'a* 10-mal gesprochen hat,
rezitiert man den *Taschahhud* und ruft den Segen und Frieden
Gottes auf den Gesandten und seine Familie hinab. Dann beendet man die ersten beiden *Rak'at* mit einem Gruß. Bei den beiden zweiten *Rak'at* geht man genauso vor.

Das Gebet für die Erfüllung von Bitten (Salat al-Haya): Nachdem man eine vorschriftsgemäß Waschung vollzogen hat, verrichtet
man zwei *Rak'at* und spricht die Gebete, die vom Propheten zu diesem Zwecke vorgegeben wurden.[26] Wenn die allgegenwärtige Weisheit Gottes es für erforderlich hält, dass die Bitte erfüllt wird, wird
Gott alles, worum man Ihn gebeten hat, gewähren.

Das Gebet um Vergebung (Salat at-Tawba): Man verrichtet die
kleinere oder die Ganzwaschung vorschriftsgemäß, dann betet man
zwei *Rak'at* und bittet Gott um Verzeihung. Hoffentlich wird Gott
unserem Wunsch entsprechen.

***Das Gebet während einer Sonnen- oder Mondfinsternis (Salat al-
Kusuf und Salat al-Khusuf):*** Die Gelehrten stimmen darin überein,
dass diese Gebete *Sunna mu'akkada* (bestätigte und betonte *Sunna*)
sind und von beiden Geschlechtern verrichtet werden sollten. Diese
Gebete werden - möglichst in Gemeinschaft, was aber nicht zwingend
vorgeschrieben ist - zwischen Beginn und Ende der Finsternis verrich-

[25] Abu Dawud, *Salat*, 303; Tirmidhi, *Salat*, 350
[26] Tirmidhi, *Witr*, 345

tet. Während der Finsternis sollte man den *Takbir* und Bittgebete sprechen, spenden und Gott um Verzeihung bitten. Es sei darauf hingewiesen, dass diese Gebete keineswegs dem Zweck dienen, Gott um ein Ende der Finsternis zu bitten; denn Anfang und Ende der Finsternis sind klar definiert. Eine Finsternis stellt lediglich eine Gelegenheit dar, diese Gebete zu verrichten.

Das Gebet um Regen (Salat al-Istisqaʿ): Dieses Gebet wird verrichtet, um Gott während einer Dürreperiode um Regen zu bitten.

Über das Pflichtmaß hinausgehende Gebete

Über das Pflichtmaß hinausgehende Gebete sind wichtig, weil sie sämtliche Versäumnisse bei der Verrichtung der Pflichtgebete aufwiegen und uns Gott näher bringen, der erklärt:

> *Mein Diener kann mir nicht durch irgendetwas anderes, was mir mehr gefallen würde, näher sein als durch die Erfüllung seiner religiösen Pflichten. Trotzdem kommt er Mir durch über das Mindestmaß hinausgehende Pflichten noch näher; und während er sich Mir nähert, werde Ich zu seinen Augen, mit denen er sieht, zu den Ohren, mit denen er hört, zu den Händen, mit denen er greift.*

Über das Pflichtmaß hinausgehende Gebete werden in zwei Zyklen à zwei *Rak'at* verrichtet. Zwei *Rak'at* werden ca. eine Dreiviertelstunde nach Sonnenaufgang (*Ischraq*) gebetet, zwei bis acht *Rak'at* am helllichten Tage, bis die Sonne ihren Scheitelpunkt (*Duha*) erreicht, und vier Rak'at zwischen Abend- und Nachtgebet (*Awwabin*).

Diese über das Pflichtmaß hinausgehenden Gebete sind sehr bedeutsam, denn Ahmad ibn Hanbal, Muslim und Abu Dawud zufolge sagte der Gesandte in Bezug auf das *Duha*-Gebet (das Gebet bei helllichtem Tage):

> *Tagtäglich wird von jedem Teil eures Körpers Wohltätigkeit verlangt. Jedes Sprechen der Worte ‚Allah sei gepriesen!‘ ist eine Wohltätigkeit. Jedes Sprechen der Worte ‚Außer Allah gibt es keine Gottheit!‘ ist eine Wohltätigkeit. Jedes Sprechen der Worte ‚Allah ist der Größte!‘ ist eine*

Wohltätigkeit. Was aber ebenfalls ausreicht (um als Wohltätigkeit zu gelten), sind zwei Rak'at des Duha-Gebets.[27]

Das Verrichten von über das Pflichtmaß hinausgehenden Gebeten zu Hause: Ahmad ibn Hanbal und Muslim überlieferten von Dschabir folgende Worte des Propheten:

Wenn jemand von euch in der Moschee zu beten pflegt, sollte er einen Teil seiner Gebete zu Hause verrichten; denn Gott hat das Sprechen von Gebeten zu Hause zu einer Verbesserung (für ihn) gemacht.

Ahmad ibn Hanbal berief sich auf Umar, der den Propheten sagen hörte:

Die über das Pflichtmaß hinausgehenden Gebete, die zu Hause verrichtet werden, sind ein Licht. Wer möchte, sollte sein Haus erleuchten lassen.

Die Rezitation langer Passagen: Während der über das Pflichtmaß hinausgehenden Gebete wird empfohlen, die Rezitation auszuweiten. Der Gesandte Gottes stand sogar so lange aufrecht und betete, bis seine Füße oder Unterschenkel anschwollen. Als er hierzu befragt wurde, entgegnete er:

Soll ich denn kein dankbarer Diener sein?[28]

Das freitägliche Gemeinschaftsgebet

Das freitägliche Gemeinschaftsgebet ist obligatorisch. Es ist ein bedeutendes islamisches Symbol. Der Gesandte Gottes erklärte, dass Gott das Herz eines Muslims, der es dreimal hintereinander ohne einen triftigen Grund versäumt, versiegelt.[29] Darüber hinaus verfügt es über bestimmte Aspekte, die die politische Freiheit und die Beschaffenheit der muslimischen Gemeinschaft betreffen. Es darf nicht allein verrichtet werden.

---

[27] Muslim, *Musafirun*, 84
[28] Bukhari, *Tahadschud*, 16
[29] Abu Dawud, *Salat*, 215; Tirmidhi, *Salat*, 359

Wann und von wem ist es zu leisten? Das freitägliche Gemeinschaftsgebet wird an Freitagen zur Zeit und an Stelle des Mittagsgebets verrichtet. Jeder freie, erwachsene, gesunde und ortsansässige Muslim, der teilnehmen kann, muss an ihm teilnehmen, es sei denn, er hat einen Grund fernzubleiben. Nicht verpflichtend ist das Gemeinschaftsgebet für Frauen, Kinder, Männer mit einer gültigen Entschuldigung (Krankheit, mangelnde Sicherheit, extreme Kälte etc.) und Reisende.

Vorbereitungen: Freitags und insbesondere vor dem Freitagsgebet intensiviert man Gebete und Bittgebete und ruft den Segen und Frieden Gottes auf den Gesandten und seine Familie herab. Man vollzieht die Ganzwaschung (*Ghusl*), trägt seine beste Kleidung und das beste statthafte Parfüm. Es wird empfohlen, dem Beispiel des Propheten zu folgen und zuvor 10 Verse von Anfang und Ende der Sure *Al-Kahf* zu beten. Außerdem soll man sich frühzeitig zur Moschee begeben.

Bedingungen für die Gültigkeit: Das freitägliche Gemeinschaftsgebet verfügt über folgende Aspekte, die die politische Freiheit der muslimischen Gemeinschaft betreffen:

- Es wird in Städten angeboten, die über eine eigene Verwaltung verfügen, oder in Dörfern mit mindestens 30 Häusern, deren Äußeres einer Stadt ähnelt.
- Es wird vorzugsweise in zentralen großen Moscheen angeboten und vom Bezirks- oder Stadtoberhaupt bzw. von einem *Imam* (Gebetsleiter) geleitet, der in der Lage ist, das Gebet zu leiten, und vom Oberhaupt dazu ermächtigt wurde. In Hauptstädten wird es entweder vom Präsidenten oder von von ihm ernannten *Imam*en geleitet.
- Um hinter dem *Imam* eine Gemeinschaft zu bilden, müssen mindestens drei Betende anwesend sein.

Der Adhan: Vor dem Freitagsgebet ergeht der Gebetsruf (*Adhan*).

Die Ansprache: Vor dem Freitagsgebet wird eine Ansprache gehalten. Der *Imam* hält sie aufrecht stehend auf einer Kanzel. Er beginnt sie mit einem Lobpreis Gottes und ruft Gottes Segen und Frieden auf Seinen Gesandten und dessen Familie herab. Dann ruft er die Muslime zu gutem Handeln auf; er fordert sie auf, Böses zu unterlassen, und versucht, sie auf geistiger und spiritueller Ebene zu unterweisen und sie rechtzuleiten. Nach diesem Teil der Ansprache setzt er sich kurz hin, erhebt sich wieder, preist Gott, ruft Gottes Segen und Frieden auf Seinen Gesandten und dessen Familie herab und betet für alle Muslime. Die Versammlung lauscht ihm aufmerksam und schweigend.

Gebete vor und nach dem Freitagsgebet: Das Freitagsgebet besteht aus zwei *Rak'at*. Es ist *Sunna*, vor ihm vier *Rak'at* zu verrichten, die den *Rak'at* vor dem Mittagsgebet entsprechen. Nach dem Gebet wird ein weiteres über das Pflichtmaß hinausgehendes Gebet mit vier *Rak'at* empfohlen.

Auf Grund der Beschaffenheit der muslimischen Gemeinschaft hatten die Gelehrten einige Jahrhunderte lang Zweifel, was die Gültigkeit des Freitagsgebets betrifft. Um die Verrichtung des verpflichtenden Mittagsgebets sicherzustellen, wurde deshalb entschieden, dass ein weiteres Gebet, bestehend aus vier *Rak'at*, verrichtet werden sollte. Dieses sollte nach den über das Pflichtmaß hinausgehenden *Rak'at* an Stelle des Mittagsgebets und mit der Intention, ein spätes Mittagsgebet zu verrichten, geleistet werden. Weiterhin rieten die Gelehrten, danach ein weiteres über das Pflichtmaß hinausgehendes aus zwei *Rak'at* bestehendes Gebet mit der Absicht zu verrichten, das für diese Zeit anstehende *Sunna*-Gebet zu vollziehen.

Id-Gebete (Salat al-Idayn)

Die beiden *Id*-Gebete (die Gebete der beiden religiösen Feste) werden als notwendig (*wadschib*) betrachtet und sind während der beiden jährlichen Feste zu verrichten: *Id al-Fitr* (das Fest, das das Ende des Fastenmonats Ramadan markiert) und *Id al-Adha* (das Opferfest am 10. *Dhu l-Hidscha*). Das *Id al-Fitr* dauert 3 Tage, das *Id al-Adha* 4 Tage.

Die religiösen Feste: An diesen Tagen statten sich Muslime gegenseitig Besuche ab, beschenken einander und geben sich großzügiger als an anderen Tagen, indem sie den Älteren ihren Respekt bekunden und insbesondere Bedürftigen und Kindern Freude bereiten. Sie vergnügen sich innerhalb der religiösen und moralischen Grenzen, beschäftigen sich mit der Rezitation des Koran, gedenken der Namen Gottes und sprechen Bittgebete. Empfohlen wird außerdem, die Ganzwaschung (*Ghusl*) zu vollziehen, die beste Kleidung zu tragen und das beste statthafte Parfüm aufzulegen. Am Tag des Opferfests werden Gott, wie noch zu erläutern sein wird, Rinder, Schafe oder Ziegen geopfert.

Das Gebet: Die *Id*-Gebete können verrichtet werden, sobald die Sonne drei Speerspitzen über dem Horizont steht (ca. eine Dreiviertelstunde nach Sonnenaufgang) bis sie ihren Scheitelpunkt erreicht. Alle Männer, Frauen (unabhängig von Familienstand, Alter und Menstruation) und Kinder begeben sich zum Ort des Gebets. Menstruierende Frauen nehmen jedoch nicht am Gebet selbst teil. Im Gegensatz zum Freitagsgebet gibt es hier weder *Adhan* noch *Iqama*.

Die Verrichtung der Id-Gebete: Die *Id*-Gebete bestehen aus zwei *Rak'at* und werden, abgesehen von zusätzlich anfallenden *Takbir* (*Allahu akbar*), wie das Freitagsgebet verrichtet. Genau wie bei anderen Gebeten formulieren der Imam und die Gemeinschaft der Betenden auch hier die Absicht und sprechen den Eröffnungs-*Takbir*. Nach dem Bittgebet und vor der Rezitation der *Fatiha* führt der Imam die Gemeinschaft in drei besondere *Takbir*, indem er seine Hände erhebt und den Eröffnungs-*Takbir* spricht. Nach den ersten beiden *Takbir* senken die Betenden die Arme, und nach dem dritten platzieren sie ihre Hände unter dem Bauchnabel und beginnen mit der Rezitation der *Fatiha*. Nach der Verrichtung der ersten *Rak'a*, der Rezitation der *Fatiha* und einer weiteren Koranpassage in der zweiten *Rak'a* führt der Imam die Gemeinschaft erneut in zusätzliche *Takbir*. Diesmal sprechen die Betenden vier *Takbir*.

Nach den ersten dreien senken sie ihre Arme, nach dem vierten verbeugen sie sich. Dann beenden sie das Gebet.

Ansprache: Nach dem Gebet hält der Imam eine Ansprache, die jener des Freitagsgebets entspricht.

Takbir während der Festtage: Die Muslime sind dazu aufgerufen, Gott an den Tagen des Opferfests zu lobpreisen: *Allahu akbar, Allahu akbar; la Ilaha illa'llah wa'llahu akbar; Allahu akbar wa li'llahi'l-Hamd.* (Gott ist der Größte, Gott ist der Größte; außer Allah gibt es keine Gottheit; Gott ist der Größte, und Ihm gebührt aller Lobpreis.) Ein solcher *Takbir* wird beginnend mit dem Morgengebet vor dem ersten Festtag nach jedem Pflichtgebet gesprochen. Der letzte *Takbir* wird nach dem Nachmittagsgebet am vierten Festtag gesprochen.

Religiöse Feste

Fast jedes Volk hat religiöse Feste, die an wichtige Ereignisse seiner Geschichte erinnern oder bestimmte Anlässe feiern. Im Islam gibt es zwei religiöse Feste: das *Id al-Fitr* (das Fest, das das Ende des Fastenmonats Ramadan markiert, in dem die Muslime vom Anbruch der Morgendämmerung bis zum Sonnenuntergang fasten) und das *Id al-Adha* (das Opferfest) am 10. *Dhu l-Hidscha*, dem letzten Monat des islamischen Jahres, in dem die Pilgerfahrt durchgeführt wird. Beide Feste nehmen im Leben der Muslime einen besonderen Platz ein und hinterlassen unauslöschliche Eindrücke auf die Kultur der Muslime.

Religiöse Feste sind Zeiten tief gehenden islamischen Denkens und geben Anlass zu widersprüchlichen Gefühlen - zu Schmerzen der Trennung ebenso wie zu Hoffnung auf Wiedervereinigung, zu Trauer und Leid ebenso wie zu Erwartung und Freude.

Die Muslime genießen an den Festtagen das Glücksgefühl des Wiedersehens mit Verwandten und Freunden und einer universalen Brüderlichkeit und Schwesterlichkeit. Sie lächeln einander liebevoll an, grüßen sich respektvoll und besuchen sich gegenseitig. Angehörige auseinander gerissener Familien, die das moderne, industrialisierte

Leben gezwungen hat, in verschiedenen Städten getrennt voneinander zu leben, kommen wieder zusammen und erfreuen sich daran,
- wenn auch nur für einige Tage - wieder zusammen zu essen und
zusammen zu leben.

Religiöse Feste geben uns die Chance, Gott um Verzeihung zu
bitten, zu Ihm zu beten und Ihn zu verherrlichen, und ermöglichen
uns so eine spirituelle Erneuerung. Besondere Bittgebete sowie
Oden und Lobpreisungen zu Ehren des Propheten faszinieren die
Muslime. Vor allem in traditionellen Kreisen, in denen Spuren der
Vergangenheit noch lebendig sind, erleben die Menschen die
Bedeutung der Feste auf eine lebendigere, farbenfreudigere Art und
Weise. Sie sitzen auf Kissen oder Sofas, scharen sich in ihren
anspruchslosen Häusern und Hütten um Öfen oder Feuerstellen
oder lassen sich zwischen den Blumen unter den Bäumen und in
den großzügigen Wohnzimmern ihrer Häuser nieder. Sie spüren
die Bedeutung des Festes bei jedem Bissen, den sie essen, bei jedem
Schluck, den sie trinken, und bei jedem Wort, das sie ihren traditionellen und religiösen Werten widmen.

Für Kinder sind religiöse Feste von noch größerer Bedeutung.
Sie empfinden eine andere Art von Freude und Vergnügen in der
warmen, sie umgebenden Atmosphäre der Feste, auf die sie sich
schon ein paar Tage zuvor vorbereitet haben. Sie bringen uns durch
ihr Spielen, ihre Lieder, ihr Lächeln, ihre Fröhlichkeit und dadurch,
dass sie wie Nachtigallen auf den Ästen der Bäume singen, dazu,
die Feste noch bewusster zu erleben.

Religiöse Feste stellen die praktischsten Mittel für die Verbesserung zwischenmenschlicher Beziehungen dar. Die Menschen
erleben eine tiefe innere Freude. Sie treffen sich und tauschen in
einer gesegneten Atmosphäre spiritueller Harmonie Glückwünsche
aus. Sie fühlen den Drang, sich aus den Klauen weltlicher Bindungen zu befreien und in den Tiefen ihres spirituellen Seins zu leben.
Diese Atmosphäre von Liebe und Barmherzigkeit schenkt den
Menschen neue Hoffnung.

Gläubige Menschen heißen die religiösen Feste voller Staunen
und in der Erwartung der Freuden der anderen Welt willkommen.

Es ist in der Tat schwer, vollkommen zu begreifen, was die Gläubigen während dieser Festtage im Innern ihrer Herzen empfinden. Um die Gefühle, die die Festtage in reinen Seelen, die ihr Leben in der Ekstase der Freuden der anderen Welt führen, wecken, nachvollziehen zu können, sollte man jene Freuden schon einmal erlebt haben. Wenn die Muslime, nachdem sie ihre Pflichtgebete verrichtet und ihre Aufgaben erfüllt haben, den Tag des Festes begehen, zeichnen sie sich durch eine so große Würde und Gelassenheit, durch eine so große Anmut und spirituelle Vollkommenheit aus, dass Menschen, denen sie begegnen, glauben, sie alle hätten eine vollkommene religiöse und spirituelle Ausbildung genossen. Einige von ihnen sind so aufrichtig und gottergeben, dass sie Verkörperungen jahrhundertealter Werte zu sein scheinen. Ihr Auftreten und ihre Umgangsformen vermitteln uns einen Vorgeschmack auf die Früchte des Paradieses, auf die friedliche Atmosphäre seiner Ebenen und auf das Vergnügen, Gott nahe zu sein.

Die Begräbnisgebete

Die Rechte eines toten Muslims gegenüber den lebenden Muslimen: Ein toter Muslim hat vier Rechte: Die lebenden Muslime sind verpflichtet, ihn zu waschen, in ein Leichentuch zu hüllen, für ihn zu beten und ihn zu bestatten. Diese Pflichten brauchen die Muslime allerdings nicht für jene zu verrichten, die als Abtrünnige sterben oder gegen sie kämpfen.

Der Besuch kranker Menschen: Der Besuch kranker Menschen wird dringend empfohlen und stellt eine verdienstvolle Handlung dar. Muslime raten sterbenden Menschen, die Einzigartigkeit Gottes zu bekräftigen: *La Ilaha illa'llah wa Muhammadan Rasulu'llah* (Außer Allah gibt es keine Gottheit, und Muhammad ist Gottes Gesandter.) oder das Glaubensbekenntnis zu sprechen: *Aschhadu an la Ilaha illa'llah wa aschhadu anna Muhammadan Abduhu wa Rasuluh*. (Ich bezeuge, dass es keine Gottheit außer Allah gibt, und ich bezeuge, dass Muhammad Sein Diener und Gesandter ist.)

Die Waschung des Leichnams: Wenn ein Muslim stirbt, soll sein Leichnam von einem kundigen Muslim dreimal gewaschen werden. Vor dieser Waschung soll die kleinere Waschung vorgenommen werden. Tote Frauen werden von Frauen und tote Männer von Männern gewaschen. Frauen ist es jedoch auch gestattet, ihren toten Ehemann zu waschen. Die Verwandten des Verstorbenen und andere sollten nicht dabei zusehen können, wie der Leichnam gewaschen wird. Der Leichnam sollte anschließend mit Kampfer, Moschus und ähnlichen Düften parfümiert werden.

Die Verrichtung des Begräbnisgebets: Nach der Waschung wird der tote Muslim in ein Leichentuch gehüllt und in einen Sarg gelegt. Diese Vorgehensweise gilt für alle Muslime, jedoch nicht für Märtyrer, die in der Kleidung, in der sie den Märtyrertod gestorben sind, beigesetzt werden. Der Leichnam wird auf eine erhöhte Plattform oder auf einen glatten Stein gebettet, wobei seine rechte Seite zur *Qibla* weist. Dann erhebt sich die Gemeinschaft und betet vor dem Leichnam. Dieses Gebet ist im Prinzip für alle Muslime verpflichtend und in Gemeinschaft zu verrichten. Wenn es jedoch stellvertretend von einigen wenigen verrichtet wird, werden alle übrigen von der Pflicht, es zu verrichten, befreit. Auch Frauen können diesen Gebeten beiwohnen.

Der Imam formuliert um der Sache Gottes willen und zu Seinem Wohlgefallen die Absicht, für den Verstorbenen bzw. die Verstorbene zu beten. Die Gemeinschaft formuliert ebenfalls die Absicht zu beten, ergänzt aber noch, hinter dem Imam beten zu wollen. Dann folgt sie dem Imam und beginnt das Gebet (wie alle anderen Gebete auch) mit dem Eröffnungs-*Takbir*. Dann fährt sie fort und spricht Bittgebete und den *Takbir*, während die Hände unter dem Bauchnabel liegen, ruft Gottes Frieden und Segen auf Seinen Gesandten und dessen Familie herab (wie bei anderen Gebeten während des letzten Sitzens), wiederholt den *Takbir*, während die Hände unter dem Bauchnabel liegen, betet für den Verstorbenen und alle anderen Muslime (lebende wie tote), spricht zum dritten Mal den *Takbir* und grüßt nach rechts und links.

Die Beisetzung des Verstorbenen: Die Muslime legen den Verstorbenen mit folgenden Worten ins Grab: *Bi'smi'llahi ala Millat-i Rasuli'llah.* (Im Namen Gottes und der Gemeinschaft des Gesandten Gottes gemäß!) Der Verstorbene wird mit der rechten Seite in Richtung *Qibla* gebettet. Dann wird das Leichentuch aufgeknöpft. Ein Stein oder etwas Ähnliches wird diagonal und in einer schrägen Position auf dem Leichnam platziert, damit der Tote nicht von Erde bedeckt wird. Auf dem Stein wird Erde aufgehäuft, und das Grab wird zugeschüttet. Nach der Rezitation einiger Passagen aus dem Koran und einigen Gebeten für den Verstorbenen entfernen sich die Anwesenden.

Das Gemeinschaftsgebet

Die Verrichtung der Gebete in Gemeinschaft ist eine *Sunna mu'akkada* (eine vom Propheten nachdrücklich betonte *Sunna*). Viele Gelehrte betrachten sie als erforderlich (*wadschib*).

Frauen: Frauen sollten besser zu Hause beten, als das Gemeinschaftsgebet zu verrichten. Sofern sie aber keine zu reizvolle Kleidung tragen und kein verführerisches Parfüm aufgelegt haben, ist es ihnen gestattet, die Moschee aufzusuchen und dort am Gemeinschaftsgebet teilzunehmen.

Bedingungen, die der Muezzin (der Gebetsrufer) zu erfüllen hat: Der Gesandte pries die Muezzins und stellte ihnen eine hohe Belohnung in Aussicht.[30] Um sich dieses Lob und die Belohnung zu verdienen, müssen sie jedoch folgende Bedingungen erfüllen:

* Sie müssen um der Sache Gottes willen zum Gebet rufen, und nicht um eines Arbeitslohns willen.
* Sie müssen frei von größeren und kleineren Unreinheiten sein.

---

[30] Bukhari, *Adhan*, 5

- Sie müssen Kopf, Nacken und Brust nach rechts wenden und rufen: *Hayya ala s-Salah* (Kommt zum Gebet!) bzw. nach links wenden und rufen: *Hayya ala l-Falah* (Kommt zur Erlösung!).
- Sie müssen ihre Zeigefinger in die Ohren stecken, damit ihre Stimmen höher werden.
- Selbst ganz allein in der Wüste müssen sie ihre Stimme zum Gebetsruf (*Adhan*) erheben.
- Nach jedem Teil des Gebetsrufes müssen sie innehalten.
- Sie müssen den Gebetsruf mit einer schönen Stimme und Melodie schmücken.

Der Gebetsruf ist eines der wichtigsten spezifischen Symbole des Islam, denn er zeigt an, dass der Ort, an dem der Ruf erklingt, ein Ort ist, an dem Muslime leben. Darüber hinaus beinhaltet er die Grundlagen des Islam.

Wer den Gebetsruf verrichtet, muss auch die Iqama verrichten: Dies wird dringend empfohlen und ist daher ratsam. Männer, die allein beten, sind dazu aufgefordert, wenn sie die öffentliche Rezitation des Gebetsrufes nicht gehört haben, den *Adhan* selbst zu rezitieren und ihrer Rezitation die *Iqama* folgen zu lassen.

Adhan und Iqama für Frauen: Während einige Gelehrte der Meinung sind, es gebe keinen *Adhan* und keine *Iqama* für Frauen, vertreten andere die Auffassung, dass auch Frauen eine Gemeinschaft bilden und das Gemeinschaftsgebet verrichten können. Eine von ihnen muss dann als Imam auftreten und in der Mitte der ersten Reihe stehen.

Der Imam: Der Imam muss mehrere Bedingungen erfüllen

- Wenn der Gemeinschaft Männer und Frauen angehören, muss der Imam ein Mann sein.
- Er muss die Koranrezitation beherrschen und die obligatorischen, notwendigen und *Sunna*-Handlungen kennen.
- Er sollte einen guten Charakter und eine gute Reputation besitzen.

- Unter allen Anwesenden sollte er derjenige sein, der das islamische Recht und die Koranrezitation am besten kennt. Er sollte über exzellente Qualitäten, eine gute Stimme und einen gesunden Körper verfügen.

- Er sollte nicht unter einem gesundheitlichen Problem leiden, das dazu führt, dass er immer wieder seinen reinen Zustand verliert; selbst dann nicht, wenn alle anderen in der Gemeinschaft unter dem gleichen oder einem ähnlichen Problem leiden.

- Gelehrten zufolge sind die Gebete eines Muslims, die für ihn selbst Gültigkeit besitzen, auch für andere gültig, wenn er als deren Imam fungiert. Muslime beten jedoch nicht hinter Sündern oder Menschen, die *unerlaubte* Neuerungen in die Religion einführen.

Wo steht der Imam bzw. die Gemeinschaft? Der Imam steht vor der Gemeinschaft. Wenn nur eine Person teilnimmt, steht diese vorzugsweise rechts vom Imam. Bei zwei oder mehr Teilnehmern stehen diese hinter dem Imam. Der Gesandte reihte die Männer vor den männlichen Jugendlichen und die Frauen hinter den männlichen Jugendlichen auf.

Die Korrektur von Fehlern des Imams: Wenn der Imam einen Vers auslässt, falsch rezitiert oder beim Beten einen Fehler begeht, sollte ihn jemand der Anwesenden korrigieren. Direkt hinter dem Imam stehen aus diesem Grunde vorzugsweise Männer, von denen man weiß, dass sie in der Lage sind, den Imam zu korrigieren.

Die Ordnung der Reihen und das Schließen von Lücken: Der Imam sollte die Mitglieder der Gemeinschaft dazu auffordern, Ordnung in die Reihen zu bringen und die Lücken zu schließen. Die Gemeinschaft sollte jedoch auch von sich aus darum bemüht sein, diese Forderung zu erfüllen.

Die Rezitation des Imams und der Gemeinschaft: Es reicht aus, wenn der Imam die *Fatiha* und eine andere Koranpassage rezitiert, während die Gemeinschaft schweigt. Alle anderen Rezitationen inklusive der *Takbir*, des Bittgebets vor der *Fatiha*, der Worte des Lobpreises in *Ruku'*, *Sudschud* und *Taschahhud* und der Bitten um Gottes Frieden und Segen für Seinen Gesandten und dessen Familie führt die ganze Gemeinschaft aus.

Dem Imam folgen: Jedes Mitglied der Gemeinschaft muss dem Imam ohne Verzögerung folgen; allerdings darf auch niemand bei irgendeiner Handlung während des Gebets dem Imam vorgreifen.

Die Definition einer Abgrenzung während des Gebets: Jeder Gegenstand, den man während des Gebets vor sich hinstellt, gilt als Abgrenzung, und sei es nur das Ende des Bettes. Der Gesandte sagte:

> *Wenn jemand von euch betet, sollte er eine Abgrenzung für sein Gebet definieren, selbst wenn diese nur aus einem Pfeil besteht.*[31]

Der Sinn dieser Abgrenzung liegt darin, dass andere so vor dem Betenden hergehen können. Denn sonst ist es nicht statthaft, vor dem Betenden herzugehen (in diesem Fall: zwischen dem Betenden und der Abgrenzung). Besteht jedoch keine Wahrscheinlichkeit, dass jemand vor dem Betenden hergehen könnte, ist auch keine Abgrenzung erforderlich. Abgrenzungen sollten so nah vor dem Betenden stehen, dass gerade genug Platz für die Niederwerfung bleibt.

Dem Betenden ist es erlaubt, jemanden, der sich anschickt, vor ihm herzugehen, durch eine Geste zu stoppen. Diese Geste darf jedoch keine Geste sein, die das Gebet ungültig macht (z.B. Sprechen). Wenn ein Mensch oder ein Tier vor jemandem hergeht, der gerade betet, wird dessen Gebet dadurch nicht ungültig.

Sich einer Gemeinschaft anschließen: Wer sich einer Gemeinschaft anschließen möchte, muss im Stehen den Eröffnungs-*Takbir* sprechen und dann direkt zu der Handlung übergehen, die die Gemeinschaft gerade ausführt. Wenn die Gemeinschaft beispielsweise mit der Niederwerfung beschäftigt ist, sollte er den Eröffnungs-*Takbir* sprechen und sich dann ebenfalls zu Boden werfen.

---

[31]   Canan, Ibrahim, *Hadis Ansiklopedisi*, 8:179

Wenn sich jemand einer Gemeinschaft während des Ruku'
anschließt, der auf jedes Stehen (*Qiyam*) folgt, ist das so zu werten,
als habe er die entsprechende *Rak'a* verrichtet. Wenn der Ruku' zur
ersten *Rak'a* gehört, ist das so zu werten, als habe derjenige, der
sich der Gemeinschaft währenddessen anschließt und das Gebet
nach dem Imam beendet, das Gebet vollständig verrichtet. Wenn
sich jemand nach dem *Ruku'* der zweiten *Rak'a* des Morgengebets
der Gemeinschaft anschließt, richtet er sich auf, nachdem der
Imam den ersten Gruß entrichtet hat, und verrichtet die versäumten zwei *Rak'at*, jedoch ohne den Eröffnungs-*Takbir* zu sprechen.
Wenn sich jemand dem Abendgebet anschließt, folgt er dem Imam,
bis dieser den ersten Gruß entrichtet, erhebt sich dann, rezitiert die
Fatiha und eine Koranpassage, verrichtet *Ruku'* und *Sudschud* und
setzt sich hin. Dies ist seine zweite *Rak'a*. Nach der Rezitation des
Taschahhud steht er auf, spricht die Fatiha und eine weitere Koranpassage, verrichtet *Ruku'* und *Sudschud* sowie das abschließende
Sitzen und beendet das Gebet mit der Entrichtung der Grußes.
Wenn sich jemand dem Mittags-, Nachmittags- oder Nachtgebet
anschließt, folgt er dem Imam, bis dieser den ersten Gruß entrichtet, und erhebt sich dann. Er beendet das Gebet, indem er die beiden versäumten *Rak'at* so nachholt, als würde er ein aus zwei
Rak'at bestehendes Gebet verrichten.

Wenn sich jemand während der vierten *Rak'a* oder nach dem
Ruku', der auf die dritte *Rak'a* folgt, der Gemeinschaft anschließt,
folgt er dem Imam, bis dieser den ersten Gruß entrichtet, und
erhebt sich dann. Er leistet die versäumten ersten *Rak'at*, indem er
die *Fatiha* und eine Koranpassage rezitiert, *Ruku'* und *Sudschud*
verrichtet und sich dann hinsetzt. Nach der Rezitation des *Taschahhud* steht er auf, spricht die *Fatiha* und eine weitere Koranpassage,
verrichtet *Ruku'* und *Sudschud* und erhebt sich. Dann zitiert er die
Fatiha, verrichtet *Ruku'* und *Sudschud* und setzt sich hin, um den
Taschahhud zu rezitieren. Er ruft Gottes Segen und Frieden auf Seinen Gesandten und dessen Familie herab und beendet das Gebet,
indem er den Gruß entrichtet.

Wenn sich jemand der Gemeinschaft nach dem *Ruku'* der letzten *Rak'a* eines Gebets anschließt, hat er dieses Gebet versäumt. Er erhebt sich, wenn der Imam den Gruß nach rechts entrichtet, und verrichtet das ganze Gebet, ohne jedoch den Eröffnungs-*Takbir* zu sprechen.

Wenn jemand das Morgen- oder Abendgebet allein verrichtet und währenddessen Muslime an dem Ort seines Gebets eine Gemeinschaft bilden, die sich hinter einem Imam versammelt, dann muss er sich, sofern er noch nicht die Niederwerfung nach der zweiten *Rak'a* vollzogen hat, der Gemeinschaft anschließen. Wenn jemand ein Gebet von vier *Rak'at* verrichtet und gerade dabei ist, die erste *Rak'a* zu leisten, schließt er sich ebenfalls der Gemeinschaft an. Ist er schon bei der zweiten *Rak'a* angelangt, beendet er die ersten beiden *Rak'at*, so als würde er ein aus zwei *Rak'at* bestehendes Gebet verrichten, und schließt sich dann der Gemeinschaft an. Wenn er gerade die dritte *Rak'a* leistet, schließt er sich ebenfalls noch der Gemeinschaft an. Vollzieht er jedoch bereits die vierte *Rak'a*, beendet er sein Gebet, ohne sich der Gemeinschaft anzuschließen.

Die Erde als Moschee: Muslime können überall beten, vorausgesetzt, dass der Ort nicht derart schmutzig ist, dass er das Gebet ungültig macht, dass er nicht widerrechtlich besetzt wurde oder dass der Besitzer des Ortes das Gebet verbietet. Hierin liegt ein besonderer Gunstbeweis Gottes für die Gemeinschaft der Muslime. Nahezu jeder Ort auf der Welt kann also als Moschee dienen.

Die drei vorzüglichsten Moscheen: Generell können Muslime in allen Moscheen beten. Drei Moscheen sind jedoch besonders gesegnet und bieten den in ihnen Betenden einen weit größeren Lohn als alle anderen Moscheen. In der Reihenfolge ihres Lohnes und ihrer Heiligkeit sind dies die Heilige Moschee in Mekka, die Moschee des Propheten in Medina und die Masdschid al-Aqsa in Jerusalem.

Das Nachholen versäumter Gebete

Das Gebet ist die wichtigste Form der Anbetung Gottes. Es ist die Stütze der Religion und darf deshalb nicht versäumt werden. Die

Gelehrten sind übereinstimmend der Auffassung, dass alle Gebete, die aus welchem Grund auch immer (z.B. aus Achtlosigkeit, auf Grund einer Operation oder einer schweren Krankheit oder einfach weil sie verschlafen wurden) versäumt wurden, nachzuholen sind. Dies kann zu jeder beliebigen Zeit geschehen, nur dann nicht, wenn das Beten generell nicht statthaft ist.

Versäumte Gebete sollten in der richtigen Reihenfolge nachgeholt werden. Wenn jemand weniger als sechs Gebete versäumt hat, sollte er diese zunächst nachholen, bevor er ein neues Gebet verrichtet, das eigentlich an der Reihe wäre. Wer so vorgeht, stellt unter Beweis, dass er ein ordnungsliebender Mensch ist. Wenn jemand mehr als sechs Gebete versäumt hat, kann er diese zu jeder Zeit, in der das Beten statthaft ist (also nicht unbedingt vor dem anstehenden Gebet), nachholen.

Anbetung[32]

- Gott anzubeten heißt, sich selbst als Diener Gottes und Gott als das einzig wahre Wesen der Anbetung wahrzunehmen. Gott anzubeten heißt auch, das eigene Leben den Beziehungen zwischen einem wahren Diener und dem wahren Objekt der Begierde entsprechend zu gestalten.

- Anbetung bedeutet Dankbarkeit für jene Gunstbeweise wie Leben, Bewusstsein, Wahrnehmungsfähigkeit und Glauben, mit denen wir ausgestattet wurden, während eine Vernachlässigung der Anbetung von primitiver Undankbarkeit kündet.

- Die Anbetung ist eine Straße, die uns von jenem Wesen, das uns aufträgt zu beten, geebnet wurde. Sie ist eine Sammlung angemessener Verhaltensweisen, die zu befolgen Er uns befohlen hat, damit wir letzten Endes zu Ihm gelangen und unser Glück in dieser und der kommenden Welt finden.

---

[32] Die hier aufgeführten Punkte sind dem Buch *Perlen der Weisheit* von Fethullah Gülen entnommen, das 2005 im Fontäne-Verlag erschienen ist.

- Die Anbetung ist der sicherste Weg, sich der unerschütterlichen Gewissheit über jene bedeutendste Wahrheit, die zu Beginn nur theoretisch erfasst wird, bewusst zu werden.

- Die Anbetung ist ein gesegneter, immer größer werdender Schatz, aus dem sich die Ideen und Überlegungen des Menschen mit Ehrbarkeit, Rechtschaffenheit und Tugend verpflegen. Sie ist ein Elixier, das die angeborene Neigung des Menschen zur Selbstsucht korrigiert.

- Zu Gott zu beten bedeutet, von der Möglichkeit, zu einem Engel zu werden, der wie geschaffen für das Paradies ist, Gebrauch zu machen und die triebhaften Neigungen und Kräfte zu zähmen. In der Geschichte der Menschheit ist es bis heute vielen Menschen über den Weg der Anbetung gelungen, die Engel zu übertreffen. Viele andere haben sich jedoch geweigert Gott anzubeten, und sind in die tiefsten Abgründe gestürzt.

- Zu den verdienstvollsten Handlungen der Dienerschaft gehören die Kenntnis Gottes, die Liebe zu Gott, dem Allmächtigen, und der Großmut gegenüber den Menschen. Doch wenn es etwas gibt, was noch verdienstvoller und empfehlenswerter ist, dann sind dies die Suche nach der Zustimmung und dem Wohlgefallen Gottes bei allem, was man tut, und die Suche nach dem wahrhaft höchsten Ideal im Leben (die der Aufforderung *Sei aufrichtig, so wie dir befohlen wurde!* entspringt).

DAS FASTEN IM MONAT RAMADAN (*SAWM AL-RAMADAN*)

Die vierte Säule des Islam ist das Fasten im Monat Ramadan, bei dem die Muslime von der Morgendämmerung bis Sonnenuntergang auf Essen, Trinken und Geschlechtsverkehr verzichten. Was die Ordnung des Fastens betrifft, erklärt der Koran:

> *Der Monat Ramadan ist es, in dem der Qur'an als Rechtleitung für die Menschen herabgesandt worden ist und als klarer Beweis der Rechtleitung und der Unterscheidung. Wer also von euch in dem Monat zugegen ist, der soll in ihm fasten. Und wer krank ist oder sich auf einer Reise befindet, soll eine Anzahl anderer Tage (fasten) - Allah will es euch*

*leicht, Er will es euch nicht schwer machen - damit ihr die Frist vollen-
det und Allah rühmt, dass Er euch geleitet hat. Vielleicht werdet ihr
dankbar sein.* (2:185)

Das obligatorische und das freiwillige Fasten: Es existieren drei
unterschiedliche Formen von obligatorischem Fasten: das Ramadanfasten, das Bußfasten und das Fasten zur Erfüllung eines Gelüb-
des. Im Folgenden sollen jedoch nur das Ramadanfasten und das
freiwillige Fasten erläutert werden.

Wann beginnt der Ramadan, und wann endet er? Der Ramadan ist der neunte Monat des islamischen Mondkalenders und ca.
29,5 Tage lang. Diese Zeit benötigt der Mond, um einmal die Erde
zu umkreisen. Da ein Mondmonat im Schnitt einen Tag kürzer als
ein Sonnenmonat ist, ist ein Mondjahr 10-12 Tage kürzer als ein
Sonnenjahr. Aus diesem Grunde verschiebt sich der Ramadan von
Jahr zu Jahr 10-12 Tage nach vorn. So durchläuft er alle Jahreszei-
ten und bietet für die Menschen in den unterschiedlichen Ländern
gleiche Bedingungen.

Ein neuer Mondmonat beginnt, wenn sich der Mond auf seiner Umlaufbahn um die Erde vor die Sonne schiebt und das Sonnenlicht auf diejenige Seite des Mondes trifft, die der Erde abgewandt ist. Diese Position, in der der Mond seine dunkle Seite der
Erde zuwendet, nennt man Neumond. Per Definition ist ein Neumond von der Erde aus nicht sichtbar, weil die Sonne nur die Seite
bescheint, die der Erde abgewandt ist.

Wenn der Mond dann seine Umlaufbahn um die Erde fortsetzt,
beginnt er eine Sichel auszuformen. Dies geschieht wenige Minuten nach Neumond, obwohl auch diese Sichel nicht mehrere Stunden lang sichtbar bleibt. In einigen traditionellen islamischen Ländern beginnen die Muslime nicht eher zu fasten, als bis die Sichel
auch tatsächlich gesichtet wurde. Dieses Ereignis wird bestätigt,
wenn auch nur ein einziger Mensch die Sichel gesichtet hat oder
wenn 30 Tage des vorangegangenen Monats Scha'ban abgelaufen
sind. Einigen modernen Gelehrten zufolge hat Gott dem Menschen
wissenschaftliche Kenntnisse verliehen, die ihm ermöglichen, Anfang

und Ende des Monats exakt zu berechnen. Allen Observatorien und ähnlichen astronomischen Zentren sollten daher die für ihre Region relevanten Informationen zur Verfügung gestellt werden.

Das Fasten beginnt mit der ersten Morgendämmerung des neuen Monats. Während der wenigen Stunden zwischen Neumond und der ersten Morgendämmerung essen und trinken die Muslime. Sobald sich der erste Lichtfaden am Horizont abzeichnet, beginnen sie zu fasten.

Unterschiedliche Orte: Den meisten Gelehrten zufolge sollten alle Muslime zu fasten beginnen, nachdem der Neumond irgendwo auf der Welt gesichtet wurde.

Das Ende des Ramadan: Das Ramadanfasten endet, nachdem der Neumond (*Schawwal*) erneut gesichtet wurde. Die meisten Rechtsgelehrten sind der Meinung, dass er von mindestens zwei vertrauenswürdigen Zeugen gesehen worden sein muss.

Die Stunden, in denen gefastet wird: Dem Koran zufolge sind folgende Stunden für das Fasten reserviert:

> *Und esset und trinkt, bis der weiße Faden von dem schwarzen Faden der Morgendämmerung für euch erkennbar wird. Danach vollendet das Fasten bis zur Nacht.* (2:187)

Also sollte das Fasten beginnen, wenn der erste Lichtfaden am Horizont sichtbar wird (1,5 bis 2 Stunden vor Sonnenaufgang, abhängig von der Jahreszeit), und bis Sonnenuntergang (dem Beginn der Nacht) durchgehalten werden.

Wer fastet? Alle Gelehrten stimmen darin überein, dass das Fasten für jeden geistig und körperlich gesunden erwachsenen männlichen Muslim, der nicht gerade auf Reisen ist oder auf dem Schlachtfeld kämpft, Pflicht ist. Frauen, die gerade ihre Tage oder durch eine Niederkunft bedingte Blutungen haben, fasten nicht. Folgende Gruppen sind ebenfalls vom Fasten ausgenommen: Geistesgestörte, Minderjährige, Reisende; Schwangere, die um ihr ungeborenes Kind fürch-

ten; Alte und Kranke, die glauben, das Fasten könne ihnen schaden; Menschen, die unter rauen Bedingungen leben oder unter so
großem Hunger oder Durst leiden, dass sie Angst haben, das Fasten
könne ihren Tod bedeuten.

Das Nachholen versäumter Tage: Menschen, die (nicht chronisch) krank sind und Reisende können ihr Ramadanfasten unterbrechen, müssen die versäumten Tage jedoch nachholen. Wenn
Reisende sich nachts dazu entschließen zu fasten, können sie trotzdem am Tage ihr Fasten brechen. Wenn sie sich bereits entschlossen hatten zu fasten, als sie noch nicht auf Reisen waren, sich dann
jedoch entschieden haben zu reisen, müssen sie der Mehrheit der
Gelehrten zufolge fasten.

Diejenigen, die ihr Fasten auf Grund ihrer besonders harten
Lebensbedingungen gebrochen haben, müssen die versäumten Tage
nachholen. Die Gelehrten stimmen darin überein, dass menstruierende Frauen, Frauen mit durch eine Niederkunft bedingten Blutungen, schwangere und stillende Frauen, die befürchten, mit dem
Fasten sich selbst oder ihrem Kind Schaden zuzufügen, die versäumten Tage nachholen müssen.

Das Zahlen einer Entschädigung: Menschen, die zu alt sind,
um fasten zu können, und chronisch Kranke dürfen das Fasten brechen, da es sie zu viel Kraft kosten würde. Für jeden Tag, an dem
sie nicht fasten, müssen sie jedoch einem Armen zu essen geben.
Wenn ein Reisender oder jemand, der einen anderen Grund hatte,
nicht zu fasten, stirbt, bevor er die versäumten Tage nachholen konnte,
braucht keine solche Entschädigung gezahlt werden. Wenn er aber
seinen Erben veranlasst hat, die Entschädigung zu zahlen, soll dem
Erbe des Verstorbenen eine entsprechende Summe entnommen
werden.

Tage, an denen es verboten ist zu fasten: Alle Gelehrten stimmen
darin überein, dass während der beiden Feste (*Id al-Fitr* und *Id al-
Adha*) weder das freiwillige noch das obligatorische Fasten statthaft
ist. Freiwilliges Fasten ausschließlich an Freitagen wird missbilligt (ist

makruh). Fastet jemand am Tag vor oder nach einem Freitag, wird die Ausdehnung des Fastens auf den Freitag nicht missbilligt, sofern es sich um einen Tag handelt, an dem man üblicherweise fastet (z.B. den 13., 14. oder 15 eines Monats) oder um den Tag der *Aschura* (10. *Muharram*). Gleiches gilt für den Samstag. Auch das Fasten an den ‚Tagen des Zweifels‘, an denen man sich nicht sicher ist, ob man sich noch im *Scha'ban* oder bereits im Ramadan befindet, gilt als *makruh*. Weiterhin verpönt ist das Fasten an aufeinander folgenden Tagen, ohne überhaupt irgendetwas zu essen (*Wisal*).

Freiwilliges Fasten: Der Gesandte empfahl den Muslimen, an den folgenden Tagen zu fasten: an sechs Tagen im Monat *Schawwal*, am 10. *Muharram* (*Aschura*) und am Tag davor und danach, den überwiegenden Teil des Scha'ban, jeden Donnerstag, Freitag und Samstag während der gesegneten Monate (*Dhu'l-Qa'da, Dhu'l-Hidscha, Muharram, Radschab*), jeden Montag und Donnerstag und am 13., 14. und 15. jedes Monats. Darüber hinaus stellte er denen, die in der Lage sind zu fasten, frei, an jedem anderen Tag, der die Bezeichnung *Sawm Dawud* (das Fasten Davids) trägt, dies auch zu tun.

Das Mahl vor Sonnenaufgang und das Fastenbrechen: Es wird angeraten, zwischen der Mitte der Nacht und der Morgendämmerung, aber möglichst erst sehr kurz vor Sonnenaufgang, ein frühes Mahl einzunehmen. Direkt nachdem die Sonne untergegangen ist, sollten sich die Fastenden außerdem beeilen zu essen. Unmittelbar vor dem Essen sollten sie das folgende (dringend empfohlene) Bittgebet sprechen: „O Gott, für Dich habe ich gebetet. An Dich glaube ich und in Dich setze ich mein Vertrauen. Mit Deinen Gaben breche ich mein Fasten."

Die Grundvoraussetzungen des Fastens: Zunächst einmal wird vom Fastenden verlangt, dass er die Absicht zu fasten formuliert. Im Idealfall sollte diese Absicht vor jeder Morgendämmerung und vor jedem Sonnenuntergang im Ramadan erneuert werden. Es reicht jedoch auch aus, sie irgendwann in der Nacht, oder falls man es vergisst, bis zum nächsten Mittag zu bekräftigen. Diese Formulierung muss nicht laut ausgesprochen werden, denn sie gilt als eine Handlung des Herzens, bei der die Zunge nicht involviert ist. Die Formulierung der Absicht ist erst dann vollständig, wenn der Fastende aus Gehorsam gegenüber Gott und zu Seinem Wohlgefallen fastet. Viele Rechtsgelehrte sind der Auffassung, dass die Absicht beim freiwilligen Fasten bis zum Mittag formuliert werden kann.

Während der Fastenstunden dürfen die Fastenden weder essen und trinken noch Geschlechtsverkehr haben. Vor der Offenbarung des Koran durften verheiratete Paare während der gesamten Fastenzeit keine geschlechtlichen Beziehungen pflegen. Diese Regelung wurde von Koranvers 2:187, der Geschlechtsverkehr bei verheirateten Paaren während der Nächte des Ramadan billigt, modifiziert.

> *Es ist euch erlaubt, euch in der Nacht des Fastens euren Frauen zu nähern; sie sind Geborgenheit für euch, und ihr seid Geborgenheit für sie.* (2:187)

Während der Stunden des Fastens sind geschlechtliche Beziehungen jedoch nach wie vor untersagt.

Das Vermeiden unschicklicher Handlungen: Das Fasten, eine Form der Anbetung, die uns Gott näher bringt, wurde uns auferlegt, um mit ihm unsere Seele zu reinigen und uns in gutem Handeln zu üben. Die Fastenden müssen dafür Sorge tragen, dass sie sich von jeder Handlung, die die Vorzüge ihres Fastens zunichte machen könnte, fern halten. Dann wird ihr Fasten ihr persönliches Gottesbewusstsein und ihre Frömmigkeit steigern. Zum Fasten gehört mehr, als nur auf Essen und Trinken zu verzichten. Es beinhaltet, sich von allem fern zu halten, was Gott uns verboten hat. Der Gesandte Gottes sagte:

> *Fasten bedeutet nicht nur, sich des Essens und Trinkens, sondern auch der eitlen Rede und schmutziger Sprache zu enthalten. Wenn jemand von euch beschimpft oder belästigt wird, sollte er sagen: „Ich faste gerade. Ich faste"*

Großzügigkeit und andere verdienstvolle Handlungen: Großzügig zu sein, den Koran zu studieren und zu Gott zu beten, ist eigentlich immer ratsam; besonders betont wird es jedoch im Monat Ramadan. Während der letzten zehn Tage des Ramadan pflegte der Gesandte seine Ehefrauen nachts aufzuwecken, sie allein zu lassen und sich der Anbetung Gottes zu widmen. Zu jener Zeit bemühte er sich noch mehr als sonst um die Anbetung Gottes.[33]

Statthafte Handlungen

- Sich mit Wasser zu übergießen und in Wasser einzutauchen;
- Schminke, Augentropfen oder etwas anderes in die Augen zu träufeln;
- einander zu küssen, vorausgesetzt, man hat sich unter Kontrolle;
- Mund und Nase auszuspülen, ohne dabei Wasser zu schlucken;
- Flüssigkeiten, Nahrungsmittel oder etwas anderes, was man kaufen möchte, zu probieren, sofern es nicht geschluckt wird;
- Kaugummi zu kauen wird (im Gegensatz zu Dingen, die nicht süß sind und keinen Duft verströmen) zwar missbilligt, macht, das Fasten jedoch nicht ungültig.
- Essen, Trinken und Geschlechtsverkehr während der Nachtstunden;
- wenn jemand aus Achtlosigkeit etwas isst, muss er den Tag nicht später nachholen und braucht auch keine Entschädigung zu zahlen.
- Die Verrichtung des *Ghusl* ist nicht erforderlich. Sich vor dem Fasten in einen reinen Zustand zu bringen, wird jedoch empfohlen.
- Wenn die Menstruationsblutungen oder die durch eine Niederkunft bedingten Blutungen einer Frau während der Nacht aufhören, kann sie den *Ghusl* auf den Morgen verschieben und dennoch fasten. Sie muss ihn aber noch vor dem Morgengebet vollziehen.

---

[33]   Bukhari, *Sawm*, 2:9; Muslim, *Siyam*, 164

- Für die Reinigung der Zähne können die Fastenden einen Zahnstocher oder eine Zahnbürste verwenden. Ob sie dies zu Beginn oder am Ende des Tages tun, ist nicht von Belang.
- Das Riechen von Parfüm;
- das Schlucken von etwas Feuchtem mit der Speichelflüssigkeit morgens nach dem Aufstehen;
- das Schlucken weniger Tropfen Schweiß oder Tränen, die man nicht schmeckt;
- das Essen von Speiserückständen, die zwischen den Zähnen verblieben sind und kleiner als eine Kichererbse sind;
- Dinge, die nicht essbar sind und ohne unser Zutun in den Mund gelangen (z.B. Rauch, Staub oder der Geschmack von Medizin, die auf die Zähne aufgetragen wurde), entwerten das Fasten nicht.
- Küssen, Berühren und Streicheln des anderen Geschlechts, vorausgesetzt, dass keine Ejakulation stattfindet, sowie jede andere sexuelle Aktivität, die nicht zur Ejakulation führt; eine Ejakulation, die allein aus Schauen oder Fantasien resultiert, macht das Fasten nicht ungültig.
- Feuchte Träume während des Tages oder ein Austritt von Samenflüssigkeit.

Verbotene Handlungen, die einen Nachholtag erfordern

- Irrtümliches Essen oder Essen unter Zwang;
- das Schlucken von mit Speichelflüssigkeit vermischtem Blut, das man deutlich schmeckt;
- das Schlucken von Tränen und Schweiß, die man deutlich schmeckt;
- das Entfernen und anschließende Schlucken von essbaren Speiserückständen zwischen den Zähnen, die größer als eine Kichererbse sind;
- das Erbrechen einer Mundvoll; ein Erbrechen von weniger als dieser Menge und Erbrochenes, was wieder in den Magen zurückfließt, machen das Fasten nicht ungültig.

- Eine Ejakulation infolge von Küssen, Berührungen oder Masturbation;
- Monatsblutungen und durch eine Niederkunft bedingte Blutungen, selbst wenn sie direkt vor Sonnenaufgang einsetzen sollten;
- Essen, Trinken oder Geschlechtsverkehr in dem falschen Glauben, dass die Sonne bereits untergegangen ist oder die Morgendämmerung noch nicht eingesetzt hat;
- Injektionen aller Art, aus medizinischen wie auch aus Ernährungsgründen. Ob die Injektion intravenös oder unter die Haut verabreicht wird oder ob das, was injiziert wurde, in den Magen gelangt, spielt dabei keine Rolle.
- Ein Getränk oder eine Medizin, die durch die Kehle oder die Nase rinnt; Wasser, das durch die Ohren in den Körper eintritt, ist rechtens.
- Jede Flüssigkeit, die durch den Enddarm in den Körper gelangt.

Handlungen, die das Fasten ungültig machen und einen Nachholtag bzw. eine Entschädigung erfordern: Bewusstes Essen und Trinken und Geschlechtsverkehr erfordern einen Nachholtag und die Zahlung einer Entschädigungsleistung. Wer dies tut, muss 60 Tage lang einen oder einen Tag lang 60 armen Menschen zu essen geben. Dabei soll sich das Essen, das er ihm bzw. ihnen vorsetzt, nicht von dem Essen, das er selbst normalerweise zu sich nimmt, unterscheiden. Diese Regelung gilt für Männer und Frauen gleichermaßen.

Die meisten Gelehrten sind der Auffassung, dass Männer und Frauen Entschädigungsleistungen zu zahlen haben, wenn sie bewusst tagsüber sexuelle Beziehungen pflegen, obwohl sie eigentlich beschlossen hatten zu fasten. Wenn sie diese aber aus Achtlosigkeit oder Zwang pflegten oder die Absicht zu fasten erst gar nicht formuliert hatten, brauchen sie keine Entschädigungsleistungen zu zahlen. Wenn eine Frau vergewaltigt oder vom Mann zum Geschlechtsverkehr gezwungen wurde, muss nur der Mann eine Entschädigungsleistung zahlen.

Alle Gelehrten stimmen darin überein, dass Menschen, die das Fasten bewusst gebrochen und eine Entschädigungsleistung gezahlt haben, es dann aber erneut in einer Art und Weise brechen, die nach einer weiteren Entschädigungsleistung verlangt, auch erneut zahlen müssen. Weiterhin sind sie übereinstimmend der Meinung, dass Menschen, die das Fasten an einem Tag zweimal gebrochen haben, ohne in der Zwischenzeit die Entschädigungsleistung gezahlt zu haben, nur eine Entschädigungsleistung zu zahlen brauchen. Wenn jemand das Fasten bricht und es dann noch im selben Ramadan ein weiteres Mal bricht, ohne jedoch eine Entschädigungsleistung zu zahlen, muss insgesamt nur eine Entschädigungsleistung zahlen. Wenn die Entschädigungsleistung nicht geleistet oder die Strafe nicht beglichen wurde, werden all diese Handlungen zu einer einzigen Handlung zusammengefasst.

Orte mit sehr langen Tagen und sehr kurzen Nächten: Muslime, die in solchen Erdregionen (z.B. in der Nähe der Pole) leben, sollten den Normen jener Regionen folgen, in denen die islamische Rechtsprechung gilt (z.B. der Mekkas und Medinas), oder dem Zeitplan der ihnen am nächsten gelegenen Region, die über ‚normale' Tage und Nächte verfügt.

Die Tugend der Nacht der Bestimmung (*Laylat al-Qadr*)

Diese Nacht ist die tugendhafteste aller Nächte. Gott sagt:

> *Wahrlich, Wir haben ihn (den Qur'an) herabgesandt in der Nacht von al-Qadr. Und was lehrt dich wissen, was die Nacht von al-Qadr ist? Die Nacht von al-Qadr ist besser als 1.000 Monate.* (97:1-3)

Jede Handlung, die man in dieser Nacht ausführt, bringt eine genauso große Belohnung mit sich, wie die gleiche Handlung einbringen würde, wenn sie 1.000-mal in 1.000 Monaten getätigt würde, die keine Nacht wie diese aufweisen.

Muslime sollten diese Nacht vor allem während der letzten zehn Nächte des Ramadan suchen, da auch der Prophet in diesen Nächten besondere Anstrengungen auf sich nahm. Er pflegte seine Ehefrauen nachts aufzuwecken, sie allein zu lassen und sich der Anbetung Gottes zu widmen. Abu Hanifa zufolge kann aber prinzipiell jede Nacht des Jahres die Nacht der Bestimmung sein.[34] Daher sollten die Muslime in jeder Nacht eine Zeit lang wach sein, um sie nicht zu verpassen. Die Nachtwachen um der Nacht der Bestimmung willen genießen einen besonderen Stellenwert.

Bukhari überlieferte von Abu Hurayra folgende Worte des Gesandten:

> *Wer in der Nacht der Bestimmung voller Glauben und Hoffnung dafür betet, ihren Lohn zu erhalten, dem werden alle zuvor begangenen Sünden vergeben.*[35]

Bedeutung und Prinzipien des I'tikaf

I'tikaf bedeutet wörtlich übersetzt an etwas Gutem oder Schlechtem festhalten und dabei alles andere ausblenden. Als Fachbegriff im religiösen Sinne bezeichnet *I'tikaf* die Hingabe an das Gebet in der Moschee insbesondere während der letzten zehn Tage des Ramadan. Der Gesandte Gottes verrichtete den *I'tikaf* alljährlich an zehn Tagen im Ramadan, im Jahr seines Todes sogar 20-mal.

Ein von Ungläubigen, von nicht urteilsfähigen Kindern, von Menschen, die auf Grund von sexuellen Beziehungen einer Ganzwaschung bedürfen, und von Frauen mit Monatsblutungen und Blutungen, die mit einer Niederkunft in Verbindung stehen, verrichteter *I'tikaf* trägt keine Belohnung ein.

Der *I'tikaf* gilt als vollzogen, wenn sich der Betende mit der Intention, Gott näher zu kommen, 10 Tage in der Moschee verbracht hat. Wenn diese Bedingungen nicht erfüllt sind, kann man nicht von einem *I'tikaf* sprechen. Wenn jemand die Absicht formuliert, einen freiwilligen *I'tikaf* zu verrichten, diesen aber vor Ende der Zeitspanne von zehn Tagen abbricht, muss er die versäumten Tage später nachholen.

---

[34]   Canan, Ibrahim, *Hadis Ansiklopedisi*, 1:260
[35]   Bukhari, *Fadl Laylat al-Qadr*

Der heilige Monat Ramadan[36]

Der Monat Ramadan ist der Monat, in dem die ersten Koranverse als eine Quelle und als ein eindeutiges Zeichen der Rechtleitung für die Menschen und als Maßstab für die Unterscheidung von Richtig und Falsch herabgesandt wurden. (2:185)

Punkt Eins: Das Fasten im Ramadan ist eine der tragenden Säulen und eines der wichtigsten Symbole des Islam. Viele seiner Ziele sind mit der Herrschaft Gottes und mit der Dankbekundung für Seine Gunstbeweise oder auch mit dem individuellen und kollektiven Leben des Menschen sowie mit der Schulung und Disziplinierung seines Selbst verbunden.

Ein mit der Herrschaft Gottes in Zusammenhang stehendes Ziel besteht darin, dass Er die Vollkommenheit Seiner Herrschaft unter Beweis stellt und uns darüber hinaus deutlich macht, dass Er der Erbarmer und der Barmherzige auf der Erde ist, die Er in einer Art und Weise, die jenseits der menschlichen Vorstellungskraft liegt, wie einen Tisch gestaltet hat, auf dem Seine Gunstbeweise ausgestellt werden.

Und dennoch können die Menschen die Realität dieser Situation auf Grund ihrer Achtlosigkeit und auf Grund des trügerischen Schleiers der Ursächlichkeit nicht voll und ganz begreifen. Im Ramadan jedoch verfügen die Gläubigen am Ende jedes Tages über eine Einstellung, die den Eindruck erweckt, dass sie nur auf den Befehl warten, sich an der Tafel des Ewigen Monarchen zu bedienen. Sie antworten auf die großartige universelle Manifestation der Gnade Gottes mit einem umfassenden und harmonischen Akt des gemeinschaftlichen Gebets.

Punkt Zwei: Aus der Perspektive der Zusammengehörigkeit von Fasten und Dankbarkeit betrachtet liegt eine Weisheit des Ramadanfastens im Folgenden: Die Speisen, die uns irgendwelche

---

[36]   Teile dieses Kapitels sind dem 29. Brief des Buches *The Letters* von Said Nursi, London 1995, 2:215-223, entnommen.

Diener aus der Küche des Königs bringen, haben ihren Preis. Ganz offensichtlich wäre es eine haarsträubende Torheit, den Dienern zwar ein Trinkgeld zu geben, den König darüber aber zu vergessen. Denn dies würde zeigen, dass wir das Geschenk nicht gebührend respektieren. Auch Gott, der Allmächtige, präsentiert uns seine Gunstbeweise auf der Erde zu einem bestimmten Preis. Dieser lautet: Dankbarkeit.

Die vermeintlichen Ursachen, die hinter diesen Gunstbeweisen und hinter denen stehen, die sie uns überbringen, gleichen den Dienern in dem oben erwähnten Beispiel. Wir bezahlen die Diener, fühlen uns ihnen gegenüber verpflichtet und sind ihnen dankbar, obwohl sie in Wirklichkeit nur Ursachen oder Instrumente sind. Gelegentlich bekunden wir ihnen Respekt, den sie in diesem Maße nicht verdienen. Der Wahre Spender der Gunstbeweise verdient unseren Dank unendlich viel mehr. Zu einer angemessen Dankbarkeit sollte gehören, dass wir unsere Bedürftigkeit anerkennen, Seine Gunstbeweise in ihrem ganzen Umfang schätzen und sie Ihm direkt zurechnen.

Das Fasten im Ramadan ist der Schlüssel für wahre, aufrichtige, verständige und universelle Dankbarkeit. Viele Menschen wissen die meisten der Gunstbeweise, die sie genießen, nicht richtig zu schätzen, weil sie keinen Hunger kennen. Ein Laib trockenes Brot bedeutet einem Menschen, der einen vollen Magen hat, nichts; erst recht nicht, wenn dieser Mensch reich ist. Der Geschmackssinn der Gläubigen entfaltet sich beim Fastenbrechen, das mit Sicherheit ein sehr wertvoller Gunstbeweis Gottes ist. Der Ramadan verleiht allen Gläubigen eine von Herzen kommende Dankbarkeit, indem er sie den Wert der Gunstbeweise Gottes begreifen lässt.

Während er fastet, denkt der Gläubige: „Diese Gunstbeweise gehören ursprünglich nicht mir. Deshalb darf ich sie nicht einfach nur als Speis und Trank betrachten. Da sie dem Einen gehören, der sie mir gewährt hat, muss ich warten, bis Er mir die Erlaubnis, sie zu genießen, erteilt." Dadurch, dass der Gläubige Speis und Trank als Gunstbeweise Gottes anerkennt, dankt er Gott stillschweigend. Deshalb ist das Fasten ein Zugang zur Dankbarkeit, die ihrerseits eine essenzielle Pflicht des Menschen darstellt.

Punkt Drei: Das Fasten ist ein fester Bestandteil des gesell-schaftlichen Lebens des Menschen; denn Gottes Entscheidung, nicht jedem Menschen Lebensunterhalt zur Verfügung zu stellen, hat zur Konsequenz, dass die Reichen den Armen helfen müssen. Ohne je gefastet zu haben, wären viele reiche und zügellose Menschen nicht in der Lage, das Leid von Hunger und Armut zu spüren oder zu begreifen, wie sehr arme Menschen auf Fürsorge angewiesen sind. Die Fürsorge für den Mitmenschen ist ein Fundament wahrer Dankbarkeit. Es gibt immer jemanden, der ärmer ist als wir; daher muss jeder den ärmeren Menschen helfen. Menschen, die die Erfahrung zu hungern machen, können ande-ren besser helfen und Gutes tun.

Punkt Vier: Das Fasten im Ramadan vereint zahlreiche Ziele Gottes, die mit der Schulung und Disziplinierung des Selbst in Verbindung stehen: Das fleischliche Selbst wünscht sich und glaubt gleichzeitig, frei und ungebunden zu sein. Es liegt sogar in seiner Natur, sich einzubilden, über Herrschaft und freies und eigenmäch-tiges Handeln verfügen zu können. Es wehrt sich gegen die Vorstellung, durch die zahllosen Gunstbeweise Gottes geschult und auf die Probe gestellt zu werden. So schluckt es diese Gunstbeweise wie ein Tier und in der Manier eines Diebes oder Räubers, insbe-sondere dann, wenn der Reichtum und die Macht des betreffenden Menschen von Achtlosigkeit begleitet werden.

Im Ramadan erfährt das Selbst des Fastenden, dass es jemand Anderem, und nicht sich selbst gehört; dass es ein Diener, und kein frei Handelnder ist; dass es selbst die einfachsten Dinge wie Essen und Trinken nicht zu tun vermag, wenn es keine Erlaubnis bzw. keinen Befehl erhält. Diese Hilflosigkeit erschüttert seine illusori-sche Herrschaft und bewirkt, dass es seine Dienerschaft akzeptiert und seine Pflicht, dankbar zu sein, erfüllt.

Punkt Fünf: Das Fasten im Ramadan verhindert ein Aufbegehren des fleischlichen Selbst und verleiht ihm stattdessen eine gute Moral. Das fleischliche Selbst des Menschen gerät durch Achtlosigkeit aus der Fassung. Es erkennt seine unendlich große

Ohnmacht, Armut und Unzulänglichkeit nicht und will sie auch gar nicht erkennen. Es denkt nicht weiter darüber nach, wie sehr es Unglück und Verfall ausgesetzt ist und dass der Körper lediglich aus Fleisch und Knochen besteht, die sich im Nu in ihre Bestandteile auflösen und verwesen. Voller Gier und Liebe zum Leben stürzt es sich auf die Welt und klammert sich an alles, was Gewinn bringend und vergnüglich ist, ganz als besäße es einen stählernen Körper und würde ewig leben. In diesem Zustand vergisst es Seinen Schöpfer, der es mit vollkommener Fürsorge schult. Im Sumpf der Unmoral versinkend denkt es nicht über die Konsequenzen für sein Leben in dieser oder in der kommenden Welt nach.

Das Fasten im Ramadan lässt jedoch selbst die achtlosesten und widerspenstigsten Menschen ihre Schwäche und ihre angeborene Armut spüren. Es lässt sie über den Hunger nachdenken und erinnert sie daran, wie zerbrechlich ihr Körper tatsächlich ist. Sie nehmen ihr Bedürfnis nach Mitgefühl und Fürsorge wahr, verlieren ihren Hochmut, suchen in ihrer Hilflosigkeit und Not am heiligen Hof Gottes Zuflucht und klopfen mit der Hand stillschweigender Dankbarkeit an die Tür der Gnade - vorausgesetzt, die Achtlosigkeit hat sie noch nicht völlig korrumpiert.

Punkt Sechs: Im Monat Ramadan begann Gott mit der Offenbarung des Koran. Diese Tatsache zieht viele Konsequenzen nach sich: Um den Monat, in dem der Koran, das Wort Gottes, erstmals enthüllt wurde, zu ehren, sollten sich die Gläubigen bemühen, wie Engel zu leben, indem sie auf Speis und Trank verzichten. Außerdem sollten sie versuchen, sich von den sinnlosen Beschäftigungen und den übersteigerten Bedürfnissen des fleischlichen Selbst zu befreien. Im Ramadan sollten sie den Koran rezitieren oder seiner Rezitation zuhören, als wäre er gerade zum ersten Mal offenbart worden. Wenn möglich, sollten sie der Rezitation so zuhören, als würde der Prophet selbst den Koran rezitieren oder als würde der Erzengel Gabriel ihn dem Propheten vortragen oder als würde Gott ihn Muhammad gerade durch Gabriel offenbaren. Sie sollten den Koran bei ihrem täglichen Tun respektieren; und dadurch, dass sie seine Botschaft anderen Menschen nahe bringen, sollten sie das Ziel, das Gott mit seiner Offenbarung verfolgte, aufzeigen.

Der Ramadan verwandelt die Welt der Muslime in eine gewaltige Moschee, in der Millionen von Erdbewohnern den Koran rezitieren. Indem der Ramadan die Wahrheit des Verses *Der Monat Ramadan ist es, in dem der Qur'an als Rechtleitung für die Menschen herabgesandt worden ist* (2:185) präsentiert, beweist er, dass er der Monat des Koran ist. Einige Teilnehmer der beachtlichen Versammlung, die in der gewaltigen Moschee der muslimischen Welt stattfindet, lauschen von feierlicher Ehrfurcht erfüllt der Rezitation, andere wiederum rezitieren selbst. Wer aber in dieser heiligen ‚Moschee‘ diesen heiligen Zustand aufgibt und stattdessen seinem fleischlichen Selbst gehorcht und isst und trinkt, legt schlechte Manieren an den Tag. Denn ein solches Handeln wird von der gesamten Versammlung missbilligt. Auch wer sich über die fastenden Muslime hinwegsetzt und ihnen entgegenwirkt, zieht sich den Unwillen und Abscheu der ganzen muslimischen Welt zu.

Punkt Sieben: Das Fasten im Ramadan dient vielen Zielen, die mit dem spirituellen Lohn des Menschen verbunden sind. Jeder Mensch wurde nämlich auf die Welt geschickt, um bereits hier die Saat für das Leben in der kommenden Welt zu säen. Die folgenden Abschnitte verdeutlichen eines dieser Ziele:

Die Belohnungen für gute Taten, die im Ramadan verrichtet werden, werden mit der Zahl 1.000 multipliziert. Eine Tradition besagt, dass für jeden Buchstaben des Koran zehn Belohnungen vergeben werden. Die Rezitation eines Buchstabens zählt demnach genauso viel wie zehn gute Taten. Im Monat Ramadan jedoch werden diese Belohnung mit 1.000 und Verse wie der Thronvers sogar mit noch höheren Zahlen multipliziert.

Allah - kein Gott ist da außer Ihm, dem ewig Lebenden, dem durch Sich Selbst Seienden. Ihn ergreift weder Schlummer noch Schlaf. Ihm gehört, was in den Himmeln und was auf der Erde ist. Wer ist es, der bei Ihm Fürsprache einlegen könnte außer mit Seiner Erlaubnis? Er weiß, was vor ihnen und was hinter ihnen liegt; sie aber begreifen nichts von Sei-

nem Wissen, es sei denn das, was Er will. Weit reicht Sein Thron über die Himmel und die Erde, und es fällt Ihm nicht schwer, sie (beide) zu bewahren. Und Er ist der Hohe, der Allmächtige. (2:255)

Und noch größer fällt die Belohnung aus, wenn in den Nächten der Freitage im Ramadan rezitiert wird. In der Nacht der Bestimmung rezitierte Verse werden sogar mit 30.000 multipliziert.

Im Ramadan wird der Koran, dessen Buchstaben jeder für sich 30.000 unvergängliche Früchte im Paradies trägt, zu einem riesigen gesegneten Baum, der Millionen von unvergänglichen Paradiesfrüchten hervorbringt. Man überlege sich, wie erhaben und profitabel dieser Handel ist und was denjenigen, die die Buchstaben des Koran nicht zu schätzen wissen, entgeht.

Der Ramadan ist also die viel versprechendste Zeit, um sich diesem einträglichen Handel im Namen des Lebens nach dem Tode zu widmen. Er ist ein fruchtbares Feld, das für die Ernte im Jenseits bestellt werden sollte. Die Vervielfachung der Belohnungen für gute Taten macht ihn mit dem Monat April im Frühling vergleichbar. Er stellt ein heiliges und illustres Fest dar, bei dem diejenigen, die die Souveränität der Herrschaft Gottes verehren, eine Parade abhalten.

Aus diesem Grunde ist das Fasten obligatorisch. Den Gläubigen ist es untersagt, die tierischen Gelüste ihres fleischlichen Selbst zu befriedigen und ihm in nutzlosen Fantasien freien Lauf zu lassen. Weil die Gläubigen während des Fastens und während sie mit diesem Handel beschäftigt sind, Engeln ähneln, agieren sie alle als Spiegel, die die Unabhängigkeit Gottes reflektieren. Dadurch, dass sie die Welt für eine bestimmte Zeit hintanstellen, verwandeln sie sich buchstäblich in reine Geister, die in das Gewand des Körpers gehüllt sind. Der Ramadan sorgt dafür, dass die Gläubigen durch ihr Fasten nach ihrem kurzen Aufenthalt in dieser Welt ein ewiges Leben erlangen werden.

Ein Ramadan kann den Gläubigen in die Lage versetzen, sich eine Belohnung zu verdienen, die dem Wert von 80 Jahren entspricht; denn der Koran sagt, dass die Nacht der Bestimmung einträglicher ist als 80 Jahre, die ohne eine solche Nacht verbracht wurden. (97:3) Ein König besitzt die Macht, besondere Tage wie seine Inthronisation zu Feiertagen zu erklären, an denen er seinen loyalen Untertanen spezielle Gefälligkeiten erweist. In ähnlicher Manier hat der Ewige Majestätische König der 18.000 Welten im Monat Ramadan jeder einzelnen dieser Welten Sein erhabenes Wort, den Koran, offenbart. Die Weisheit gebietet, dass der Ramadan ein besonderes Fest Gottes ist, während dessen Seine Herrschaft Gunstbeweise über uns ausschüttet und die mit einem Geist ausgestatteten Wesen zusammenfinden. Der Ramadan ist ein von Gott angesetztes Fest, bei dem den Menschen fasten sollen, damit sie bis zu einem gewissen Maße dem Tätigkeitsdrang ihrer Körper entsagen.

Das Fasten ermöglicht den Menschen auch, sich von Sünden, die sie mit den Sinnen oder Gliedern ihres Körpers begangen haben, zu befreien und jene stattdessen bei ihren Gebeten einzusetzen. Wer fastet, hindert seine Zunge beispielsweise daran zu lügen, zu verleumden und zu schwören, indem er sie mit der Rezitation des Koran, der Anbetung Gottes, der Bitte um Seine Vergebung und dem Herabrufen des Segens Gottes auf den Propheten Muhammad betraut. Wer fastet, sollte darauf achten, dass seine Augen und Ohren keine verbotenen Dinge schauen bzw. hören. Stattdessen sollte er sich an Dinge halten, die eine spirituelle Lektion oder eine moralische Warnung beinhalten und auf dem Koran und der Wahrheit Folge leisten. Wenn der Magen, der einer Fabrik gleicht, entlastet wird, können ihm andere Körperteile (kleine Werkstätten) besser folgen.

Punkt Acht: Ein Ziel des Fastens liegt darin, dass die Menschen physische und spirituelle Diät halten. Wenn das fleischliche Selbst nach eigener Lust und Laune agiert, isst und trinkt, schadet dies der physischen Gesundheit. Was aber noch schlimmer ist: Auch das spirituelle Leben leidet, denn der Betreffende unterscheidet nicht länger zwischen Erlaubtem und Verbotenem. Ein solches fleischliches Selbst hat große Schwierigkeiten, Herz und Geist zu gehorchen. Es erkennt keinerlei Prinzipien an, nimmt die Zügel des Betreffenden in die Hand und lenkt ihn dorthin, wo es gerade möchte.

Das Fasten jedoch gewöhnt das fleischliche Selbst daran, Diät zu halten, und die Selbstdisziplin lehrt es zu gehorchen. Der Magen kann sich nicht übereessen und dadurch verletzen, dass er das vorangegangene Mahl noch gar nicht richtig verdaut hat. Indem es lernt, auf das Erlaubte zu verzichten, gelingt es ihm, der Weisung der Vernunft und der Religion zu folgen und sich von Verbotenem fern zu halten. In der Folge wird es versuchen, das spirituelle Leben seines Besitzers nicht länger zu manipulieren.

Die meisten Menschen leiden unter Hunger, nur der Grad ihres Hungers variiert. Um einen lang anhaltenden Hunger geduldig ertragen zu können, sollten sich die Menschen in Selbstdisziplin und Enthaltsamkeit üben. Das Fasten im Ramadan bietet uns ein geeignetes Training, weil es uns 15 Stunden lang (oder sogar 24 Stunden lang, wenn wir das Mahl vor der Dämmerung verpassen) Hunger spüren lässt. Das Fasten kuriert also die Ungeduld und den Mangel an Ausdauer - zwei schlechte Eigenschaften, die das Unglück des Menschen verdoppeln.

Viele Körperteile dienen dem Magen auf die eine oder andere Weise. Wenn diese ‚Fabrik' ihre tägliche Routine nicht während eines Monats unterbricht, beschäftigen sich die Körperteile ausschließlich mit ihr und vernachlässigen die eigene Anbetung und die eigenen erhabenen Pflichten. Darum preisen gesegnete Menschen die Enthaltsamkeit als einen Weg zu spiritueller und menschlicher Vollkommenheit. Das Fasten im Ramadan erinnert uns daran, dass unsere Körperteile nicht nur für den Dienst am Magen erschaffen wurden. Im Ramadan machen viele Teile unseres Körpers spirituelle (im Gegensatz zu den gewöhnlichen materiellen) Erfahrungen. Dem Grad ihrer spirituellen Entwicklung entsprechend genießen die fastenden Gläubigen spirituelle Freuden und Aufklärung. Das Fasten im Ramadan läutert Herz, Geist, Verstand und innere Sinne des Menschen. Auch wenn der Magen sich beschweren mag - die Sinne frohlocken.

Punkt Neun: Das Fasten bricht die illusorische Herrschaft des fleischlichen Selbst. Es erinnert es daran, dass es von Natur aus hilflos und lediglich ein Diener ist. Da das fleischliche Selbst nicht geneigt ist, seinen Herrn anzuerkennen, erhebt es sogar dann noch hartnäckig Anspruch auf die Herrschaft, wenn es leidet. Nur der Hunger verändert seine Wahrnehmung.

Der Gesandte Gottes erzählte, Gott habe das fleischliche Selbst gefragt: *Wer bin Ich, und wer bist du?* „Du bist Du, und ich bin ich", habe es geantwortet. So schwer Gott es auch bestrafte und Seine Frage wiederholte, stets erhielt Er die gleiche Antwort. Als Er es aber hungern ließ, erwiderte es: „Du bist mein Barmherziger Herr, und ich bin Dein hilfsbedürftiger Diener."

O Gott, schenke unserem Meister Muhammad, seiner Familie und seinen Gefährten Frieden und Segen - auf eine Art und Weise, die Dir wohl gefällt und ihm gebührt, und in einem Maß, das der Belohnung für die Rezitation der Buchstaben des Koran im Ramadan entspricht. Gepriesen sei, o Muhammad, dein Gott, der Gott der Ehre und der Macht, der über alles, was Ihm fälschlicherweise zugeschrieben wird, erhaben ist! Friede sei mit den Gesandten, und aller Lobpreis gebührt Gott, dem Herrn der Welten! Amen.

Eide

Einen Eid zu leisten heißt, bei Gott zu schwören, dass man bestimmte Dinge tut oder unterlässt. Im Islam ist einzig und allein der Eid bei Gott legitim. Wer diesen Eid leistet, muss alles tun, ihn auch zu erfüllen. Niemals sollte leichtfertig geschworen werden.

Wer versehentlich oder unbewusst einen falschen Eid bei Gott leistet, wird dafür nicht verantwortlich gemacht und muss keine Entschädigung zahlen. Wer jedoch bewusst lügt und dann bei Gott schwört oder Gott als Zeugen einer Lüge benennt, macht sich einer schweren Sünde schuldig, die in vielen Fällen dazu geführt hat, dass Unglück über den Lügner hereinbrach. Wer auf diese Weise gesündigt hat, muss einen Akt der Wiedergutmachung leisten, aufrichtig die Vergebung Gottes erbitten und für alle Schäden, die durch die Sünde entstanden sein mögen, aufkommen.

Wer bei Gott schwört, in der Zukunft etwas Bestimmtes nicht mehr zu tun, und sich dann aber doch nicht an sein Versprechen hält, muss Gott um Verzeihung bitten und eine Entschädigungszahlung leisten. Er muss zehn Tage lang einen oder einen Tag lang zehn armen Menschen zu essen geben. Ist er dazu nicht in der Lage, muss er an zehn aufeinander folgenden Tagen fasten.

Gelübde

Ein Gelübde ist ein feierliches Versprechen, etwas in Gottes Namen zu tun, das einem Akt der Anbetung ähnelt. Wer ein Gelübde ablegt, nimmt eine Verpflichtung auf sich, die eigentlich keine Verpflichtung darstellt. Ein Gelübde wird nur dann als islamisch betrachtet, wenn es in Gottes Namen abgelegt wurde und mit einem obligatorischen oder notwendigen Akt der Anbetung verbunden ist (z.B. zu fasten, um den Armen zu helfen). Deshalb kann man zwar das Gelübde ablegen, zu fasten oder zwei *Rak'at* zu beten, nicht aber das Gelübde, die Niederwerfung der Rezitation zu leisten oder die Waschung zu verrichten; denn diese beiden Handlungen sind keine obligatorischen Akte der Anbetung; vielmehr sind sie Bestandteile solcher Akte.

Man unterscheidet zwei Arten von Gelübden: zeitlich gebundene und an keine bestimmte Zeit gebundene Gelübde. Ein zeitlich gebundenes Gelübde kann beispielsweise sein, wenn man gelobt, an einem bestimmten Tag zu fasten, falls ein Wunsch, der in religiösem Sinne statthaft ist, in Erfüllung geht. In diesem Fall muss das Gelübde erfüllt werden. Ein an keine bestimmte Zeit gebundenes Gelübde wiederum legt man ab, wenn man ganz allgemein gelobt, einen Tag lang zu fasten oder den Armen zu spenden, falls ein Wunsch, der in religiösem Sinne statthaft ist, in Erfüllung geht. Auch diesem Fall muss das Gelübde erfüllt werden.

Wenn jemand gelobt, etwas zu tun, das einem Akt der Anbetung ähnelt, falls etwas Bestimmtes *nicht* geschieht, muss er das Gelübde erfüllen oder eine Entschädigung zahlen. Wenn z.B. ein notorischer Lügner gelobt, in Zukunft nicht mehr zu lügen und eine Woche lang zu fasten, falls er rückfällig wird, muss er im Fall der Fälle sein

Gelübde erfüllen oder die gleiche Entschädigungszahlung leisten, die für gebrochene Eide gilt.

DIE ZAKAT (DIE VORGESCHRIEBENE REINIGENDE SOZIALABGABE)

Die zweitwichtigste Pflicht des Dieners Gottes ist die Zahlung der *Zakat*. Der Gesandte Gottes, der das Gebet als die Säule oder als die wichtigste Stütze des Islam bezeichnete, beschrieb die *Zakat* als die Brücke der Religion[37], weil die *Zakat* nicht nur die sozialen Schichten zusammenrücken lässt und die Gräben zwischen ihnen ausfüllt, sondern auch verhindert, dass sich überhaupt Gräben auftun.

Zakat bedeutet Reinheit und Wachstum. Weil sie den Reichtum und das Streben der Menschen nach Reichtum reinigt und dafür sorgt, dass sowohl der Reichtum als auch die Muslime in Makellosigkeit und Aufrichtigkeit wachsen, ruft der Koran dazu auf, die *Zakat* zu entrichten:

> *Nimm Almosen von ihrem Besitz, auf dass du sie dadurch reinigen und läutern mögest. Und bete für sie; denn dein Gebet verschafft ihnen Beruhigung. Und Allah ist hörend, allwissend. (9:103)*

Die *Zakat* ist eine der fünf Säulen des Islam. In 82 Koranversen wird sie mit dem Gebet (*Salat*) assoziiert. Gott, der Erhabene Eine, erlegte sie uns in Seinem Buch (dem Koran) auf, Sein Gesandter bestätigte sie durch seine Sunna, und die muslimische Gemeinschaft hielt sie per Konsens aufrecht. Ibn Abbas berichtete, dass der Prophet zu Mu'adh ibn Dschabal sagte, bevor er ihn nach Jemen schickte:

> *Du begibst dich zu einem Volk, das aus Anhängern des Buches besteht. Lade sie ein, die Schahada zu akzeptieren: zu akzeptieren, dass es keine Gottheit außer Allah gibt und ich Sein Gesandter bin. Wenn sie dies akzeptieren und bekräftigen, erzähle ihnen, dass Gott, der Gepriesene Eine, ihnen fünf Gebete während des Tages und der Nacht befohlen hat. Wenn sie dies akzeptieren, erzähle ihnen, dass Er ihren Vermögenswerten die Sadaqa (gemeint ist die Zakat) auferlegt hat, die den Reichen*

---

[37] Canan, Ibrahim, *Hadis Ansiklopedisi*, 6:346

(der muslimischen Gemeinschaft) genommen und unter den Armen verteilt werden soll. Wenn sie dies akzeptieren, verzichte darauf, deine Hand auf die besten ihrer Güter zu legen, und fürchte den Schrei der Unterdrückten! Denn zwischen ihm und Gott gibt es keine Grenze. [38]

Zahlreiche Verse ermahnen die Muslime, die *Zakat* zu zahlen, und verbieten ihnen, Reichtum zu horten, z.B.:

Und die gläubigen Männer und die gläubigen Frauen sind einer des anderen Beschützer: Sie gebieten das Gute und verbieten das Böse und verrichten das Gebet und entrichten die Zakat und gehorchen Allah und Seinem Gesandten. Sie sind es, derer Allah Sich erbarmen wird. Wahrlich, Allah ist erhaben, weise. (9:71)

O ihr, die ihr glaubt, wahrlich, viele der Schriftgelehrten und Mönche verzehren das Gut der Menschen zu Unrecht und wenden es von Allahs Weg ab. Und jenen, die Gold und Silber horten und es nicht für Allahs Weg verwenden - ihnen verheiße schmerzliche Strafe. (9:34)

Wer zahlt Zakat?

Jeder freie Muslim, ob Mann oder Frau, dessen Vermögenswerte über dem *Nisab* (der Bemessungsgrenze für Vermögen) liegen, muss *Zakat* zahlen. Wenn jemand stirbt, bevor er die *Zakat* entrichtet hat, muss diese seinem Vermögen entnommen werden, bevor mit diesem gegebenenfalls Schulden beglichen werden und die Erben die Hinterlassenschaft unter sich aufteilen. Für Geisteskranke und Kinder gilt: Wenn ihr Vermögenswerte über dem *Nisab* liegen, verfügbar oder in Umlauf sind, haben ihre Vormunde für sie zu zahlen.

Der *Nisab* unterliegt folgenden Bedingungen:

Der *Nisab* bezeichnet eine Summe von Vermögenswerten, die nach Abzug aller Ausgaben für lebensnotwendige Dinge wie Lebensmittel, Kleidung, Mietzahlungen oder Reittier übrig bleibt. Daher muss keine *Zakat* auf Dinge, die zum Leben benötigt werden, gezahlt werden: etwa auf Instrumente oder Maschinen, die für

---

[38]   Bukhari, *Zakat*, 1:41; Muslim, *Iman*, 31

Zimmerarbeiten, in der Landwirtschaft, für das Schneiderhandwerk oder für die Arbeit eines Arztes benötigt werden. Auch alle Schulden werden vom Vermögen abgezogen. Verfügt man jedoch über Kreditsicherheiten, mit denen man Kredite zurückzahlen könnte, werden auch die Schulden als Vermögenswerte gerechnet. Wenn das resultierende Vermögen die Höhe des *Nisab* übertrifft, muss der Betreffende *Zakat* zahlen.

Viele Gegenstände, die der *Zakat* unterworfen sind, wie z.B. Geld, Gold, Silber und Vieh, muss man ein volles islamisches Kalenderjahr lang besitzen, zurück gerechnet ab dem Tag, an dem man den *Nisab* erreicht. Was zählt, ist das Erreichen des *Nisab* zu Beginn und zu Ende des Jahres. Diese Bedingung gilt jedoch nicht für Pflanzungen und Früchte, denn die *Zakat* für sie sollte am Tag der Ernte gezahlt oder zumindest berechnet werden und auch das beinhalten, was vor der Ernte schon konsumiert wurde.

Es gibt zwei Arten von *Zakat* in der Landwirtschaft: Die einen Dinge wachsen von selbst (z.B. Getreide und Früchte), und die anderen werden für Wachstum und Produktion benötigt (z.B. Geld, Handelsgüter und Vieh). Im ersten Fall ist die *Zakat* zur Erntezeit zu zahlen, und im zweiten Fall am Ende des Jahres.

Das der *Zakat* unterworfene Vermögen sollte sich aktiv oder potenziell vermehren; es sollte größer werden oder produktiv sein. (Diese Bedingung wird im Folgenden noch näher erläutert werden.) Der Betreffende muss das der *Zakat* unterworfene Vermögen zweifelsfrei besitzen und über es verfügen können.

Die Absicht: Da die Zahlung der *Zakat* ein Akt der Anbetung ist, hängt ihre Gültigkeit davon ab, dass man sie um Gottes willen entrichtet. Wenn jemand *Zakat* zahlt, ohne diese Absicht für sich formuliert zu haben, kann er dies noch nachholen, solange das Geld, das er als *Zakat* gezahlt hat, noch nicht ausgegeben wurde.

Die Zahlung der Zakat zur rechten Zeit: Die *Zakat* ist genau zur vorgesehenen Zeit zu entrichten. Die Zahlung hinauszuzögern ist nicht statthaft, es sei denn, es liegt ein triftiger Grund vor.

Der Zakat unterworfene Besitztümer: Der Islam schreibt die Zahlung der *Zakat* auf Zahlungsmittel und ähnliche Dinge wie z.B. Aktien, Schuldscheine und Schecks, Gold und Silber, Getreide, Früchte, Viehbestand, Handelsgüter, Mineralien und Schätze vor.

Der Maßstab für Reichtum: Der Islam hat nichts dagegen, wenn ein Mensch Einkünfte erzielt. Im Gegenteil, er ermuntert uns, zu arbeiten und uns unseren Lebensunterhalt zu verdienen. Was er jedoch nicht gutheißt, ist das Streben nach Luxus und einem luxuriösen Leben; stattdessen spornt er die Muslime an, sich das Ziel zu setzen, für das kommende Leben zu arbeiten, Gewinne zu erzielen und zu leben. Er ruft zur gegenseitigen Unterstützung in der Gesellschaft und zur Spende an die Bedürftigen im Namen Gottes auf. Auf einen bestimmten Lebensstandard hat sich der Islam nicht festgelegt. Aber er betrachtet den Besitz eines Wohnhauses, eines Fortbewegungsmittels (früher ein Pferd, heute ein Auto), zweier Anzüge und anderer Kleidungsstücke sowie von Geldmitteln, die einen Monat lang den Lebensunterhalt sichern (manche behaupten, dass man höchstens über Geldmittel verfügen sollte, die ein Jahr lang den Lebensunterhalt sichern), als unentbehrliche Werte bzw. Besitztümer, auf die man keine *Zakat* zu zahlen braucht. Said Nursi prägte einen Satz, der durchaus für alle Zeiten Gültigkeit besitzen dürfte: Solange die Mehrzahl der Muslime den durchschnittlichen Lebensstandard nicht erreicht, darf kein Muslim ein luxuriöses, ausschweifendes Leben führen.

Die Sunna hat den Besitz von ca. 90 Gramm Gold, 600 Gramm Silber, 40 Schafen, 30 Stück Vieh oder 5 Kamelen als Richtmaß etabliert. Wenn jemand dem Ort bzw. dem allgemeinen Lebensstandard der Menschen an einem bestimmten Ort entsprechend über Banknoten, Handelsgüter oder andere Arten von wachsendem Einkommen oder sich vermehrendem Kapital verfügt, deren Wert dem Wert einer jener Standardwerte vergleichbar ist, muss er die *Zakat* zahlen. Bei der Festlegung des *Nisab* wird jedoch die Untergrenze des Wertes in Betracht gezogen.

Nisab und Zakat von bzw. für Gold, Silber und andere Juwelen: Der *Nisab* von Gold beträgt ca. 20 Dinar (ca. 90 Gramm), der *Nisab* von Silber 200 Dirham (ca. 600 Gramm); beide gelten dann, wenn jene sich länger als ein Jahr im eigenen Besitz befinden. Die fällige *Zakat* beläuft sich auf ein Vierzigstel des Wertes. Gold und Silber werden zusammen veranschlagt. Dies bedeutet, dass jemand, der Gold und Silber im Wert von 200 Dirham Silber besitzt, die *Zakat* zahlen muss. In gleicher Manier werden Gold, Silber, Banknoten usw. sowie kommerzielle Handelsgüter zusammen veranschlagt. Gegenstände, die aus Gold und Silber hergestellt wurden, werden ebenfalls wie Gold und Silber behandelt. Mit anderen Worten: Wenn ihr Gewicht an Gold und Silber die Höhe des *Nisab* erreicht, ist *Zakat* auf sie zu entrichten.

Obwohl die meisten Gelehrten der Auffassung sind, das auf Diamanten, Perlen, Saphire, Rubine, Korallen und andere Edelsteine, die Frauen als Schmuck tragen und mit denen kein Handel getrieben wird, keine *Zakat* gezahlt werden braucht, gebietet es doch die Ehrfurcht (obwohl es sich hier nicht um eine Pflicht handelt; die *Zakat* ist das Recht Gottes und der Menschen auf den Reichtum der Reichen), dass eine gewisse Zahlung getätigt wird. Niemand sollte solche Edelsteine erwerben, nur um keine *Zakat* leisten zu müssen.

Banknoten, Schecks und Schuldscheine: Dokumente, die Kredite verbürgen, Banknoten, Schecks und Anleihen sind der *Zakat* unterworfen. Wer sie länger als ein Jahr besitzt und das *Nisab*-Minimum (das sich auf 200 Dirham beläuft [s.o.]) erreicht, zahlt ein Vierzigstel ihres Wertes. Es ist statthaft, sie sofort in Bargeld zu verwandeln. Sie werden zusammen mit Bargeld, Gold, Silber und Handelsgütern veranschlagt.

Kommerzielle Handelsgüter: Jedes kommerzielle Handelsgut, das auf religiöser Basis genutzt, konsumiert, gekauft und verkauft werden darf (d.h., Kleidung, Getreide, Eisen, Kupfer, Vieh, Schafe, Immobilien, Betriebe und Autos), ist der *Zakat* unterworfen. Auch hier beläuft sie sich auf ein Vierzigstel. Auf Grund des stabilen Wertes von Gold sind die Gelehrten der Meinung, dass der *Nisab* der kommerziellen Handelsgüter auf dessen Basis berechnet werden soll.

Immobilien und Transportmittel, die Einkommensquellen darstellen: Jemand, der Häuser, Geschäfte, Gerätschaften, Fahrzeuge oder Land vermietet oder Fahrzeuge besitzt, die im Transportsystem zum Einsatz kommen, muss auf die Miete oder die Einkünfte, die er ihnen verdankt, *Zakat* zahlen. Wenn das jährliche Einkommen, das er aus ihnen bezieht, den *Nisab* erreicht, nachdem die laufenden Kosten abgezogen wurden, entrichtet der Besitzer eine monatliche *Zakat*. Da diese Güter mit dem Bodenbesitz und den Produkten, die der Boden hervorbringt, zu vergleichen sind, beträgt ihre *Zakat*-Rate 10 Prozent.

Industrielle Anlagewerte und Produktionsmittel: Diese Posten gehören derzeit zu den wichtigsten Einkommensquellen. Private Häuser, Werkzeuge und Maschinen, mit denen die Menschen ihren Lebensunterhalt verdienen, sind nicht der *Zakat* unterworfen, industrielle Anlagewerte und Produktionsmittel (z.B. Fabriken) hingegen schon; denn sie sind auf Wachstum ausgerichtet und stellen Einkommensquellen dar. Einige Rechtsgelehrte vergleichen sie mit Land und Landerträgen und legen ihre *Zakat*-Rate auf 10 Prozent fest. Andere vergleichen sie mit kommerziellen Tätigkeiten und Handelsgütern und beziffern ihre *Zakat*-Rate auf ein Vierzigstel des Wertes, der nach Abzug von Schulden und Ausgaben für unverzichtbares Material, Arbeitskraft, Produktion, Marketing und Finanzierung übrig bleibt.

Löhne, Gehälter und unabhängige Tätigkeiten: Weil Löhne, Gehälter und Einkünfte aus unabhängigen Tätigkeiten stabil und potenziell steigend sind, ist *Zakat* auf sie zu entrichten, falls die Summe, die nach Abzug der durchschnittlichen jährlichen Ausgaben für den Lebensunterhalt übrig bleibt, den *Nisab* erreicht. Die *Zakat*-Rate beläuft sich auf ein Vierzigstel. Obwohl es unterschiedliche Lebensstandards gibt, sollten Muslime nicht nach einem möglichst komfortablen Leben streben, solange die Mehrzahl der Muslime und der Menschen überhaupt ein Leben führt, das als karg zu bezeichnen ist. Manche Rechtsgelehrte sind der Auffassung, diese Form der *Zakat* müsse jährlich entrichtet werden, andere wiederum sehen eine monatliche Zahlung vor.

Vieh, Schafe und Ziegen: Auf Vieh, Kamele, Schafe und Ziegen muss *Zakat* entrichtet werden, jedenfalls dann, wenn diese aus kommerziellen Gründen oder im Rahmen einer Viehzucht gehalten werden und sich ein Jahr im Besitz des betreffenden Menschen befunden haben. Ihr *Nisab* beträgt im Einzelnen:

- Wenn jemand ein Jahr lang 5 im Freien weidende Kamele besessen hat, beträgt ihr Gegenwert ein Schaf; ein Schaf ist auch für 5 bis 10 Kamele zu zahlen. Der Gegenwert für 10 bis 14 Kamele beträgt zwei Schafe, für 15 bis 19 Kamele drei Schafe und für 20 bis 24 Kamele vier Schafe. Für 25 bis 35 Kamele ist eine zweijährige Kamelkuh zu entrichten, für 36 bis 45 Kamele eine dreijährige Kamelkuh, für 46 bis 60 Kamele eine vierjährige Kamelkuh, für 61 bis 75 Kamele eine fünfjährige Kamelkuh, für 76 bis 90 Kamele zwei dreijährige Kamelkühe und für 91 bis 120 Kamele zwei fünfjährige Kamelkühe.

- Der *Nisab* für Vieh beläuft sich auf 30 Stück. Für 30 bis 40 Stück Vieh fällt ein 2,5 Jahre altes männliches oder weibliches entwöhntes Kalb an, für 40 bis 60 Stück Vieh ein drei Jahre altes Kalb und für 60 Stück Vieh zwei ein Jahr alte Kälber. Besitzt jemand mehr als 60 Stück Vieh, muss er für jeweils 30 Stück ein Kalb bzw. für jeweils 40 Stück ein entwöhntes Kalb zahlen.

- Für 40 bis 120 Schafe oder Ziegen ist ein Schaf bzw. eine Ziege zu zahlen, für 120 bis 200 zwei, für 200 bis 399 drei und für 400 bis 500 vier Schafe bzw. Ziegen.

Landwirtschaftliche Produkte: Die *Zakat* auf landwirtschaftliche Produkte wird bei der Ernte entrichtet. Wer diese Produkte nutzen oder Profit aus ihnen ziehen möchte, muss diese *Zakat* aber bereits im Voraus kalkulieren. Der auf die natürlich (mit Regenwasser) bewässerten landwirtschaftlichen Produkte fällige Anteil beträgt 10 Prozent. Wer seine Felder künstlich bewässert und aus diesem Grunde höhere Ausgaben hat, zahlt nur fünf Prozent.

Mineralien, Minen, vergrabene Schätze und Meeresfrüchte: Auf diese Posten ist eine *Zakat* von 20 Prozent zu leisten. Wird ein vergrabener Schatz auf Land entdeckt, dessen Besitzer unbekannt ist oder das dem Staat gehört, werden 20 Prozent als *Zakat* erhoben, der Rest geht an den Finder. Wird er auf Land entdeckt, dessen Besitzer bekannt ist, erhält dieser 20 Prozent Anteil. Die Gelehrten haben entschieden, dass für diese Produkte kein *Nisab* existiert. Gleichwohl wird gelegentlich auch argumentiert, es müsse erst dann *Zakat* auf sie entrichtet werden, wenn ihr Wert 600 Dirham Silber oder 90 Gramm Gold übertrifft.

Die Empfänger der *Zakat*

Die Gelehrten unterteilen das Vermögen in zwei Kategorien: versteckte Besitztümer (zu Hause unter Verschluss gehaltene Besitztümer wie Geld, Gold und Silber) und offene Besitztümer (Tiere und landwirtschaftliche Produkte). Zu Lebzeiten des Propheten und der Kalifen wurde die *Zakat* von speziell für diesen Zweck ernannten Beamten eingesammelt. Das Staatsbudget wies sogar einen Posten *Zakat* auf. In späteren Zeiten verfolgte der Staat die Praxis, die *Zakat* auf die offenen Besitztümer einzutreiben und die Zahlung der *Zakat* auf die versteckten Besitztümer ihren Besitzern zu überlassen.

In Abwesenheit einer islamischen Autorität müssen die Muslime oder die muslimischen Gemeinschaften einen guten und praktikablen Weg finden, die *Zakat* einzusammeln und sie, wie in Vers 9:60 verlangt wird, zu verteilen:

> *Wahrlich, die Almosen sind nur für die Armen und Bedürftigen und für die mit der Verwaltung (der Almosen) Beauftragten und für die, deren Herzen gewonnen werden sollen, für die (Befreiung von) Sklaven und für die Schuldner, für die Sache Allahs und für den Sohn des Weges; (dies ist) eine Vorschrift von Allah. Und Allah ist allwissend, weise. (9:60)*

Nämlich an:

- arme Menschen, die nicht genug verdienen, um sich selbst und ihren Familien den Lebensunterhalt zu sichern;
- mittellose Menschen, die ihre Grundbedürfnisse nicht befriedigen können;

Verwalter der *Zakat*;

- diejenigen, deren Herzen auf Grund ihres nur schwach ausgeprägten islamischen Glaubens versöhnt oder für den Islam gestärkt werden müssen; an diejenigen, deren Herzen für den Islam empfänglich gemacht werden können; an diejenigen, bei denen verhindert werden kann, dass sie sich gegen den Islam wenden;
- Projekte mit dem Ziel, muslimische Kriegsgefangene zu befreien und Sklaven freizukaufen;
- Projekte mit dem Ziel, Menschen zu helfen, die mit ihren Schulden überfordert sind;
- Menschen, die den Namen Gottes lobpreisen und sich in den Dienst der Sache Gottes stellen (*Mudschahidun*);

Studenten und Pilger;

- Reisende in ihrem eigenen oder einem fremden Land.

Die *Zakat* wird den Bedürfnissen entsprechend unter den Empfängern verteilt. Priorität genießen jene, die es am nötigsten haben. Besondere Umstände wirken sich auf die Verteilung aus. Die *Zakat* ist jedoch keine freiwillige Spende, die unter den Armen verteilt wird; vielmehr wird sie mit dem Ziel entrichtet, die Armut zu beseitigen, Kapital für die Bedürftigen bereitzustellen, um sie aus ihrer Notlage zu befreien, die Gräben zwischen den sozialen Schichten zuzuschütten und zu verhindern, dass diese Gräben überhaupt erst entstehen.

Sadaqat al-Fitr (Das Almosen anlässlich des Fastenbrechens)

Die *Sadaqat al-Fitr* ist von jedem freien Muslim zu zahlen, dessen Vermögen seine Grundbedürfnisse deckt und der darüber hinaus über weitere 600 Gramm Silber verfügt. Jeder männliche Muslim muss diese Spende am Ende des Monats Ramadan für sich selbst, seine Frau, seine Kinder und seine Bediensteten entrichten, um die Fastenden zu reinigen, um sie vor ungebührlichen Handlungen und Reden zu schützen und um den Armen und Bedürftigen zu helfen. Gespendet wird das Almosen vor dem *Id*-Gebet am Tage des *Id* (des religiösen Festtags). Wer vergisst, die *Sadaqat al-Fitr* zu leisten, oder sie nicht zur rechten Zeit leisten kann, entrichtet sie, sobald er sich wieder an die Zahlung erinnert bzw. keine Entschuldigung mehr hat.

Traditionell wurde die *Sadaqat al-Fitr* auf der Basis von Weizen, Gerste, Datteln und getrockneten Trauben berechnet und auch gezahlt. In jedem Fall muss die Zahlung jedoch ausreichen, um die Versorgung eines normalen Menschen für einen Tag zu gewährleisten. Sie kann in der beschriebenen Art oder in bar getätigt werden.

Infaq (Spenden auf dem Weg Gottes)

Der Islam betrachtet Besitz und Vermögen ganz nüchtern und realistisch: als einen essenziellen Aspekt des Lebens und als ganz wesentliches Instrument zur Erhaltung der individuellen und gemeinschaftlichen Existenz. Gott, der Allmächtige, erklärt:

> *Und gebt nicht den Schwachsinnigen euer Gut, das Allah euch zum Unterhalt gegeben hat. Versorgt sie davon, und kleidet sie, und sprecht zu ihnen mit freundlichen Worten.* (4:5)

Diese Worte besagen, dass Besitz und Vermögen verteilt werden sollen, um die Grundbedürfnisse der Menschen zu befriedigen (d.h., Ernährung, Kleidung, Wohnen und andere unverzichtbare Dinge). Dabei soll niemand vergessen, übergangen und ohne Unterstützung gelassen werden. Die beste Methode zur Verteilung von Reichtum ist die Zahlung der *Zakat*; denn sie bürdet den Reichen keine untragbaren Lasten auf und deckt dennoch die Grundbedürfnisse der Armen, indem sie ihnen die Sorgen des Alltags erleichtert und ihren Schmerz angesichts ihrer ungünstigen Umstände stillt.

Die *Zakat* stellt keine Gefälligkeit dar, die die Wohlhabenden den Armen erweisen; vielmehr ist sie eine Pflicht, die Gott den Reichen auferlegt hat, damit diese ihren Reichtum auch an die Armen und Mittellosen weitergeben. Hieraus ergibt sich folgende Wahrheit: Besitz und Vermögen sind nicht allein für die Reichen bestimmt, sondern sollten den Reichen und den Armen gleichermaßen von Nutzen sein. Nichts anderes sagt auch folgender Koranvers aus:

Was Allah Seinem Gesandten gegeben hat, das ist für Allah und für den Gesandten und für die Verwandten und die Waisen und die Armen und den Sohn des Weges, damit es nicht nur bei den Reichen unter euch umläuft. (59:7)

Die *Zakat* ist von jenen zu entrichten, die sie auch tatsächlich entrichten können. Sie wird unter den Armen und Bedürftigen verteilt, damit diese ihre Grundbedürfnisse befriedigen können, nicht Hunger leiden müssen und ein Gefühl von Sicherheit und allgemeinem Wohlbefinden bekommen. Sollte die erhobene *Zakat* nicht ausreichen, um diese Grundversorgung zu gewährleisten, können die Reichen auch mit zusätzlichen Steuern belegt werden. Wie hoch entsprechende Zahlungen sein sollen, ist nicht genau festgelegt. Dies hängt in erster Linie von den Bedürfnissen der Armen ab.

Der Koran fordert die Wohlhabenden auf, auf dem Weg Gottes und für Seine Sache zu spenden. Er lobt die Gläubigen:

...die da spenden in Freud und Leid und den Groll unterdrücken und den Menschen vergeben. Und Allah liebt die Rechtschaffenen. (3:134)

Das sind jene, die das Gebet verrichten und von dem spenden, was Wir ihnen gegeben haben. (8:3)

Der Koran rät uns, von dem, was wir selbst lieben, zu geben und jenen, denen wir geben, keine Verpflichtungen aufzubürden:

Diejenigen, die ihren Besitz auf dem Weg Allahs spenden, dann dem, was sie gespendet haben, weder Vorhaltungen noch Ungebührlichkeiten folgen lassen, denen wird ihr Lohn von ihrem Herrn zuteil werden, und weder Angst wird über sie kommen noch werden sie traurig sein. Gütige Rede und Verzeihung sind besser als ein Almosen, das von einem Übel befolgt wird; und Allah ist reich und milde. (2:262-263)

Ihr werdet das Gütigsein nicht erlangen, ehe ihr nicht von dem spendet, was ihr liebt; und was immer ihr spendet, seht, Allah weiß es. (3:92)

Und spendet auf dem Weg Allahs, und stürzt euch nicht mit eigenen Händen ins Verderben, und tut Gutes! Wahrlich, Allah liebt diejenigen, die Gutes tun. (2:195)

Gott verspricht jenen, die ihren Reichtum auf Seinem Weg spenden, eine hohe Belohnung. Er ermahnt uns, nicht geizig zu sein und nicht allein deshalb zu spenden, um die Aufmerksamkeit der Menschen auf uns zu ziehen:

Das Gleichnis derjenigen, die ihr Vermögen auf dem Weg Allahs ausgeben, ist wie das Gleichnis eines Samenkorns, das sieben Ähren wachsen lässt, in jeder Ähre hundert Körner. Und Allah vervielfacht es, wem Er will. Und Allah ist allumfassend, allwissend. (2:261)

...die da geizig sind und den Leuten gebieten, geizig zu sein, und verbergen, was Allah ihnen in Seiner Huld gegeben hat; und den Ungläubigen haben Wir eine schändende Strafe bereitet. (Ebenfalls) diejenigen, die da ihr Gut spenden, um von den Menschen gesehen zu werden, und nicht an Allah glauben und an den Jüngsten Tag; und wer den Satan zum Nächsten hat, der hat einen schlimmen Nächsten. (4:37-38)

An dieser Stelle sei darauf hingewiesen, dass die Verallgemeinerung bestimmter Punkte bisweilen große Missverständnisse und falsche Gepflogenheiten hervorbringt (beispielsweise bei den Themenbereichen Abwendung von der Welt und Askese). Der Mensch ist der Stellvertreter Gottes auf Erden. Dies bedeutet, dass die Menschen das Recht besitzen, innerhalb der von Gott festgelegten Grenzen in die Dinge einzugreifen, die Welt zu verbessern und in Gottes Namen und Seinen Gesetzen gemäß zu herrschen. Die Gläubigen sind hierzu sogar verpflichtet; denn jedes Leugnen Gottes lockert die Verbindung zwischen Gott und der Menschheit und produziert Menschen, die Blut vergießen und für Unruhen auf Erden sorgen.

Da die Bewahrung der menschlichen Existenz vom Glauben und vom Vorhandensein einer ernst zu nehmenden Gruppe von Gläubigen mit dem Potenzial, die Wahrheit Gottes weiterzutragen, abhängt, gehören Gottes Gunstbeweise auf Erden in erster Linie den Gläubigen. Im Gegenzug stehen diese aber auch in der Pflicht, sie zu verwalten und gerecht unter den Menschen aufzuteilen. Also sind sie dazu aufgerufen, die Gunstbeweise der Erde in Übereinstimmung mit Gottes Willen zu nutzen und Ihm für sie zu danken. Außerdem dürfen sie beim Genuss dieser Gunstbeweise die gültigen Grenzen nicht überschreiten und beispielsweise Essen und Trinken zu ihren Lebenszielen erheben.

Ein zu hoher Konsum führt zu Streit und Konflikten. Er setzt Energie frei, die, wenn sie nicht kontrolliert wird, zerstörerische Sünden wie Ehebruch und Prostitution begünstigt. Um solche Entgleisungen zu verhindern, wird dem Menschen empfohlen, Askese zu üben. Das heißt jedoch nicht, dass die muslimische Gemeinschaft die weltlichen Gunstbeweise, deren Verwaltung und ihre Verteilung an andere Menschen im Namen der Askese vernachlässigen darf. Said Nursi zeigt auf, dass die Gläubigen ihre Herzen zwar nicht auf die Welt ausrichten sollen, aber dennoch arbeiten, ihren Lebensunterhalt verdienen, das Wort Gottes unterstützen und in Gottes Namen spenden sollen.

EIN KURZER BLICK AUF DAS ISLAMISCHE WIRTSCHAFTSSYSTEM[39]

Der Islam bietet seinen Anhängern in allen Lebensbereichen auf materieller wie auch auf spiritueller Ebene Rechtleitung. Seine ökonomischen Lehren erstrecken sich auf mehrere Koransuren. In verschiedenen Versen, so z.B. auch in vielen bereits erwähnten, wird ein-

---

[39] Dieses Kapitel orientiert sich an Abschnitten aus den Büchern *Introduction to Islam* von Muhammad Hamidullah und *Hamdad Islamicus* von Ahmad Shafaat und Asghar Qureshi, die hier gekürzt und zusammengefasst wiedergegeben werden.

deutig gesagt, dass Gott alle Dinge zu Land, zu Wasser und in der Luft zum Wohle der Menschen erschaffen hat. Mit anderen Worten: Alles ist Ihm unterworfen, aber die Menschheit kann sich aller Dinge bedienen. Ihre Aufgabe ist es, auf rationaler Basis die Schöpfung kennen zu lernen, von ihr zu profitieren und der Zukunft gebührende Aufmerksamkeit zu schenken.

Die ökonomische Strategie des Koran wird in unzweideutigen Worten beschrieben:

> *Was Allah Seinem Gesandten gegeben hat, das ist für Allah und für den Gesandten und für die Verwandten und die Waisen und die Armen und den Sohn des Weges, damit es nicht nur bei den Reichen unter euch umläuft.* (59:7)

Die Gleichheit aller Menschen in Wohlstand und Wohlergehen ist nicht mehr als ein Ideal, und selbst dieses Ideal verspricht keine ungetrübte Freude. Da die Menschen z.B. nicht mit identischen natürlichen Begabungen ausgestattet sind, würden selbst bei einer absolut gerechten Verteilung des Reichtums einige Verschwender sofort Konflikte provozieren und beginnen, andere Menschen um ihr gutes Schicksal und ihren Besitz zu beneiden. Aus philosophischen und psychologischen Gründen scheint eine Ungleichverteilung des Reichtums darüber hinaus im Interesse der Menschheit zu liegen.

Der Lebensstandard des Menschen verändert sich permanent; denn die Menschheit dominiert die Schöpfung Gottes und beutet eine Quelle nach der anderen aus. Die Tiere hingegen haben seit ihrer Erschaffung durch Gott kaum je neue Bedürfnisse entwickelt. Ein Grund für diesen Dualismus liegt, wie Biologen herausgefunden haben, in der Existenz von Gesellschaften, die von der Zusammenarbeit und vom freien Wettbewerb unter ihren Mitgliedern geprägt sind. Die vielleicht am weitesten entwickelte soziale Kooperation im Tierreich ist die der Ameisen-, Bienen- und Termitenvölker, die jeweils feste Gemeinschaften bilden, in denen in Bezug auf den Lebensstandard völlige Gleichheit herrscht. Da unter ihren Mitgliedern jedoch kein Wettbewerb existiert, kann eine intelligentere oder fleißigere Biene auch keinen höheren Lebensstandard als andere genießen. Aus diesem Grunde erzielen diese Spezies auch keine Fortschritte im menschlichen Sinne des Begriffs. Weder entwickeln noch verändern sie sich.

Die Geschichte zeigt, dass jeder Fortschritt und jede Entdeckung, die den Menschen ein komfortableres Leben bescherte, auf Wettbewerb und den Wunsch nach einer Verbesserung zurückging und auch von der Existenz von Unterschieden zwischen Reich und Arm profitierte. Absolute Freiheit spornt sündhafte Menschen an, die Bedürftigen auszubeuten und sie auszuschließen. Folglich muss jede fortschrittliche und gesunde Kultur einerseits bestimmte Pflichten und Verbote etablieren (z.B. das Zahlen von Steuern und das Verbot von Unterdrückung und Betrug) und bestimmte freiwillige Akte empfehlen (z.B. Wohltätigkeit und Spenden um der Sache Gottes willen), während sie andererseits ihren Mitgliedern ein großes Maß an Handlungs- und Gedankenfreiheit einräumen muss. Ziel muss sein, dass das Individuum, seine Familie, seine Freunde und seine Gesellschaft als Ganze profitieren. Dies entspricht auch der Prämisse des Islam. Auf diesem grundlegenden Prinzip baut der Islam sein ökonomisches System auf. Wenn er den Besitz von Reichtum toleriert, dann nur unter der Auflage, dass dem Reichen schwerere Lasten aufgebürdet werden. Sie müssen Steuern zahlen, die den Armen helfen sollen, und dürfen sich keiner unmoralischen ökonomischen Praktiken (wie Ausbeutung oder Horten und Akkumulation von Reichtum) bedienen. Um dieses Ziel zu erreichen, erlässt der Islam unterschiedliche Gesetze und spricht zahlreiche Empfehlungen (Wohltätigkeit, Verzicht etc.) aus. Gleichzeitig verspricht er uns einen spirituellen (außerweltlichen) Lohn. Darüber hinaus unterscheidet der Islam mittels Überzeugung und Erziehung zwischen notwendigem Minimum und wünschenswerter Vollkommenheit sowie zwischen Gesetzen, die mit materiellen, und solchen die mit immateriellen Strafen verknüpft sind.

Dieser moralische Aspekt soll zunächst anhand einiger Beispiele illustriert werden. Der Islam bedient sich sehr eindringlicher Worte, um zu zeigen, dass das Betteln verabscheuenswürdig und eine Quelle der Schande ist. Gleichzeitig jedoch spendet er denjenigen

Beifall, die andere Menschen unterstützen. Jene, die anderen Opfer bringen und ihnen Vorrang vor sich selbst einräumen, bezeichnet er als die besten Menschen. Habsucht untersagt er ebenso wie Verschwendung.

Eines Tages benötigte der Prophet beträchtliche finanzielle Mittel für ein öffentliches Projekt. Einer seiner Freunde bot ihm eine bestimmte Summe an und antwortete ihm auf seine Nachfrage: „Ich habe nichts behalten außer meiner Liebe zu Gott und Seinem Gesandten." Diesen Mann überschüttete der Prophet mit Dank. Bei anderer Gelegenheit bat ihn ein Gefährte, der schwer krank war und den er aufgesucht hatte, um sich nach seinem Gesundheitszustand zu erkundigen: „Gesandter Gottes, ich bin ein reicher Mann und möchte all meine Hinterlassenschaften zum Wohle der Armen spenden." Der Prophet aber erwiderte: *Nein, du solltest deine Angehörigen mit Mitteln zur Bestreitung des Lebensunterhalts bedenken, damit sie nicht von anderen abhängig sind und betteln müssen.* Auch als der Mann sein Angebot zunächst auf zwei Drittel, dann auf die Hälfte reduzierte, lehnte der Prophet weiterhin ab und sagte, auch dies sei noch zu viel. Als der Mann schließlich ein Drittel seines Besitzes wohltätigen Zwecken zur Verfügung stellte, sagte der Prophet: *Selbst ein Drittel ist noch eine hohe Summe.*[40]

Einmal sah der Prophet, dass einer seiner Gefährten in ein armseliges Gewand gehüllt war. Als er ihn fragte, warum, antwortete jener: „Gesandter Gottes, ich bin zwar alles andere als arm, aber ich spende meinen Reichtum lieber den Armen als mir selbst." Der Prophet aber merkte an: *Nein. Gott sieht es gern, wenn Sein Diener Zeichen der Gunstbeweise trägt, die Er ihm gewährt hat.*[41]

Diese Berichte widersprechen einander nicht. Beide haben ihren eigenen Kontext und beziehen sich auf ganz individuelle Fälle. Den Muslimen ist es gestattet, über das obligatorische Minimum hinaus so viel sie wollen für wohltätige Zwecke zu spenden.

---

[40]   Abu Dawud, *Zakat*, 45
[41]   Tirmidhi, *Birr*, 63

Erbschaft

Sowohl das individuelle Recht auf die Kontrolle des eigenen Vermögens als auch die Rechte der Gemeinschaft am Vermögen ihrer Individuen wollen gleichzeitig befriedigt werden. Die individuellen Gemüter unterscheiden sich sehr voneinander, und Krankheiten oder Unfälle können Menschen weit über Gebühr strapazieren. Im Interesse der Gemeinschaft sollte den Individuen daher ein gewisses Maß an Disziplin abverlangt werden.

Der Islam unternimmt zwei Schritte in diese Richtung: Zum einen sind die Güter eines Verstorbenen, einem bestimmten unanfechtbaren Schlüssel folgend, unter seinen nahen Angehörigen zu verteilen. Zum anderen ist die Entscheidungsfreiheit über das Erbe durch letzten Willen und Testament gewährleistet. Die rechtmäßigen Erben bedürfen keiner testamentarischen Verfügung; sie erben einen Anteil am Besitz, den das Gesetz genau festlegt. Ein Testament benötigen lediglich diejenigen, die kein verbürgtes Recht zu erben besitzen.

Eltern und Großeltern erben, und keinem (älteren oder jüngeren) Sohn darf mehr vererbt werden als einem anderen. Das Alter spielt dabei keine Rolle. Bevor das Vermögen jedoch aufgeteilt wird, werden zunächst die Begräbniskosten, dann die Schulden abgezogen; das Begleichen der Schulden genießt gegenüber den Rechten der Erben Priorität. Danach wird der letzte Wille so vollstreckt, dass er den Grenzwert von einem Drittel des verbliebenen Vermögens nicht überschreitet. Erst nachdem diese Verbindlichkeiten geregelt sind, werden die Erben berücksichtigt. Der hinterbliebene Ehepartner, die Eltern und die Nachkommen (Söhne und Töchter) sind Erben erster Klasse und erben in jedem Fall. Brüder, Schwestern und entferntere Verwandte (Onkel, Tanten, Kusinen, Vettern u.a.) erben nur dann, wenn keine näheren Verwandten da sind.

Letzter Wille

Der letzte Wille ist nur auf ein Drittel des Besitzes des Verstorbenen anwendbar und bedenkt andere Personengruppen als die Schuldner und die Erben. Diese Regelung verfolgt offensichtlich zwei Ziele: Sie erlaubt dem Menschen, in außergewöhnlichen Fällen, in denen die gewöhnlichen Regeln zu Streitigkeiten führen würden, Dinge zu regulieren (ein Drittel des Vermögens reicht zur Erfüllung solcher moralischer Pflichten aus), und sie verhindert die Anhäufung von Reichtum in den Händen einiger weniger Menschen. Eine solche würde z.B. dadurch begünstigt, dass ein Mensch alles erbt. Der Islam strebt an, dass Besitz und Vermögen so weit wie möglich kursieren, ignoriert aber auch die familiären Interessen nicht.

Öffentliche Güter

Jeder Mensch trägt auch als Mitglied einer größeren Familie (z.B. einer Gesellschaft oder eines Staates) Verantwortung. Auf ökonomischer Ebene zahlen wir Steuern, die die Regierung dann im Interesse der Allgemeinheit verwendet. Die Steuerquoten unterscheiden sich je nach Einkommensklasse. Interessanterweise enthält der Koran, in dem sich präzise Anweisungen zu den Ausgaben privater Haushalte finden, keine Richtlinien oder Quoten für das Einkommen des Staates. Hier sollte man die Praxis des Propheten und seiner direkten Nachfolger gewissenhaft respektieren und das Schweigen des Koran als ein Einverständnis interpretieren, das den Regierungen gestattet, ihre Steuerregelungen den Umständen und den Interessen ihrer Bürger anzupassen.

Sozialversicherung

Bestandteile der Sozialversicherung sind Risiken, die den Versicherten im Schadensfall großen Belastungen aussetzen. Diese Risiken unterscheiden sich je nach Zeit und sozialen Umständen. Die zur Zeit des Propheten lebenden Araber kannten keine täglichen Arztbesuche, und die Kosten für die medizinische Versorgung tendierten gegen Null. Der Durchschnittsmann baute sich ein Haus, dessen Materialkosten ebenfalls nicht sehr hoch waren. Daher ist es verständlich, dass man damals keine Feuer-, Gesundheits- oder andere Arten von Versicherungen brauchte. Stattdessen bestand jedoch ein

Bedürfnis nach Versicherungen gegen Gefangennahme und Ermordung. Die Zeitgenossen des Propheten waren sich dieser Tatsache bewusst, und so wünschten sie sich flexible Regelungen, die modifiziert und unterschiedlichen Bedingungen angepasst werden konnten.

In der Verfassung Medinas beispielsweise, die im ersten Jahr des islamischen Kalenders formuliert wurde, wurde diese Art von Versicherung *Ma'aqil* genannt und funktionierte wie folgt: Wenn jemand in Kriegsgefangenschaft geriet, konnte die Zahlung eines Lösegelds seine Freilassung bewirken. Alle Körperverletzungen und alle strafbaren Tötungsdelikte machten die Zahlung eines bestimmten Betrags für die Kompensierung des Schadens oder eines so genannten Blutgelds erforderlich. Die betroffene Person selbst war oft nicht in der Lage, diese Summe aufzubringen. Deshalb organisierte der Prophet ein Versicherungssystem auf der Basis der Gegenseitigkeit. Die Mitglieder der Stämme konnten auf die zentrale Schatzkammer zählen, in die jeder seinen finanziellen Mitteln entsprechend einzahlte. Wenn sich diese Kasse als unzureichend erwies, mussten benachbarte Stämme einspringen. So wurde eine Hierarchie aufgebaut, die die einzelnen Einheiten in ein komplexes Ganzes integrierte. In Medina genossen die Stämme der *Ansar* [der Helfer, die die aus Mekka Ausgewanderten in Medina unterstützt hatten] sehr hohes Ansehen. Um eine Sozialversicherung zu etablieren, wies der Prophet die Mekka-Flüchtlinge an, in Medina einen eigenen ‚Stamm' zu bilden, selbst wenn sie unterschiedlichen mekkanischen oder regionalen Stämmen angehörten oder Abessinier waren.

Unter dem Kalifen Umar wurden die Zweige dieser Versicherung nach beruflicher, ziviler und Verwaltungszugehörigkeit der Menschen (zum Teil auch nach Regionen) gegliedert. Wenn die Notwendigkeit bestand, unterstützte die Zentral- oder Provinzregierung diese Zweige in ähnlicher Manier wie bei den öffentlichen Ausgaben.

Versicherungen sind dadurch gekennzeichnet, dass sie die Lasten der Individuen auf so viele Schultern wie möglich verteilen und dem Einzelnen damit bestimmte Sorgen abnehmen. Im Gegensatz zu den modernen Versicherungsunternehmen organisierte der Islam jedoch ein System auf der Basis von Gegenseitigkeit und Kooperation. Dabei bediente er sich einer Pyramiden-förmigen Abstufung zwischen den erwähnten Zweigen, an deren Spitze die Zentralregierung stand.

Die einzelnen Zweige konnten sich mit Hilfe von nicht in Anspruch genommenen Fonds, die ihnen zur Verfügung standen, im Handel engagieren, wodurch sich ihr Kapital vermehrte. Mit der Zeit brauchten die Mitglieder bestimmter Zweige keine Beiträge mehr zu leisten oder bekamen sogar Überschüsse ausbezahlt. Diese Elemente der gegenseitigen Hilfeleistung versicherten die Menschen gegen Risiken wie Schadensfälle im Handel, Brände oder Verluste im Transitverkehr.

Auch die Versicherungsbranche könnte verstaatlicht werden, um verschiedenen Risiken zu begegnen. Ohne hier zu sehr ins Detail gehen zu wollen, lässt sich doch festhalten, dass der Islam die kapitalistische Versicherungsvariante ablehnt; denn die versicherte Person ist dort nicht ihren Beiträgen entsprechend an den Gewinnen der Unternehmen beteiligt, was dem ganzen System den Charakter eines Glücksspiels verleiht.

Glücksspiel

In Vers 5:90 verbietet der Koran alle Arten von Glücksspiel und bezeichnet sie aus zwingenden Gründen als *Werk des Satans*. Die meisten sozialen Übel resultieren aus einer ungerechten Verteilung des gesellschaftlichen Reichtums. Diese ist dafür verantwortlich, dass einige zu reich, andere wiederum zu arm werden. Die Folge ist, dass die Reichen die Armen ausbeuten können. Im Glücksspiel und in Lotteriespielen liegt eine große Versuchung, schnell und einfach beträchtliche Gewinne zu erzielen, obwohl diese einfachen Gewinne oft der Gesellschaft schaden. Ein Beispiel: Wenn die Menschen jede Woche drei Millionen Dollar für Pferdewetten, private oder öffentliche Lotterien und andere Glücksspiele ausgeben, wie es in manchen Ländern der Fall ist, werden im Laufe der Jahre etliche Milliarden Dollar von einer großen Anzahl Menschen eingesammelt und auf eine lächerlich geringe Anzahl von Menschen verteilt. Weniger als ein Prozent der Teilnehmer gewinnen auf Kosten der übrigen 99 Prozent. Mit anderen Worten: 99 Prozent müssen ärmer werden, damit ein Prozent reicher werden kann.

Egal, ob das Glücksspiel oder die Lotterien in privater oder staatlicher Hand sind - das Prinzip, dass einige wenige Menschen auf Kosten der breiten Mehrheit Reichtum anhäufen, übt eine starke Wirkung aus. Deshalb verbietet der Islam Aktivitäten dieser Art. Ebenso wie die kapitalistische Versicherungsvariante birgt auch das Glücksspiel einseitige Risiken.

Zinsen auf verliehenes Geld

Wucherzinsen verbietet vermutlich jede Religion. Doch nur der Islam präsentiert uns Mittel, die die Ursachen dieses Übels bekämpfen. Niemand zahlt freiwillig Zinsen auf entliehenes Geld. Dies tut man nur, weil man das Geld dringend benötigt und keine andere Wahl hat. Der Islam unterscheidet sehr klar zwischen kommerziellem Gewinn und Zinsen auf verliehenes Geld:

> *Doch Allah hat den Handel erlaubt und das Zinsnehmen verboten.* (2:275)

> *Und wenn ihr dies nicht tut (auf Zinsen verzichtet), dann ist euch Krieg angesagt von Allah und Seinem Gesandten. Doch wenn ihr bereut, dann soll euch euer Kapital zustehen, sodass weder ihr Unrecht tut, noch euch Unrecht zugefügt wird. (2:279)*

Gewöhnliche Menschen verwenden ihr eigenes Geld nicht dafür, anderen ein zinsfreies Darlehen zu geben. Weil der Islam jedoch empfahl, in Not geratenen Menschen zu helfen, stellte auch die Staatskasse zinsfreie Kredite zur Verfügung, um mit ihnen die von wohltätigen Menschen und Organisationen für ärmere Menschen bereitgestellten zinsfreien Kredite zu erweitern. Das hier zum Tragen kommende Prinzip lautet gegenseitige Hilfeleistung und Kooperation.

Was die kommerziellen Kredite betrifft, so greift dort das System der *Mudaraba*, bei dem der Geldverleiher sowohl an den Gewinnen als auch am Risiko partizipiert. Wenn zwei Parteien zum Beispiel eine Firma gründen und jede von ihnen die Hälfte des erforderlichen Kapitals und der Arbeitskraft bereitstellt, ist die Verteilung des Profits relativ einfach. Wenn jedoch das Kapital von der einen Partei und die Arbeitskraft von der anderen kommt oder wenn zwar beide Parteien Kapital aufbringen, aber nur die eine Partei arbeitet, oder wenn die Parteien unterschiedlich große Anteile an dem Unternehmen besitzen, muss eine vernünftige, auf im Voraus festgelegten Konditionen beruhende Vergütung der Arbeitskraft festgelegt werden, die die gerechte Aufteilung der Gewinne ermöglicht. Auch wenn alle Vorsichtsmaßnahmen zur Ausschaltung von Risiken ergriffen wurden, fordert der Islam, dass die Vertragspartner Gewinne wie auch Verluste gemeinsam tragen.

Um es noch einmal zusammenzufassen: Das Prinzip der Beteiligung aller Partner an Gewinnen wie auch an Verlusten ist bei allen kommerziellen Verträgen zu berücksichtigen.

Statistik

Wer plant, braucht eine gewisse Vorstellung von den verfügbaren Ressourcen. Der Gesandte Gottes organisierte, wie Bukhari uns überlieferte, eine Zählung der muslimischen Bevölkerung. Während des Kalifats Umars wurde eine Zählung der Tiere, Obstbäume und andere Güter durchgeführt. Darüber hinaus ließ Umar das kultivierbare Land in den neuen Provinzen vermessen. Ausgestattet mit einem feinen Gespür und großem Eifer für das öffentliche Wohl lud er Repräsentanten aus den unterschiedlichen Provinzen nach der Eintreibung der Steuern ein, um herauszufinden, ob sie irgendwelche Beschwerden über die Steuereintreiber vorzubringen hatten.

Alkohol

Alkohol hat eine sehr interessante Eigenschaft: In Maßen genossen macht er uns glücklich. Nach und nach nimmt er uns jedoch die Entschlossenheit, mit dem Trinken aufzuhören. Betrunkene verlieren völlig die Kontrolle über ihr Tun. So kann es sein, dass sie ihr Geld verschwenden, ohne dies überhaupt zu bemerken. Möglicherweise geben sie die Folgen ihres Alkoholkonsums auch an ihre Kinder und zukünftige Generationen weiter. Der Koran merkt zu diesem Thema an:

Sie befragen dich über Berauschendes und Glücksspiel. Sprich: „In beiden liegt großes Übel und Nutzen für die Menschen. Doch ihr Übel ist größer als ihr Nutzen." (2:219)

Der Koran bestreitet gar nicht, dass Alkohol auch von Nutzen sein kann; er betont aber, dass er eine Sünde gegen die Gesellschaft, gegen das Individuum und gegen den Gesetzgeber darstellt. In Vers 5:90 wird der Alkohol auf eine Stufe mit der Götzenanbetung gestellt und als *Werk des Satans* bezeichnet. Wer also in beiden Welten sein Glück finden möchte, sollte das Glücksspiel und den Genuss von Alkohol meiden.

Die Einhaltung von Vereinbarungen

Alle finanziellen und anderen Transaktionen basieren auf bestimmten deutlich fixierten oder unausgesprochenen Vereinbarungen. In der Einhaltung dieser Vereinbarungen finden wir den Schlüssel zu freundschaftlichen und flexiblen Beziehungen zwischen den Mitgliedern unterschiedlicher Gemeinschaften und Gesellschaften. Daher unterstreicht der Koran dieses Prinzip ausdrücklich; er erwähnt es an mehreren Stellen und zählt seine Akzeptanz zu den wichtigsten Kennzeichen eines Gläubigen:

Und diejenigen, die das ihnen anvertraute Gut und ihre Verpflichtung hüten... (23:8)

Es sind diejenigen, die ihr Versprechen einhalten, wenn sie es gegeben haben. (2:177)

O ihr, die ihr glaubt, erfüllt die Verträge. (5:1)

Und haltet die Verpflichtung ein; denn über die Verpflichtung muss Rechenschaft abgelegt werden. (17:34)

Wer Verträge nicht einhält, provoziert, insbesondere dann, wenn es um finanzielle Transaktionen geht, Schwierigkeiten im Umgang der Menschen untereinander. Wenn wir in die Brüche gegangene Geschäftsbeziehungen oder andere gescheiterte Partnerschaften analysieren, werden wir feststellen, dass die Wurzel des Scheiterns in der Tatsache liegt, dass eine Partei oder mehrere Parteien eine oder mehrere unausgesprochene Übereinkünfte gebrochen hat bzw. haben.

Die schriftliche Fixierung und Beglaubigung von Verträgen

Um zu vermeiden, dass sich jene Art von Problemen aus Vergesslichkeit oder aus anderen Gründen ergeben, und um alle Missverständnisse und bösen Absichten so weit es geht auszuschalten, schreibt der Koran vor, dass alle finanziellen Transaktionen schriftlich fixiert und beglaubigt werden sollen:

> *O ihr, die ihr glaubt, wenn ihr eine Anleihe gewährt oder aufnehmt zu einer festgesetzten Frist, dann schreibt es nieder. Und ein Schreiber soll es in eurem Beisein getreulich niederschreiben. Und kein Schreiber soll sich weigern zu schreiben, so wie Allah es gelehrt hat. So schreibe er also, und der Schuldner soll es diktieren und Allah, seinen Herrn, fürchten und nichts davon weglassen. Und wenn der Schuldner schwachsinnig oder schwach ist oder unfähig, selbst zu diktieren, dann soll sein Sachwalter getreulich für ihn diktieren. Und lasst zwei Zeugen unter euren Männern es bezeugen, und wenn es keine zwei Männer gibt, dann (sollen es bezeugen) ein Mann und zwei Frauen von denen, die euch als Zeugen geeignet erscheinen, damit, wenn sich eine der beiden irrt, die andere von ihnen sie (daran) erinnert. Und die Zeugen sollen sich nicht weigern, wenn sie gerufen werden. Und verschmäht nicht, es niederzuschreiben - (seien es) große oder kleine (Beträge) - bis zur festgesetzten Frist. Das ist rechtschaffener vor Allah und zuverlässiger, was die Bezeugung angeht, und bewahrt euch eher vor Zweifeln, es sei denn es handelt sich um eine sogleich verfügbare Ware, die von Hand zu Hand geht unter euch; dann ist es kein Vergehen für euch, wenn ihr es nicht niederschreibt. Und nehmt Zeugen, wenn ihr miteinander Handel treibt. Und weder dem Schreiber noch dem Zeugen soll Schaden zugefügt werden. Und wenn ihr es tut, dann ist es wahrlich ein Frevel von euch. Und fürchtet Allah. Und Allah lehrt euch, und Allah ist über alles kundig. Und wenn ihr auf einer Reise seid und keinen Schreiber findet, dann soll ein Pfand in Empfang genommen werden. Und wenn einer von*

*euch dem anderen (etwas) anvertraut, dann soll der, dem es anvertraut
wurde, das ihm Anvertraute zurückgeben und Allah, seinen Herrn,
fürchten. Und unterdrückt das Zeugnis nicht. Und wer es verbirgt, dessen Herz ist wahrlich mit Schuld befleckt. Und Allah ist dessen kundig,
was ihr tut. (2:282-283)*

In diesen Versen unterscheidet der Koran zwischen finanziellen
Transaktionen, die sich über einen längeren Zeitraum erstrecken,
und solchen, die auf der Stelle abgewickelt werden. Beispiele für
erstere sind Darlehen, die für eine bestimmte Zeitspanne gewährt
werden, und Käufe oder Verkäufe von Waren, bei denen Bezahlung
oder Übergabe auf ein bestimmtes Datum in der Zukunft festgelegt werden. Zu der zweiten Art von Transaktionen gehören beispielsweise der Einkauf von Dingen in einem Kaufhaus oder Geschäfte
gegen Barzahlung und Selbstabholung.

Manche werden überrascht sein zu erfahren, dass der Koran
empfiehlt, sogar auf der Stelle abgewickelte Transaktionen (wie den
Verkauf von Waren auf Basis von Barzahlung und Selbstabholung)
schriftlich niederzulegen oder von Zeugen beglaubigen zu lassen.
Diese Weisung wurde, vielleicht weil sie auf den ersten Blick über-
flüssig erscheint, in der muslimischen Welt fast gänzlich ignoriert.
In der Neuzeit wurde mit zunehmender Organisation der Wirtschaft die Weisheit hinter dieser Empfehlung deutlich. Wenn wir
heute etwas kaufen, erhalten wir stets einen Kassenbon, so gering
der Wert der erworbenen Waren auch sein mag. Dieser Bon dient
verschiedenen Zwecken. Er ermöglicht uns, defekte Waren ohne
große Diskussionen umzutauschen. Er erlaubt eine Bestrafung von
Händlern, die überhöhte Preise verlangen oder ihre Kunden auf die
eine oder andere Weise betrügen. Er trägt zur Überführung von Laden-
dieben bei und hilft Käufern und Verkäufern gleichermaßen, über
ihre Transaktionen Buch zu führen.

Nachdem nun Nutzen und Relevanz der koranischen Weisung,
finanzielle Transaktionen schriftlich zu fixieren und/oder beglaubigen zu lassen, kurz aufgezeigt wurden, soll im Folgenden erläutert
werden, wie extrem wichtig diese Weisung ist.

Die Vermeidung von Arglist

Die Abfassung eines klaren, detaillierten Vertrages, der im Anschluss vorschriftsgemäß unterzeichnet und/oder beglaubigt wird, trägt dazu bei, zwei Probleme auszuklammern: Vergessen und Missverständnisse. Außerdem kann sie verhindern, dass eine Partei in Versuchung gerät, die andere Partei zu übervorteilen, zu belügen, zu betrügen oder sich anderer Mittel zu bedienen, die aus Arglist geboren werden. Um aber Arglist überhaupt nicht erst aufkommen zu lassen, bedarf es mehr als einer schriftlichen Fixierung des Handels. Hier ist jene Art von Ehrfurcht geboten, auf die der Islam großen Wert legt und die er als Respekt vor den moralischen Werten, die der Furcht vor und dem Bewusstsein um Gott sowie dem Glauben an das Jenseits entspringen, definiert.

Die Vollstreckung von Verträgen

Trotz alledem wird es immer Menschen geben, die dieser Art von Ehrfurcht kaum Beachtung schenken und Verträge brechen, wann immer es ihnen passt. Um diesen Menschen entgegenzutreten, muss es ein Rechtssystem geben, dass alle Vereinbarungen, die schriftlich getroffen wurden, durchsetzen kann.

Gerechtigkeit als Basis des wirtschaftlichen Lebens

Gerechtigkeit (*Adl*) bedeutet, Dinge gerecht aufzuteilen oder ein Gleichgewicht herzustellen. Der Koran besteht bei allen Themen auf Gerechtigkeit, und der Islam lehrt seine Gläubigen, bei ihren Transaktionen Fairness walten zu lassen:

> *Allah befiehlt euch, die anvertrauten Güter ihren Eigentümern zurückzugeben; und wenn ihr zwischen Menschen richtet, nach Gerechtigkeit zu richten. Wahrlich, billig ist, wozu Allah euch ermahnt. Allah ist hörend, sehend.* (4:58)

Der Islam ermahnt die Gläubigen, nicht nur untereinander, sondern auch Feinden gegenüber gerecht zu sein:

O ihr, die ihr glaubt! Setzt euch für Allah ein, und seid Zeugen der Gerechtigkeit. Und der Hass gegen eine Gruppe soll euch nicht (dazu) verleiten, anders als gerecht zu handeln. Seid gerecht, das ist der Gottesfurcht näher. Und fürchtet Allah; wahrlich, Allah ist eures Tuns kundig. (5:8)

Gerechtigkeit und Rechtschaffenheit sind die Eckpfeiler des islamischen *Way of Life*. Gottes Gesandter war auch schon vor seiner Prophetenschaft für seinen Sinn für Gerechtigkeit bekannt. Sein ganzes Leben lang ermahnte er seine Anhänger, aufrichtig und gerecht zu sein. Und selbst für die Anhänger anderer Religionen und für seine Feinde war er ein Musterbeispiel für Gerechtigkeit.

In Übereinstimmung mit dem Gesetz Gottes beinhaltet das islamische Konzept der sozialen Gerechtigkeit einige Richtlinien, die festlegen, dass die Menschen als Individuen zu betrachten sind, welche Freiheit und Gleichheit als Geburtsrechte genießen. Dieses Konzept bietet ihnen gleiche Bedingungen zur persönlichen Entfaltung und will ihnen dabei helfen, die Position, die sie verdienen, angemessen zu bekleiden. Es möchte jedem Menschen zu seinem Recht verhelfen und garantieren, dass jeder Mensch seine Beziehungen zur Gesellschaft im Sinne von Wertschätzung und Wohlergehen regelt.

Pflichten gegenüber der Gesellschaft

Das Konzept der sozialen Gerechtigkeit wird in die Tat umgesetzt, indem den Menschen ein besseres Verständnis ihrer individuellen Pflichten in der Gesellschaft und der vom Islam vorgesehenen Entlohnung vermittelt wird. Der Gesandte erlegte Männern wie Frauen die Erziehung als unabdingbare Pflicht auf. Für ihn war sie in diesem Kontext Maßstab und Prüfstein zugleich. Er verkündete und wusste, dass Wissen uns ermöglicht, zwischen Richtig und Falsch zu unterscheiden.

Die Entwicklung einer Gesellschaft hängt von der Interaktion zwischen Individuen und Gesellschaft ab. Denn diese sorgt für ein Gleichgewicht in den zwischenmenschlichen Beziehungen. Die

Menschheit sollte immer im Gedächtnis behalten, dass Gott das Universum zu einem bestimmten Zweck erschaffen hat und dass es uns obliegt, diesem Zweck gerecht zu werden.

Gleichheit und Freiheit

Allgemein gesprochen basieren die Menschenrechte auf Gleichheit und Freiheit. Kalif Umar rügte den Gouverneur von Ägypten, dessen Sohn einen Kopten (einen ägyptischen Christen) mit folgenden Worten niedergeschlagen hatte: „Warum hast du Männer versklavt die von ihren Müttern in Freiheit geboren wurden?" Umars Verhaltensmaßregeln, die darauf abzielten, für Gleichheit unter den Menschen zu sorgen, präsentieren uns die besten Merkmale wahrer Gleichheit: Diejenigen, die hohe Ämter bekleiden, dürfen ihre Position nicht missbrauchen, und die Schwachen dürfen nicht dazu getrieben werden, an ihrer Situation zu verzweifeln.

Alle Menschen sind Diener Gottes. Das einzig legitime Merkmal, für das wir Überlegenheit, Vornehmheit und eine herausragende Stellung beanspruchen dürfen, ist die Tugend der Frömmigkeit. Alle Menschen genießen den gleichen sozialen Status. Dieser Kerngedanke manifestiert sich in den Gemeinschaftsgebeten, in denen für Ränge und Privilegien kein Platz ist. In Gottes Augen sind alle Menschen gleich, unabhängig davon, ob sie Kalifen oder Sklaven sind. Der Gesandte präzisierte diesen Gedanken, indem er sagte, dass alle Menschen so gleich wie die Zähne eines Kammes sind.

Im Koran steht geschrieben:

> *O ihr Menschen, Wir haben euch aus Mann und Frau erschaffen und euch zu Völkern und Stämmen gemacht, auf dass ihr einander erkennen möget. Wahrlich, vor Allah ist von euch der Angesehenste, welcher der Gottesfürchtigste ist. Wahrlich, Allah ist allwissend, kundig.* (49:13)

Das Gleichgewicht in der Gesellschaft

Um das soziale Gleichgewicht und die soziale Ordnung aufrechterhalten zu können vermeidet der Islam Extreme. Die Essenz des

Islam lautet: Gerechtigkeit für alle. Sie ermöglicht allen Menschen, ein gutes und glückliches Leben zu führen, während sie gleichzeitig die Bindungen der menschlichen Brüder- und Schwesterlichkeit und des sozialen Gefüges stärkt.

Das heute in den meisten muslimischen Ländern existierende soziale Gefüge ist nicht islamisch. Viele dieser Länder sind von absurden und schikanösen Bedingungen für die Armen, von zügelloser Korruption, von Unterdrückung und von Not geprägt. Wenige Menschen haben es zu beträchtlichem Reichtum gebracht und genießen dessen Annehmlichkeiten und die luxuriösen Seiten des Lebens, während die Mehrheit nicht einmal zwei anständige Mahlzeiten am Tag zu sich nehmen kann. Eine islamische soziale Ordnung legt den Akzent auf einfache und genügsame Anstrengungen, die frei von aller Protzerei sind. Der Gesandte bemühte sich, die Kluft zwischen Reich und Arm, Oben und Unten zu überbrücken. Er trat für eine Gesellschaft ein, in der der eine Sektor den anderen nicht ausbeutet; denn der Islam fördert ein ausgewogenes Leben, das das Gleichgewicht der sozialen Kräfte widerspiegelt.

Durch die Anerkennung der islamischen Prinzipien kann sich das menschliche Potenzial zur Gänze entfalten. Aber ohne spirituelle und moralische Entwicklung kann jene höchste zivilisatorische Ebene, die durch das größtmögliche Wohlergehen repräsentiert wird, niemals erklommen werden. Alle islamischen Prinzipien, deren Urheber Gott persönlich ist, sind vollkommen und absolut. Daher ist der islamische Ansatz gerecht, natürlich, menschlich und völlig ausgewogen und rational.

Abu'l-Fazl Ezzati skizziert das islamische Wirtschaftssystem wie folgt:

- Der Islam ist ein vollständiger *Way of Life*. Er kennt keine Aufteilung der menschlichen Aktivitäten. Die Wirtschaftspolitik ist daher integraler Bestandteil der Religion.
- Das islamische Wirtschaftssystem basiert auf Gleichheit, Gerechtigkeit, Mäßigung und kollektiver Unabhängigkeit von fremder Hilfe.

- Die spirituelle Entwicklung des Menschen steht im Mittelpunkt; sein physisches Wohlergehen wiederum steht im Dienst dieser Entwicklung.

- Der Islam stützt sich auf den Glauben an Gott, der dem Menschen die Fähigkeit, zwischen Gut und Böse zu unterscheiden, verliehen hat. Der Mensch übernimmt die volle Verantwortung für sein Tun.

> *...und dass dem Menschen nichts anderes zuteil wird als das, wonach er strebt, und dass sein Streben bald sichtbar wird.*
> (53:39-40)

- Der Islam ist ein universelles System, das ewige Werte verkörpert, welche die Rechte des Menschen garantieren. Andererseits ermahnt er den Menschen immer wieder, seiner Verantwortung für sich selbst und die Gesellschaft gerecht zu werden.

- Der Islam verbietet alle Formen von Ausbeutung und Monopolisierung und untersagt unrechtmäßige Gewinne, wie sie bei Wucherzinsen, Glücksspielen, Wetten etc. anfallen.

- Der Islam schätzt Arbeit und Verträge, fordert uns auf, Anstrengungen und Mühen auf uns zu nehmen, und ermutigt uns, mit ehrenhaften Mitteln unseren Lebensunterhalt zu verdienen und unsere Erträge zu verteilen.

- Der Islam ermuntert zur gegenseitigen Hilfeleistung und spricht sich dagegen aus, dass der Reichtum *nur bei den Reichen umläuft.* (59:7) Jedes Mitglied der muslimischen Gemeinschaft sollte sich verpflichtet fühlen, den Armen beizustehen, hat aber andererseits auch das Recht, ein Privatleben zu führen und Eigentum zu besitzen.[42]

DIE *HADSCH* (DIE PILGERFAHRT)

Die *Hadsch* ist eine Generalprobe für das Leben in dieser und in der kommenden Welt, ein Theater des islamischen Lebens, das auf tie-

---

[42] Abu'l-Fazl Ezzati, *An Introduction to the History of the Spread of Islam*, London 1978, S. 199-200

fer Hingabe an Gott und auf der Wahrnehmung der Dienerschaft des Menschen sowie der Göttlichkeit und Herrlichkeit Gottes gründet. Zur Aufführung kommen dort Liebe, Handeln, Bewusstsein um Gott, Aufopferung und Beherrschung des fleischlichen Selbst.

Die *Hadsch* stützt sich auf zwei Grundpfeiler: darauf, dass die Pilger eine bestimmte Zeit lang am 9. *Dhu'l-Hidscha* (dem letzten Tag des islamischen Mondkalenders) am Berg *Arafat* stehen, und auf die Umschreitung der Kaaba an einem der Tage, die diesem Besuch folgen. Entscheidend sowohl für die größere (*Hadsch*) als auch für die kleinere Pilgerfahrt (*Umra*) ist der *Ihram*. Er manifestiert die Intention, *Hadsch* oder *Umra* oder beide zusammen durchzuführen, und markiert deren Anfang. Aber er erlegt den Pilgern auch gewisse Verbote auf. Männer haben außerdem für die Dauer des *Ihram* ein bestimmtes Gewand zu tragen, das aus genau diesem Grunde *Ihram*-Gewand genannt wird.

Der Wert der *Hadsch*

Die *Hadsch mabrur* (eine fehlerlose *Hadsch*, frei von allen Sünden und gesegnet durch die Akzeptanz und das Wohlwollen Gottes) gehört zu den besten und rechtschaffensten Leistungen, die im Islam vollbracht werden.

Bukhari und Muslim berichten vom Gesandten Gottes:

> *Wer die Hadsch um des Wohlwollens Gottes willen verrichtet und sich aller Unanständigkeiten und Sünden enthält, wird von allen Sünden gereinigt, wie in jenem Zustand, in dem ihn seine Mutter auf die Welt gebracht hat, von der Hadsch heimkehren.*[43]

> *Die Pilger und jene, die die Umra verrichten, sind Gottes Gäste. Ihre Gebete werden beantwortet und ihre Bitten um Vergebung werden erfüllt. Der Lohn für die Hadsch mabrur ist das Paradies.*[44]

In Bezug auf die Bedeutung der *Hadsch* sagt der Koran:

---

[43] Zayn ad-Din al-Zabidi, *Tadschrid as-Sarih - Hadsch*, 756
[44] Canan, Ibrahim, *Hadis Ansiklopedisi*, 17:338

Wahrlich, das erste Haus, das für die Menschen gegründet wurde, ist das in Bakka (Mekka) - ein gesegnetes und eine Leitung für die Welten. In ihm sind deutliche Zeichen - die Stätte Abrahams. Und wer es betritt, ist sicher. Und der Menschen Pflicht gegenüber Allah ist die Pilgerfahrt zum Hause, wer da den Weg zu ihm machen kann. Wer aber ungläubig ist - wahrlich, Allah ist nicht auf die Welten angewiesen. (3:96-97)

Einige Fakten

Die Hadsch muss mindestens einmal verrichtet werden. Alle muslimischen Gelehrten stimmen darin überein, dass jeder Muslim nur einmal im Leben die *Hadsch* verrichten *muss*. Nur wenn jemand ein Gelübde ablegt und gelobt, eine zusätzliche *Hadsch* zu verrichten, muss er dieses Gelübde auch erfüllen. Alles, was über das Pflichtmaß hinausgeht, ist freiwillig und steht uns frei.

Wann ist die Hadsch zu verrichten? Obwohl einige Gelehrte der Auffassung sind, die *Hadsch* könne zu jedem beliebigen Zeitpunkt im Leben des Menschen verrichtet und beliebig weit hinausgezögert werden, sollte sie eigentlich verrichtet werden, sobald man physisch und materiell dazu in der Lage ist. Denn wenn ein Mensch stirbt, ohne die obligatorische oder eine an ein Gelübde gebundene *Hadsch* verrichtet zu haben, müssen seine Erben diese Pflicht für ihn erfüllen. Selbst wenn der Verstorbene dies nicht in seinem letzten Willen festgelegt hat, muss der Erbe die *Hadsch* für ihn verrichten, sofern ein Drittel der Erbschaft dafür ausreicht. Alle anfallenden Kosten sind, ebenso wie alle Schulden, aus dem Vermögen des Verstorbenen zu zahlen. Vor seiner Abreise muss der Erbe, der dieser Bestimmung Genüge leisten will, jedoch die Zustimmung aller anderen Erben oder zumindest ihre Verzichtserklärung einholen. Sollte keine Übereinkunft erzielt werden, muss der Erbe für alle Kosten selbst aufkommen.

Voraussetzungen für die Pilgerfahrt: Alle Rechtsgelehrten stimmen in folgenden Punkten überein:

- Die Pilger müssen erwachsene freie Muslime sein. Kinder können die *Hadsch* zwar zusammen mit ihren Eltern verrichten; nach dem Erreichen des Alters der Verantwortlichkeit (der Pubertät) müssen sie sie jedoch erneut verrichten.

- Die Pilger müssen über einen gesunden Verstand verfügen.

- Sie müssen physisch gesund und in der Lage sein, die Pilgerfahrt zu verrichten.

- Sie müssen einen sicheren Weg nach Mekka finden, der garantiert, dass ihr Leben und Vermögen nicht in Gefahr geraten.

- Sie müssen die notwendigen Vorkehrungen ergreifen; d.h., sie müssen sicherstellen, dass sie sich während der *Hadsch* keinen Gefahren aussetzen; sie müssen ihre Familie zu Hause versorgen und die Reise auf eine Art und Weise durchführen, die im islamischen Sinne akzeptabel ist. Alle im Verlaufe der *Hadsch* anfallenden Gelder müssen auf im islamischen Sinne akzeptable Art und Weise verdient worden sein.

- Frauen, die von so weit her nach Mekka kommen, dass sie als Reisende zu betrachten sind, müssen von ihrem Ehemann oder von einem anderen Mann, der sie von Gesetzes wegen nicht heiraten kann, oder von einer oder mehreren verlässlichen Frau(en) begleitet werden.

Die im Namen anderer Menschen verrichtete Hadsch: Wer die *Hadsch* zwar verrichten könnte, jedoch zunächst wartet und dann von Krankheit, Alter oder Tod überwältigt wird, muss dafür Sorge tragen, dass jemand anderes (Mann oder Frau) an seiner statt die Pilgerfahrt verrichtet. Denn er selbst wird vielleicht nie wieder die Gelegenheit dazu haben. Erholt er sich jedoch, nachdem er jemanden entsandt hat, hat er einigen Gelehrten zufolge seine Pflicht erfüllt und braucht sie auch nicht zu ‚wiederholen'. Die Mehrheit der Gelehrten geht jedoch davon aus, dass der Wiedergenesene die *Hadsch* dennoch verrichten muss; die Entsendung eines Stellvertreters reiche nicht aus.

Handel während der Pilgerfahrt: Den Pilgern ist es gestattet, während der *Hadsch* oder der *Umra* Handel zu treiben, vorausgesetzt, sie unternehmen jene allein aus dem Motiv heraus, ihrer Verantwortung für die Sache Gottes gerecht zu werden. Der Koran erklärt:

> *Es ist kein Vergehen von euch, wenn ihr nach der Gunst eures Herrn strebt. Und wenn ihr von Arafat herbeieilt, dann gedenkt Allahs bei Al-Masch'ar al-Haram. Und gedenkt Seiner, wie Er euch rechtgeleitet hat, obwohl ihr wahrlich vordem unter jenen waret, die irregingen.* (2:198)

Ihram

Der Begriff *Ihram* manifestiert die Intention, *Hadsch* oder *Umra* oder beide zusammen durchzuführen, und markiert beider Anfang. Aber er erlegt den Pilgern auch gewisse Verbote auf. Männer haben außerdem für die Dauer des *Ihram* ein bestimmtes Gewand zu tragen, das aus zwei ungesteppten Leinentüchern besteht. Eines dieser Tücher wird um den Oberkörper, das andere um den Unterkörper (*Izar*) geschlungen. Frauen tragen kein spezielles *Ihram*-Gewand.

Feste Zeiten: Um Gültigkeit zu erlangen, müssen die Riten zu einer festgelegten Zeit durchgeführt werden. Im Koran heißt es:

> *Sie fragen dich nach den Neumonden. Sprich: „Sie sind festgesetzte Zeiten für die Menschen und die Hadsch."* (2:189)

> *Für die Hadsch sind bekannte Monate (vorgesehen).* (2:197)

Die muslimischen Gelehrten sind sich einig, dass diese bekannten Monate *Schawwal*, *Dhu'l-Qa'da* und *Dhu'l-Hidscha* (hier nur die letzten 10 Tage) sind. Außerhalb dieser Monate das für die *Hadsch* bestimmte Gewand zu tragen, ist also nicht statthaft. Diese Einschränkung gilt jedoch nicht für die *Umra*, denn sie kann zu jeder beliebigen Zeit im Jahr durchgeführt werden.

Feste Orte für den Eintritt in den Ihram: *Mawaqit* (sing.: *Miqat*) werden jene Orte genannt, an denen die Pilger (die Menschen, die *Hadsch* oder *Umra* verrichten wollen) ihre Absicht, die Pilgerfahrt durchzuführen, formulieren müssen, um dann in den Zustand des *Ihram* einzutreten. Männer legen an diesen *Mawaqit* ihre *Ihram*-

Gewänder an. Niemand, der *Hadsch* oder *Umra* verrichten möchte, darf ohne *Ihram*-Gewand weiter als bis zu diesen Orten gehen. Der Gesandte Gottes benannte die *Mawaqit*:

- Der *Miqat* für die Bewohner Medinas und für jene, die über Medina anreisen, ist das 450 Kilometer von Mekka entfernt liegende *Dhu'l-Hulayfa*.
- Der *Miqat* für Reisende aus Syrien, Jordanien, Palästina und dem Libanon war die Ansiedlung *Al-Yuhfa*, die 187 Kilometer nordwestlich von Mekka in der Nähe des Ortes *Rabigh* gelegen war. Als *Al-Yuhfa* von der Landkarte verschwand, wurde *Rabigh* zum *Miqat* für die Reisenden aus Syrien und Ägypten.
- Der *Miqat* für Reisende aus dem Nadschd ist Qarn al-Manazil, ein 94 Kilometer östlich von Mekka gelegener Berg, der Aussicht auf den Berg Arafat gewährt.
- Yalamlam, ein Berg 54 Kilometer südlich von Mekka, ist der *Miqat* für die Reisenden aus dem Jemen.
- Dhat Irq, 94 Kilometer nordöstlich von Mekka gelegen, ist der *Miqat* für die Bewohner des Irak.
- Der *Miqat* für die Bewohner Mekkas, die die *Hadsch* verrichten möchten, ist ihr Wohnort. Wenn sie aber die *Umra* verrichten möchten, sollten sie sich nach Al-Khol oder At-Tan'im begeben, denn diese sind ihre *Mawaqit* für die *Umra*.
- Diejenigen, die zwischen einem der *Mawaqit* und Mekka leben, treten zuhause in den *Ihram* ein.
- Diejenigen, deren Weg nicht über einen dieser *Mawaqit* führt, treten an dem *Miqat* in den *Ihram* ein, der auf dem gleichen Breitengrad liegt, wie der Ort an dem sie leben.

Tätigkeiten, die unmittelbar vor dem Ihram zu verrichten sind: Hierzu gehören das Schneiden der Fingernägel, das Stutzen des Schnurrbarts, das Rasieren der Achsel- und Schamhaare, die Vollziehung des *Wudu'*, oder noch besser des *Ghusl*, und das Schneiden von Bart und Haaren (gilt nur für Männer). Männer können ihren Körper und ihr *Ihram*-Gewand parfümieren; es spielt auch keine Rolle, wenn ihnen der Duft danach anhaftet. Nach einer Reinigung, die sich an diesen Punkten orientiert, sollten die Pilger zwei *Rak'at* verrichten, die Absicht, den Zustand des *Ihram* anzunehmen, formulieren und dann mit der *Hadsch* oder der *Umra* oder beiden beginnen.

Unterschiedliche Formen von *Ihram* und *Hadsch*: Hier sind drei Kategorien zu unterscheiden, die der übereinstimmenden Meinung der Gelehrten zufolge allesamt statthaft sind: *Qiran* (eine Kombination von *Umra* und *Hadsch* während eines einzigen *Ihram*), *Tamattu'* (eine Kombination von *Hadsch* und *Umra* mit einer Unterbrechung) und *Ifrad* (die *Hadsch* allein).

***Qiran*:** Die Pilger formulieren ihre Absicht, *Hadsch* und *Umra* zusammen zu verrichten, und sprechen die *Talbiya*: *Labbayk Allahumma labbayk; labbayk la Scharika laka; inna'l-Hamda wa'l-Minnata laka wa'l-Mulk, la Scharika lak.* (Hier bin ich, mein Gott, ich stehe Dir zu Diensten. Ich stehe Dir zu Diensten. Du hast keine Partner. Dir gebührt aller Lobpreis und aller Dank. Dein ist die Herrschaft. Du hast keine Partner.) Diese Pilger bleiben solange im Zustand des *Ihram*, bis sie alle Riten von *Hadsch* und *Umra* verrichtet haben.

***Tamattu'*:** Bei dieser Form verrichten die Pilger die *Umra* während der *Hadsch*-Saison und direkt im Anschluss die *Hadsch*. Diese Form wird deshalb *Tamattu'* (Freude) genannt, weil die Pilger das zusätzliche Vergnügen haben, *Hadsch* und *Umra* zusammen zu verrichten, ohne zwischenzeitlich nach Hause zurückkehren zu müssen, und weil sie nach der Verrichtung der *Umra* ihre Alltagskleidung anziehen, sich parfümieren und solange anderen Dingen zuwenden können, bis sie das Gewand für die *Hadsch* anlegen.

Wer plant, die *Hadsch Tamattu'* zu vollziehen, sollte am *Miqat* die Absicht formulieren, die *Umra* zu verrichten. Der Rezitation der *Talbiya* sollte er hinzufügen: *Labbayk bi'l-Umra.* (O Gott, ich folge Deinem Ruf, die *Umra* zu verrichten!) Er sollte sein *Hadsch*-Gewand tragen (gilt nicht für Frauen), bis er die Kaaba umschritten hat, zwischen *Safa* und *Marwa* hin und her gependelt ist, um den *Sa'y* durchzuführen, und sich dann einen Teil seiner Haare abgeschnitten oder das ganze Haar geschoren hat (gilt nur für Männer). Danach ist es ihm gestattet, seine Alltagskleidung wieder anzuziehen und alles zu tun, was zwar statthaft ist, im Zustand des *Ihram* jedoch untersagt war. Am 8. *Dhu'l-Hidscha* muss er seine Absicht, die *Hadsch* zu verrichten, formulieren, erneut in den Zustand des *Ihram* eintreten und in Mekka sein spezielles *Ihram*-Gewand anlegen.

Ifrad: Beim *Ifrad* formulieren die Pilger, die lediglich die *Hadsch* verrichten möchten, ihre entsprechende Absicht am *Miqat*. Der Rezitation der *Talbiya* sollten sie hinzufügen: *Labbayk bi'l-Hadsch.* (O Gott, ich folge Deinem Ruf, die *Hadsch* zu verrichten!) Sie sollten ihr *Hadsch*-Gewand tragen (gilt nicht für Frauen), bis sie alle Riten vollzogen haben. Wenn sie möchten, können sie anschließend noch die *Umra* verrichten.

Verbote im Zustand des Ihram: Untersagt sind:

* Geschlechtsverkehr und alles, was diesem vorausgeht (z.B. Küssen, Berühren und Gespräche mit dem Ehepartner über Geschlechtsverkehr oder ähnliche Dinge);
* das Begehen von Sünden, die uns vom Pfad Gottes abbringen;
* Streitigkeiten, Auseinandersetzungen und Schlägereien mit Gefährten, Bediensteten und anderen. Gott erklärt:

   Für die Hadsch sind bekannte Monate (vorgesehen). Wer sich in ihnen zur Hadsch entschlossen hat, der enthalte sich des Beischlafs und begehe weder Frevel noch unziemliche Rede während der Hadsch. Und was ihr an Gutem tut, Allah weiß es. Und sorgt für die Reise, doch wahrlich, die beste Vorsorge ist Gottesfurcht. Und fürchtet Mich, o ihr, die ihr einsichtig seid! (2:197)

* Das Tragen von genähten Kleidungsstücken (von T-Shirts, Gewändern mit Kapuze, Umhängen und Unterhosen usw.), die Verhüllung des Kopfes (z.B. mittels einer Kappe oder eines Fes), das Tragen von gefärbten Kleidungsstücken, denen Duft entströmt, und von Schuhen oder genähten Sandalen;

- das Töten von Tieren, insbesondere von Wild und das Anstiften anderer zur Tötung von Tieren; das Schneiden von Gras und das Abhacken von Bäumen (sowohl innerhalb als auch außerhalb des heiligen Bezirks von Mekka).

Strafen für die Verletzung der Heiligkeit des Ihram: Die folgenden Übertretungen müssen durch die Opferung eines Schafs oder einer Ziege beglichen werden:

- das Auftragen von Parfüm oder ähnlichen Substanzen auf ein beliebiges Körperteil bzw. von Henna auf den Kopf; das Tragen eines genähten Kleidungsstücks oder die Bedeckung des Kopfes über einen ganzen Tag (gilt nur für Männer); die Rasur mindestens eines Viertels des Kopfes; das Schneiden der Fingernägel; das Versäumen einer der für die *Hadsch* erforderlichen Handlungen; die Durchführung der einleitenden oder abschließenden Umschreitung der Kaaba während der Menstruation; das Verbleiben in einem Zustand größerer Unreinheit und die Verrichtung der obligatorischen Umschreitung, ohne den *Wudu'* vollzogen zu haben.

  Wer sich eine dieser Verfehlungen zu Schulden kommen lässt, während er sich im *Ihram* für den *Qiran* befindet, muss zwei Schafe oder Ziegen opfern. Erfolgte die Verfehlung aus Zwang oder aus absoluter Notwendigkeit heraus, opfert der Betreffende entweder direkt im heiligen Bezirk Mekkas oder fastet drei Tage lang, wo auch immer er es für angemessen hält, oder stiftet einen Betrag zu wohltätigen Zwecken, welcher dem der *Fitra* (die einem armen Menschen zwei durchschnittliche Mahlzeiten beschert) entspricht.

- Wer im Zustand des *Ihram*, noch bevor er den Berg *Arafat* erreicht, Geschlechtsverkehr hat, macht seine *Hadsch* damit ungültig. Wer Geschlechtsverkehr hat, bevor er sich nach dem Aufenthalt am *Arafat* rasiert oder das Haar geschnitten hat, und wer die obligatorische Umschreitung im Zustand größerer ritueller Unreinheit oder trotz einer Monatsblutung oder einer durch eine Niederkunft bedingten Blutung vornimmt, muss eine Kuh, einen Ochsen oder ein Kamel opfern. Von dieser Regelung ausgenommen sind jedoch diejenigen, die die Umschreitung wiederholen, nachdem sie sich gereinigt haben. Wer sexuelle Beziehungen pflegt, nachdem er sich rasiert und das Haar geschnitten hat, aber noch bevor er die Umschreitung durchführt, muss ein Schaf oder eine Ziege opfern.

• Wer Parfüm oder ähnliche Substanzen auf einen beliebigen Körperteil aufträgt, genähte Kleidungsstücke trägt oder seinen Kopf eine Zeit lang bedeckt; wer weniger als ein Viertel des Kopfes rasiert, nur einen einzelnen eigenen Fingernagel oder den eines anderen Menschen schneidet, einen anderen Menschen rasiert oder die einleitende oder die abschließende Umschreitung vornimmt, ohne den *Wudu'* vollzogen zu haben, muss eine Spende in Höhe der *Fitra* entrichten. Das Abzupfen eines abgebrochenen Fingernagels zieht keine Strafe nach sich.

• Wer eine Heuschrecke, eine Laus oder einen Floh auf dem eigenem Körper oder auf dem eines anderen Menschen tötet, muss eine Spende entrichten, die unter der der *Fitra* liegt. Wer mehr als drei dieser Parasiten tötet, muss eine Spende in Höhe der *Fitra* entrichten.

• Wer im Zustand des *Ihram* ein Tier, dessen Fleisch nicht essbar ist, oder Wild tötet, sollte sein Vergehen schätzen lassen und anschließend Wiedergutmachung leisten. Für ein Tier, das nicht essbar ist, darf diese nicht über einem Schaf oder einer Ziege liegen. Wer ein Tier besitzt, das genauso viel wert ist, wie das von ihm getötete Tier, muss es schlachten und sein Fleisch den Bedürftigen spenden. Wer über kein solches Tier verfügt, muss den Wert des von ihm getöteten Tieres von zwei unparteiischen Richtern schätzen lassen und einen entsprechenden Betrag den Bedürftigen spenden. Wer das nötige Geld nicht aufbringen kann, muss so lange fasten, wie Bedürftige mit seiner Spende gespeist werden könnten. Wenn zum Beispiel geschätzt wird, das von dem Geld zehn Bedürftige gespeist werden könnten, muss der Betreffende zehn Tage lang fasten. Das Essen, mit dem die Bedürftigen gespeist werden, muss ausreichen, ihren Hunger zu stillen.

• Wer im Zustand des *Ihram* innerhalb des heiligen Bezirks von Mekka Gras oder Bäume auszupft oder abhackt, spendet den Gegenwert dieses Grases bzw. dieser Bäume zu wohltätigen Zwecken, sofern sich dieses bzw. diese nicht in Privatbesitz befindet/befinden. Anderenfalls verdoppelt sich die fällige Ausgleichszahlung, denn in jenem Fall muss sowohl der Besitzer entschädigt als auch zu wohltätigen Zwecken gespendet werden.

Der heilige Bezirk von Mekka (Haram Makka)

Der heilige Bezirk von Mekka umfasst ein Gebiet um Mekka, das auf allen Ausfallstraßen durch einen Meter hohe Steine markiert wird. In diesem Bereich ist das Töten von Wild und das Abhacken von noch lebenden Bäumen verboten. Auf der Nordseite erstreckt sich der *Haram Makka* bis nach Tan'im, das sechs Kilometer von der Heiligen Moschee entfernt ist, auf der Südseite bis ins 12 Kilometer entfernte *Adah*. Im Osten dehnt sich der heilige Bezirk bis *Ji'rana* (16 Kilometer entfernt), im Nordosten bis zum *Nakhla*-Tal (14 Kilometer) und im Westen bis nach *Hudaibiya* (15 Kilometer) aus.

Der heilige Bezirk von Medina (Haram Madina)

Auch im heiligen Bezirk von Medina ist das Töten von Wild und das Abhacken von Bäumen untersagt, mit der Einschränkung, dass die Bewohner Medinas Bäume und Gras für ihre Tiere verwenden dürfen. Der heilige Bezirk von Medina erstreckt sich von *Eer* bis nach *Thawr*. Der *Eer* ist ein Berg, der am *Miqat* von Medina liegt, und der *Thawr* ist ein Berg im Norden in der Nähe *Uhuds*.

Die notwendigen Akte (wadschib-Akte) der Hadsch

Pflicht der Pilger ist es, am Nachmittag des Tages vor dem *Id al-Adha* (also am 9. *Dhu'l-Hidscha*) eine Zeit lang am Berg *Arafat* zu stehen und die obligatorische Umschreitung (*Tawaf*) zu verrichten. Weiterhin sind die Pilger verpflichtet, in den Zustand des *Ihram* einzutreten.

Folgende Handlungen, die im Verlaufe der *Hadsch* getätigt werden, sind notwendige Akte:

- das Eintreten in den *Ihram*-Zustand an einem der *Mawaqit*;
- das Unterlassen aller verbotenen Dinge im Zustand des *Ihram*;
- das Stehen am *Arafat* bis zum Sonnenuntergang des 9. *Dhu'l-Hidscha*, des Vortages des *Id al-Adha*;
- das mindestens einstündige Stehen in *Muzdalifa* während des *Id al-Adha* zwischen Morgendämmerung und Sonnenaufgang. *Muzdalifa* liegt ca. 20 Kilometer von Mekka und 10 Kilometer vom *Arafat* entfernt.
- Die Verrichtung der letzten drei Runden der obligatorischen Umschreitung der Kaaba (*Tawaf al-Ifada/Ziyara*); (die ersten drei Runden sind obligatorisch.)
- Die Verrichtung der obligatorischen Umschreitung während der ersten drei Tage des *Id al-Adha*, während derer auch geopfert wird;
- die Verrichtung der abschließenden Umschreitung (notwendig für Pilger, die von außerhalb Mekkas kommen);
- die Verrichtung der Umschreitung im Zustand ritueller Reinheit und die Bedeckung aller Körperteile, die zu verdecken sind;
- der Beginn der Umschreitung von einem Punkt aus, der links von der Kaaba und auf einer Linie mit dem Schwarzen Stein liegt;
- die Verrichtung von zwei *Rak'at* nach jeder Umschreitung;
- während der Umschreitung: der Schwenk nach außen und um den *Hidschr Ismail*, einem Ort außerhalb der Kaaba, der von einem halbkreisförmigen Wall umgeben ist;
- die Verrichtung des *Sa'y* (das siebenmalige Hin-und-her-Gehen mit schnellem Schritt zwischen *Safa* und *Marwa*: viermal von *Safa* nach *Marwa* und drei mal in die entgegengesetzte Richtung);

- das Schleudern von sieben Kieselsteinen auf jede der drei Steinsäulen (*Dschamrat*) in *Mina*, die nicht weit voneinander stehen; diese Säulen werden *Dschamrat al-ula*, *Dschamrat al-wusta* und *Dschamrat al-Aqaba* genannt. Am ersten Tag des *Id al-Adha* werden die Kieselsteine allein auf die *Dschamrat al-Aqaba* geworfen, an den folgenden beiden Tagen dann auf alle Säulen.

- Wer von außerhalb Mekkas anreist und die *Hadsch Tamattu*ʿ oder die *Hadsch Qiran* verrichtet, sollte zu einem beliebigen Zeitpunkt (jedoch innerhalb von drei Tagen nach dem Werfen der Steinchen am ersten Tag des *Id al-Adha*) eine Ziege oder ein Schaf opfern und im heiligen Bezirk von Mekka seine Haare rasieren oder zumindest einen Teil seines Haares stutzen. Frauen schneiden lediglich einen kleinen Teil ihrer Haare ab.

Bei Auslassung eines dieser notwendigen Akte ist ein Opfer zu bringen.

Sunna-Akte

- Die Verrichtung von *Wuduʿ* oder *Ghusl* vor Anlegen des *Hadsch*-Gewandes und Eintritt in den Zustand des *Ihram*;

- das Auftragen von statthaftem Parfüm vor Anlegen des Gewandes;

- die Verrichtung von zwei *Rak'at* als *Sunna*-Akte des *Ihram* und die Rezitation der Suren *Al-Kafirun* und *Al-Ihklas* während jeder *Rak'a* direkt nach der *Fatiha*;

- das Sprechen der *Talbiya* bei Eintritt in den Zustand des *Ihram*; darüber hinaus jedes Mal dann, wenn man einen Hügel erklimmt, in ein Tal hinabsteigt, mit einem oder mehreren Menschen zusammentrifft, und nach jedem Pflichtgebet bis zum Schleudern der Steinchen auf die *Dschamrat al-Aqaba* am ersten Tag des *Id al-Adha*; (Frauen sprechen die *Talbiya* stimmlos.)

- Das Herabrufen des Segens und Friedens Gottes auf den Gesandten und seine Familie nach jeder *Talbiya*;

- das Gebet nach dem Herabrufen des Segens und Friedens Gottes auf den Gesandten und seine Familie;
- der Vollzug des *Ghusl* vor Erreichen Mekkas, das Gebet bei Ansicht der Kaaba und der Lobpreis und die Verherrlichung Gottes sowie die Bekräftigung Seiner Einheit vor der Heiligen Moschee;
- die einleitende Umschreitung für diejenigen, die von außerhalb Mekkas anreisen;
- die Verrichtung von freiwilligen Umschreitungen während des Aufenthalts in Mekka;
- während der ersten drei Wegstrecken des obligatorischen *Tawaf*: zügiges Gehen, kraftvolles Bewegen der Schultern und Setzen von kleinen Schritten mit dem Ziel, einen starken und vitalen Eindruck zu erwecken;
- während des *Sa'y* zwischen *Safa* und *Marwa*: eine Beschleunigung des Schrittes zwischen den grünen Markierungen;
- am 8. *Dhu'l-Hidscha*: der Aufbruch nach Sonnenuntergang Richtung *Mina* und das Verbringen der Nacht dort;
- der Aufbruch zum *Arafat* am 9. *Dhu'l-Hidscha* nach Sonnenaufgang;
- der Aufbruch nach *Muzdalifa* nach Sonnenuntergang, das Verbringen der Nacht dort und die Weiterreise nach *Masch'ar al-Haram* (nahe dem Hügel *Quzah* bei *Muzdalifa*) bei Tagesanbruch;
- aufrichtiges und in größter Demut verrichtetes Gebet, insbesondere nach den täglichen Pflichtgebeten, die auf dem *Arafat* und in *Muzdalifa* verrichtet werden;
- der Aufbruch nach *Mina* vor Sonnenaufgang am ersten Tag des *Id al-Adha* und ein mindestens 3-tägiger Aufenthalt in *Mina*;
- beim Werfen der Kieselsteine gegen die Säulen stellt man sich so auf, dass *Mina* zur Rechten und Mekka zur Linken liegen. Dann schleudert man die Steinchen zuerst gegen die *Dschamrat al-ula*, anschließend gegen die *Dschamrat al-wusta* und zuletzt geben die *Dschamrat al-Aqaba*.

- Wenn möglich, sind die Steine am ersten Tag zwischen Sonnenaufgang und Mittag und am zweiten Tag zwischen Mittag und Sonnenuntergang zu werfen.
- Das zügige Zurücklegen der Strecke von *Mina* nach Mekka; wer *Mina* am 12. *Dhu'l-Hidscha* oder am dritten Tag des *Id al-Adha* verlässt, sollte dies vor Sonnenaufgang tun.
- Ein kurzes Verweilen in *Muhatab* und *Abtah* auf dem Weg nach Mekka;
- nach der abschließenden Umschreitung samt Verrichtung von zwei *Rak'at*: das Trinken vom Wasser der *Zamzam*-Quelle, bis der Durst gestillt ist;
- das Reiben von Gesicht und Brust am *Multazam*, einem Teil der Kaaba zwischen dem Schwarzen Stein und dem Eingangstor;
- die Berührung des Vorhangs, der die Kaaba bedeckt, und gleichzeitiges Beten, ohne jemanden zu stören oder gar zu belästigen;
- der Besuch am Grab des Gesandten Gottes in Medina.

Wer diese *Sunna*-Akte verrichtet, erhält einen höheren Lohn für seine *Hadsch*; wer auf einen von ihnen verzichtet, wird aber auch nicht bestraft.

Die Verrichtung des *Tawaf*

Die Verrichtung des *Tawaf* (der Umschreitung der Kaaba) beginnen die Gläubigen mit entblößter rechter Schulter, die Kaaba zur Linken. Sie wenden ihr Gesicht dem Schwarzen Stein zu, küssen ihn (falls möglich) oder berühren ihn mit der Hand oder zeigen in seine Richtung. Die ersten drei Umschreitungen sind schnellen Schrittes vorzunehmen. Dabei sind die Gläubigen gehalten, sich so nah wie möglich an der Kaaba zu halten und kleine Schritte zu machen. Die nächsten vier Runden sollen dann in normaler Gehgeschwindigkeit bewältigt werden. Auf jeder der sieben Runden wird die Berührung der Yemeni-Ecke (*Ar-Rukn al-Yamani*) ebenso empfohlen wie das Küssen oder die Berührung des Schwarzen Steins (falls möglich).

Nahe gelegt wird den Gläubigen auch, Gottes so intensiv wie möglich zu gedenken und Bittgebete zu Ihm zu sprechen.

Man unterscheidet zwischen verschiedenen Formen des *Tawaf*:

- *Tawaf al-Qudum* (Eröffnende Umschreitung). Er ist für all diejenigen, die von außerhalb Mekkas anreisen, Sunna.
- *Tawaf al-Ifada* oder *Tawaf al-Ziyara* (Obligatorische Umschreitung). Er stellt eine der drei Säulen der *Hadsch* dar und sollte während der ersten drei Tage des *Id al-Adha* vollzogen werden. Ist dies nicht möglich sein, kann der Gläubige ihn auch zu einer anderen Zeit im Leben vollziehen; in diesem Fall sollte er aber als Strafe ein Opfer darbringen.
- *Tawaf al-Wada'* (Abschließende Umschreitung). Dieser ist für alle von außerhalb Mekkas kommenden Pilger obligatorisch.
- *Tawaf al-Tatawwu'* (Freiwillige Umschreitung). Er kann beliebig oft während des Aufenthalts in Mekka vollzogen werden.

Die Verrichtung des *Sa'y* zwischen *Safa* und *Marwa*

Unabhängig davon, ob sie *Hadsch* oder *Umra* durchführen, verrichten die Pilger nach dem *Tawaf* den *Sa'y*. *Sa'y* bedeutet, viermal von *Safa* nach *Marwa* und dreimal in die entgegengesetzte Richtung zu laufen. Der Koran betont, *dass dem Menschen nichts anderes zuteil wird als das, wonach er strebt.* (53:39) *Sa'y* heißt so viel wie sich nach Kräften bemühen. Im Zusammenhang mit der *Hadsch* wird dieser Begriff verwendet, um an den Marsch Hadschars (der Ehefrau des Propheten Abraham) von *Safa* nach *Marwa* zu erinnern, die diese Strecke siebenmal zurücklegte, um für ihren Sohn Ismail, den sie zu jener Zeit noch stillte, Wasser zu finden. Gott hatte Abraham aufgefordert, Hadschar und Ismail in Mekka, das damals in einem unbewohnten und unzugänglichen Tal lag, zurückzulassen. Beide, Abraham und Hadschar, gehorchten dem Befehl Gottes von ganzem Herzen. Hadschars Gehorsam hinderte sie jedoch nicht daran, nach Wasser für ihren Sohn zu suchen, das dieser genauso dringend benötigte wie sie, deren Brüste schließlich Milch produzieren mussten.

Der Islam verkörpert eine harmonische Kombination von Gehorsam und Bemühung. Hadschar wartete nicht auf ein Wunder, sondern versuchte, an einem unwirtlichen Ort in der Wüste Wasser zu finden, ohne je die Hoffnung zu verlieren. Sie entdeckte es schließlich dort, wo sie es am wenigsten erwartet hatte: unter den Füßen Ismails. Die Quelle, die dort sprudelte und unter dem Namen *Zamzam* bekannt wurde, erfüllt noch heute, so viele Jahrhunderte später, die Bedürfnisse von Millionen von Pilgern. Dieses Wunder entsprang aufrichtigem Glauben und Vertrauen, ernsthaftem Bemühen, Gehorsam gegenüber Gott und Beharrlichkeit. Der Mensch handelt, Gott erschafft das Resultat seines Handelns. Aus diesem Grunde heißt es: „Man findet Gott nicht, indem man nach Ihm Ausschau hält; aber diejenigen, die Ihn gefunden haben, haben ihn gesucht."

Die Pilger beginnen ihren *Sa'y* in *Safa* und beenden ihn in *Marwa*. Viermal marschieren sie von *Safa* nach *Marwa* und dreimal in die entgegengesetzte Richtung. Zwischen den grünen Markierungen beschleunigen sie ihren Schritt. Während sie gehen und jedes Mal, wenn sie einen Hügel erklimmen, sprechen sie Bittgebete und rezitieren den Koran. Währenddessen wenden sie ihr Gesicht der Kaaba zu.

Die *Umra*

Das Wort *Umra* leitet sich von dem Wort *I'timar* - Besuch - ab. In diesem Zusammenhang bedeutet es: die Kaaba zu besuchen, den *Tawaf* zu verrichten, siebenmal zwischen *Safa* und *Marwa* hin und her zu pendeln und sich dann das Haar zu rasieren oder zumindest zu stutzen. Die Verrichtung der *Umra* ist Sunna.

Mögliche Zeiten: Die meisten Gelehrten sind der Auffassung, dass die *Umra* zu jeder beliebigen Zeit im Jahr verrichtet werden kann. Für Abu Hanifa jedoch gab es fünf Ausnahmen: der Tag *Arafat* (der Vorabend des 10. *Dhu'l-Hidscha*), der Tag *Nahr* (der 10. *Dhu'l-Hid-*

scha - der erste Tag des *Id al-Adha*) und die drei *Taschriq*-Tage (11., 12. und 13. *Dhu'l-Hidscha*).

Mawaqit: Wenn sich Pilger, die die *Umra* verrichten möchten, noch jenseits der für die *Hadsch* bestimmten *Mawaqit* aufhalten, dürfen sie diese nicht passieren, ohne die Absicht zu formulieren, in den Zustand des *Ihram* einzutreten. Diejenigen, die sich bereits innerhalb des *Miqat*-Bezirks oder sogar schon innerhalb des heiligen Bezirks befinden, müssen sich erst wieder hinausbegeben, um an einem *Miqat* in den Zustand des *Ihram* einzutreten.

Der genaue Ablauf von Hadsch und Umra

* Menschen, die planen, die *Hadsch* zu verrichten, müssen sicherstellen, dass sämtliches Geld, das sie während der *Hadsch* ausgeben werden, auf rechtmäßige Art und Weise erworben wurde. Schulden müssen beglichen worden sein, und alle, die Ansprüche an die Pilger stellen können, müssen gebeten worden sein, ihre Ansprüche einstweilen zurückzustellen. Darüber hinaus müssen die angehenden Pilger einerseits jene um Vergebung bitten, denen sie Unrecht zugefügt haben, und andererseits selbst jenen vergeben, die ihnen Unrecht zugefügt haben. Bevor sie sich dann auf den Weg machen, suchen sie die Vergebung Gottes und verrichten zwei *Rak'at*.
* Während der Reise beschäftigen sie sich mit der Reflexion der Werke Gottes, rezitieren den Koran, sprechen Bittgebete und vermeiden es, zu sündigen, sinnloses Geschwätz von sich zu geben und lebenden Geschöpfen Schaden zuzufügen.
* Bei Ankunft am *Miqat* rasieren sich die Pilger, schneiden sich die Fingernägel, vollziehen *Ghusl* oder *Wudu'* und tragen Parfüm auf. Männer legen ihre *Ihram*-Gewänder an. Denn diese symbolisieren den Eintritt in den Zustand des *Ihram*. Für Frauen gibt es keine vergleichbaren speziellen Gewänder. Die angehenden Pilger verrichten ein Gebet mit zwei *Rak'at* und formulieren ihre Absicht, *Hadsch*, *Hadsch* und *Umra* oder nur die *Umra* durchzuführen. Für Pilger, die von weit her anreisen,

empfiehlt es sich, die *Hadsch Tamattu'* (*Hadsch* und *Umra* zusammen mit einer Unterbrechung) zu verrichten. Wer sich hierzu entschließt, formuliert am *Miqat* die Absicht, die *Hadsch Tamattu'* zu verrichten. Das Anlegen des *Ihram*-Gewandes und die Formulierung der Absicht, *Hadsch* bzw. *Umra* zu verrichten, sind essenzielle Bestandteile beider Pilgerfahrten, die bei Nichterfüllung dieser Grundvoraussetzungen als nicht korrekt vollzogen gelten.

Sobald die Pilger in den Zustand des *Ihram* eingetreten sind, müssen sie laut und deutlich die *Talbiya* sprechen (Frauen heben jedoch nicht die Stimme). Dies tun sie fortan jedes Mal dann, wenn sie einen Hügel erklimmen, in ein Tal hinabsteigen, mit einem oder mehreren Menschen zusammentreffen und nach jedem Pflichtgebet, bis sie am ersten Tag des *Id al-Adha* Steinchen auf die *Dschamrat al-Aqaba* schleudern.

Im Zustand des *Ihram* enthalten sich die Pilger des Geschlechtsverkehrs und meiden alle Aktivitäten, die in einen solchen münden könnten. Sie streiten und zanken sich nicht, heiraten nicht und nehmen auch nicht an Hochzeiten anderer teil, tragen keine genähte Kleidung oder Schuhe, die die Füße bis zu den Fußgelenken verhüllen würden. Männer bedecken ihr Haar nicht, und Frauen nicht ihre Gesichter. Die Pilger tragen kein Parfüm, schneiden sich weder Haar noch Nägel, gehen nicht auf die Jagd, und rupfen in den heiligen Bezirken Mekkas kein Gras und auch keine Bäume aus.

- In Mekka angekommen vollziehen die Pilger den *Ghusl*. Sie beeilen sich, zur Heiligen Moschee zu gelangen, und sprechen dort die *Talbiya*. Sie bitten Gott um Verzeihung und beten zu Ihm. Sie rufen den Segen und Frieden Gottes auf den Gesandten und seine Familie herab und rezitieren Worte, die die Einheit Gottes bekräftigen und Ihn lobpreisen und verherrlichen. Sobald sie der Kaaba ansichtig werden, beten sie für sich selbst, für ihre Angehörigen und für alle Muslime. Dabei sind sie stets demütig. Anschließend begeben sie sich direkt zum Schwarzen Stein, küssen ihn maßvoll oder berühren ihn mit der Hand.

Falls dies nicht möglich ist oder anderen Pilgern Schaden zufügen könnte, reicht es auch, wenn sie auf den Stein deuten.

- Danach beginnen die Pilger mit der Umschreitung der Kaaba und wiederholen die Bittgebete des Propheten. Auf den ersten drei Runden sollen Männer ihre rechte Schulter entblößen und schnellen Schrittes gehen. Auf den übrigen Runden gehen sie in normaler Gehgeschwindigkeit. Die Berührung der Yemeni-Ecke (*Ar-Rukn al-Yamani*) und das Küssen des Schwarzen Steins auf jeder der sieben Runden sind Sunna. Nachdem die Pilger die sieben Runden dieses Ritus vollzogen haben, suchen sie die Station Abrahams auf, denn Gott ermahnt uns:

> *Und als Wir das Haus zu einem Ort der Einkehr für die Menschen machten sowie zu einer Sicherheit (sprachen Wir): „Nehmt euch die Stätte Abrahams zum Gebetsort.“ Und Wir haben Abraham und Ismael auferlegt: „Reinigt Mein Haus für die es Umkreisenden und (sich dorthin) Zurückziehenden, die Sich-Verneigenden und Sich-Niederwerfenden.“* (2:125)

Dort verrichten sie, falls möglich, die zwei *Rak'at* des *Tawaf*. Anderenfalls holen sie dies an einem beliebigen Ort in der Moschee nach.

- Nun beginnen sie mit der Verrichtung des *Sa'y* und nähern sich *Safa* in Übereinstimmung mit den Worten Gottes:

> *Wahrlich, As-Safa und Al-Marwa gehören zu den Kultstätten Allahs; und wer zu dem Hause pilgert oder die Umra vollzieht, für den ist es kein Vergehen, wenn er zwischen beiden hin und her schreitet. Und wenn einer freiwillig Gutes tut, so ist Allah erkenntlich, allwissend.* (2:158)

Sie steigen nach *Safa* auf, schauen zur Kaaba hinüber und sprechen Bittgebete, wobei sie sich eines der Bittgebete des Gesandten bedienen. Danach steigen sie hinab und ziehen weiter nach *Marwa* und legen so die erste von insgesamt sieben Wegstrecken zurück. Dabei gedenken sie Gottes und sprechen Bittgebete. Wenn sie die eine der beiden grünen Markierungen erreichen, beschleunigen sie ihren Schritt bis zur anderen Markierung und setzen ihren Weg dann in normaler Gehgeschwindigkeit fort. In *Marwa* angekommen wenden sie sich der Kaaba zu, sprechen Bittgebete und lobpreisen Gott. Ihre Ankunft in *Marwa* markiert eine volle Wegstrecke. Die übrigen sechs Wegstrecken legen sie auf die gleiche Art und Weise zurück.

- Pilger, die die *Hadsch Tamattu'* verrichten, rasieren sich nun die Haare ab oder stutzen sie zumindest, denn damit heben sie alle Restriktionen, die mit dem Zustand des *Ihram* verbunden sind, auf. Alle Dinge, die ihnen zuvor verboten waren, sind jetzt wieder erlaubt, auch der Geschlechtsverkehr mit dem Ehepartner. Diejenigen, die die *Hadsch Ifrad* oder die *Hadsch Qiran* verrichten, verbleiben im Zustand des *Ihram*.

- Am 8. *Dhu'l-Hidscha* treten jene, die die *Hadsch Tamattu'* verrichten, wieder in den Zustand des *Ihram* ein. Sie formulieren die Absicht, von ihren Unterkünften aus die *Hadsch* durchzuführen, begeben sich mit den Pilgern, die im Zustand des *Ihram* verblieben waren, nach *Mina* und verbringen die Nacht dort.

- Bei Sonnenaufgang des 9. *Dhu'l-Hidscha* brechen die Pilger zum *Arafat* auf. Das Stehen am *Arafat* beginnt erst dann, wenn die Sonne ihren Scheitelpunkt überschritten hat. Dann stehen die Pilger so nahe wie möglich an den Felsen des Hügels *Dschabal ar-Rahma*, denn so verlangte es der Prophet. Das Stehen am *Arafat* ist der zentrale Ritus der *Hadsch*. Während die Pilger diesen vollziehen, wenden sie ihr Antlitz der *Qibla* zu, lobpreisen Gott, gedenken Seiner und beten bis zum Einbruch der Nacht so intensiv wie möglich.

- Nach Einbruch der Nacht gehen die Pilger nach *Muzdalifa* weiter. Dort angekommen verrichten sie das *Maghrib*- und das *Ischa'*-Gebet. Sie verbinden die beiden Gebete unter Anleitung eines Imams und verbringen auch die Nacht in *Muzdalifa*.

- In der Morgendämmerung stellen sich die Pilger am *Masch'ar al-Haram* auf und verrichten hier die *Waqfa*. Das heißt: Sie verweilen hier bis kurz vor Sonnenaufgang, lobpreisen Gott und gedenken Seiner. Denn Gott erklärt:

Und wenn ihr von Arafat herbeieilt, dann gedenkt Allahs bei Al-Masch'ar al-Haram. Und gedenkt Seiner, wie Er euch rechtgeleitet hat, obwohl ihr wahrlich vordem unter jenen wart, die irregingen. Dann eilt dorthin weiter, von wo die Menschen weitereilen, und bittet Allah um Vergebung. Wahrlich, Allah ist verzeihend, barmherzig. (2:198-199)

- Vor Sonnenaufgang kehren sie nach *Mina* zurück, nicht ohne in *Muzdalifa* einige Steinchen aufgelesen zu haben. Nach Sonnenaufgang schleudern die Pilger sieben Steinchen auf die *Dschamrat al-Aqaba*. Im Anschluss daran bringen sie ihr Opfer dar, schneiden ihr Haar, legen ihren *Ihram* ab und gehen wieder zum normalen Leben über, mit der Einschränkung, dass ihnen der Geschlechtsverkehr weiterhin untersagt bleibt.

- Dann begeben sie sich nach Mekka, um den obligatorischen *Tawaf* zu verrichten, der ein wichtiger Bestandteil der *Hadsch* ist. Empfohlen wird, diesen *Tawaf* am ersten Tag des *Id al-Adha* zu verrichten; aber auch die beiden Folgetage bieten sich dafür an. Nach diesem *Tawaf* ist auch der Geschlechtsverkehr mit dem Ehepartner wieder erlaubt. Pilger, die die *Hadsch Tamattuʿ* durchführen, verrichten nach diesem *Tawaf* einen *Saʾy*. Die anderen Pilger verzichten darauf, sofern sie bei ihrer Ankunft in Mekka den einleitenden *Tawaf* und den *Saʾy* verrichtet haben.

- Nun kehren die Pilger nach *Mina* zurück und verbringen die drei Tage des *Id al-Adha* dort. Am Nachmittag des zweiten und dritten Tages (am 11. und 12. *Dhuʾl-Hidscha*) schleudern sie jeweils sieben Kieselsteine auf jede der drei Säulen *Dschamrat al-ula*, *Dschamrat al-wusta* und *Dschamrat al-Aqaba* (in dieser Reihenfolge). Bei jedem Wurf lobpreisen sie Gott. Und nachdem sie ihre Steinchen gegen die ersten beiden Säulen geschleudert haben, beten sie für sich selbst, für ihre Angehörigen und für alle Muslime. Wenn sie auch den vierten Tag des *Id al-Adha* in *Mina* verbringen möchten, werfen sie ihre Steinchen vormittags.

- Nach der Rückkehr nach Mekka verrichten diejenigen Pilger, die in ihre Heimat zurückkehren, den abschließenden *Tawaf*. Anschließend suchen sie die *Zamzam*-Quelle auf und trinken soviel Wasser aus ihr wie möglich. Dann begeben sie sich zum *Multazam*, reiben Gesicht und Brust an ihm, halten sich dann an dem Vorhang, der die Kaaba bedeckt, fest und sprechen Bittgebete.

Wer nicht in der Lage ist, eine vollständige *Hadsch* oder *Umra* zu verrichten

- Wenn ein Pilger die Absicht formuliert, *Hadsch* oder *Umra* zu verrichten, dann jedoch aus irgendeinem Grunde nicht bis zum Haus Gottes gelangt, muss er in den heiligen Bezirken Mekkas ein Tier opfern, das er sich leisten kann (ein Schaf oder auch ein größeres Tier). Danach kann er das *Ihram*-Gewand und damit auch den Zustand des *Ihram* ablegen.
- Entfällt der Grund dafür, dass er seiner Pflicht nicht in vollem Umfang nachkommen kann, bevor er am *Arafat* steht, muss er seine *Hadsch* zu Ende führen. Hält ihn erst nach dem *Stehen* am *Arafat* etwas davon ab, wird er - vorausgesetzt, er bringt ein Opfer dar - nicht als jemand betrachtet, der die *Hadsch* nicht zu Ende geführt hat; denn den obligatorischen *Tawaf* kann er zu einem beliebigen anderen Zeitpunkt im Leben nachholen.
- Wer nicht am Berg *Arafat* stehen, wohl aber den obligatorischen *Tawaf* verrichten kann, braucht nicht zu opfern, muss seine *Hadsch* aber zu einem späteren Zeitpunkt nachholen.
- Wer zwar die Absicht formuliert hat, die *Hadsch* zu verrichten, dann jedoch nicht dazu in der Lage ist, muss sie später nachholen.

Das Opfern

Jeder erwachsene Muslim, dessen Vermögen den *Nisab* erreicht, ist angehalten, ein Opfer darzubringen (ein Schaf oder eine Ziege bzw. für jeweils sieben Menschen zusammen ein Kamel, eine Kuh oder einen Ochsen). Das Opfern ist also eine Notwendigkeit (ein *wadschib*-Akt). Ein Unterschied zwischen der Zahlung der *Zakat* und dem Opfern eines Tieres besteht darin, dass sich das Vermögen für die Zahlung der *Zakat* ein Jahr lang in Besitz des Betreffenden befunden haben muss, für das Opfern jedoch lediglich einen Tag lang. Geopfert wird an einem der drei Tage des *Id al-Adha*.

Das Opfern während der Hadsch: Opfern müssen Pilger, die die *Hadsch Qiran* oder die *Hadsch Tamattu'* verrichtet und einen der notwendigen Akte (das Schleudern der Steinchen, das Anlegen des *Ihram*-Gewandes an einem *Miqat* oder die Verrichtung des *Sa'y*) ausgelassen oder eine der Restriktionen des *Ihram* bzw. die Heiligkeit des *Haram Makka* verletzt haben.

Die Opfertiere: Die gebräuchlichsten Opfertiere sind Schafe und Ziegen. Auch Kühe, Ochsen und Kamele können geopfert werden. Ein Kamel müssen Pilger opfern, die den *Tawaf* im Zustand größerer ritueller Unreinheit verrichten, die sich noch in der Menstruation befinden oder unter durch eine Geburt bedingten Blutungen leiden oder die nach dem 9. *Dhu'l-Hidscha*, aber noch vor dem Rasieren oder Haareschneiden geschlechtliche Beziehungen gepflegt haben. Auch diejenigen, die gelobt haben, ein Kamel zu opfern, müssen ihr Gelübde einlösen.

Opferbedingungen: Die Opfertiere sollten folgende Bedingungen erfüllen:

- Schafe müssen älter als ein Jahr alt sein oder zumindest, falls sie mindestens ein halbes Jahr alt sind, so fett und gesund wie einjährige Schafe sein. Kamele müssen mindestens fünf Jahre alt, Kühe zwei Jahre alt und Ziegen ein Jahr alt sein.
- Die Tiere sollten gesund und ohne Gebrechen sein (d.h., nicht einäugig, nicht hinkend, nicht unter Krätze leidend, weder dünn noch schwächlich).

Opferzeiten: Das Opfer muss zu ganz bestimmten Zeiten dargebracht werden:
- Egal ob auf der *Hadsch* oder an einem anderen Ort dargebracht - das Tier muss an einem der ersten drei Tage des *Id al-Adha* geopfert werden.

• Zu jeder beliebigen Zeit im Jahr dürfen Opfer dargebracht werden, die ein Gelübde einlösen, zur Wiedergutmachung von Sünden gedacht sind oder freiwillige Akte der Anbetung darstellen.

Opferplätze: Opfer, die während der *Hadsch* dargebracht werden, müssen innerhalb der heiligen Bezirke Mekkas geschlachtet werden, unabhängig davon, ob sie freiwillig oder aus einer Notwendigkeit heraus erfolgen.

Wer schlachtet das Opfertier? Derjenige, der das Tier schlachtet, muss Muslim oder Anhänger einer der Buchreligionen (d.h., Christ oder Jude) sein. Vor der Opferung muss er die Worte *Bi'smi'llah* sprechen; denn das Fleisch eines Tieres, das von einem Atheisten, einem Agnostiker, einem Abtrünnigen oder von jemandem, der ganz bewusst darauf verzichtet, *Bi'smi'llah* zu sprechen, geschlachtet wurde, darf nicht verzehrt werden.

Der Verzehr des Fleisches des Opfertieres: Gott weist die Muslime an, das Fleisch der geopferten Tiere zu essen:

> *So esst davon und speist den Genügsamen und den Bittenden. So haben Wir sie euch dienstbar gemacht, auf dass ihr dankbar sein möget.* (22:36)

Empfohlen wird, ein Drittel des Fleisches selbst zu essen, ein Drittel den Armen zu geben und ein Drittel Freunden und Verwandten zu überlassen. Wer jedoch geopfert hat, um ein Gelübde einzulösen, darf das Fleisch des Opfertieres nicht selbst essen, sondern muss es unter den Armen und Bedürftigen verteilen.

Der Pelz des Opfertieres kann, nachdem er gegerbt wurde, als Teppich oder anderweitig verwandt werden. Er darf als Almosen gegeben oder auch verkauft werden.

Der Besuch des Grabes und der Moschee des Propheten

Der Besuch der Stadt Medina sowie des Grabes und der Moschee des Propheten ist Sunna. Er trägt den Muslimen großen Lohn ein. Der Gesandte Gottes brachte uns die frohe Kunde, dass ein Besuch bei

ihm nach seinem Tode genauso wertvoll ist, wie es ein Besuch bei ihm
zu seinen Lebzeiten war. Ob dieser Besuch vor oder nach der *Hadsch*
stattfindet, spielt keine Rolle. Der Prophet Muhammad sagte:

> *Der Platz zwischen meinem Haus und meiner Kanzel ist einer der Gär-*
> *ten des Paradieses (Rawda), und meine Kanzel steht bei meinem Brun-*
> *nen im Paradies.*[45]

Gut geheißen wird, dass der Besucher so oft wie möglich den
Segen und Frieden Gottes auf den Gesandten und seine Familie
herabruft und sich seiner Moschee ruhig und gelassen nähert. Er
sollte Parfüm und feine saubere Kleidung tragen und die Moschee
mit dem rechten Fuß zuerst betreten. Dann sollte er sich zur *Rawda*
begeben und dort zwei *Rak'at* verrichten, um mit ihnen die Moschee
in Stille und Demut zu ‚begrüßen‘.

Danach sollte der Besucher zum Grab des Propheten gehen,
ihm sein Antlitz zuwenden, einen Friedensgruß entbieten und den
Segen und Frieden Gottes auf den Propheten herabrufen. Dann
sollte er einen knappen Meter nach rechts treten, sein Wort an Abu
Bakr richten, und einen weiteren Meter nach rechts, um auch Umar
ibn al-Khattab seine Aufwartung zu machen. Anschließend sollte er,
mit dem Antlitz der *Qibla* zugewandt, Bittgebete für sich selbst, für
seine Angehörigen und für alle Muslime sprechen und die Moschee
verlassen.

Auch ein Besuch auf dem Friedhof *Dschannat al-Baqi*, auf dem
viele Gefährten und Mitglieder der Familie des Propheten begraben
sind, wird empfohlen. Während des Besuches sollte man nur so laut
sprechen, dass man sich selbst gerade noch hören kann, und demütig
und aufrichtig sein.

Gebete in der Quba-Moschee

Der Gesandte Gottes pflegte jeden Samstag zu Fuß oder zu Pferde
nach *Quba* zu gehen und zwei *Rak'at* zu verrichten. Anderen empfahl er, seinem Beispiel zu folgen:

---

[45] Bukhari, *Fadl al-Salawat*, 5

Jeder, der die Waschungen zuhause vornimmt und anschließend in der Quba-Moschee betet, wird eine ähnliche Belohnung wie für die Umra erhalten.[46]

Pilger, die Medina besuchen, sollten also auch die *Quba*-Moschee aufsuchen und dort beten.

EHE UND FAMILIENLEBEN[47]

Gott hat den Menschen als Seinen Statthalter auf Erden erschaffen, damit er die Erde besiedele und über sie gebiete: Dieses Ziel ist ganz offensichtlich nur dann zu erreichen, wenn sich die Menschen ihren Fortbestand sichern, indem sie leben, anpflanzen, den Boden bestellen, produzieren, Häuser bauen und ihren Schöpfer anbeten. Dementsprechend hat Gott den Menschen einige Triebe und Ge- lüste verliehen, die sie anspornen, sich Aktivitäten zu widmen, wel- che das Überleben der Menschheit sicherstellen. Der Koran erklärt:

Zum Genuss wird den Menschen die Freude gemacht an ihrem Trieb zu Frauen und Kindern und aufgespeicherten Mengen von Gold und Sil- ber und Rassepferden und Vieh und Saatfeldern. Dies ist der Genuss des irdischen Lebens; doch bei Allah ist die schönste Heimkehr. (3:14)

Gott hat dem Wesen des Menschen Triebkräfte eingepflanzt, die ihm ermöglichen, zu überleben und sich auf spiritueller und geistiger Ebene weiterzuentwickeln. Indem der Mensch diese Trieb- kräfte diszipliniert und in Tugenden verwandelt, verwandelt er sich selbst von einem potenziellen Menschen in einen wahren Menschen. Die Menschheit unterscheidet sich von anderen Spezies, denn sie wurde mit unterschiedlichen Persönlichkeiten, mannigfaltigen Talen- ten und vielgestaltigen geistigen und spirituellen Potenzialen aus- gestattet. Daher muss ihre Schöpfung einen ganz bestimmten Zweck verfolgen. Um diesem Zweck gerecht zu werden und sich zu ver-

---

[46]   Asim Köksal, *Islam Tarihi*, 1:12·
[47]   Dieses Kapitel fasst einige wichtige Gedanken des 1999 erschienenen, von Muhammad Siddiqi ins Englische übersetzten Buches *The Lawful and Prohibited in Islam* von Yusuf al-Qaradawi zusammen.

vollkommnen, braucht der Mensch Selbstdisziplin. Der Titel der
Sammlung von Prinzipien, die die Voraussetzung für diese Selbstdisziplin schaffen, lautet Islam.

Imam Ghazali (1058-1111) zufolge zielen die Rechtsprinzi-
pien des Islam darauf ab, fünf grundlegende Werte für das menschliche Leben zu schützen und zu fördern: Religion, Leben, Denkver-
mögen, Privatbesitz und Familie. Alle Akte, die diesen Werten entge-
genstehen, untersagt der Islam. Wenn wir uns die von Gott etablierten Verbote (z.B. Unglauben, Heuchelei, Beigesellung von Partnern zu Gott, Apostasie, Mord, Alkohol- und Drogenkonsum, widerrechtliche Machtanmaßung, Diebstahl, Ehebruch, Hurerei und
Homosexualität) einmal genauer anschauen, wird deutlich, dass sie
erlassen wurden, um die fünf Werte zu schützen und zu fördern.
Um diese Werte um eines tugendhaften auf Gerechtigkeit basieren-
den Lebens und um der Beachtung von gemeinschaftlichen Rechten, gegenseitiger Hilfestellung und Rechtschaffenheit willen zu
bewahren, hat der Islam diverse Vorkehrungen und Maßregeln erlassen. In Bezug auf die Ehe und das Familienleben soll auf folgende
Punkte verwiesen werden:

Das Verbot, Ehebruch und Hurerei zu treiben: Der Islam verbietet unrechtmäßige sexuelle Beziehungen, da diese eine Verwässerung der Abstammungslinie, Kindesmissbrauch, einen Zerfall der
Familien, Bitterkeit in den ehelichen Beziehungen, die Verbreitung
von Geschlechtskrankheiten und eine Lockerung der Moral mit
sich bringen. Darüber hinaus öffnen sie einer Flut von Gelüsten
und Genüssen des Selbst Tür und Tor. Wenn der Koran uns befiehlt:
*Und kommt der Unzucht nicht nahe; seht, das ist eine Schändlichkeit
und ein übler Weg* (17:32), dann ist dies absolut wahr und angemessen.

*Das Verbot des Beisammenseins von Männern und Frauen, die
nicht miteinander verheiratet sind*: Der Islam verbietet Männern
und Frauen, die nicht miteinander verheiratet sind, sich zusammen
in einem Raum aufzuhalten, in dem sie nicht befürchten müssen,
gestört zu werden. Dieses Verbot soll verhindern, dass es zu unrecht-

mäßigen sexuellen Aktivitäten wie Küssen, Umarmungen oder Geschlechtsverkehr kommt.

Der begierige Blick auf das andere Geschlecht: Der Islam ermahnt die Menschen an, nicht wolllüstig auf das andere Geschlecht zu starren; denn das Auge ist der Schlüssel zu den Gefühlen, und der Blick ist ein Bote der Lust. Der Koran erklärt:

Sprich zu den gläubigen Männern, dass sie ihre Blicke zu Boden schlagen und ihre Keuschheit wahren sollen. Das ist reiner für sie. Wahrlich, Allah ist dessen, was sie tun, recht wohl kundig. Und sprich zu den gläubigen Frauen, dass sie ihre Blicke zu Boden schlagen und ihre Keuschheit wahren und ihren Schmuck nicht zur Schau tragen sollen - bis auf das, was davon sichtbar sein darf, und dass sie ihre Tücher um ihre Kleidungsausschnitte schlagen. (24:30:31)

Der Blick auf die intimen Körperteile anderer Menschen: Für den Islam sind all diejenigen Körperteile intim, die vor den Blicken anderer Menschen geschützt werden müssen. Für Männer reicht die Tabuzone vom Bauchnabel bis zu den Knien. Diese darf weder Frauen noch Männern enthüllt werden. Die entsprechende Zone für Frauen ist ihr ganzer Körper mit Ausnahme von Gesicht, Händen und (einigen Gelehrten zufolge) Füßen. Sie ist vor allen Menschen, die die Frau theoretisch heiraten dürften, bedeckt zu halten.

Muslim, Abu Dawud und Tirmidhi überliefern vom Gesandten Gottes:

Der Mann sollte nicht auf die Awra (die intimen Körperteile) anderer Menschen, ob Frau oder Mann, schauen. Kein Mann sollte mit einem anderen Mann unter einem Tuch gehen und keine Frau mit einer anderen Frau.

Der Islam hat die Musliminnen und Muslime mit Keuschheit, Würde, Selbstrespekt und Bescheidenheit ausgezeichnet, während die meisten Männer und Frauen der ‚Zeitalter der Unwissenheit‘ eitel, prahlerisch und sehr darauf bedacht waren, ihre Vorzüge zur Schau zu stellen.

Sexuelle Verirrungen - eine große Sünde: Der Islam reguliert den Sexualtrieb des Menschen. Er verbietet unrechtmäßige sexuelle Beziehungen und alles, was ihnen vorausgeht, ebenso wie Homosexualität. Er betrachtet die Homosexualität als der natürlichen Ordnung entgegengesetzt, als eine Verzerrung der männlichen Sexualität und als eine Verletzung der Rechte der Frauen. Die Verbreitung dieser unnatürlichen Praxis zerstört das natürliche Leben der Gesellschaft. Die Homosexualität macht diejenigen, die sie praktizieren, zu Sklaven ihrer Lüste. Sie beraubt sie eines ehrbaren Geschmacks, jeder Moral und eines sittsamen Lebens. Der Bericht im Koran über das Volk des Propheten Lot dient hier als Mahnung.

Die Missbilligung der mönchischen Askese: Obwohl sich der Islam gegen sexuelle Freizügigkeit wendet und deshalb Ehebruch, Hurerei und alles, was diese begünstigt, verurteilt, versucht er nicht, den Geschlechtstrieb zu unterdrücken. Er ermutigt die Menschen zu heiraten und missbilligt Entsagung und Kastration.

Muhammad Abu Zahra, ein moderner Gelehrter, definiert die Ehe wie folgt: „Die Ehe ist ein Vertrag, der darauf abzielt, dass Mann und Frau zusammen leben und einander innerhalb der Grenzen, die ihnen in Form von Rechten und Pflichten gesetzt wurden, unterstützen." Ibn Uthaymin ergänzt: „Sie ist ein auf Gegenseitigkeit basierender Vertrag zwischen einem Mann und einer Frau, deren Ziel es ist, einander Freude zu bereiten, eine gottesfürchtige Familie zu gründen und zur Entstehung einer vernünftigen Gesellschaft beizutragen."

Ziel und Zweck der Ehe: Die Muslime sollten erst dann eine eheliche Gemeinschaft eingehen, wenn sie eine Vorstellung davon haben, welche Rechte und Pflichten Gott für diese erlassen hat, und wenn sie die hinter dieser Institution stehende Weisheit begriffen haben. Fast alle Menschen und Gesellschaften praktizieren die Ehe in irgendeiner Form, ähnlich wie fast alle Gesellschaften auch Handel treiben. Umar ibn al-Khattab vertrieb einmal einige Händler vom Marktplatz Medinas, weil sie die islamischen Regeln von Kauf und Verkauf nicht kannten. Ähnlich sollten sich die Muslime nicht auf etwas so Wichtiges wie die Ehe einlassen, ohne ihren Zweck verstanden zu haben oder sich ein umfassendes Wissen der mit ihr verbundenen Rechte und Pflichten erworben zu haben.

Ein sehr wichtiger Zweck der Ehe ist, den Fortbestand der muslimischen Gemeinschaft zu sichern und sie zu vergrößern. Natürlich ließe sich dieses Ziel auch ohne die Ehe erreichen, doch Aktivitäten, die dem Ungehorsam gegenüber Gott entspringen, finden nicht Seine Zustimmung und verderben die Gesellschaft. Das Ziel der Ehe ist nicht nur, Kinder für die nächsten Generationen in die Welt zu setzen, sondern vor allem, rechtschaffene Kinder hervorzubringen, die Gott gehorchen, ihren Mitmenschen dienen und später zu einer Quelle des Lohns für ihre verstorbenen Eltern werden.

Der Islam nimmt auf die natürlichen Instinkte und Bedürfnisse Rücksicht. Er ist nicht mit jenen von Menschen ersonnenen oder modifizierten Religionen und Systemen vergleichbar, die den Menschen unnatürliche Zwänge auferlegen bzw. ihnen alle Freiheiten ohne jede Einschränkung gewähren. Der Mann fühlt sich zur Frau hingezogen und die Frau zum Mann. Die Ehe trägt diesem Verlangen Rechnung, leitet es in Bahnen, die Gott wohl gefallen und der Ehre und der Mission des Menschen im Leben angemessen sind.

Die Sehnsucht von Mann und Frau nach einander muss gestillt werden. Bleibt sie unerfüllt, wird sie zu einer Quelle von gesellschaftlicher Zwietracht und Zerrüttung. Aus diesem Grunde befahl der Gesandte Gottes allen Männern, die in der Lage sind, die Verantwortung für eine Ehe zu tragen, zu heiraten:

> *Jeder, der dazu in der Lage ist, sollte heiraten, denn das wird ihm helfen, seinen Blick zu senken und seinen Körper (vor der Sünde) zu schützen. Wer jedoch nicht dazu in der Lage ist, dessen Schutz soll das Fasten sein.*

Einige Leitsätze[48]

- Die Ehe ist nicht allein zum Vergnügen da. Vielmehr dient sie dem Zweck, eine Familie zu gründen, den Fortbestand eines

---

[48] Die hier aufgeführten Punkte sind dem Buch *Perlen der Weisheit* von Fethullah Gülen entnommen, das 2005 im Fontäne Verlag erschienen ist.

Volkes zu sichern, das Individuum vor unbesonnenen Gefühlen und Gedanken zu schützen und die körperlichen Freuden zu kontrollieren. Was für viele andere Dinge, welche mit der grundlegenden Natur, die Gott allem verliehen hat, verbunden sind, gilt, gilt auch beim Menschen: Die Freuden stellen eine Art Anzahlung dar, die zur Eheschließung ermuntert.

- Niemand sollte auf Grund von schöner Kleidung, Reichtum oder physischer Schönheit heiraten. Ausschlag geben sollten vielmehr spirituelle Schönheit, Ehrenhaftigkeit, Moral, Tugend und Charakter. Manche Ehen, die auf Vernunft und Urteilskraft gründen, nahmen ihren Anfang, als die Ehepartner Zuflucht bei Gott suchten. Diese Ehen gelten zu Recht als heilig. Sie ähneln Schulen, und ihre ‚Studenten‘ gewährleisten den Bestand des Staates.
- Ein Ehepaar, das nicht aus Vernunftgründen geheiratet hat und sich nun scheiden lassen möchte, ist selbst sinnvollsten Ratschlägen nicht mehr zugänglich. Es geht daher nicht darum, den Brand des Zuhauses so unbeschadet wie möglich zu überstehen, sondern das Feuer erst gar nicht ausbrechen zu lassen.
- Eine Familie, in der materielles und spirituelles Glück fließt, ist das strapazierfähigste Fundament des Staates. Denn eine solche Familie ähnelt einer ehrwürdigen Schule, die rechtschaffene Individuen hervorbringt. Wenn es einem Staat gelingt, seine Familien genauso aufblühen zu lassen wie seine Schulen, und die Wärme seiner Familien auch in seinen Schulen zu etablieren, verwirklicht er damit die bedeutendste Reform und garantiert den zukünftigen Generationen Glück und Zufriedenheit.
- Familien definieren sich über ihre Individuen. Je mehr menschliche Werte sie teilen, desto glücklicher sind sie. Man kann sagen, dass die Menschen mit ihren Familienangehörigen auf menschliche Art und Weise verkehren. Erst die Bewohner eines Hauses machen das Haus wohnlich.
- Jede Familie ist eine kleine Nation, und jede Nation ist eine große Familie. Jemand, der eine Familie erfolgreich führt und

ihre Mitglieder auf die Ebene der Menschlichkeit erhebt, kann auch problemlos eine größere Organisation leiten.

Welche Frauen und Männer sind bei einer Eheschließung zu bevorzugen? Von zentraler Bedeutung ist, dass die Ehegatten gut zueinander passen. Die angehenden Brautleute müssen sich ihrer Prioritäten bewusst sein und wissen, welche Charaktermerkmale einen Erfolg der Ehe garantieren. Viele dieser Charaktermerkmale sind wichtig, aber einige sind weit wichtiger als andere. Der Gesandte Gottes sagte:

> *Eine Frau heiratet man entweder um der Vortrefflichkeit ihres religiösen Glaubens und Lebens oder um ihres Reichtums oder um ihrer Schönheit willen. Ihr sollt um der Vortrefflichkeit des religiösen Glaubens und Lebens der Frau willen heiraten.*[49]

Zuallererst sollte also beim zukünftigen Partner sichergestellt werden, dass sein religiöser Glaube und sein religiöses Leben jeder Prüfung standhalten.

Auch der Charakter ist ein wesentlicher Punkt, der sehr eng mit Glauben und Frömmigkeit verbunden ist. Der Gesandte stellte ihn sogar in den Mittelpunkt seiner Mission:

> *Ich wurde nur deshalb gesandt, weil ich Charakter und Moral vervollkommnen sollte.*[50]

> *Was auf der Waage des Jenseits am schwersten wiegen wird, ist ein guter Charakter.*[51]

Der Gesandte Gottes empfahl, gebärfähige Frauen zu heiraten und Jungfrauen zu bevorzugen. Er sagte, dass Jungfrauen leichter von ihrem Mann zufrieden zu stellen sind und im Allgemeinen weniger unaufrichtig sind. Die Gelehrten betonen jedoch, dass diese Einschätzung auf Frauen und Männer gleichermaßen zutreffe. Vor

---

[49]   Canan, Ibrahim, *Hadis Ansiklopedisi*, 17:190
[50]   Tabarani, *Mu'dscham al-Awsat*, 7:74
[51]   Tirmidhi, 61, HN:2070

allem, wenn es sich um die erste Ehe handelt, sollten beide, Mann wie Frau, noch jungfräulich sein.

Unzweifelhaft spielt die Schönheit ebenfalls eine sehr wichtige Rolle, denn eines der Hauptanliegen der Ehe ist es, die Anziehung zwischen den Partnern zu erhalten. Nichtsdestotrotz ist dies etwas, das sich erst im Laufe der Zeit entfaltet, und in einigen Fällen kann der erste Eindruck trügen und einer erfolgreichen Ehe im Wege stehen.

Empfohlene Schritte: Die folgenden Schritte sind sowohl für Heiratswillige als auch für jene, die ihre Ehe verbessern möchten, von Bedeutung:

- Damit das Vorgehen den Segen Gottes finden und erfolgreich sein kann, sollte es angemessen sein und mit den Lehren von Koran und Sunna übereinstimmen.
- Beide Partner sollten versuchen, allein um des Wohlwollens Gottes willen zu heiraten, dem Zweck der Ehe gerecht zu werden und volles Vertrauen in Gott zu setzen.
- Wenn sie die Dinge vernünftig angehen und sich an die Regeln des Islam halten, wird Gott ihnen eine erfolgreiche Ehe gewähren.
- Frauen und Männer dürfen ihren zukünftigen Partner kennen lernen, bevor sie weitere Schritte unternehmen.

Unerlaubte Heiratsanträge und die Idda der Frau: Einer geschiedenen oder verwitweten Frau ist es untersagt, während der so genannten *Idda* (Wartezeit) erneut zu heiraten. In diesem Zeitraum darf kein Mann ihr einen Heiratsantrag machen, denn diese Wartezeit ist Bestandteil der vorangegangenen Ehe und darf nicht verletzt werden.

Die *Idda* einer schwangeren Frau endet mit der Geburt ihres Babys. Ist sie verwitwet, aber nicht schwanger, beträgt ihre *Idda* vier Monate und 10 Tage. Ist sie geschieden und nichts von einer Schwangerschaft bekannt, beträgt ihre *Idda* drei Menstruationszyklen. An dieser *Idda* orientieren sich Frauen, die noch ihre Tage bekommen. Für Frauen, die nicht mehr menstruieren, beträgt die Wartezeit drei Monate.

Das Einverständnis der Mädchen: Jedes Mädchen hat das Recht, selbst über ihre Ehe zu entscheiden. Kein Vater oder Vormund darf sich über ihre Einwände hinwegsetzen oder ihre Wünsche ignorieren.

Frauen, denen die Ehe verboten ist: Muslimischen Männern ist es nicht gestattet, folgende Frauen zu heiraten:

- die Frau des Vaters, auch dann nicht, wenn sie geschieden oder verwitwet ist (Diese Regelung unterbindet alle sexuellen Beziehungen zwischen Sohn und Stiefmutter, die eine von Respekt und Ehre geprägte Beziehung zueinander aufbauen sollen);
- die Mutter (und ebenfalls nicht die Großmütter);
- die Tochter (und auch nicht die Enkelinnen);
- die Schwester (und auch keine Halb- oder Stiefschwestern);
- eine Tante väterlicherseits (unabhängig davon, ob sie die Schwester, Halb- oder Stiefschwester des Vaters ist);
- eine Tante mütterlicherseits (unabhängig davon, ob sie die Schwester, Halb- oder Stiefschwester der Mutter ist);
- eine Tochter des Bruders oder der Schwester (eine Nichte).

Ehen, die auf Grund von Pflegschaftsverhältnissen nicht statthaft sind:

- Die Pflegemutter: Ein muslimischer Mann darf keine Frau heiraten, die ihn im Säuglingsalter gestillt hat; auch dann nicht, wenn dies nur ein einziges Mal geschah. Zwar sind einige Gelehrte der Auffassung, das Verbot gelte erst dann, wenn sie ihn mindestens fünfmal oder gar siebenmal gestillt hat; um beide vor einer Sünde zu bewahren, sollte man ihnen dennoch nicht erlauben zu heiraten.
- Pflegeschwestern: Ebenso wie eine Frau zur Mutter eines Kindes wird, indem sie es stillt, werden ihre Töchter zu seinen Schwestern, ihre Schwestern zu seinen Tanten usw.. Tirmidhi überliefert folgenden Ausspruch des Propheten:

Was die Logik der Abstammung verbietet, verbietet auch die Logik der Pflegschaft.[52]

Daher ist die Heirat von Pflegeschwestern, Pflegetanten und Pflegenichten unrechtmäßig.

Beziehungen zu angeheirateten Verwandten:

* Die Schwiegermutter: Ab dem Moment, in dem der Mann seine Frau ehelicht (und unabhängig davon, ob sie bereits Geschlechtsverkehr hatten oder nicht), ist ihm die Ehe mit ihrer Mutter verwehrt. Der Akt der Eheschließung verleiht der Schwiegermutter den gleichen Status wie der eigenen Mutter.
* Die Stieftochter: Wenn ein Mann rechtmäßigen Geschlechtsverkehr mit ihrer Mutter (seiner Frau) hatte, darf er seine Stieftochter nicht mehr heiraten. Wurde der Geschlechtsakt jedoch nicht vollzogen und die Ehe dann geschieden, darf er seine Stieftochter heiraten.

Schwestern und Tanten als Nebenfrauen:
Der Islam setzte sich über vorislamische Praktiken hinweg und verbot den Männern, gleichzeitig zwei Schwestern zur Frau zu nehmen oder mit einer Frau und deren Tante mütterlicherseits und väterlicherseits verheiratet zu sein.

Verheiratete Frauen:
Eine Frau kann immer nur mit einem einzigen Mann verheiratet sein. Erneut heiraten darf sie nur, wenn ihr Mann gestorben oder sie geschieden ist und ihre *Idda* abgelaufen ist.

Götzenanbeterinnen:
Muslimischen Männern ist es nicht erlaubt, eine Frau zu heiraten, die Götzen anbetet (Gott in Seiner Göttlichkeit und Herrschaft Partner beigesellt).

Die Heirat von Anhängerinnen der Buchreligionen:
Der Islam gestattet muslimischen Männern, Jüdinnen und Christinnen zu hei-

---

[52]   Tirmidhi, *Rada*, 1

raten. Diese werden als Buchbesitzerinnen, als Menschen, deren Traditionen auf einer von Gott offenbarten Schrift basieren, betrachtet.

Musliminnen dürfen keinen Nichtmuslim heiraten: Musliminnen dürfen keinen Nichtmuslim heiraten, auch dann nicht wenn dieser ein Anhänger der Buchreligionen ist.

Ehebrecherinnen: Der Islam verbietet die Heirat von Frauen, die sich der Prostitution hingeben oder Ehebruch treiben. Kein Mann darf eine Frau heiraten, die Aktivitäten dieser Art regelmäßig nachgeht. Hat sie nur ein- oder zweimal die Ehe gebrochen, ist es zwar nicht verboten sie zu heiraten, aber es wird auch nicht empfohlen. Gott erlaubt den Muslimen, tugendsame gläubige Musliminnen, Christinnen oder Jüdinnen zu heiraten. Außerdem gestattet Er den muslimischen Männern die Ehe nur unter der Voraussetzung, dass sie eine anständige Ehe führen wollen und nicht nur ihr Vergnügen suchen. (4:24)

Ehe auf Zeit (Mut'a): Der Islam betrachtet die Ehe als ein starkes Band und als einen verbindlichen Vertrag, der auf der Absicht beider Partner beruht, permanent zusammenzuleben, um als Individuen jene Gemütsruhe, Liebe und Barmherzigkeit zu finden, die auch im Koran erwähnt werden. Darüber hinaus liegt der Zweck der Ehe darin, das soziale Ziel der Fortpflanzung und der Erhaltung der menschlichen Spezies zu sichern:

> *Und Allah gab euch Gattinnen aus euch selbst, und aus euren Gattinnen machte Er euch Söhne und Enkelkinder, und Er hat euch mit Gutem versorgt. Wollen sie da an Nichtiges glauben und Allahs Huld verleugnen?* (16:72)

Die Ehe auf Zeit, die gegen eine bestimmte Geldsumme für einen fest fixierten Zeitraum zwischen zwei Menschen geschlossen wird, verstößt gegen die oben genannten Ziele der Ehe. Daher ist für sie im Islam kein Platz.

Der Ehevertrag (Nikah): Im Islam gilt die Ehe als ein Vertrag. Wie bei allen anderen Verträgen, so sind auch hier einige wesentliche Punkte zu beachten. Damit die Ehe einen guten Verlauf nimmt und beide Partner in den vollen Genuss ihrer jeweiligen Rechte kommen, sollten diese Punkte richtig verstanden werden.

Alle Gelehrten stimmen darin überein, dass zwei dieser wesentlichen Punkte der Antrag und die Annahme des Antrags sind; denn ohne sie besitzt der Ehevertrag keine Gültigkeit. Jede der beiden Parteien kann den ersten Schritt tun. Die Anwesenheit von zwei Zeugen und die Morgengabe sind ebenfalls unerlässlich.

Bedingungen für einen ordnungsgemäßen Ehevertrag:

- Die Frau darf dem Mann nicht auf Grund von Verwandtschaftsverhältnissen verwehrt sein.

- Der Antrag und seine Annahme sind beständig und dauerhaft. Wenn irgendetwas in dem Vertrag einen unbeständigen und temporären Charakter besitzt, ist die Ehe ungültig. Deshalb muss die Einverständniserklärung im Präsens formuliert sein, das Sicherheit und Bestimmtheit zum Ausdruck bringt.

- Es müssen zwei vertrauenswürdige Zeugen anwesend sein, und die Ehe sollte öffentlich bekannt gemacht werden.

- Beide Parteien müssen die Ehe bereitwillig akzeptieren.

- Braut und Bräutigam sind ausgewiesen und bekannt.

- Keine der beiden Parteien befindet sich im Zustand des *Ihram*.

- Weder die Parteien noch die Zeugen dürfen gezwungen sein, die Ehe geheim halten zu müssen.

- Die Anwesenheit des Vormundes oder des Repräsentanten der Frau (*Wali*). Der *Wali* ist ein männlicher Muslim, dessen Aufgabe darin besteht, die Frau, die seiner Obhut anvertraut wurde, mit einem Mann, der gut für sie sein wird, zu verheiraten.

- Der Mann und die Frau müssen im rechtlichen Sinne zurechnungsfähig (d.h., erwachsen und geistig gesund) sein. Sind sie das nicht, ist die Ehe ungültig. Die Frau darf nicht einer der Kategorien zuzuordnen sein, die ihrem angehenden Ehemann verwehrt ist. Angenommen, das Paar hat geheiratet, und er erfährt, dass sie ihn einst gestillt hat: In diesem Fall ist der Ehevertrag null und nichtig; denn da die Partner in einem Pflegschaftsverhältnis zueinander stehen, dürfen sie einander nicht heiraten.

- Der Antrag und seine Annahme müssen im Sitzen ausgesprochen werden. Dies bedeutet im Allgemeinen, dass dem Antrag unverzüglich stattzugeben ist. Die Annahme muss mit dem Antrag in Einklang stehen, und die Ehe muss ab sofort wirksam sein.

- Die Braut muss die Morgengabe erhalten haben.

Die Morgengabe (Mahr): Der Bräutigam übergibt der Braut die Morgengabe, um ihr eine Ehre zu erweisen, um ihr seinen Respekt zu bekunden, um ihr die Ernsthaftigkeit seines Wunsches, sie zu heiraten, unter Beweis zu stellen und um ihr sein Verantwortungs- und Pflichtbewusstsein zu demonstrieren. Die koranische Verfügung *Und gebt den Frauen ihre Brautgabe als Schenkung. Und wenn sie euch gern etwas davon erlassen, so könnt ihr dies unbedenklich zum Wohlsein verbrauchen* (4:4) richtet sich sowohl an den Ehemann (denn seine Aufgabe ist es, zu schenken) als auch an den Vormund (denn in vorislamischer Zeit war es üblich, dass dieser die Morgengabe der Frau selbst einbehielt). Der Vers zeigt, dass diese vorislamische Sitte nicht länger geduldet wurde. Ein genauer Betrag für die Morgengabe wurde nicht vorgegeben; der Bräutigam soll eine seinen Fähigkeiten oder seinem Vermögen entsprechende Summe aufbringen. Auch die Gebräuche der jeweiligen Region werden bei der Festsetzung des Betrags in Betracht gezogen.

Die Erfüllung von Vereinbarungen: Ganz allgemein gesprochen sind Muslime verpflichtet, zu den Vereinbarungen, die sie getroffen haben, zu stehen. Gott sagt über die Gläubigen und befiehlt ihnen:

Es sind diejenigen, die ihr Versprechen einhalten, wenn sie es gegeben haben. (2:177)

O ihr, die ihr glaubt, erfüllt die Verträge. (5:1)

Gottes Gesandter zählte das Brechen von Versprechen und Verträgen zu den Merkmalen der Heuchelei.

Hochzeitszeremonie und Hochzeitsfeier: Es ist statthaft und wird empfohlen, eine Hochzeitszeremonie im Rahmen des islamischen Gefüges zu veranstalten. Vom Ehemann wird verlangt, dass er nach der Unterzeichnung des Ehevertrags eine Hochzeitsfeier ausrichtet, die bis zu drei Tagen dauern kann.

Liebe, Barmherzigkeit, Respekt Verständnis und Dankbarkeit, die auf Gegenseitigkeit beruhen: Der Koran erklärt:

> *O ihr Menschen, fürchtet euren Herrn, der euch erschaffen hat aus einem einzigen Wesen; und aus ihm erschuf Er seine Gattin, und aus den beiden ließ Er viele Männer und Frauen entstehen.* (4:1)

Die Übersetzung der Worte *aus einem einzigen Wesen* lautet im Arabischen *Nafs wahida* (wörtlich: ein einziges Selbst, eine einzige Seele). *Nafs* hat zwei Hauptbedeutungen: Zum einen bezeichnet es das Selbst des Menschen und zum anderen die belebende Energie oder Kraft, die die Quelle des Lebens aller Menschen und Dschinn darstellt. Berücksichtigt man beide Bedeutungen bei der Übersetzung, ist unter dem Begriff *Nafs wahida* ein einziges ursprüngliches menschliches Selbst zu verstehen. Dieser Punkt ist sehr wichtig, wenn es darum geht, das Wesen der Beziehung zwischen Mann und Frau zu begreifen. Der Koran geht gleich an mehreren Stellen auf den Punkt ein:

> *Und unter Seinen Zeichen ist dies, dass Er Gattinnen für euch aus euch selbst schuf, auf dass ihr Frieden bei ihnen finden möget; und Er hat Zuneigung und Barmherzigkeit zwischen euch gesetzt.* (30:21)

> *Und Allah gab euch Gattinnen aus euch selbst, und aus euren Gattinnen machte Er euch Söhne und Enkelkinder.* (16:72)

> *Der Schöpfer der Himmel und der Erde - Er hat aus euch selbst Gattinnen für euch gemacht und Paare aus den Tieren.* (42:11)

Die Worte *aus euch selbst* bezeichnen die Gattung Mensch, das Selbst oder die Natur des Menschen. Darüber hinaus weisen sie darauf hin, dass alles im Universum in Paaren erschaffen wurde:

Und von jeglichem Wesen haben Wir Paare erschaffen. (51:49)

Diese Verse sind jedoch nicht dahingehend zu verstehen, dass Männer und Frauen, die zwei Hälften einer vollkommenen Einheit, völlig gleich oder ununterscheidbar wären. Frauen und Männer haben zwar gleich große Rechte und Pflichten, jedoch nicht identische. Gleichwertigkeit und Gleichheit sind zwei ganz unterschiedliche Dinge. Frauen und Männer wurden nicht gleich, sondern gleichwertig erschaffen. Dies sollte man stets im Kopf behalten. In der Realität ist es sogar nahezu unmöglich, zwei Menschen zu finden, die sich genau gleichen.

Die Unterscheidung zwischen Gleichheit und Gleichwertigkeit ist von entscheidender Bedeutung. Gleichwertigkeit ist wünschenswert, gerecht und fair, Gleichheit hingegen nicht. Die Menschen sind als Gleichwertige erschaffen worden, daher besteht auch kein Grund dafür, die Frau als dem Mann untergeordnet zu betrachten. Nichts spricht dafür, dass sie weniger wichtig wäre als er, nur weil sie nicht genau die gleichen Rechte wie er genießt. Besäße sie genau den gleichen Status wie er, wäre sie nicht mehr als sein Duplikat, was sie aber nicht ist. Die Tatsache, dass der Islam ihr genauso viele - aber nicht die gleichen - Rechte verleiht, zeigt, dass er auf sie Rücksicht nimmt, sie achtet und ihre eigenständige Persönlichkeit anerkennt.

Im folgenden Vers unterstreicht der Koran, dass das Verhältnis zwischen Mann und Frau auf gegenseitiger Zuneigung und Barmherzigkeit basiert und basieren muss:

Und unter Seinen Zeichen ist dies, dass Er Gattinnen für euch aus euch selbst schuf, auf dass ihr Frieden bei ihnen finden möget; und Er hat Zuneigung und Barmherzigkeit zwischen euch gesetzt. (30:21)

Was den Bedürfnissen des Menschen am meisten dient, ist, einen vertrauten Lebenspartner zu haben, mit dem er Liebe, Freude und

Schmerz teilen kann. Dennoch sollten wir anerkennen, dass das Herz der Frau das barmherzigste, liebevollste und großzügigste aller Herzen ist. Aus diesem Grunde beschreibt der Koran die Liebe des Mannes zur Frau und seine Neigung zu ihr eindringlicher als die Liebe der Frau zum Mann. Der Koran merkt sogar an, dass die schönste Gnade, die dem Manne im Paradies zuteil werden wird, eine reine Frau sein wird. Auf der anderen Seite heißt es:

> *Die Männer stehen den Frauen in Verantwortung vor, weil Allah die einen vor den anderen ausgezeichnet hat und weil sie von ihrem Vermögen hingeben.* (4:34)

Dieser Vers sagt sehr viel über das Mann-Frau-Verhältnis und das Familienrecht aus und lenkt unsere Aufmerksamkeit auf folgende Punkte:

Gott hat nicht alle Menschen in jeder Hinsicht gleich erschaffen. Vielmehr hat er den einen von ihnen in diesem, den anderen in jenem Bereich stärker gemacht - ganz so, wie es das soziale Leben, die Arbeitsteilung und die Berufswahl erfordern. In einigen Bereichen hat er die Männer den Frauen und in anderen Bereichen die Frauen den Männern überlegen gemacht, auch wenn dies nicht auf alle Männer und Frauen in gleichem Maße zutrifft. Beispielsweise hat Gott den Männern eine größere physische Kraft verliehen. Er hat sie mit besseren Fähigkeiten in der Verwaltung ausgestattet und sie mit der Verantwortung für den finanziellen Unterhalt der Familie betraut. Daher hat Gott den Mann zum Familienoberhaupt bestimmt. Dies bedeutet jedoch keineswegs, dass der Mann die absolute Autorität in der Familie besitzt, denn er darf seine Autorität nur in Übereinstimmung mit folgendem prophetischen Prinzip ausspielen: *Herr eines Volkes ist derjenige, der sich in den Dienst dieses Volkes stellt.* Abgesehen davon steigt mit der Autorität auch die Verantwortung und umgekehrt mit der Verantwortung auch die Autorität.

Kurz: Der Islam befürwortet ein Mann-Frau-Verhältnis, das auf Liebe, Barmherzigkeit, Verständnis und Respekt füreinander gründet. Außerdem ermahnt er die Eheleute, dem Partner dankbar zu sein, wenn er sich bemüht, Güte walten zu lassen und ihnen eine Freude zu bereiten. Diese Eigenschaften sollten jede Ehe auszeichnen.

Der Islam möchte den Menschen in erster Linie die Möglichkeit geben, sich den Rang wahrer Menschen oder wahrer Vollkommenheit zu verdienen. Dieser zentrale Punkt liegt seiner Rechtsprechung zu Grunde, und alle seine Regeln und Gesetze sind lediglich Mittel zur Durchsetzung dieses Anliegens.

Die Rechte der Ehefrau: Zu den Rechten der Ehefrau gehören das Recht auf den Erhalt einer Morgengabe, das Recht auf eine freundliche, gütige und respektvolle Behandlung, das Recht auf eheliche Beziehungen, das Recht auf die Wahrung der Intimsphäre, das Recht auf Gerechtigkeit (falls es mehrere Ehefrauen gibt), das Recht auf eine Unterweisung im Islam, das Recht auf die Verteidigung ihrer Ehre und das Recht auf die Bewahrung ihrer Geheimnisse vor anderen.

Die Rechte des Ehemanns: Zu den Rechten des Ehemannes gehören das Recht auf den gebotenen Respekt für die Ausfüllung der Rolle des Ernährers und Bewahrers der Familie und das Recht auf eheliche Beziehungen. Außerdem darf seine Frau niemanden ins Haus lassen, den er dort nicht duldet. Sie darf nicht ohne seine Zustimmung fasten und ihrer beider Geheimnisse nicht Dritten preisgeben.

Hausarbeit: Die genannten Rechte sind unumstritten und werden von allen Gelehrten anerkannt. Die Pflichten der Ehefrau im Haushalt (z.B. Kochen, Putzen und dem Mann Zu-Diensten-Sein) wurden hingegen immer wieder neu diskutiert. In der traditionellen muslimischen Familie, in der der Ehemann verpflichtet war, für die ganze Familie zu sorgen, galt es als *Ihsan* (als Fürsorglichkeit und vorzügliche Leistung) der Ehefrau, den Haushalt zu führen und die Bedürfnisse des Mannes (Nähen, Bügeln, Kochen und Kinderhüten) zu befriedigen.

***Sexualität*:** Der Islam lässt den sinnlichen Aspekt des Menschseins nicht außer Acht und widmet sich auch dem Geschlechtsleben des verheirateten Paares. Er leitet die Menschen auf den besten aller Wege und ermöglicht ihnen, ihren Sexualtrieb auszuleben, während er schädliche oder abweichende Praktiken zurückweist.

Von Juden und Zoroastriern wird berichtet, dass sie bei der Vermeidung von Körperkontakt mit menstruierenden Frauen extreme Vorstellungen haben. Die Gesetze und Regeln der Juden sind in dieser Hinsicht sehr restriktiv. Das Alte Testament betrachtet die menstruierende Frau als unrein und schmutzig. Darüber hinaus wird davon ausgegangen, dass ihre Unreinheit andere Menschen ‚infiziert‘; denn jeder, der sie berührt, gilt selbst einen ganzen Tag lang unrein. Aus diesem Grunde wurden menstruierende Frauen in spezielle Häuser, Häuser der Unreinheit, geschickt, damit niemand Körperkontakt zu ihnen haben konnte. Der Talmud charakterisiert menstruierende Frauen als ‚unheilvoll‘, selbst wenn sie keinen Körperkontakt zu irgendjemandem pflegen, während christliche Männer auch mit menstruierenden Frauen schlafen dürfen. Die arabischen Männer, die vor dem Islam lebten, aßen und tranken nicht mit menstruierenden Frauen und setzten sich auch nicht mit ihnen an einen Tisch. Ebenso wie die Juden und die Zoroastrier schickten sie sie in speziell zu diesem Zweck vorgesehene Häuser. Als einige Muslime den Gesandten nach der Menstruation der Frau fragten, enthüllte Gott folgenden Vers:

> *Und sie befragen dich über die Menstruation. Sprich: „Sie ist ein Leiden. So haltet euch von den Frauen während der Menstruation fern und kommt ihnen nicht nahe, bis sie rein sind; und wenn sie rein sind, dann geht zu ihnen, wie Allah es euch geboten hat. Wahrlich, Allah liebt diejenigen, die sich (Ihm) reuevoll zuwenden und die sich reinigen."* (2:222)

Mit dem Verb *fernhalten* ist hier der Geschlechtsverkehr oder der Kontakt mit den Genitalien der Frau gemeint. Der Mann darf seine Frau während der Menstruationsphase also streicheln und sich an ihr erfreuen. Ihre intimsten Körperteile soll er jedoch meiden. Die Position des Islam ist hier, wie in allen anderen Bereichen auch, eine Position der Mitte zwischen zwei Extremen.

Der Islam schreibt keine Regeln vor, die die Art und Weise des Geschlechtsverkehrs oder bestimmte Stellungen betreffen. Er verbietet jedoch Analverkehr.

Verhütung: Das vorrangige Ziel der Ehe liegt darin, den Fortbestand der Menschheit durch Fortpflanzung zu sichern. Dementsprechend befürwortet der Islam große Familien und segnet Jungen und Mädchen gleichermaßen. Aber er erlaubt auch die Familienplanung, sofern gute Gründe und Notwendigkeiten vorliegen. Zu Lebzeiten des Propheten war die gängige Verhütungsmethode der Koitus Interruptus (das Herausziehen des Penis aus der Vagina unmittelbar vor der Ejakulation, um so das Eindringen von Sperma zu verhindern). Hauptgrund für eine Verhütung ist eine mögliche Gefahr für das Leben und die Gesundheit der Mutter durch Schwangerschaft oder Geburt. Bereits gemachte Erfahrungen oder die Meinung eines Arztes sollten für die Paare in dieser Frage maßgeblich sein.

Abtreibung: Während der Islam die Verhütung aus stichhaltigen Gründen gestattet, verbietet er die Beendigung einer Schwangerschaft, sobald diese einmal eingetreten ist. Alle muslimischen Rechtsgelehrten stimmen darin überein, dass die Abtreibung verboten ist, sobald sich der Fötus vollständig ausgeformt und eine Seele erhalten hat - Hadithen zufolge also ca. sechs Wochen nach der Empfängnis.[53] Eine spätere Abtreibung gilt nach islamischem Recht als Straftat, da sie ein Verbrechen gegen ein vollständiges lebendes menschliches Wesen darstellt. Die Rechtsgelehrten verlangen, dass für die Abtreibung eines lebenden Kindes Blutgeld (*Diyat*) und für die Abtreibung eines toten Kindes ein geringerer Betrag gezahlt werden muss. Eine einzige Ausnahme lassen die Rechtsgelehrten gelten: Wenn sich, nachdem sich das Kind vollständig ausgeformt hat, herausstellt, dass die Mutter durch die Schwanger-

---

[53]   Muslim, *Qadar*, 3

schaft sterben würde, muss sich das Paar an das allgemeine islamische Prinzip halten, dass von zwei Übeln immer das geringere zu wählen ist. In diesem Fall muss der Fötus abgetrieben werden.

Künstliche Befruchtung: Der Islam schützt die Abstammungslinie, indem er Ehebruch, Hurerei (*Zina*) und rechtsgültige Adoption verurteilt und so den Familienstammbaum rein und von allen fremden Elementen ,unversehrt' hält. Daher ist die künstliche Befruchtung nicht statthaft, es sei denn, der Ehemann selbst ist der Spender.

Polygamie: Der Islam ist ein Lebensweg, der mit der Natur des Menschen übereinstimmt. Er liefert menschliche Lösungen für komplexe Situationen und vermeidet Extreme. Diese Eigentümlichkeit ist klar und deutlich am Beispiel der Polygamie zu beobachten, die der Islam nur deshalb billigt, weil sie dringende individuelle und soziale Probleme beheben kann. Viele Völker und Religionen vor dem Islam erlaubten den Männern, so viele Frauen zu heiraten, wie sie wollten. Der Islam hingegen sieht bestimmte Einschränkungen und Bedingungen vor. Manche kritisieren den Islam fälschlicherweise dafür, polygamisch zu sein. Diese Kritik ist jedoch aus verschiedenen Gründen nicht gerechtfertigt:

• Die Polygamie ist eine sehr alte Praxis, die in vielen Gesellschaften eine lange Tradition hat. Das Alte Testament und die Schriften der Rabbiner bescheinigen ihr an mehreren Stellen, rechtmäßig zu sein. Von den Königen Salomo und David heißt es, sie hätten viele Witwen und Konkubinen gehabt.[54] Eugene Hillman schreibt in seinem gut recherchierten Buch ,Polygamy Reconsidered' (Das Thema Polygamie neu aufgerollt): „An keiner Stelle im Neuen Testament findet sich ein deutlicher Hinweis darauf, dass Ehen monogam zu sein haben, oder irgendein Gebot, dass die Polygamie untersagen würde." Jesus verlor kein Wort über die Polygamie, obwohl sie von den Juden der Gesellschaft, in der er lebte, sehr wohl praktiziert wurde. Hill-

---

[54]   2, Samuel 5:13

man hebt die Tatsache hervor, dass die Kirche in Rom die Polygamie bannte, um mit der griechisch-römischen Kultur zu harmonieren. Diese tolerierte zwar Konkubinat und Prostitution, erlaubte aber nur eine Ehefrau.

Der Koran beschränkt die Zahl der möglichen Ehefrauen im Gegensatz zur Bibel auf vier, die dem Mann aber auch nur dann erlaubt sind, wenn er sie gerecht und gleich behandelt. Der Koran fordert nicht zur Praktizierung der Polygamie auf und stellt sie auch nicht als Idealform hin. Er toleriert und billigt sie lediglich, denn es mag Zeiten und Orte geben, in bzw. an denen zwingende soziale und moralische Gründe die Polygamie vertretbarer erscheinen lassen. Der Islam, eine Religion, die überall und für alle Zeiten Gültigkeit besitzt, kann solche zwingenden Situationen nicht außer Acht lassen.

- In den meisten Gesellschaften liegt die Anzahl der Frauen über der der Männer. In den USA z.B. leben derzeit mindestens 8 Millionen mehr Frauen als Männer. Was ist also angesichts dieses Geschlechterungleichgewichts zu tun? Die legale Polygamie, das Zölibat, die Tötung neugeborener Mädchen (die in einigen Gesellschaften nach wie vor praktiziert wird) oder die Legitimierung sexueller Freizügigkeit (d.h. Prostitution, außereehelicher Geschlechtsverkehr und Homosexualität) sind mögliche Lösungen.

- In Kriegszeiten stellt das Ungleichgewicht der Geschlechter ein echtes Problem dar, unter dem die Indianer in den USA nach den Verlusten an Menschenleben in Kriegen besonders litten. Die Frauen dieser Stämme, die ein recht hohes gesellschaftliches Ansehen genossen, akzeptierten die Polygamie als den besten Schutz vor unsittlichen Aktivitäten. Nach dem 2. Weltkrieg herrschte in Deutschland ein Frauenüberschuss von 7,3 Millionen Frauen (3,3 Millionen von ihnen waren Witwen). Viele von ihnen brauchten nicht nur einen Gefährten, sondern waren auch auf jemanden angewiesen, der ihnen in Zeiten beispiellosen Elends den Lebensunterhalt sicherte. Was zeichnet eine Frau wohl mehr aus? Ein Leben als akzeptierte und respektierte Zweitfrau oder ein Leben als Prostituierte? In einer 1987 an der Universität Berkeley durchgeführten Meinungsumfrage wurden Studentinnen und Studenten gefragt, ob sie die Polygamie akzeptieren würden, um den in Kalifornien spürbaren Mangel an heiratsfähigen Männern zu beheben. Fast alle Befragten stimmten dieser Idee zu.

- Nach wie vor stellt die Polygamie eine erwägenswerte Lösung für einige der sozialen Krankheiten der modernen Gesellschaft dar. In seinem Buch ‚Plural Marriage for our Time‘ empfiehlt auch Philip Kilbride, ein katholischer amerikanischer Anthropologe, die Polygamie als Antwort auf die Missstände in der US-Gesellschaft. Seiner Meinung nach kann die Mehrehe in vielen Fällen eine potenzielle Alternative zur Scheidung darstellen, wenn es darum geht, Schaden von den Kindern abzuwenden.

- In den meisten zeitgenössischen muslimischen Gesellschaften ist die Polygamie eine Randerscheinung, denn es existiert kein großes Geschlechterungleichgewicht. Die Quote der polygamen Ehen in der muslimischen Welt liegt unter der Quote der außerehelichen Affären im Westen. Mit anderen Worten: Die muslimischen Männer sind weit monogamer als ihre Pendants im Westen.

- Billy Graham, der prominente christliche Erweckungsprediger, hat dies erkannt:

> „Das Christentum darf in der Frage der Polygamie keine Kompromisse eingehen. Wenn die Christenheit der Gegenwart dies dennoch tut, gereicht es ihr selbst zum Schaden. Der Islam billigt die Polygamie zur Beseitigung gesellschaftlicher Probleme und gewährt der menschlichen Natur innerhalb eines genau definierten gesetzlichen Rahmens einen gewissen Spielraum. Die christlichen Länder prahlen mit ihrer Monogamie, in Wirklichkeit jedoch praktizieren sie die Polygamie. Jeder weiß, welche Rolle die Geliebten in den westlichen Gesellschaften spielen. In dieser Hinsicht ist der Islam eine absolut aufrichtige Religion. Er erlaubt dem muslimischen Mann, eine Zweitfrau zu heiraten, wenn er es denn für unbedingt notwendig hält. Auf der anderen Seite verbietet er alle heimlichen Liebesbeziehungen, um die moralische Rechtschaffenheit der Gesellschaft sicherzustellen.“

- Sogar psychologische Faktoren sprechen für die Polygamie. Viele junge afrikanische Mädchen, Musliminnen, Christinnen oder Angehörige anderer Religionen, würden einem Ehemann den Vorzug geben, der sich bereits als verantwortungsvoll erwiesen hat. Viele afrikanische Ehefrauen fordern ihre Männer sogar dazu auf, eine zweite Frau zu heiraten, um sich nicht einsam zu fühlen. Eine Befragung von über 6.000 Frauen im Alter von 15-59 Jahren in Nigeria ergab, dass sich 60% von ihnen darüber freuen würden, wenn sich ihr Ehemann eine zweite Frau nähme. Eine Studie in den ländlichen Regionen Kenias brachte zu Tage, dass 25 von 27 die Polygamie für besser als die Monogamie hielten und der Auffassung waren, erstere stelle eine glückliche und förderliche Erfahrung dar, sofern die beiden Frauen nur miteinander zurechtkommen.

- Die moderne Zivilisation weist die Polygamie als unvernünftig und schädlich für das soziale Leben zurück. Auch bei Tieren und Pflanzen ist zu beobachten, dass der Hauptzweck und die Weisheit von sexuellen Beziehungen in der Reproduktion liegen. Das aus ihnen resultierende Vergnügen ist lediglich ein kleiner Lohn, den uns die Gnade Gottes für die Erfüllung unserer Pflicht zahlt. Die Ehe dient der Fortpflanzung und dem Erhalt der Spezies. Frauen sind höchstens einmal im Jahr in der Lage zu gebären. Nur während der Hälfte des Monats können sie schwanger werden, und im Alter von 50 Jahren kommen sie in die Wechseljahre. Weil Männer noch bis ins Alter von 70 Jahren Kinder zeugen können, reicht manchem Mann eine Frau nicht aus. Aus diesem Grunde ist die moderne Zivilisation gezwungen, die Prostitution zu gestatten. Selbst wenn die sexuelle Befriedigung im Mittelpunkt der Ehe stünde, wäre die Polygamie ein probates Mittel, sie zu gewährleisten.

Die Bedingung, die der Islam für die Genehmigung der Polygamie stellt, lautet, dass der Ehemann in der Lage sein muss, jede Frau in Hinblick auf Speis und Trank, Unterbringung, Kleidung, Geld und gemeinsam verbrachte Zeit gerecht zu behandeln. Ein

Mann, der fühlt, dass er dieser Verpflichtung nicht nachkommen kann, darf nicht mehr als eine Frau heiraten:

> *Und wenn ihr fürchtet, nicht billig zu sein, (heiratet) eine oder was im Besitz eurer rechten (Hand ist). (4:3)*

Der Status der Frau im Islam[55]

Der Stellenwert der Frau im Islam ist unumstritten. Die Haltung des Koran und der ersten Muslime zeugt von der Tatsache, dass die Frau eine mindestens ebenso wichtige Rolle für das Leben spielt wie der Mann. Weder ist sie ihm untergeordnet noch gehört sie einer niedrigeren Spezies an. Ohne den Einfluss fremder Kulturen wäre die Frage nach ihrem Status unter den Muslimen erst gar nicht gestellt worden. Ihr Status wurde als dem des Mannes gleichwertig betrachtet. Dies war eine Selbstverständlichkeit, ein Problem wurde hier nicht gesehen.

Gleichberechtigung, Gleichheit oder Gleichwertigkeit?

Um zu verstehen, welche Rolle der Islam der Frau zuerkennt, ist es nicht notwendig, ihre Lage in der vorislamischen Zeit oder in der Moderne zu beklagen. Der Islam hat der Frau Rechte und Privilegien verliehen, die sie in anderen Religionen oder konstitutionellen Systemen nie genießen durfte. Dies wird offenkundig, wenn das Thema als Ganzes und mit Hilfe von Gegenüberstellungen untersucht wird, und nicht einseitig und partiell. Die Rechte und Verantwortlichkeiten der Frau sind denen des Mannes gleichwertig, ohne dass sie mit diesen identisch sind.

Die Frau und die Ursünde aus islamischer Perspektive

Der Islam betrachtet die Frau weder als das Produkt des Teufels noch als die Saat des Bösen. Der Islam sagt auch nicht, dass der

---

[55] Dieses Kapitel fasst einige Gedanken des Buches *Islam in Focus* von Hammuda Abdul-Ati zusammen.

Mann ihr Herr ist, dem sie sich, ohne eine Wahl zu haben, unterwerfen muss. Außerdem hat der Islam auch nie in Frage gestellt, dass die Frau eine Seele besitzt. In der Geschichte des Islam hat kein Muslim jemals den Status der Frau als Mensch bestritten oder bezweifelt, dass die Frau über eine Seele und spirituelle Fähigkeiten verfügt.

Im Gegensatz zu anderen Glaubensbekenntnissen hat der Islam Eva nie beschuldigt, die Ursünde begangen zu haben. Der Koran stellt fest, dass beide, Adam und Eva, sündigten, dass beide Gott um Verzeihung baten, dass beiden verziehen wurde und dass Gott Sich an beide wandte. (2:35-36; 7:19, 27; 20:117-123) Der Koran erweckt sogar den Eindruck, als treffe Adam eine größere Schuld an der Ursünde, der Quelle aller Vorurteile und allen Misstrauens gegen die Frau. Der Islam liefert keinen Vorwand für Vorurteile und Misstrauen, denn Adam und Eva waren beide im Irrtum. Wenn wir also schon Eva rügen, müssen wir Adam mindestens genauso scharf rügen.

Der Status der modernen Frau

Im Islam besitzt die Frau einen einzigartigen, einen neuen Status, einen Status, den sie in keinem anderen System besitzt. Selbst in den demokratischen Ländern befindet sich die Frau in keiner wirklich erfreulichen Position. Ihr Status ist nicht beneidenswert. Für ihren Lebensunterhalt muss sie hart arbeiten, und in der Regel wird sie für die gleiche Arbeit, die ein Mann leistet, schlechter bezahlt. Sie genießt eine Art von Freiheit, die in einigen Fällen in Sittenlosigkeit mündet. Um dorthin zu gelangen, wo sie heute steht, musste sie Jahrzehnte, ja sogar Jahrhunderte lang kämpfen. Für das Recht auf Wissenserwerb und für die Freiheit, arbeiten und Geld verdienen zu dürfen, musste sie schmerzvolle Opfer bringen und viele ihrer natürlichen Rechte preisgeben. Für die Verankerung ihres Status als Mensch, der mit einer Seele ausgestattet ist, hat sie einen hohen Preis bezahlt. Doch trotz all ihrer Opfer und Kämpfe hat sie bis heute nicht das erreicht, was die Verfügung Gottes der Muslimin garantiert.

Die Rechte, die die Frauen von heute genießen, sind ihr nicht in den Schoß gefallen. Ihre heutige Position errangen sie, indem sich die Frauen zur Wehr setzten, und nicht durch einen natürlichen Prozess, gegenseitiges Einverständnis oder göttliche Lehren. Sie mussten sich selbst einen Weg bahnen, und unterschiedliche Umstände begünstigten ihr Bemühen. Ein Mangel an Männern in Kriegszeiten, ökonomischer Druck und die Erfordernisse der Industrialisierung ließen ihnen keine andere Wahl, als das eigene Haus zu verlassen, sich ihren Lebensunterhalt selbst zu verdienen, es mit den Männern aufzunehmen und Seite an Seite mit ihnen im Wettlauf des Lebens zu bestehen. Die Umstände zwangen sie dazu, also setzten sie sich selbst unter Druck und errangen ganz neue Positionen. Ob alle Frauen mit diesen Umständen zufrieden waren und ob sie alle mit dem Resultat des hier aufgezeigten Prozesses glücklich waren, steht auf einem anderen Blatt Papier. Tatsache ist, dass alle Rechte, die die moderne Frau von heute genießt, hinter jenen Rechten zurückbleiben, die den Musliminnen zustehen.

Die Rechte, die der Islam der Frau einräumt, sind auf ihr Wesen abgestimmt, schenken ihr umfassende Sicherheit und schützen sie vor allen schlimmen Umständen ebenso wie vor den Unsicherheiten des Lebens. Ich möchte an dieser Stelle gar nicht weiter auf den Status der modernen Frau eingehen und die Risiken ihrer Lebensführung aufzeigen. Auch möchte ich nicht die Nöte und Rückschläge aufzählen, die ihr die so genannten Frauenrechte beschert haben. Und ich werde auch nicht weiter auf die Situation vieler unglücklicher Ehen zu sprechen kommen, die an den ‚Freiheiten‘ und ‚Rechten‘, auf die die Frau von heute so stolz ist, zerbrochen sind.

Die meisten Frauen von heute machen von ihren Rechten, zu gehen, wohin sie wollen, oder zu arbeiten und Geld zu verdienen, Gebrauch und geben vor, dem Mann gleichgestellt zu sein. Diese Haltung geht leider auf Kosten ihrer Familien. All dies ist bekannt und augenscheinlich. Nicht so geläufig ist den meisten jedoch der

Status der Frau im Islam. Im Folgenden soll die Haltung des Islam zur Frauenfrage daher noch weiter verdeutlicht werden.

Göttinnen und Götter

Wenn der Koran erklärt, dass Gemeinschaften, die der Lenkung durch Gott entfremdet sind, Göttinnen verehren, lenkt er unsere Aufmerksamkeit auf einen sehr wichtigen Punkt. Diejenigen, die nicht an den Einen Gott glauben, bedienen sich männlicher und weiblicher Gottheiten. In der Regel erwählen sie sich eine männliche Gottheit zum höchsten Gott; anderen untergeordneten Gottheiten wiederum geben sie eine weibliche Gestalt. Denn sie bewundern ihr eigenes Selbst und sind zuallererst darauf aus, ihre Interessen und ihre animalischen Gelüste zu befriedigen. Weil die zentrale Begierde der Männer der Frau gilt und weil sie ihre Gottheiten dazu missbrauchen, ihre Bedürfnisse zu stillen, nehmen sie sich Frauengestalten zu Göttern. Sie sehnen sich danach, allerorten attraktive Frauen betrachten zu können, und neigen dazu, ihnen Ewigkeit zu verleihen, indem sie Statuen und Bildnisse von ihnen anfertigen. Ein solches Vorgehen würdigt die Frauen jedoch herab und trägt dazu bei, lediglich physische Objekte in ihnen zu sehen. In diesem Fall sind die Frauen nicht mehr als Objekte, die die Wünsche und Interessen der Männer zu befriedigen haben. Respekt und Liebe, die sie doch so sehr brauchen, werden ihnen vorenthalten.

Die Menschen leiden unter vielen Ängsten. Andererseits haben sie aber vor dem, was sie fürchten, auch große Ehrfurcht. Daher verleihen sie ihrer höchsten Gottheit die Gestalt eines Menschen, dem sie sich anbiedern und dem sie alle anderen Gottheiten unterordnen. Und mögen diese menschlichen Gottheiten auch Tyrannen sein, die dem Pharao ähneln - die Menschen lassen sich dazu herab, die Füße jeder über ihnen stehenden Macht zu küssen, von der sie annehmen, sie könnte ihre Wünsche und Bedürfnisse erfüllen.

Im Islam ist die Frau als vollwertiger Partner im Prozess der Hervorbringung von Leben akzeptiert. Der Mann ist der Vater, sie ist die Mutter, und beide sind für das Leben unentbehrlich. Ihre Rolle ist nicht weniger wichtig als seine. Diese Partnerschaft ermöglicht ihr in allen Bereichen eine gerechte Teilhabe. Die Frau genießt genauso viele Rechte, übernimmt eine genauso große Verantwortung und verfügt über genauso viele Qualitäten und Fähigkeiten wie ihr Partner. Gott sagt in Hinblick auf diese gleichberechtigte Partnerschaft bei der Fortpflanzung des Menschen:

> *O ihr Menschen, Wir haben euch aus Mann und Frau erschaffen und euch zu Völkern und Stämmen gemacht, auf dass ihr einander erkennen möget.* (49:13; siehe auch 4:1)

Die Frau trägt eine genauso große persönliche und soziale Verantwortung wie der Mann und erhält eine genauso hohe Belohnung für ihre Taten wie er. Sie ist als eine unabhängige Persönlichkeit mit menschlichen Qualitäten und spirituellen Bestrebungen anerkannt. Ihre menschliche Natur ist der des Mannes nicht untergeordnet und weicht auch nicht von ihr ab. Im Koran lesen wir, dass beide Geschlechter Mitglieder einer einzigen Spezies sind:

> *Da erhörte sie ihr Herr (und sprach): „Seht, Ich lasse kein Werk der Wirkenden unter euch verloren gehen, sei es von Mann oder Frau; die einen von euch sind von den anderen.“* (3:195; siehe auch 9:71; 33:35-36; 66:19-21)

Auch in den Disziplinen Erziehung und Wissen ist die Frau gleichberechtigt. Wenn der Islam die Muslime ermahnt, sich Wissen anzueignen, macht er keinen Unterschied zwischen Mann und Frau. Bereits vor 14 Jahrhunderten erklärte der Prophet Muhammad den Erwerb von Wissen zur Pflicht eines jeden Muslims. Diese Erklärung war unzweideutig und wurde auch von sehr vielen Muslimen in der Geschichte befolgt.

Frauen wie Männer besitzen ein Recht auf Meinungsfreiheit. Die Stimmen der Frauen müssen gehört und dürfen nicht aus geschlechtsspezifischen Gründen ignoriert werden. Der Koran und die Geschichte bezeugen, dass Frauen nicht nur ihre Meinung offen kundtaten, sondern sich auch an ernsten Diskussionen mit dem Propheten und anderen Muslimführern beteiligten. (58:1-4; 60:10-

12) Darüber hinaus kam es immer wieder vor, dass Frauen ihre Ansichten in rechtlichen Angelegenheiten äußerten und sich dem Standpunkt eines Kalifen widersetzten, der dann in der Folge nicht selten ihren vernünftigen Argumenten folgte. Ein gutes Beispiel bietet das Kalifat Umars: Historische Dokumente belegen, dass die Frauen zu jener Zeit am öffentlichen Leben der jungen muslimischen Gemeinschaft teilnahmen, insbesondere in Notsituationen. Die Frauen begleiteten die Armee, um die Verwundeten zu pflegen, den Nachschub sicherzustellen, die Krieger zu versorgen usw.. Damals wurden sie nicht hinter Eisenstangen weggeschlossen, als wertlos betrachtet und ihrer Seelen beraubt.

Der Islam gewährt der Frau das gleiche Recht, Verträge zu unterzeichnen, Unternehmen zu leiten, Geld zu verdienen und über Besitztümer zu verfügen, wie dem Mann. Ihr Leben, ihr Besitz und ihre Ehre sind genauso unantastbar wie die des Mannes. Wenn sie ein Verbrechen begeht, wird sie dafür genauso zur Rechenschaft gezogen wie ein Mann in einem vergleichbaren Fall. Wird sie hingegen geschädigt oder verletzt, erhält sie eine genauso große Entschädigung, wie ein Mann an ihrer Stelle erhalten würde. (2:178; 4:45, 92-93)

Der Islam begnügt sich jedoch nicht damit, ihr diese Rechte in starrer Form zuzusprechen und sich dann zurückzulehnen. Vielmehr ergreift er alle Maßnahmen, um diese Rechte als wesentliche Glaubensprinzipien zu verankern und zu garantieren. Er toleriert niemanden, der Vorurteile gegen Frauen hegt oder Frauen auf Grund ihres Geschlechts diskriminiert. Wieder und wieder kritisiert der Koran Menschen, die glauben, dass die Frau dem Mann unterlegen sei. (16:57-59, 62; 42:47-59; 43:15-19; 53:21-23)

Abgesehen davon, dass der Islam die Frau als unabhängiges menschliches Wesen anerkennt und ihre Bedeutung für das Überleben der Menschheit unterstreicht, gesteht er ihr auch einen Anteil am Erbe zu. Vor dem Islam war sie nicht berechtigt zu erben; sie galt vielmehr sogar als Teil des Besitzes, der vom Mann vererbt wurde. Der Islam machte aus diesem ‚vererbbaren Besitz‘ einen Erben und erkannte damit die menschlichen Qualitäten der Frau an.

Ob Ehefrau oder Mutter, Schwester oder Tochter - in jedem Fall erhält die Frau einen Teil vom Erbe des verstorbenen Verwandten. Wie groß dieser Anteil ist, hängt vom Verwandtschaftsgrad und von der Zahl der Erben ab. Ihr Erbteil gehört ihr allein; niemand kann ihn ihr streitig machen oder sie enterben. Wenn der Verstorbene ihr diesen Teil vorenthalten und ihn einem anderen Familienmitglied oder irgendeiner Organisation vermachen will, wird das Gesetz seinen Wunsch nicht akzeptieren. Jeder Mensch kann über ein Drittel seines Besitzes frei verfügen. Daher wird kein Mann und keine Frau ungerecht behandelt. (Dieses Thema wurde im Kapitel zum islamischen Erbschaftsrecht genauer erläutert.)

Das Auftreten als Zeuge

In den frühen jüdischen Gesellschaften waren Frauen nicht als Zeugen zugelassen. Die Begründung dafür lieferten den Rabbinern zufolge die neun Flüche, mit denen alle Frauen auf Grund des Sündenfalls Evas belegt wurden.

Selbst im modernen Israel haben Frauen nicht das Recht, vor Gerichtshöfen der Rabbiner auszusagen. Die Rabbiner rechtfertigen dies mit dem Verweis auf Genesis 18:9-16, wo Sara, der Frau Abrahams, vorgeworfen wird, gelogen zu haben. Die Rabbiner führen diesen einen Vorfall als Beweis dafür an, dass Frauen generell nicht in der Lage sind, als Zeugen aufzutreten. Auch der Koran erzählt von jener Begebenheit, ohne jedoch mit nur einem Wort eine Lüge Saras zu erwähnen. (11:69-74 und 51:24-30) In der christlichen Welt sprachen sowohl das Kirchenrecht als auch das Zivilrecht der Frau bis ins späte 18. Jahrhundert hinein das Recht ab, als Zeuge zu fungieren.

Wenn ein Mann seine Frau der Unkeuschheit bezichtigte, verlangte die Bibel, die Aussage der Frau in diesem Punkt gar nicht zu berücksichtigen. Stattdessen musste sich die Frau per Gottesurteil einem Prozess fügen. In diesem Prozess wurde sie einem komplexen demütigenden Verfahren unterzogen, in dem ihre Schuld oder Unschuld bewiesen werden sollten. (Numeri 5:11-31) Wurde sie für schuldig befunden, drohte ihr der Tod. War sie hingegen unschuldig, wurde ihr Mann trotzdem von aller Schuld freigesprochen.

Wenn ein Mann eine Frau heiratete und sie dann beschuldigte, keine Jungfrau mehr zu sein, zählte ihre Aussage überhaupt nicht. Ihre Eltern mussten ihre Jungfräulichkeit vor den Stadtältesten beweisen. Falls ihnen dies nicht gelang, wurde sie vor der Haustür ihres Vaters gesteinigt. Die einzige Konsequenz, die der Ehemann zu fürchten hatte, bestand hingegen darin, bei erwiesener Unschuld der Frau 100 Schekel Strafe zahlen zu müssen und sich sein Leben lang nicht mehr von ihr scheiden lassen zu können.

Als der Koran der Frau das Recht, als Zeugin aussagen zu dürfen, gewährte, vollbrachte er eine Revolution. In einigen Fällen im Zivilrecht verlangt er allerdings, dass zwei Männer oder ein Mann und zwei Frauen eine Aussage machen. Dies weist jedoch keineswegs darauf hin, dass die Frau dem Mann untergeordnet wäre. Vielmehr werden durch diese Regelung die Rechte der Vertragsparteien im praktischen Leben garantiert; denn Frauen besitzen dort normalerweise weniger Erfahrung als Männer. Da ihr Mangel an Erfahrung den Vertragsparteien zum Nachteil gereichen könnte, verlangt das islamische Recht, dass mindestens zwei Frauen zusammen mit einem Mann aussagen müssen. Vergisst die eine Frau etwas, erinnert sie die andere daran, begeht sie auf Grund mangelnder Erfahrung einen Fehler, korrigiert sie die andere.

Damit dürfte klar sein, warum der Koran bei geschäftlichen Transaktionen die Zeugenschaft zweier Frauen an Stelle eines Mannes einfordert. Der Koran betrachtet die Frau nicht als ‚halben Mann'. In diesem Zusammenhang geht es nämlich nicht um den Status der Frau oder um den des Mannes, sondern um Sorgfalt, Gerechtigkeit und Unparteilichkeit im Handel.

Im Allgemeinen geht man davon aus, dass Männer sich intensiver mit wirtschaftlichen Dingen beschäftigen als Frauen (was definitiv auch heute noch so ist) und dafür verantwortlich sind, ihre Familien zu ernähren. Darüber hinaus sind Frauen emotionaler als Männer und vergessen schneller. Natürlich gibt es auch immer Frauen, die ein besseres Gedächtnis haben als der durchschnittliche Mann, und Männer, die emotionaler veranlagt sind als die durchschnittliche Frau. In allen Belangen, die das Leben in der Gemeinschaft betreffen, orientiert sich das islamische Recht jedoch an der Mehrheit, und nicht an Ausnahmeerscheinungen. Die hier vorgestellte Vorsichtsmaßnahme begünstigt ehrenhafte Handelsbeziehungen und gewährleistet ordnungsgemäße Geschäftsabschlüsse. Sie gesteht der Frau eine Rolle im öffentlichen Leben zu und sorgt für Gerechtigkeit. Der Mangel an Erfahrung bedeutet keine Unterlegenheit; denn auch den Männern mangelt es an bestimmten Dingen, und trotzdem fragt niemand sie nach ihrem Status.

Der Islam besteht aber nicht immer darauf, dass zwei Frauen den Platz eines Mannes einnehmen. Beschuldigt beispielsweise ein Ehepartner den anderen des Ehebruchs, muss er viermal bei Gott schwören. In diesem Fall kann die Aussage der Frau die des Mannes sogar unwirksam machen. Wenn ein Mann seine Frau der Unkeuschheit bezichtigt, muss er, um die Schuld der Frau zu beweisen, fünfmal feierlich schwören. Wenn die Frau seine Vorwürfe jedoch bestreitet und selbst fünf Eide schwört, gilt sie als unschuldig. In jedem Fall wird die Ehe der beiden dann aber geschieden. (24:6-11) Beide, Männer und Frauen, sind berechtigt, am Himmel nach dem Halbmond Ausschau halten um festzustellen, ob ein Mondmonat zu Ende gegangen und ein neuer begonnen hat. Außerdem genügt in Angelegenheiten, in denen Frauen größere Erfahrung als besitzen als Männer, auch die Aussage von zwei Frauen.

Privilegien

Frauen erfreuen sich bestimmter Privilegien, die Männern nicht zustehen. So sind sie von manchen religiösen Pflichten (wie Beten und Fasten während der Menstruationsphase oder bei durch die Niederkunft bedingten Blutungen) und von allen finanziellen Verantwortlichkeiten befreit. Allen Müttern lässt Gott größte Anerkennung und Hochachtung zuteil werden. (31:14-15; 46:15) Der Prophet versicherte sie dieser Hochachtung, als er erklärte, dass das Paradies unter den Füßen der Mütter liegt.

Mütter haben Anspruch auf drei Viertel der Liebe und Güte ihrer Söhne, den Vätern bleibt nur ein Viertel. Ehefrauen können von ihrem zukünftigen Ehemann eine angemessene Morgengabe fordern, über die sie ganz allein verfügen können. Es steht ihnen zu, von ihren Ehemännern versorgt und unterhalten zu werden. Sie sind nicht gezwungen, zu arbeiten oder für den Unterhalt der Familie mit aufzukommen. Alles, was sie vor der Ehe besaßen, dürfen sie zurückbehalten. Töchter und Schwestern haben einen Anspruch auf die Versorgung durch ihre Väter bzw. Brüder. Wenn eine Frau arbeiten, für sich selbst aufkommen oder sich an den Verantwortlichkeiten der Familie beteiligen möchte, darf sie dies tun, solange garantiert bleibt, dass sie ihre Integrität und Ehre bewahrt.

Die Tatsache, dass Frauen während der Gebete hinter ihren Männern stehen, drückt ebenfalls keine Unterordnung aus. Wie bereits erwähnt wurde, sind Frauen von der Pflicht der Männer, am Gemeinschaftsgebet teilnehmen zu müssen, befreit. Wenn sie aber dennoch teilnehmen, stehen sie separat in Reihen, die ausschließlich Frauen vorbehalten sind. Diese Regelung fördert die Disziplin während des Gebets und stellt keine rangspezifische Klassifizierung dar. Denn in den Reihen der Männer stehen ja ebenfalls Staatsoberhäupter Schulter an Schulter mit Mittellosen und einflussreiche Persönlichkeiten Seite an Seite mit den untersten sozialen Schichten.

Die Anordnung der Gebetsreihen zielt darauf ab, dass sich alle Teilnehmer am Gebet so gut wie möglich konzentrieren können. Diese Disziplin ist von größter Wichtigkeit. Denn schließlich bestehen die Gebete nicht aus Geträller oder Singsang, sondern umfassen bestimmte Handlungen und Bewegungen (wie z.B. Stehen, Verbeugung und Niederwerfung). Würden Männer und Frauen gemeinsam in einer Reihe beten, würden sie sich nur gegenseitig ablenken, und die Konzentration ginge verloren. Das Ziel des Gebets würde dann verfehlt.

Während des Gebets darf kein Mann eine Frau und keine Frau einen Mann berühren. Stünden sie direkt nebeneinander im Gebet, ließen sich Berührungen nicht vermeiden. Würden die Frauen direkt vor oder neben den Männern beten, würden sie ihnen wohl zwangsläufig einige Körperteile enthüllen. Die Männer würden diese unbedeckten Körperteile anschauen, was sie wiederum in Verlegenheit bringen und sündhaften Gedanken aussetzen würde. Um die Konzentration während des Gebets aufrecht zu erhalten, um allen unvorhergesehenen Vorfällen vorzubeugen, um Harmonie und Ordnung unter den Betenden aufrechtzuerhalten und um den wahren Zwecken des Gebets zu dienen, verlangt der Islam, dass in Reihen gebetet wird: die Männer vorne, dahinter die Kinder und dann die Frauen. Jeder, der versteht, was das Gebet für Muslime bedeutet, wird die Weisheit hinter dieser Anordnung der Reihen entdecken.

Der Schleier

Die Muslimin wird stets mit der alten Tradition der Verschleierung assoziiert. Sie schmückt sich mit dem Schleier der Ehre, Würde, Keuschheit, Reinheit und Integrität und verzichtet auf alle Handlungen und Gesten, die die Gefühle anderer Männer als ihres Ehemanns in Wallung bringen oder die Menschen an ihrer Tugendhaftigkeit zweifeln lassen könnten. Sie wird davor gewarnt, ihre Reize nicht auszuspielen und ihre physischen Verlockungen nicht vor Fremden zu präsentieren. Der Schleier gibt ihr die Möglichkeit, ihre Seele vor Schwäche, ihren Verstand vor Nachgiebigkeit, ihre Augen vor lüsternen Blicken und ihre Persönlichkeit vor Sittenverfall zu bewahren. Der Islam legt größten Wert auf die Integrität der Frau. Er setzt sich den Schutz ihrer Moral und ihres sittlichen Verhaltens zum Ziel und behütet ihren Charakter und ihre Persönlichkeit. (24:30-31)

Die Frau genießt im Islam einen beispiellos hohen Status, der auch bestens mit ihrer Natur korrespondiert. Ihre Rechte und Pflichten sind denen des Mannes gleichwertig, aber nicht notwendigerweise mit jenen identisch. Wenn die Frau in einem Bereich weniger Rechte besitzt, wird sie in anderen Bereichen dafür entschädigt. Die Tatsache, dass eine Frau eine Frau ist, hat keinen Einfluss auf ihren Status als Mensch oder auf ihre unabhängige Persönlichkeit und berechtigt niemanden, ihr mit Vorurteilen zu begegnen oder sie ungerecht zu behandeln. Der Islam gibt der Frau alles, was sie braucht. Die Rechte der Frau harmonieren wunderbar mit ihren Pflichten; und dieses Gleichgewicht zwischen Rechten und Pflichten bleibt stets erhalten. Keine Seite überwiegt die andere, wie wir auch im Koran lesen:

> *Und den (Frauen) stehen die gleichen Rechte zu wie sie (die Männer) zur gütigen Ausübung über sie haben. Doch die Männer stehen eine Stufe über ihnen.* (2:228)

Die hier angesprochene höhere Stufe verleiht dem Mann keine Überlegenheit und ermächtigt ihn auch nicht, über die Frauen zu herrschen, sondern bezieht sich auf die besondere Verantwortung des Mannes und entschädigt ihn für seine unzähligen Pflichten. Daher wurde Vers 2:228 stets im Lichte eines anderen Verses interpretiert:

> *Die Männer stehen den Frauen in Verantwortung vor, weil Allah die einen vor den anderen ausgezeichnet hat und weil sie von ihrem Vermögen hingeben. Darum sind tugendhafte Frauen die Gehorsamen und diejenigen, die (ihrer Gatten) Geheimnisse mit Allahs Hilfe wahren.* (4:34)

Seine große Verantwortung verleiht dem Mann in bestimmten ökonomischen Angelegenheiten einen höheren Rang als der Frau, nicht aber in puncto Menschlichkeit oder Charakter. Gott verteilt Seinen Reichtum so, dass die Bedürfnisse beider Geschlechter, die Gott Selbst ja erschaffen hat, gedeckt werden. Da Er allein am besten weiß, was Männer und Frauen brauchen, entsprechen folgende Worte voll und ganz der Wahrheit:

> *O ihr Menschen, fürchtet euren Herrn, der euch erschaffen hat aus einem einzigen Wesen; und aus ihm erschuf Er seine Gattin, und aus den beiden ließ Er viele Männer und Frauen entstehen.* (4:1)

Frauen und Erbschaft

Seit biblischen Zeiten räumt das Judentum den weiblichen Familienmitgliedern, der Ehefrau und den Töchtern, kein Anrecht auf das Vermögen der Familie ein. Die ursprüngliche Erbregelung sah vor, dass die weiblichen Familienmitglieder als Teil des Vermögens betrachtet wurden. Sie galten als genauso weit entfernt von der gesetzlichen Identität eines Erben wie Sklaven. Moses Gesetze machten den Töchtern dann insofern Zugeständnisse, als dass sie ihnen die Möglichkeit zu erben gewährten, falls kein männlicher Nachkomme vorhanden war. Ehefrauen aber wurden selbst unter dieser Voraussetzung nicht als Erbinnen zugelassen. Warum wurden die Frauen der Familie als Teil des Vermögens betrachtet? Weil sie als Eigentum galten - vor der Hochzeit als Eigentum ihres Vaters und nach der Hochzeit als Eigentum ihres Ehemanns.

Das Christentum folgte diesem Beispiel lange Zeit: Kirchen- und Zivilrecht in christlichen Ländern verweigerten Töchtern das Recht, das Erbe ihres Vaters mit ihren Brüdern zu teilen, und den Ehefrauen wurden sämtliche Erbschaftsrechte vorenthalten. Diese diskriminierenden Gesetze hatten bis weit ins 20. Jahrhundert hinein Bestand.

Auch unter den vorislamischen Arabern war das Recht zu erben auf die männlichen Familienmitglieder beschränkt gewesen. Der Islam jedoch revolutionierte diese Regelung, denn der Koran erklärte:

> *Den Männern steht ein Teil von der Hinterlassenschaft ihrer Eltern und Verwandten zu, und ebenfalls den Frauen steht ein Teil von der Hinterlassenschaft ihrer Eltern und Verwandten zu. Sei es wenig oder viel. (Das gilt) als vorgeschriebener Anteil.* (4:7)

Dieser kurze Vers beinhaltet die Grundprinzipien des islamischen Erbschaftsrechts und eine nachdrückliche Warnung:[56]

- Beiden, Frauen wie Männern, gebührt ein Teil des Erbes.
- Der Besitz von Verstorbenen wird vererbt, unabhängig davon, ob er groß oder klein ist.
- Es macht keinen Unterschied, ob der vererbte Besitz beweglich oder ortsgebunden ist.

---

[56] Prof. Yildirim, Suat, *Kur'an-i Hakim ve Aciklamali Meali* (Der Weise Koran - Interpretation und Erläuterungen), Istanbul 1998, S. 77

- Die Überlebenden (Eltern, Großeltern und nächste Verwandte) sind berechtigt zu erben. Wenn Blutsverwandte existieren, sind Seitenverwandte nicht erbberechtigt.
- Keinem Erben darf sein Anteil am Erbe vorenthalten werden.

Die nachdrückliche Warnung lautet: In vorislamischen Gesellschaften, in heidnischen, in christlichen und in jüdischen Gesellschaften erbten die Frauen gar nichts. Dieser Vers jedoch wendet sich eigens an die weiblichen Erben. Er erwähnt sie mit den gleichen Worten, die er auch für die männlichen Erben verwendet. Dabei nimmt er es in Kauf, sich zu wiederholen, und warnt davor, den Erbteil der Frauen unter dem Vorwand, das Vermögen sei zu klein, zu unterschlagen.

Anschließend widmet sich der Koran eingehend den Erbschaftsgesetzen. (4:11-12) Er entwirft deren Grundprinzipien, während sich die Details dieser Gesetze an jenen Prinzipien sowie an dem Vorbild des Propheten und seiner Gefährten orientieren.

Klammert man die Eltern und in ganz bestimmten Fällen auch die Geschwister einmal aus, dann erbt ein Sohn doppelt so viel wie eine Tochter, ein Bruder doppelt so viel wie seine Schwester und ein Ehemann doppelt so viel wie seine Frau. Diese Regelung war oft Zielscheibe haltloser Vorwürfe, denn:

- Erstens sollte festgehalten werden, dass der Islam keine Religion ist, die es nötig hat, auf Anschuldigungen zu reagieren. Was immer er verfügt, ist gerecht und gerechtfertigt. Wenn hier also eine Position des Islam erläutert wird, die Gegenstand von Kritik ist, dann geschieht dies nur, um aufrichtigen Menschen den Weg zu weisen.
- Zweitens präsentieren die Verse das Erbschaftsrecht als Gottes maßgebliche Verfügung. Mit unmissverständlichen Worten erklären sie, dass sie auf dem Wissen und der Weisheit Gottes beruhen. Deshalb sollten wir versuchen, die ihnen innewohnende Weisheit Gottes zu entdecken. Wer gegen diese Verse

verstößt, missachtet Gott und Seinen Gesandten, wer sie jedoch ganz zurückweist, macht sich des Unglaubens schuldig.

- Drittens ist der Islam eine universelle Religion und richtet sich daher an alle Gemeinschaften und an alle Zeitalter. Seine Weltsicht ist ganzheitlich und beschäftigt sich in einem universellen Rahmen mit ganz spezifischen Fragen. Wenn wir uns also mit dem islamischen Erbschaftsrecht befassen, sollten wir auch psychologische und soziologische Faktoren wie die Psychologie von Mann und Frau, ihre Positionen in der Gesellschaft, ihre familiären und sozialen Pflichten und ihre Beiträge zur Volkswirtschaft nicht vernachlässigen. Da es hier um das Erbschaftsrecht, und nicht um die Gleichberechtigung von Mann und Frau geht, sollten wir dieses Recht seiner Natur und seinem Kontext entsprechend beurteilen.

Um die Logik hinter der Verfügung des Islam, der Frau die Hälfte des Anteils des Mannes zuzugestehen, verstehen zu können, sollten wir uns in Erinnerung rufen, dass die finanziellen Verpflichtungen des Mannes die der Frau um ein Vielfaches übersteigen. Ein Bräutigam macht seiner Braut die Morgengabe zum Geschenk. Über dieses kann sie ganz allein verfügen, auch dann, wenn es zur Scheidung kommen sollte. Die Braut wiederum muss ihrem Bräutigam keinerlei Geschenke machen.

Der Ehemann ist dafür verantwortlich, den Unterhalt seiner Frau und seiner Kinder zu sichern. Die Frau braucht ihn dabei nicht zu unterstützen. Ihr Besitz und ihre Ersparnisse gehören ihr ganz allein, es sei denn, sie überlässt sie freiwillig ihrem Ehemann. Abgesehen davon sollte man sich vor Augen führen, dass der Islam vehement für das Familienleben eintritt. Er ermutigt die Jugendlichen zu heiraten und verurteilt die Scheidung. Deshalb ist in einer wirklich islamischen Gesellschaft das Familienleben die Norm und das Leben als Single die Ausnahme. Fast alle Frauen und Männer im heiratsfähigen Alter heiraten auch tatsächlich. In Anbetracht dieser Tatsachen sollte man doch zu würdigen wissen, dass der Mann die weit größeren finanziellen Lasten zu tragen hat, und nachvollziehen können, dass die Erbschaftsgesetze dieses Ungleichgewicht ausgleichen sollen.

Wenn die Frau weniger erbt als der Mann, wird sie dadurch nicht um die Früchte ihrer Arbeit gebracht. Denn das, was sie erbt, hat sie nicht selbst verdient, sondern kommt aus einer neutralen Quelle. Es stellt quasi einen Extraverdienst, eine Art Beihilfe dar. Eine solche muss sich aber nun einmal an den Bedürfnissen und Pflichten orientieren, insbesondere dann, wenn sie vom Gesetz Gottes geregelt wird.

Die koranischen Bestimmungen in Sachen Erbrecht begünstigen die Frauen in perfekter Art und Weise und sind darüber hinaus auch auf perfekte Art und Weise gerecht. Junge Mädchen sind sehr empfindsam und verletzlich; deshalb sehnen sie sich nach der Liebe ihrer Väter. Diese wiederum betrachten sie - dem Koran sei Dank - nicht als Personen, die ihnen später einen Verlust zufügen werden, indem sie ihr Vermögen an fremde Männer weiterreichen. Auch ihre Brüder bringen ihnen Liebe entgegen und beschützen sie ohne Gefühle von Neid. Denn bei der Teilung des Familienbesitzes treten sie nicht als Rivalinnen auf. Die Liebe und die Zuneigung, welche die Mädchen innerhalb ihrer Familie genießen, entschädigen sie also durchaus für ihren vermeintlich geringeren Erbteil.

Einige mögen nun vorbringen, der Anteil der Frauen am Erbe könne doch trotzdem genauso groß wie der des Mannes sein; dann bräuchte sie doch erst gar keine Morgengabe von ihrem Ehemann erhalten und von ihm versorgt werden.

Wer dies unterstellt, geht davon aus, dass die Morgengabe und die Unterhaltspflicht lediglich Reaktionen auf die Position der Frau im Erbrecht sind, während in Wirklichkeit doch das Gegenteil richtig ist. Außerdem scheinen sie der Ansicht zu sein, dass einzig der finanzielle Aspekt zähle. Wenn dies so wäre, bräuchte man weder Morgengabe noch Unterhaltspflicht und auch keine unterschiedlich großen Erbteile. Ebenso wie bei allen anderen Sachverhalten zieht der Islam aber auch in diesem Fall alle Aspekte in Betracht, die mit dem Wesen und der Psychologie des Individuums verbunden sind. Er berücksichtigt die besonderen Bedürfnisse, die sich aus der Fruchtbarkeit der

Frau ableiten. Normalerweise haben Frauen weniger Möglichkeiten, Geld zu verdienen, geben im Gegenzug jedoch mehr Geld aus. Im Haushalt ihrer Eltern tragen sie in der Regel weniger zum Einkommen bei als ihre Brüder; aber die Geisteshaltung der Frauen ist dazu noch von weiteren, feineren Aspekten geprägt. Männer neigen beispielsweise dazu, für die Frau ihrer Wahl aufzukommen. Andere psychologische und soziale Aspekte, die das Zusammenleben als Familie stärken, werden ebenso wenig außer Acht gelassen. In Anbetracht all dieser Faktoren hat der Islam dem Mann die Zahlung der Morgengabe und des Unterhalts zur Pflicht gemacht.

Wer also einem Mädchen oder einer Frau aus einem unrealistischen Gefühl von Mitleid heraus mehr zukommen lässt, als ihr eigentlich zustände, ist nicht gütig, sondern begeht eine große Ungerechtigkeit (unrealistisch deshalb, weil niemand großzügiger als Gott sein kann). Wer die im Koran festgelegten Grenzen überschreitet, riskiert, dass die Frauen seiner Familie ausgenutzt und tyrannisiert werden. So wie alle anderen koranischen Verfügungen beweisen auch jene, die das Erbschaftsrecht betreffen, die Wahrheit, die in dem Vers *Und Wir entsandten dich (o Muhammad) nur aus Barmherzigkeit für alle Welten* (21:107) zum Ausdruck kommt.

Die moderne Gesellschaft benachteiligt eher die Mütter als die jungen Mädchen und beraubt sie ihrer Rechte. Die Liebe der Mütter ist die reinste und feinste Reflexion der Barmherzigkeit Gottes; gleichzeitig ist sie die wertvollste Realität in der Schöpfung. Eine Mutter ist eine so barmherzige, aufopferungsvolle und vertraute Gefährtin, dass sie für ihre Kinder sogar ihr Leben hingeben würde. Selbst eine schreckhafte Henne, deren Mutterschaft die unterste Stufe der Mutterschaft repräsentiert, zögert beispielsweise nicht, einen Hund zu attackieren, wenn dieser ihre Jungen angreift.

Der Islam wehrt sich dagegen, dass der Reichtum nur unter einigen wenigen Menschen zirkuliert, und strebt an, dass so viele Menschen wie möglich aus ihm Nutzen ziehen. Das islamische Erbschaftsrecht, in dem sich die Barmherzigkeit und Freigebigkeit Gottes manifestieren, fordert, ja befiehlt sogar, dass auch entfernte Verwandte, Waisen und Bedürftige von Erbschaften profitieren.

Scheidung

Das Christentum lehnt die Scheidung von Ehepartnern generell ab, und das Neue Testament propagiert ganz eindeutig die Unauflösbarkeit der Ehe. Das Judentum wiederum billigt die Scheidung sogar, ohne dass irgendein Grund vorliegen muss. Das Alte Testament gibt dem Ehemann das Recht, sich selbst dann von seiner Frau scheiden zu lassen, wenn er sie ganz einfach nicht mehr mag. (Deuteronomium 24:1-4)

Der Islam, der alle Extreme verurteilt, beschreitet den Mittelweg zwischen Christentum und Judentum. Er betrachtet die Ehe als eine heilige Verbindung, die nur aus zwingenden Gründen gelöst werden kann. Ehepaare sind dazu aufgerufen, alle ihnen zur Verfügung stehenden Mittel zu nutzen, um ihre Ehe zu retten. Die Scheidung stellt lediglich die letzte aller Lösungen dar. Kurz gesagt: Der Islam akzeptiert die Scheidung, rät aber entschieden von ihr ab. Der Koran warnt:

> *Verkehrt in Billigkeit mit ihnen; und wenn ihr Abscheu gegen sie empfindet, empfindet ihr vielleicht Abscheu gegen etwas, in das Allah reiches Gut gelegt hat.* (4:19)

Der Gesandte Gottes betonte:

> *Ein gläubiger Mann darf eine gläubige Frau nicht hassen. Wenn er einen ihrer Charakterzüge nicht mag, wird er sich über einen anderen freuen.*[57]

> *Unter allen erlaubten Handlungen ist die Scheidung diejenige, die Gott am meisten verabscheut.*[58]

> *Die Gläubigen, die den vollkommensten Glauben an den Tag legen, sind jene, die den besten Charakter haben; und die besten von euch sind die, die ihre Frauen am besten behandeln.*[59]

---

[57]   Muslim
[58]   Abu Dawud, *Talaq*, 3
[59]   Canan, Ibrahim, *Hadis Ansiklopedisi*, 17:212

Nichtsdestotrotz ist der Islam eine praktische Religion. Er akzeptiert, dass es gewisse Umstände geben mag, in denen Ehen kurz davor stehen zu zerbrechen. In solchen Fällen fällt der Rat, sich zusammenzureißen und gut zueinander zu sein, nicht länger auf fruchtbaren Boden. Wie also lässt sich eine Ehe selbst dann noch retten? Der Koran bietet dem Ehepartner, dessen Pendant einen Fehltritt begangen hat, einige praktische Tipps:

Keine Scheidung während der Menstruationsphase: Der Mann kann sich nicht zu jeder beliebigen Zeit von seiner Frau scheiden lassen, sondern muss einen zulässigen Zeitpunkt abwarten. Dem islamischen Recht zufolge ist ein solcher Zeitpunkt gekommen, wenn die Frau nach ihrer Periode oder nach Blutungen, die mit einer Niederkunft in Verbindung standen, ihre Waschung verrichtet hat und noch bevor sie ihre sexuellen Beziehungen zu ihm wieder aufnimmt.

Der Grund für das Verbot der Scheidung während der Blutungsphasen liegt darin, dass dem Mann Zeit zum Überdenken seiner Entscheidung eingeräumt werden soll und so eine neue Atmosphäre von Liebe, Verständnis und Versöhnung etabliert werden kann. Auch zwischen den Menstruationsphasen (d.h., in der Phase der Reinheit) ist die Scheidung nicht statthaft, wenn die Ehepartner nach Ende der letzten Periode Geschlechtsverkehr hatten.

Wiederholte Scheidung: Der Mann hat drei Möglichkeiten, sich dreimal von seiner Frau scheiden zu lassen - vorausgesetzt, jede Scheidung wird zu einem Zeitpunkt ausgesprochen, zu dem sich seine Frau in einer Phase der Reinheit befindet, während der sie keinen Geschlechtsverkehr mit ihm hatte.

So kann er sich beim ersten Mal von ihr scheiden und die *Idda* verstreichen lassen. Während dieser Zeit muss seine Frau zu Hause (d.h., in seinem Haus) bleiben. Sie darf das Haus nicht verlassen, und ihr Mann darf sie nicht ohne guten Grund aus dem Haus vertreiben. Während der *Idda* muss er für sie aufkommen. Diese Bedingung schafft die Voraussetzung für eine Versöhnung. Die Ehepartner können sich in diesem Zeitraum wieder versöhnen, ohne erneut heiraten zu müssen. Läuft die Wartefrist jedoch ab, ohne dass eine Versöhnung stattgefunden hat, gelten die Eheleute als geschieden. Dann können sie einen anderen Partner, aber auch einander erneut heiraten. Wenn sie sich hierzu entschließen, muss ein neuer Ehevertrag aufgesetzt werden.

Heiraten sie ein zweites Mal, hat der Ehemann die Möglichkeit, sich ein weiteres Mal nach diesem Schema scheiden zu lassen. Erst nach einer dritten Scheidung dürfen sie nicht abermals zusammenkommen, es sei denn, die Frau hat in der Zwischenzeit einen anderen Mann geheiratet und sich dann unter den gültigen Bedingungen auch von ihm scheiden lassen.

Die Ernennung von Streitschlichtern: Kommt es zu einer Krise zwischen den Eheleuten, deren Quelle nicht ermittelt werden kann, empfiehlt der Koran die Ernennung von zwei Streitschlichtern. Einer der beiden sollte der Familie des Mannes und der andere der Familie der Frau angehören. Ist dies nicht möglich, können auch andere Menschen berufen werden, die in der Lage sind, die Interessen der Betroffenen zu vertreten. Wenn jene Streitschlichter eine gemeinsame Lösung finden, die die Partner wieder miteinander versöhnt, sollte diese auch in die Tat umgesetzt werden. Finden sie keine solche Lösung, sollen ihre Vorschläge auch nicht befolgt werden.

Imam Asch-Schafi'i überliefert in seinem Buch *Al-Umm* folgenden Bericht Ubayda as-Salamis:

> *„Ein Mann und eine Frau kamen zu Ali ibn Abi Talib, jeder der beiden gefolgt von einer Gruppe von Menschen. Ali wies sie an, jeweils einen männlichen Streitschlichter aus seiner und aus ihrer Familie zu benennen. Dann sagte er zu den Streitschlichtern: ,Wisst ihr, was ihr zu tun habt? Wenn ihr zu dem Schluss kommt, dass ihr sie wieder zusammenbringen könnt, bringt sie wieder zusammen. Und wenn ihr zu dem Schluss kommt, dass sie sich trennen sollten, trennt sie!"*

Ehrenhafte Versöhnung oder Scheidung in Freundschaft: Wenn es nicht zu einer Versöhnung gekommen und die Wartefrist abgelaufen ist, hat der Ehemann zwei Möglichkeiten, sofern sie sich erst einmal oder zweimal haben voneinander scheiden lassen: sich entweder ehrenhaft mit seiner Frau auszusöhnen (d.h., sie erneut zu heiraten in der Absicht, in Frieden und Harmonie mit ihr zusammenzuleben) oder sie zu entlassen und sich in Freundschaft, ohne große Auseinandersetzungen und harsche Worte und ohne eines ihre Rechte aufzuheben, von ihr zu trennen.

Die Freiheit der geschiedenen Frau, wieder zu heiraten: Nachdem die *Idda* einer verheirateten Frau verstrichen ist, kann weder ihr Ex-Ehemann noch ein Vormund oder jemand anderer sie daran hindern, einen anderen Mann ihrer Wahl zu heiraten. Solange sie und der Mann, der ihr einen Antrag macht, das vom Gesetz vorgeschriebene Verfahren befolgen, hat niemand das Recht, sich einzumischen.

Das Recht der Frau, die Scheidung zu fordern: Beendet die Frau die Ehe, kann sie ihrem Mann die Morgengabe zurückgeben - gewissermaßen als Entschädigung für ihren Ehemann, der sie ja eigentlich als seine Frau behalten möchte, während sie sich entschieden hat, ihn zu verlassen. Der Koran ermahnt den Mann, keines der Geschenke, die er seiner Frau gemacht hat, zurückzuverlangen, es sei denn, sie verlangt eine Beendigung der Ehe. (2:229)

> *„Eines Tages kam eine Frau zum Propheten und bat ihn darum, ihre Ehe zu annullieren. Sie erzählte ihm, dass sie sich nicht über den Charakter oder die Angewohnheiten ihres Mannes beschweren könne. Andererseits empfinde sie wirklich einen so starken Widerwillen gegen ihn, dass sie nicht länger mit ihm zusammenleben könne. Der Prophet fragte sie: Würdest du ihm seinen Garten (die Morgengabe, die ihr Mann ihr geschenkt hatte) zurückgeben? ‚Ja!‘, antwortete sie. Da wies der Prophet den Mann an, seinen Garten zurückzunehmen und in die Auflösung der Ehe einzuwilligen.“*[60]

In einigen Fällen mag die Frau zwar bereit sein, die Ehe fortzusetzen, aus bestimmten Gründen aber dazu gezwungen sein, die Scheidung einzureichen: auf Grund der Grausamkeit ihres Mannes, wegen seiner Unfähigkeit, seinen ehelichen Pflichten nachzukom-

---

[60] *Tadschrid as-Sarih*, HN: 1836

men, weil er sie ohne Grund im Stich gelassen hat usw.. In diesen Fällen wird die Ehe von einem muslimischen Gericht aufgelöst.

Möglich ist auch, dass der Ehemann seiner Frau sein Anrecht, die Ehe scheiden zu lassen, überträgt. Eine solche Übertragung kann allgemein oder auch nur unter bestimmten Umständen gelten. Soll sie unwiderruflich gemacht werden, muss in den Ehevertrag eine verbindliche Klausel aufgenommen werden, der zufolge der Ehefrau das Recht zugesprochen wird, unter den vereinbarten Bedingungen die Ehe aufzulösen.

Adoption

Der Islam hat jene Form der Adoption, die ein adoptiertes Kind zu einem Familienmitglied macht, dem volle Erbrechte zustehen, das frei mit den anderen Mitgliedern des Haushalts verkehrt, dem verboten ist, bestimmte Frauen bzw. Männer der Familie zu heiraten usw., abgeschafft.

Eine andere Form der Adoption verbietet der Islam jedoch nicht: eine Adoption, die bedeutet, eine Waise oder ein vernachlässigtes Kind zu Hause aufzunehmen, um es großzuziehen und in puncto Schutz, Versorgung, Einkleidung, Unterweisung und Liebe wie ein eigenes Kind zu behandeln. Nach diesem Muster adoptierte Kinder dürfen jedoch nicht als leibliche Kinder betrachtet werden. Die Rechte, die das islamische Recht leiblichen Kindern garantiert, stehen ihnen nicht zu.

Der Prophet, seine Frauen und seine Kinder[61]

Der Prophet Muhammad vereinigt in seiner Person die Rolle eines perfekten Vaters mit der eines perfekten Ehemanns. Im Umgang mit seinen Frauen war er so gütig und geduldig, dass sie sich ein Leben ohne ihn oder fern von ihm nicht einmal vorstellen konnten.

---

[61]   Dieses Kapitel fasst einige wichtige Gedanken des Buches *Muhammad - Der Gesandte Gottes* (Fontäne-Verlag, 2005) von Fethullah Gülen zusammen.

Seine zweite Frau Sawda heiratete er in Mekka. Nach einer Weile wollte er sich aus unterschiedlichen Gründen von ihr scheiden lassen. Als sie dies erfuhr, war sie völlig fassungslos und flehte ihn an: „Gesandter Gottes, ich wünsche mir nichts auf dieser Welt von dir. Aber nimm es mir nicht, deine Frau zu sein. Ich möchte als deine Frau ins Jenseits treten. Alles andere ist mir egal."[62] Also ließ sich der Gesandte nicht von ihr scheiden und hörte auch nicht auf, sie zu besuchen.

Eines Tages bemerkte der Prophet, dass sich Hafsa um ihre gemeinsame finanzielle Situation sorgte. Daraufhin sagte er sinngemäß: *Wenn sie möchte, lasse ich sie gehen.* Diese Andeutung beunruhigte sie derart, dass sie Vermittler hinzuzog, um ihn von seinem Plan abzubringen. Also behielt er die Tochter seines ergebenen Freundes als seine vertrauenswürdige Frau.

Der Gesandte hatte sich so fest in den Herzen seiner Ehefrauen etabliert, dass diese die Trennung von ihm als ein Unglück betrachteten. Sie waren in jeder Hinsicht einer Meinung mit ihm und nahmen an seinem gesegneten, sanftmütigen und natürlichen Leben teil. Hätte er sie verlassen, wären sie vor Kummer gestorben. Hätte er sich von einer von ihnen scheiden lassen, hätte diese bis zum Jüngsten Tag an seiner Türschwelle auf ihn gewartet.

Nach seinem Tod waren allenthalben Trauer und Niedergeschlagenheit spürbar. Wann immer Abu Bakr und Umar die Frauen Muhammads besuchten, trafen sie sie klagend und schluchzend an. Fast hatte es den Anschein, als würden sie bis an ihr Lebensende trauern. Muhammad hinterließ einen bleibenden Eindruck auf all seine Mitmenschen. Er behandelte seine Frauen gerecht und hatte keine ernsthaften Probleme mit ihnen. Er war ein zuvorkommender und liebenswürdiger Ehemann und benahm sich ihnen gegenüber nie ungehobelt oder abweisend. Kurz: Er war der perfekte Ehemann.

Jede seiner Ehefrauen war dank seiner Freigebigkeit und Güte der Überzeugung, sie sei seine Lieblingsfrau. Die Vorstellung, irgendein

---

[62] Muslim, *Rada*, 47

Mann könne in seinen Beziehungen mit neun Frauen hundertprozen-
tig gerecht und fair sein, ist wohl unrealistisch. Aus diesem Grunde bat
der Gesandte Gott für jede unbeabsichtigte Ungleichbehandlung um
Verzeihung:

> *Es kann sein, dass ich unbeabsichtigt einer von ihnen mehr Liebe entge-*
> *gengebracht habe als den anderen. Deshalb, o Gott, nehme ich in Din-*
> *gen, die nicht in meiner Macht liegen, Zuflucht bei Deiner Gnade.* [63]

Seine Güte durchdrang die Seelen seiner Ehefrauen so tief, dass
ihnen sein Ableben als ein unwiederbringlicher Abschied erschienen
sein muss. Zwar begingen sie keinen Selbstmord, da der Islam dies
ja verbietet, aber ihr Lebensweg war von nun an mit unendlich
großem Kummer und unzähligen Tränen gepflastert.

Der Gesandte Gottes war freundlich und liebenswürdig zu allen
Frauen und empfahl allen Männern, seinem Beispiel zu folgen. Sa'd
ibn Abi Waqqas beschrieb seine Freundlichkeit wie folgt:

> „Umar sagte: Eines Tages kam ich zum Propheten und sah ihn
> lächeln. Ich sagte zu ihm: ,Möge Gott dich stets lächeln lassen!',
> und fragte ihn nach dem Grund seiner Fröhlichkeit. Er antwortete
> mir und hörte nicht auf zu lächeln: *Ich lächle über jene Frauen. Bevor*
> *du kamst, plauderten sie in meiner Gegenwart. Als sie deine Stimme*
> *hörten, verschwanden sie plötzlich.* Als ich seine Antwort vernommen
> hatte, erhob ich meine Stimme und sagte zu ihnen: ,Ihr Feinde
> eures eigenen Selbst! Ihr fürchtet euch vor mir, aber ihr fürchtet
> euch nicht vor dem Gesandten Gottes und erweist ihm keinen
> Respekt.' ,Du bist hartherzig und streng!', erwiderten sie mir." [64]

Auch Umar war liebenswürdig zu den Frauen. Doch verglichen
mit Josef ist selbst der schönste Mann hässlich. Das heißt, die Güte
und Empfindsamkeit Umars nahmen sich neben der Güte und Empfindsamkeit des Propheten wie Hartherzigkeit und Strenge aus.

Der Prophet fragte seine Frauen um Rat: Der Gesandte disku-
tierte offene Fragen mit seinen Ehefrauen wie mit Freunden. Sicher-

---

[63]   Tirmidhi, *Nikah*, 41:4; Bukhari, *Adab*, 68
[64]   Bukhari, *Adab*, 68

lich war er auf ihren Rat nicht angewiesen, schließlich bot ihm die Offenbarung Rechtleitung. Und trotzdem wollte er seiner Gemeinschaft nahe bringen, dass die Männer auf den Rat der Frauen hören sollten. Diese Idee war zu seiner Zeit ähnlich revolutionär wie noch heute in vielen Teilen der Welt. Muhammad begann mit der Unterweisung seiner Anhänger, indem er auf seine Beziehung zu seinen Ehefrauen verwies.

Ein Beispiel: Die Konditionen, die im Vertrag von Hudaibiya festgelegt worden waren, enttäuschten und erzürnten manche Muslime; denn eine dieser Konditionen besagte, dass sie in jenem Jahr die Pilgerfahrt nicht durchführen konnten. Sie wollten den Vertrag zurückweisen, nach Mekka weiterziehen und sich dort möglichen Konsequenzen stellen. Der Gesandte jedoch befahl ihnen, ihre Opfertiere zu töten und ihre Pilgergewänder abzulegen. Einige Gefährten zögerten und hofften, er möge seine Meinung ändern. Auch nachdem er seinen Befehl wiederholt hatte, blieben sie unentschlossen. Denn sie waren mit der Absicht, die Pilgerfahrt zu verrichten, aufgebrochen und hatten nicht vor, auf halbem Wege aufzugeben.

Als der Prophet ihre Zurückhaltung bemerkte, kehrte er zu seinem Zelt zurück und fragte Umm Salama, seine Frau, die ihn bei jener Gelegenheit begleitete, wie sie die Situation einschätzte. Sie sagte es ihm, war sich allerdings der Tatsache bewusst, dass er ihren Rat nicht benötigte. Doch indem er so vorging, erteilte er den muslimischen Männern eine bedeutende soziale Lektion: Nichts spricht dagegen, sich mit Frauen in wichtigen Fragen oder überhaupt in allen Fragen auszutauschen.

Umm Salama riet ihm: „Gesandter Gottes, wiederhole deinen Befehl nicht noch einmal, damit sie nicht dir gegenüber ungehorsam werden und ins Verderben laufen. Opfere stattdessen deine eigenen Tiere und lege dein Pilgergewand ab. Sobald sie verstehen, dass dein Befehl endgültig ist, werden sie ihm ohne zu zögern folgen."[65] Er tat, was seine Frau ihm geraten hatte, und seine Gefährten folg-

---

[65] Bukhari, *Schurut*, 15

ten seinem Beispiel; denn nun war klar, dass er seine Anweisungen nicht mehr ändern würde.

In den Köpfen vieler Menschen inklusive derer jener selbst ernannten Verteidiger der Frauenrechte und vieler Männer, die sich als Muslime bezeichnen, sind Frauen Menschen zweiter Klasse. Für uns ist die Frau Teil eines Ganzen - eine Hälfte, die der anderen Hälfte erst einen Sinn gibt. Wir glauben, dass die wahre Einheit des Menschen immer dann in Erscheinung tritt, wenn diese beiden Hälften zusammenfinden. Solange diese Einheit nicht existiert, existieren auch die Menschheit, die Prophetenschaft, der Stand der Heiligen, ja selbst der Islam nicht.

Unser Meister Muhammad ermutigte uns durch seine aufklärerischen Worte, Frauen gegenüber gütig zu sein. Er erklärte: *Die vollkommensten Gläubigen sind die mit dem besten Charakter, und die besten von euch sind diejenigen, die am gütigsten zu ihren Familien sind.*[66]

Nur ein einziges Mal in der Geschichte wurden den Frauen die Ehre und die Hochachtung, die sie verdienen, nicht nur in der Theorie, sondern auch in der Praxis, zuteil - zu Lebzeiten des Propheten Muhammad.

Ein perfektes Familienoberhaupt: Manche der Ehefrauen Muhammads hatten vor ihrer Heirat mit ihm einen extravaganten Lebensstil gepflegt, unter anderem auch Safiya, die ihren Vater und ihren Ehemann verloren hatte und in der Schlacht von Khaybar in Kriegsgefangenschaft geraten war. Sie muss den Gesandten gehasst haben, aber als sie ihn sah, verwandelten sich ihre Gefühle schlagartig. Sie nahm das gleiche Schicksal wie seine anderen Ehefrauen auf sich. Sie alle erduldeten es, weil seine Liebe ihre Herzen durchdrungen hatte.

Safiya war eine Jüdin. Einmal erschrak sie, als ihr diese Tatsache voller Sarkasmus vorgehalten wurde. Dem Propheten gegenüber brachte sie ihre Trauer zum Ausdruck: Er aber spendete ihr Trost:

---

[66] Abu Dawud, *Sunna*, 15; Tirmidhi, *Rada*, 11

Wenn sie das noch einmal wiederholen, sag ihnen: „Mein Vater ist der Prophet Aaron, mein Onkel der Prophet Moses, und mein Ehemann, wie du siehst, der Prophet Muhammad, der Auserwählte." Gibt es etwas, auf das du mehr Grund hast, stolz zu sein?[67]

Der Koran erklärt, dass seine Ehefrauen die Mütter der Gläubigen sind. (33:6) Obwohl inzwischen über 14 Jahrhunderte vergangen sind, erfüllt es uns noch immer mit Freude, wenn wir „Meine Mutter!" zu Khadidscha, Aischa, Umm Salama, Hafsa und seinen anderen Frauen sagen. Diese Freude haben wir ihm zu verdanken. Einige von uns bringen diesen Frauen mehr Liebe als ihren eigenen Müttern entgegen. Doch zu Lebzeiten des Propheten muss dieses Gefühl noch viel tiefer, wärmer und stärker gewesen sein.

Der Gesandte war das perfekte Familienoberhaupt. Seine vielen Frauen behandelte er ganz natürlich; er war der Geliebte ihrer Herzen und der Erzieher ihrer Seelen. Doch vernachlässigte er darüber nie die Anliegen seines Volkes und ging auch bei seinen Pflichten keine Kompromisse ein.

Der Gesandte leistete in allen Lebensbereichen Großes. Niemand sollte ihn mit sich selbst oder mit den so genannten großen Persönlichkeiten seiner Zeit vergleichen. Forscher sollten sich ihm, dem die Engel zu Dank verpflichtet waren, immer mit dem Bewusstsein nähern, dass er sich in allen Disziplinen auszeichnete. Wenn sie ihn analysieren wollen, müssen sie ihn in seinen eigenen Dimensionen suchen. Unsere Vorstellungskraft reicht nicht an ihn heran; wir wissen nicht genau, wie wir ihn uns vorzustellen haben. Gott gewährte ihm als spezielles Geschenk einen Vorsprung in allen Bereichen.

Der Gesandte Gottes und die Kinder: Der Gesandte war ein außergewöhnlicher Ehemann, ein vollkommener Vater und ein einzigartiger Großvater. Er war in jeder Beziehung einzigartig. Er begegnete seinen Kindern und Enkeln mit großem Einfühlungsvermögen und versäumte es nie, sie in die Richtung des Jenseits und der guten Taten zu führen. Er lächelte sie an, streichelte sie und

---

[67] Tirmidhi, *Manaqib*, 64

liebte sie. Gleichzeitig erlaubte er ihnen nie, die Vorbereitung auf das Leben nach dem Tod zu vernachlässigen. In weltlichen Dingen war er extrem aufgeschlossen. Wenn es aber um ihr Verhältnis zu Gott ging, war er sehr ernst und würdevoll. Er zeigte ihnen, wie sie ein menschliches Leben führen konnten, und gestattete ihnen nie, ihre religiösen Pflichten zu vernachlässigen und zu verwahrlosen. Sein höchstes Ziel war es, sie auf das Jenseits vorzubereiten. Seine Ausgeglichenheit in diesen Dingen ist eine weitere Dimension seines von Gott inspirierten Verstandes.

In einem von Muslim überlieferten Hadith sagt Anas ibn Malik, dem die Ehre zuteil wurde, dem Gesandten Gottes 10 Jahre lang zu dienen: „Ich habe nie jemanden gesehen, der seine Familienmitglieder liebevoller behandelte als Muhammad."[68] Wenn diese Aussage von einem von uns stammen würde, könnte man sie getrost als belanglos abtun. Doch Millionen von Menschen, die so gütig und mitfühlend sind, dass sie nicht einmal einer Ameise etwas zu Leide tun können, bekräftigen, dass seine Liebe alles einschloss. Zwar war er ein Mensch wie wir, doch Gott hatte in ihm eine so große Zuneigung zu allen lebenden Geschöpfen geweckt, dass es ihm gelang, eine Beziehung zu jedem einzelnen von ihnen zu knüpfen. Die Folge war, dass er eine außergewöhnlich starke Zuneigung zu den Mitgliedern seiner Familie und zu anderen verspürte.

Alle Söhne des Propheten starben schon früh. Auch Ibrahim, sein letzter Sohn, der seiner koptischen Frau Maria geboren wurde, verstarb bereits im frühen Kindesalter. Obwohl der Prophet sehr beschäftigt war, besuchte er Ibrahim, um den sich auch eine Amme kümmerte, oft. Als Ibrahim starb, nahm der Prophet ihn noch einmal auf den Schoß, umarmte ihn und ließ, den Tränen nahe, seiner Trauer freien Lauf. Einige überraschte das. Er aber antwortete ihnen: *Augen mögen vor Tränen überfließen, und Herzen mögen brechen, aber wir sagen nur das, was Gott erfreut.* Er deutete auf seine Zunge und fügte hinzu: *Gott wird uns danach fragen.*[69]

---

[68]   Muslim, *Fada'il*, 63
[69]   Bukhari, *Dschana'iz*, 44; Muslim, *Fada'il*, 62

Er trug seine Enkel Hasan und Husayn auf dem Rücken herum. Das tat er trotz seines einzigartigen Status, und er zögerte auch nicht anzukündigen, welch große Ehren sie sich später einmal erwerben würden. Einmal, als sie gerade auf seinem Rücken saßen, betrat Umar das Haus des Propheten und rief aus: „Was für ein schönes Pferd ihr doch habt!" Sofort ergänzte der Gesandte: „Was für schöne Reiter sie doch sind!"[70]

Der Gesandte erzog seine Kinder auf vollkommen ausgewogene Art und Weise. Er liebte seine Kinder und Enkel sehr und schenkte ihnen seine Liebe. Doch er achtete auch darauf, dass seine Liebe nie missbraucht wurde. Keiner von ihnen wagte es, bewusst etwas Falsches zu tun. Wenn sie versehentlich einen Fehler begingen, bewahrte sie die Fürsorge des Propheten davor, auch nur leicht von ihrem Weg abzukommen. Er hüllte sie in Liebe und in eine Atmosphäre der Würde. Bei einer Gelegenheit z.B. wollte entweder Hasan oder Husayn eine Dattel essen, die man ihm gegeben hatte, damit er sie als Almosen einem Armen überlasse. Sofort nahm der Prophet sie ihm aus der Hand und sagte: *Alles, was als Almosen gegeben wird, ist uns verboten.*[71] Indem er sie schon in jungen Jahren lehrte, nichts Verbotenes zu tun, etablierte er ein wichtiges Prinzip für die Erziehung.

Jedes Mal, wenn er nach Medina zurückkehrte, ließ er Kinder auf seinem Reittier aufsitzen. Bei diesen Gelegenheiten schloss der Gesandte nicht nur seine Enkel, sondern auch die Kinder der Nachbarschaft in seine Arme. Mit seinem Einfühlungsvermögen eroberte er ihre Herzen. Er liebte alle Kinder.

Seine Enkeltochter Umama lag ihm genauso am Herzen wie Hasan und Husayn. Oft trug er sie auf seinen Schultern mit nach draußen, ja, er ließ sie sogar während des Gebets auf seinem Rücken sitzen. Wenn er sich niederwarf, ließ er sie herunter, um sie nach Ende des Gebets wieder hinauf zu heben[72] Diese Liebe zu ihr stellte er in aller Öffentlichkeit zur Schau, um seinen männlichen Anhängern zu zeigen, wie sie ihre Töchter behandeln sollten. Dies

---

[70] Muttaqi l-Hindi, *Kanz al-Ummal*, 13:650
[71] Muslim, *Zakat*, 161
[72] Bukhari, *Adab*, 18

war auch bitter nötig, denn noch ein Jahrzehnt zuvor galt es als soziale
Norm, neugeborene Mädchen lebendig zu begraben. Eine so öffentlich gemachte väterliche Liebe zu einer Enkelin stellte damals auf
der Arabischen Halbinsel ein absolutes Novum dar.

Der Gesandte verkündete, dass der Islam keine Ungleichbehandlung von Söhnen und Töchtern dulde. Wie denn auch? Der Eine
ist Muhammad, die Andere ist Khadidscha. Der Eine ist Adam, die
Andere Eva; der Eine Ali, die Andere Fatima. Auf jeden bedeutenden Mann kommt eine bedeutende Frau.

Muhammad liebte seine Frauen und führte sie hin zur Welt des
Jenseits, hin zum Außerweltlichen, hin zur ewigen Schönheit und
hin zu Gott. Einmal zum Beispiel sah er, dass Fatima eine Halskette
(anderen Versionen zufolge einen Armreif) trug und fragte sie:
*Möchtest du, dass die Bewohner der Erde und der Himmel sagen, dass
meine Tochter eine Kette der Hölle trägt?* Diese wenigen Worte aus
dem Mund jenes Mannes, dessen Thron fest in ihrem Herz verankert
war und der all ihre Sinne erobert hatte, veranlassten sie zu tun,
was sie mit eigenen Worten schildert: „Sofort verkaufte ich die Kette
und erstand dafür einen Sklaven, dem ich die Freiheit schenkte.
Dann ging ich zum Gesandten Gottes. Als ich ihm erzählte, was ich
getan hatte, freute er sich. Er öffnete seine Hände und dankte Gott
mit den Worten: *Gepriesen sei Allah, der Fatima vor der Hölle bewahrte!*"

Fatima beging keine Sünde, als sie die Halskette trug. Doch
der Gesandte achtete darauf, sie in dem Kreis der *Muqarribin* (jener,
die Gott nahe stehen) zu halten. Seine Warnung an sie basierte auf
Taqwa (Frömmigkeit und Ergebenheit gegenüber Gott) und *Qurb*
(Nähe zu Gott) und stellte in gewissem Sinne eine Aufforderung zur
Vernachlässigung weltlicher Dinge dar. Dieses Beispiel demonstriert
auch schön die Empfindsamkeit der Mutter im Haushalt des Propheten, die die muslimische Gemeinschaft bis zum Jüngsten Tag
repräsentiert. Die Mutter so außergewöhnlicher Menschen wie
Hasan, Husayn und Zayn al-Abidin zu sein, war mit Sicherheit keine
einfache Aufgabe. Der Gesandte bereitete sie darauf vor, zunächst
seinem eigenen Haushalt (*Ahl al-Bayt*), und dann auch den Haus-
halten aller seiner Nachkommen vorzustehen, aus denen so bedeu-

tende spirituelle Führer wie Abd al-Qadir al-Dschilani, Muhammad Baha' ad-Din al-Naqschband, Ahmad Rifa'i, Ahmad Badawi, Asch-Schadhili usw. hervorgingen.

Bukhari und Muslim präsentieren uns ein weiteres Beispiel für die Unterweisung der Ehefrauen des Propheten. Demnach erzählte Ali:

> „Wir beschäftigten keine Diener in unserem Haus, deshalb übernahm Fatima die ganze Hausarbeit. Wir lebten in einem Haus mit nur einem kleinen Zimmer. Dort machte sie Feuer und kochte. Oft versengte sie ihre Kleider bei dem Versuch, dass Feuer durch Pusten anzufachen. Sie backte Brot und schleppte Wasser heran. Vom Drehen des Mühlsteins waren ihre Hände mit Schwielen bedeckt, ebenso wie ihr Rücken vom Tragen. Unterdessen wurden einige Kriegsgefangene nach Medina gebracht. Der Gesandte übergab sie jenen, die ihn darum baten. Ich schlug Fatima vor, ihren Vater ebenfalls nach einem Diener zu fragen, was sie auch tat."

Fatima fährt fort:

> „Ich ging zu meinem Vater, aber er war nicht zuhause. Aischa meinte, sie werde ihm Bescheid sagen, wenn er zurückkehre. Als wir gerade zu Bett gehen wollten, kam der Gesandte herein. Wir wollten aufstehen, aber er ließ uns nicht und setzte sich stattdessen zwischen uns. Ich konnte die Kälte seiner Füße an meinem Körper spüren. Er fragte mich, was ich gewollt hatte, und ich erklärte es ihm. Der Gesandte antwortete in Furcht einflößender Manier: *Fatima! Sei gottesfürchtig, und begehe in deinen Pflichten Ihm gegenüber keinen Fehler. Ich rate dir etwas: Wenn du ins Bett gehst, sprich jeweils 33-mal die Worte: Subhan'Allah, Al-Hamdu li'llah und Allahu akbar (Allah sei gepriesen! Aller Lobpreis gebührt Allah! Allah ist der Größte!) Das ist besser für dich, als eine Dienstmagd zu haben."*[73]

Die Liebe zu den Eltern und der Respekt vor ihnen[74]

Ihr, die ihr euch eurer Verantwortung gegenüber euren Eltern nicht bewusst seid, die ihr ein betagtes Elternteil, einen hilflosen und kran-

---

[73] Bukhari, *Fada'il al-Ashab*, 9; Muslim, *Dhikr*; 80,81
[74] Dieser Abschnitt ist dem 21. Brief des Buches *The Letters* von Said Nursi, London 1995, entnommen.

ken Verwandten oder einen Gläubigen in eurem Haus habt, der nicht für sich selbst sorgen kann! Beherzigt die folgenden Zeilen, und begreift, wie sie euch auf fünf verschiedene Arten dazu bewegen, euren Eltern in Liebe zu begegnen!

So wie die Liebe der Eltern zu ihren Kindern eine erhabene Realität des weltlichen Lebens darstellt, ist die Dankbarkeit der Kinder eine absolut notwendige und schwer wiegende Pflicht. Eltern sind aus Liebe dazu bereit, ihr Leben für das Leben ihrer Kinder hinzugeben. Daher sind Kinder, die sich darum bemühen, sie zu erfreuen und ihr Wohlwollen zu finden, ohne ihnen gleichzeitig aufrichtig Respekt zu bekunden oder ihnen bereitwillig zu dienen, keine wahren Menschen, sondern Monstren der Undankbarkeit. Auch Onkel und Tanten sind als Eltern zu betrachten.

Wisset, ihr, die ihr diese Pflichten vernachlässigst, wie schrecklich undankbar und gewissenlos ihr seid, wenn ihr die Existenz eurer Eltern als lästig empfindet und ihren Tod herbeisehnt! Erkennt dies, und kommt zur Vernunft! Seht doch ein, wie ungerecht es ist, den Tod jener zu wünschen, die ihr Leben für euch geopfert haben!

Ihr, die ihr damit beschäftigt seid, euer tägliches Brot zu verdienen, macht euch bewusst, dass der kranke Verwandte, den ihr als Last empfindet, eine Quelle der Gnade und des Wohlergehens ist! Beschwert euch niemals über eure Probleme, euren Lebensunterhalt zu bestreiten; denn würde euch keine Gnade und kein Wohlergehen gewährt, würdet ihr noch viel größere Not leiden. Würde ich mich nicht darum bemühen, diesen Brief knapp zu halten, könnte ich euch das ohne weiteres beweisen.

Ich schwöre bei Gott, dass diese Wahrheit sogar mein böses und mir Böses gebietendes Selbst akzeptiert. Jedes Geschöpf kann sehen, dass der unendlich Barmherzige und Mitfühlende, Gnädige und Freigebige Majestätische Schöpfer die Kinder mitsamt einem Proviant auf die Welt geschickt hat: mit der Milch aus den Brüsten ihrer Mütter. Den alten Menschen, die Kindern ähneln und des Mitgefühls sogar noch mehr bedürfen und würdig sind als diese, hat Gott ebenfalls einen Proviant bereitgestellt: in der Form von Segen und unsichtbarem, immateriellem Wohlergehen. Er lässt es nicht zu, dass ihr Überleben einzig und allein von geizigen und gierigen Menschen abhängt.

Wahrlich, Allah allein ist der Versorger, der Stärke und Festigkeit besitzt. (51:58)

Und wie viele Tiere gibt es, die nicht ihre eigene Versorgung tragen. Allah versorgt sie und euch. (29:60)

Die Wahrheit, die in diesen beiden Versen steckt, wird von allen Geschöpfen in den Sprachen ihrer Veranlagung kundgetan. Bereitgestellt wird also nicht nur der Unterhalt unserer älteren Verwandten in Form jenes Segens, sondern auch der von Haustieren, die als Freunde des Menschen erschaffen wurden und von diesen gehegt und gepflegt werden. Ich persönlich habe folgende Erfahrung gemacht: Vor Jahren betrug meine Tagesration Essen einen halben Laib Brot. Damit kam ich kaum aus, bis irgendwann einmal vier Katzen begannen, mir täglich einen Besuch abzustatten. Als ich mein Brot mit ihnen teilte, reichte es für uns alle. Diese Beobachtung habe ich so oft gemacht, dass ich schließlich davon überzeugt war, dass mir durch die Katzen der Segen Gottes zuteil wurde. Ich behaupte also, dass sie mich nicht belasteten; vielmehr war ich ihnen zu Dank verpflichtet.

Ihr Menschen, ihr seid die achtbarsten, erhabensten und anerkennenswertesten aller Geschöpfe! Die vollkommensten aller Menschen wiederum sind die Gläubigen. Und die Gläubigen, die den größten Respekt und das tiefste Mitgefühl verdienen und benötigen, sind die Hilflosen und die Älteren. Aus dieser Gruppe der Älteren und Hilflosen haben unsere Verwandten Anspruch auf den größten Teil unserer Zuneigung, unserer Liebe und unserer Dienste. Unter unseren Verwandten schließlich sind unsere Eltern unsere verlässlichsten Vertrauten und unsere bewährtesten Gefährten. Wenn uns doch schon ein Tier, das in unserem Haus zu Gast ist, Segen und Wohlergehen spendet, um wie viel mehr Segen und Wohlergehen müssen uns dann unsere alt gewordenen Eltern spenden, wenn sie mit uns zusammenleben. Folgender Hadith zeigt, welch großes Unglück sie von uns fernhalten können:

> *Was die Älteren betrifft, so wendet euch ihnen doppelt zu, sonst wird sich Unglück über euch ergießen.*

Also kommt zur Besinnung! Wenn euch ein langes Leben gewährt wird, werdet auch ihr irgendwann alt werden. Wenn ihr euren Eltern keinen Respekt entgegenbringt, werden eure Kinder auch euch nicht mit Respekt begegnen - getreu dem Motto, dass jeder das erntet, was er gesät hat. Eine eingehende Beschäftigung mit dem Leben nach dem Tode beweist, dass wir dort sehr davon profitieren werden, wenn wir uns hier um das Wohlwollen und das Verständnis unserer Eltern bemühen. Wenn ihr dieses weltliche Leben liebt, macht ihnen Freude, auf dass ihr ein Frucht bringendes Leben führt! Wenn ihr sie jedoch als Last empfindet, ihre schnell beleidigten Herzen brecht und euch ihren Tod wünscht, werdet ihr zu jenen gehören, denen der Koran mit folgendem Vers droht:

> *Er verliert diese Welt so gut wie die künftige. (22:11)*

Diejenigen, die auf die Gnade des Barmherzigen bauen, müssen ihrerseits denen, die ihnen von Gott anvertraut wurden, barmherzig sein.

HALAL (ZULÄSSIG) UND HARAM (VERBOTEN)

Halal ist ein koranischer Begriff, der mit erlaubt, gestattet, rechtmäßig oder gesetzmäßig übersetzt werden kann. Sein Gegenstück ist *haram* (verboten, unrechtmäßig, gesetzwidrig). Die Definition dessen, was als *halal* bzw. *haram* zu bewerten ist, war vor der Offenbarung des Koran Menschen höchst umstritten. Viele fehlerhafte und schädliche Dinge wurden erlaubt, während andere, untadelige und einwandfreie Dinge verboten wurden.

Die Menschen begingen schlimme Fehler und tendierten entweder zu weit nach links oder zu weit nach rechts. Das eine Extrem wird durch den asketischen indischen Brahmanismus und durch das christliche Mönchstum repräsentiert. Darüber hinaus forderten andere Religionen von ihren Anhängern, den eigenen Körper zu kasteien, auf gutes Essen zu verzichten und sich von weiteren Freuden, die Gott dem Menschen bereitet hat, fern zu halten. Ein Vertreter des anderen Extrems ist die persische Mazdak-Philosophie, die die absolute Freiheit ausrief und den Menschen gestattete, sich alles zu nehmen, was sie wollten, und sich an allem zu erfreuen, wonach ihnen der Sinn stand. Diese Philosophie ermunterte ihre Anhänger sogar, das zu verletzen, was von Natur aus als unantastbar gilt.

Als der Islam kam, waren Irrtum, Verwirrung und Abweichung also weit verbreitet. Eine der ersten Errungenschaften des Islam bestand daher darin, bestimmte rechtliche Prinzipien und Maßstäbe auszugeben, die hier Abhilfe schafften. Diese Prinzipien wurden zu den entscheidenden Kriterien ernannt, auf denen fortan die Einordnung von *halal* und *haram* gründen sollte. Die zentrale Frage wurde also aus der richtigen Perspektive heraus beantwortet, und die mit der Antwort verbundenen Regelungen wurden auf der Basis von Werten wie Gerechtigkeit, Tugendhaftigkeit, Rechtschaffenheit und vollkommener Frömmigkeit getroffen. Das Resultat war, dass die muslimische Gemeinschaft danach eine mittlere Position zwischen den oben genannten extremen Abweichungen einnahm und von Gott zur *besten Gemeinde, die für die Menschen entstand* (3:110) erklärt wurde.

Grundprinzipien

- Das erste Grundprinzip lautet, dass alles, was Gott erschaffen hat und dem Menschen Nutzen bringt, erlaubt ist. Verboten ist einzig und allein das, was durch einen klaren und deutlichen *Nass* (d.h., durch einen Koranvers oder eine unzweideutige, authentische und unmissverständliche *Sunna* des Propheten) verboten wird. Denn Koran und Sunna sind die beiden Hauptquellen des islamischen Rechts.

- Im Islam ist die Sphäre des Verbotenen relativ begrenzt, während die Sphäre des Erlaubten sehr weit ist. In Bezug auf die Akte der Anbetung gilt das Prinzip der Beschränkung: In diesem Bereich kann nur das gesetzmäßig geregelt werden, was Gott Selbst gesetzmäßig geregelt hat. In Bezug auf die Lebensführung wiederum gilt das Prinzip Freiheit; denn in diesem Bereich dürfen keine Einschränkungen gemacht werden, es sei denn, Gott Selbst oder Sein Gesandter (der sich auf Gottes Offenbarung stützt) haben es so verfügt. Kein Rabbiner, kein Priester, kein König und kein Sultan hat das Recht, den Dienern Gottes etwas auf Dauer zu verbieten. Die Anhänger der Buchreligionen (die Christen und Juden) kritisierte der Koran dafür, dass sie die Macht, Dinge und Handlungen zu erlauben oder zu verbieten, an Priester bzw. Rabbiner delegierten.

Adiy ibn Hatim, der vor seinem Übertritt zum Islam Christ war, kam eines Tages zum Gesandten, als er ihn folgenden Vers rezitieren hörte:

> *Sie haben sich ihre Schriftgelehrten und Mönche zu Herren genommen außer Allah; und den Messias, den Sohn der Maria. Und doch war ihnen geboten worden, allein den Einzigen Gott anzubeten. Es ist kein Gott außer Ihm. Gepriesen sei Er über das, was sie (Ihm) zur Seite stellen! (9:31)*

Da sagte er: „Gesandter Gottes, sie beten sie doch gar nicht an!" Der Gesandte erwiderte:

> *Nein, aber sie verbieten den Menschen, was halal ist und erlauben ihnen, was haram ist; und die Menschen gehorchen ihnen. Dies ist ihre Art von Anbetung.*[75]

- Eine besondere Eigenschaft des Islam ist, dass er nur das verbietet, was unnötig, schädlich und verzichtbar (nutzlos und unerwünscht) ist, wobei er gleichzeitig Alternativen bereitstellt, die besser sind und uns innere Ruhe und Wohlbehagen schenken. Beispielsweise verbietet uns Gott, Fragen nach der Zukunft durch das Los zu beantworten. Seine Alternative ist die *Istikhara*.

---

[75] Tirmidhi, *Tafsir*, HN:3292

Der Islam lehrt, dass Muslime, die mit einem Problem konfrontiert sind, andere Muslime konsultieren und die Rechtleitung Gottes suchen sollen. *Istikhara* bedeutet, sich bei der Wahl zwischen zwei Wegen um die Rechtleitung Gottes zu bemühen. Diesem Zweck dienen ein *Salat* und ein *Du'a* (ein Bittgebet um Rechtleitung). Gott verbietet Wucher, heißt aber profitorientierten Handel gut. Er untersagt Männern, Seide zu tragen, lässt ihnen aber die Wahl zwischen Wolle, Baumwolle, Leinen usw.. Er verurteilt Ehebruch, Prostitution und Homosexualität, ermutigt uns aber zu heiraten. Er verwehrt uns den Alkohol, nicht ohne uns andere köstliche Getränke anzubieten, die gut für Körper und Geist sind. Er missbilligt den Verzehr unreiner Nahrungsmittel, versorgt uns aber mit gesundem Essen.

Wenn wir die islamischen Verfügungen einer sorgfältigen Überprüfung unterziehen, werden wir feststellen, dass Gott Seinen Dienern zwar in einigen Bereichen Einschränkungen auferlegt, ihnen dafür aber ein weit größeres Feld an segensreichen Alternativen in Aussicht stellt. Gott will den Menschen mit Sicherheit nicht das Leben schwer machen; im Gegenteil, Er wünscht ihnen Wohlergehen, Frömmigkeit, Rechtleitung und Barmherzigkeit.

• Ein anderes islamisches Prinzip lautet, dass alles, was zu etwas Verbotenem führt, ebenfalls verboten ist. Auf diese Weise versucht der Islam alle Wege, die zu dem, was als *haram* einzustufen ist, zu blockieren. Zum Beispiel verbietet der Islam den außerehelichen Geschlechtsverkehr ebenso wie alles, was diesen begünstigen könnte (verführerische Kleidung, intime Zusammenkünfte und allzu zwanglose gemeinsame Treffen von Männern und Frauen, Zurschaustellung von Nacktheit, Pornografie, obszöne Lieder usw.).

• So wie der Islam alles verbietet, was dem Verbotenen Vorschub leistet, untersagt er seinen Anhängern auch, abwegige Irrwege einzuschlagen und Vorwände vorzubringen, wenn sie etwas, was eigentlich *haram* ist, dennoch tun wollen. Zum Beispiel verwehrte Gott den Juden, am Sabbat (Samstag) auf die Jagd zu gehen. Um dieses Verbot zu umgehen, gruben sie freitags Löcher in den Boden, in die die Tiere dann am Sabbat fielen und aus denen sie dann am Sonntag geholt wurden. Diejenigen, die Ausreden und Ausflüchte gutheißen und mit ihnen ihr Handeln rechtfertigen, werden diese Praktiken gutheißen. Die muslimischen Rechtsgelehrten hingegen betrachten sie als *haram*; denn Gottes Absicht war ganz offensichtlich, die Menschen von jeglichem Jagen am Sabbat, ob direkt oder indirekt ausgeübt, abzuhalten.

• Etwas, was als *haram* einzustufen ist, einfach neu zu benennen oder ihm einfach eine neue Form zu geben, obwohl seine Essenz erhalten bleibt, ist eine unredliche Strategie; denn beide Maßnahmen bewirken keine Veränderungen, solange die Sache selbst und ihre Essenz unverändert bleiben. Wenn irgendwelche Leute also neue Begrifflichkeiten einführen, um in Zukunft ungestraft Ehebruch betreiben und Alkohol trinken zu können, begehen sie nach wie vor eine Sünde. In zwei Traditionen erfahren wir:

> *Eine Gruppe von Menschen wird den Rausch der Menschen halal machen, indem sie ihm einen anderen Namen gibt.*

> *Eine Zeit wird kommen, in der Menschen ständig Ehebruch begehen, den sie dann als Handel bezeichnen.*

• In all seinen Gesetzen und moralischen Verfügungen unterstreicht der Islam die Erhabenheit der Gefühle, die Erlesenheit der Ziele und die Reinheit der Absichten. Der Islam verfügt über eine gute Absicht, mit deren Hilfe er die weltlichen Routinetätigkeiten des Alltags in Akte der Anbetung und Verehrung Gottes verwandelt. Wenn jemand also isst, um dadurch sein Leben zu erhalten und seinen Körper zu stärken, damit er die Pflichten des Schöpfers und der Mitmenschen erfüllen kann, sind sein Essen und Trinken als Anbetung und Verehrung Gottes, des Allmächtigen, zu betrachten. Und wenn jemand sexuell mit seinem Ehepartner verkehrt, weil er sich Kinder wünscht und danach strebt, eine keusche Ehe zu führen, dann vollführt er damit einen Akt der Verehrung Gottes, der ihm im Jenseits eine Belohnung einbringen wird.

Wenn ein Muslim in guter Absicht etwas tut, was rechtens ist, verwandelt sich diese Tat in einen Akt der Verehrung Gottes. Mit dem Verbotenen jedoch verhält es sich vollkommen anders: Egal wie gut die Absicht, wie ehrenhaft der Zweck und wie erhaben das Ziel auch sein mag, es bleibt *haram*. Der Islam heißt niemals gut, wenn jemand zu verbotenen Mitteln greift, um einem eigentlich lobenswerten Plan zum Erfolg zu verhelfen. Er besteht darauf, dass sowohl das Ziel als auch die gewählten Mittel ehrenhaft und rein sind. Das Motto „Der Zweck heiligt die Mittel" hat im Islam keinen Platz.

- Der Barmherzigkeit Gottes ist es zu verdanken, dass Er die Menschen nicht in Unwissenheit darüber gelassen ist, was legitim und was untersagt ist. Er hat diese Dinge sehr klar geregelt. Dementsprechend müssen wir (sofern wir die Wahl haben) tun, was erlaubt, und unterlassen, was verboten ist. Und trotzdem tut sich zwischen dem eindeutig Erlaubten und dem eindeutig Verbotenen eine Grauzone auf. Viele Menschen sind nicht in der Lage zu entscheiden, ob eine bestimmte Angelegenheit legitim ist oder nicht. Dies mag auf zweifelhafte Beweise oder auf Zweifel hinsichtlich der Anwendbarkeit von Texten auf die Umstände oder auf die zur Diskussion stehende Angelegenheit zurückzuführen sein. In diesen Fällen betrachtet es der Islam als einen Akt der Frömmigkeit, Zweifelhaftes zu meiden und sich von dem eindeutig Verbotenen fern zu halten.

- Das Prinzip des Verbotenen ist im Islam universell anwendbar. Was einem Nicht-Araber verboten ist, kann einem Araber nicht erlaubt sein, und was einem Menschen mit schwarzer Hautfarbe untersagt ist, kann einem Weißen nicht gestattet sein. Der Islam kennt keine privilegierten Klassen und auch keine Individuen, die im Namen der Religion machen können, was sie wollen. Kein Muslim darf anderen Menschen etwas verbieten, das er sich selbst erlaubt; denn Gott ist der Herr aller Menschen, und der

Islam ist die Religion der ganzen Menschheit. Alles, was Gott den Menschen durch Seine Religion befohlen hat, gilt für ausnahmslos alle Menschen; und alles, was Er verboten hat, wurde ausnahmslos allen Menschen bis zum Jüngsten Tag untersagt.

Essen und Trinken

Folgende Produkte sind eindeutig statthaft: Milch (von Kühen, Schafen und Ziegen), Honig, Fisch, Pflanzen, die nicht berauschen, frisches oder auf natürliche Weise eingefrorenes Gemüse, frische oder getrocknete Früchte, Hülsenfrüchte und Nüsse (z.B. Erdnüsse, Cashewkerne, Haselnüsse und Walnüsse) sowie Körner (Weizen, Reis, Roggen, Gerste und Hafer). Tiere wie Kühe, Schafe, Ziegen, Wild, Gänse, Hühner, Enten und Jagdvögel sind zwar ebenfalls statthaft, müssen aber islamischen Riten entsprechend geschlachtet werden.

Das Opfern von Tieren nach den Regeln des Islam (*Zabiha*) und das Befolgen der islamischen Essensvorschriften beugen bestimmten Krankheiten vor. Geopfert wird, um sicherzustellen, dass das Fleisch von hoher Qualität ist, und um eine Verseuchung mit Mikroben zu verhindern. Damit ein Tier als statthaft gelten kann, muss es so geopfert worden sein, dass das Blut vollständig aus seinem Körper herausgetropft ist.

Das islamische Verfahren, ein Tier zu opfern, sieht vor, dass man ihm die Kehle durchschneidet, damit das Blut heraustropft und nicht in den Adern gerinnt. Folglich dürfen Tiere, die erdrosselt oder totgeschlagen wurden, und solche, die im Kampf oder bei einem Unfall gestorben sind, nicht gegessen werden. Derjenige, der das Tier schlachtet, muss ein reifer, geistig gesunder Muslim sein, der das Tier mit einem scharfen Arbeitsgerät tötet. Dabei rezitiert er die Worte *Bi'smi'llah* (Im Namen Gottes!) und hat darauf zu achten, dass er den Kopf nicht vom Rumpf trennt. Bevor dem Tier das Fell abgezogen werden kann, muss es tot sein.

Folgende Tiere werden als *haram* betrachtet, weiterhin alle Produkte, die mit diesen Tieren in Berührung kommen oder folgende Dinge enthalten:

- Schwein, Hund, Esel und Fleisch fressende Tiere (z.B. Bären oder Löwen);
- Reptilien und Insekten, die als widerwärtig und schmutzig gelten (Würmer, Läuse, Fliegen, Kakerlaken etc.);
- Tiere, die durch Erdrosselung, einen Schlag auf den Kopf (z.B. mit einem Knüppel), einen Sturz oder natürliche Ursachen (Aas) zu Tode gekommen sind und solche, die von einem anderen Tier auf die Hörner genommen oder angegriffen wurden (ausgenommen Fische). Als der Gesandte nach dem Meer und den Meerestieren gefragt wurde, antwortete er: *Sein Wasser ist rein, und seine Toten sind halal.*
- Alle Tiere mit Ausnahme von Fischen, die nicht den islamischen Opferbestimmungen entsprechend geschlachtet wurden;
- Alkohol, schädliche Substanzen, giftige und berauschende Pflanzen oder Getränke (Haschisch, Opium und moderne Drogen, natürliche wie chemische);
- Tiere mit vorstehenden Eckzähnen (z.B. Affen, Katzen und Löwen);
- Amphibien (wie Frösche, Krokodile oder Schildkröten);
- Tiere, die zur Anbetung oder im Namen von jemand anderem als Gott geopfert wurden;
- Skorpione, Tausendfüßler, Ratten und ähnliche Tiere;
- Tiere, die nicht getötet werden dürfen (z.B. Bienen);
- Vögel mit Krallen (z.B. Eulen und Adler);
- Fleisch, das von einem lebenden Tier abgeschnitten wurde;
- Blut;
- Tiere, die bei einer Wette oder beim Glücksspiel gewonnen wurden;
- Essenszusätze, deren Grundstoffe verboten sind und die in einem Prozess hergestellt wurden, der nicht mit dem Islam zu vereinbaren ist;
- Unreines wie Hund und Schwein, Alkohol, tote Körper, die nicht den islamischen Prinzipien entsprechend getötet wurden (außer Fisch), Blut, Urin und Abfall von Tier oder Mensch, Teile,

die von noch lebenden Tieren stammen (außer Wolle, Haar, Horn usw.), und die Milch von Tieren, die nicht gegessen werden dürfen (Esel, Katzen und Schweine).

Medizinische Notwendigkeiten

Die Rechtsgelehrten sind sich nicht einig, ob manche der als Nahrungsmittel verbotenen Substanzen nicht als Medizin verwendet werden dürfen. Einige von ihnen stufen Arzneimittel nicht als ‚zwingende Notwendigkeiten‘ ähnlich der Nahrung ein und begründen ihr Urteil mit folgendem Hadith: *Ganz gewiss hat Gott in dem, was Er euch verboten hat, kein Heilmittel bereitgestellt.* Andere halten die Versorgung mit Medizin für ebenso lebenswichtig wie die Nahrungsaufnahme; denn beide sind für die Bewahrung des Lebens unverzichtbar. Ihrer Meinung nach ist die Einnahme eines Arzneimittels, das eine *haram*-Substanz enthält, allerdings nur unter folgender Bedingung statthaft: wenn das Leben des Patienten in Gefahr ist, falls er dieses Mittel nicht nimmt, wenn es keine vergleichbare *halal*-Alternative gibt und wenn das Mittel von einem muslimischen Arzt verschrieben wurde, der sowohl kenntnisreich als auch von der Existenz Gottes überzeugt ist.

Jagd und Jagdtiere

- Soll ein auf der Jagd erlegtes Tier statthaft sein, muss es von einem Muslim, Christen oder Juden erlegt worden sein. Muslime dürfen allerdings im Zustand des *Ihram* nicht jagen.
- Der Jäger sollte nicht allein zu sportlichen Zwecken auf die Jagd gehen; d.h., der Jäger sollte die Absicht haben, das gejagte Tier zu essen oder anderweitig Nutzen aus ihm zu ziehen.
- Die Waffe sollte den Körper des Tieres durchbohren und eine Wunde hinterlassen; denn der Tod durch einen Stoß (etwa wenn ein Auto ein Reh rammt) macht das Fleisch des Tieres *haram*.
- Der Jäger muss in dem Moment, in dem er seine Waffe abfeuert, mit ihr zuschlägt oder das Tier tötet, die Worte *Bi'smi'llah* sprechen.

• Wenn ein Hund, ein Falke oder ein ähnliches Tier auf der Jagd eingesetzt wird, sollte man auf ein gut abgerichtetes Tier zurückgreifen, das das gejagte Tier nur für seinen Besitzer fängt.

Rauschmittel

Der Begriff *Khamr*, der mit Rauschmittel übersetzt werden kann, bezieht sich auf alle alkoholischen Getränke, die einen Rausch bewirken. Nichts anderes hat ähnlich großes Unglück über die Menschheit gebracht wie der Alkohol. Würde man eine Statistik erstellen, in der alle Krankenhauspatienten auf der ganzen Welt aufgeführt werden, die infolge von Alkoholkonsum an Geisteskrankheiten, Delirium tremens, Nervenkrankheiten oder auch Verdauungsproblemen leiden, und deren Zahl zu der Zahl der Selbstmorde, Bankrotte, Überschreibungen von Vermögen und kaputten Familien addieren, welche ebenfalls auf Alkoholkonsum zurückzuführen sind, läge die Gesamtzahl derart hoch, dass sich im Vergleich zu ihr alle Bedenken und Proteste, die gegen den Alkohol vorgebracht werden, gering ausnehmen.

Alles, was berauscht, ist haram: Die erste Aussage des Gesandten zu diesem Thema brachte zum Ausdruck, dass Wein verboten ist und dass in die Kategorie *Khamr* jede Substanz fällt, die berauscht - in welcher Form oder unter welchem Namen auch immer sie vorkommen mag. Daher sind auch Bier und ähnliche Getränke *haram*. Als der Gesandte nach bestimmten Getränken gefragt wurde, die durch Fermentierung aus Honig, Korn, Gerste hergestellt werden, sagte er kurz und bündig: *Jedes Rauschmittel ist Khamr, und jeder Khamr ist haram.*

Alles, was in großen Mengen konsumiert berauscht, ist auch in kleinen Mengen verboten: In Sachen Rauschmittel vertritt der Islam einen kompromisslosen Standpunkt, da es für ihn völlig unerheblich ist, ob jemand eine kleine oder eine große Menge konsumiert. Wenn einem Menschen gestattet wird, einen Schritt in Richtung Rauschmittel zu tun, werden weitere Schritte folgen. Anfangs wird er gehen, später dann laufen und nicht mehr anhalten. Aus diesem Grunde sagte der Prophet:

> *Von dem, was in großen Mengen genossen berauscht, ist auch eine kleine Menge haram.*

Der Handel mit Alkoholika: Der Gesandte verbot jeden Handel mit Alkoholika, auch den Verkauf an Nicht-Muslime.

Drogen - oder: Khamr ist alles, was den Verstand benebelt: Umar ibn al-Khattab erklärte von der Kanzel des Gesandten herab, dass „...als *Khamr* all das gilt, was den Verstand benebelt." Damit schenkte er uns ein Unterscheidungsmerkmal, mit dessen Hilfe wir genau beurteilen können, welche Substanzen als *Khamr* einzustufen sind. Für Unklarheiten bleibt hier kein Platz; denn jede Substanz, die den Verstand benebelt und seine Fähigkeit zu denken, wahrzunehmen und zu differenzieren beeinträchtigt, wurde von Gott und Seinem Gesandten bis zum Tag der Wiederauferstehung verboten. Dies schließt definitiv auch Drogen wie Marihuana, Kokain und Opium mit ein.

Der Konsum von Tabak und anderen schädlichen Substanzen: Eine allgemeine islamische Regel lautet, dass es *haram* ist, etwas zu essen oder zu trinken, das - sukzessive oder auf der Stelle - den Tod verursachen kann; gemeint sind z.B. Gifte oder Substanzen, die der Gesundheit schaden und den Körper verletzen. Wenn also erwiesen ist, dass Tabak (oder eine andere Substanz) der Gesundheit schadet, dann gilt er als *haram*; insbesondere dann, wenn ein Arzt dem Raucher empfiehlt, mit dem Rauchen aufzuhören. Selbst wenn das Rauchen nicht gesundheitsschädlich wäre, bliebe es doch eine Geldverschwendung, die keinen religiösen oder säkularen Nutzen bringt. Und der Gesandte untersagte uns, unser Vermögen zu verschwenden. Dieser Aspekt rückt in den Mittelpunkt, wenn das Geld, das für den Tabakkonsum ausgegeben wird, dringend für den Lebensunterhalt des Rauchers selbst oder seiner Familie benötigt wird.

Kleidung und Schmuck

Aus islamischer Perspektive dient die Kleidung zwei Zwecken: der
Verhüllung des Körpers und der Aufwertung der Erscheinungsform
seines Besitzers. Gott, der Allmächtige, würdigt die Bereitstellung
von Kleidung und Schmuck für die Menschen als einen Seiner
Gunstbeweise:

> *O Kinder Adams, Wir gaben euch Kleidung, um eure Scham zu*
> *bedecken und zum Schmuck.* (7:26)

Bevor sich der Islam der Frage des Schmucks und der äußeren
Erscheinungsform zuwendet, widmet er sich eingehend der Frage
der Reinheit; denn die Reinheit ist die Essenz einer angenehmen
Erscheinungsform und der Schönheit jedes Schmuckes.

Goldschmuck und Kleidung aus Seide: Der Islam verbietet Männern das Tragen von Goldschmuck und Kleidung aus Seide. Frauen
hingegen gestattet er diese Dinge.

Die Kleidung der Frau: Der Islam verbietet Frauen, Kleider zu
tragen, die ihren Körper nicht verhüllen, die durchsichtig sind und
die so eng anliegen, dass sie insbesondere die in sexueller Hinsicht
verführerischen Körperteile betonen.

Kleidung, die zur Schau gestellt oder mit der geprotzt wird:
Die allgemeine Regel für die Freude an guten Dingen (wie Essen,
Trinken und Kleidung) lautet, dass diese ohne Übermut oder Stolz
genossen werden sollten. Dabei resultiert Übermut aus dem Überschreiten der Grenzen dessen, was bei der Verwendung des Erlaubten noch gutgeheißen wird, während sich Stolz eher auf die Absicht
und das Herz als auf die äußere Erscheinungsform bezieht. Ein
stolzer Mensch möchte wertvoller als andere Menschen und jenen
überlegen erscheinen. Gott aber schätzt keine eingebildeten Ange-
ber. (57:23) Um selbst dem Verdacht des Stolzes entgegenzuwir-
ken, verbot der Gesandte Gottes das Tragen von Kleidungsstücken,
denen ein ‚Ruf' anhaftet (d.h., von Kleidungsstücken, die man trägt,

um andere zu beeindrucken und die einen sinnlosen Wettbewerb in Gang setzen und unproduktiven Zwecken dienen).

Extreme Schönheitspflege: Der Islam verurteilt Exzesse in der Schönheitspflege, die eine Veränderung der von Gott kreierten Körpermerkmale bewirken. Der Koran bewertet solche Veränderungen als vom Satan inspiriert, der sie (seinen Anhängern) befiehlt, um umzuformen, was Gott erschaffen hat. (4:119)

Objekte, die mit Luxus und Heidentum in Verbindung gebracht werden: Muslimen steht es frei, ihre Häuser mit Blumen, farbigen Stoffen und anderen statthaften Objekten zu schmücken. Es steht ihnen frei, ihre Häuser schön einzurichten und elegante Kleidung zu tragen. Andererseits missbilligt der Islam jedoch jede Übertreibung, und der Gesandte hielt nichts von Leuten, die ihre Häuser mit luxuriösen und extravaganten Gegenständen oder heidnischen Objekten dekorierten. Denn der Islam lehnt Luxus, Übertreibung und alles Heidnische ab.

Einige nützliche Informationen

Gold- und Silberutensilien: In Übereinstimmung mit allem, was bis zu diesem Punkt gesagt wurde, verbietet der Islam die Verwendung von Goldutensilien und von Seidengewändern für Männer.

Das Andenken bedeutender Menschen: Der Islam verabscheut jede extreme Glorifizierung von lebenden wie toten Menschen, egal wie ‚bedeutend' sie auch gewesen sein mögen. Der Gesandte warnte uns:

> *Verherrlicht mich nicht so, wie die Christen Jesus, den Sohn der Maria, verherrlichen, sondern sagt: „Er ist ein Diener Gottes und Sein Gesandter."*

Eine Religion, die selbst den Gesandten Gottes in einem solchen Licht sieht, ist eine Religion der Bescheidenheit. Sie kann nicht tolerieren, wenn für irgendwelche Individuen Statuen aufgestellt werden, auf die die Menschen dann voller Bewunderung und

Wertschätzung zeigen. Viele, die Größe für sich beanspruchen, und Menschen, die nach eigener Einschätzung Geschichte machen, sind durch diese offene Tür in die Ruhmeshalle eingetreten; denn wer es sich leisten kann, errichtet sich selbst Statuen und Monumente oder lässt sie von seinen Bewunderern erbauen. Diejenigen, die wirklich bedeutend sind, werden hingegen oft zuwenig bewundert.

Kinderspielzeug: Kinderspielzeuge mit der Gestalt von Menschen und Tieren sind im Islam erlaubt.

Hundehaltung ohne Notwendigkeit: Die Haltung von Hunden als Haustieren wurde vom Gesandten untersagt. Die Haltung von Hunden, die einen Zweck erfüllen (z. B. von Hunden für die Jagd, für das Hüten von Schafen oder für die Bewachung von Feldern), ist hingegen statthaft.

Missbilligte Industrien und Berufe: Der Islam verbietet bestimmte Berufe und Industrien, weil sie den Glaubensvorstellungen, der Moral, der Ehre oder den guten Sitten der Gesellschaft schaden. Um nur einige zu nennen: Prostitution, erotische Künste oder Industrien zur Herstellung von Rauschmitteln und Drogen.

Handel

Koran und Sunna fordern die Muslime dazu auf, sich mit dem Ziel, „die Gunstbeweise Gottes zu suchen", im Handel zu betätigen und zu reisen.

Verbotener Handel: Der Islam untersagt jeden Handel, der mit Ungerechtigkeit, Betrug und exorbitant hohen Profiten verbunden ist oder Verbotenes propagiert. Beispiele sind das Engagement im Handel mit alkoholischen Getränken, Rauschmitteln, Drogen, Schweinen, Götzenbildern oder allen anderen Dingen, deren Konsum und Verwendung verboten ist. Alle Gewinne aus solchen Transaktionen gelten als sündhaft.

Auch wenn ein Händler ausschließlich mit *halal*-Objekten handelt, muss er viele moralische Aspekte berücksichtigen: Wenn er sich nicht des Schutzes Gottes und Seines Gesandten berauben will, darf er nicht lügen und betrügen, denn wer dies tut, wird als nicht zur muslimischen Gemeinschaft gehörig betrachtet. Er darf beim Wiegen nicht die Waagschalen zu seinen Gunsten präparieren. Er darf nicht horten, und er darf keine Zinsen (*Riba*) nehmen, was Gott ebenfalls verboten hat.

Das Verbot von Verkäufen, denen eine Unsicherheit anhaftet: Der Gesandte untersagte jede Art von Transaktion, die auf Grund gewisser Unsicherheiten zu Streit oder zu Prozessen führen könnte.

Preismanipulationen: Der Islam sieht einen freien Markt vor, der mit den natürlichen Gesetzen von Angebot und Nachfrage korrespondiert. Jede unnötige Einschränkung der Freiheit des Individuums gilt als unrechtmäßig.

Wenn jedoch bestimmte vom Menschen ausgehende Kräfte (wie z.B. das Horten von Waren oder Preismanipulationen) auf den freien Markt einwirken, genießt das öffentliche Interesse Vorrang gegenüber der Freiheit des Individuums. In einer solchen Situation kann eine Preiskontrolle installiert werden, die den Bedürfnissen der Gesellschaft Rechnung trägt und sie vor gierigen Opportunisten schützt, indem sie deren Pläne vereitelt. Forscher haben herausgefunden, dass Preiskontrollen den jeweiligen Umständen entsprechend sowohl ungerecht als auch gerecht sein können. Sie können also - von Fall zu Fall - verboten, aber auch gestattet werden.

Das Horten von Waren: Der Islam garantiert die Freiheit des individuellen und natürlichen Wettbewerbs in der Wirtschaft. Nichtsdestotrotz verachtet er diejenigen, die von Ehrgeiz und Gier getrieben auf Kosten anderer Menschen Vermögen anhäufen und dadurch reich werden, dass sie die Preise für Nahrungsmittel und andere lebensnotwendige Dinge manipulieren.

Eingriffe in den freien Markt: Der Gesandte verbot auch eine weitere Praxis, die eng mit dem Horten von Waren verbunden ist:

die Bevollmächtigung einer Person in der Stadt, die für einen Menschen vom Land dessen Waren verkauft. Die Gelehrten haben diese Regelung wie folgt interpretiert: Angenommen, ein Fremder kommt mit Gütern, die er zum marktgängigen Preis verkaufen möchte, in die Stadt. Ein Stadtbewohner kommt auf ihn zu und bietet ihm an: „Gib mir ein wenig Zeit. Ich werde sie für dich verkaufen, aber erst dann, wenn sich ein besserer Preis erzielen lässt." Würde der Fremde seine Güter selbst verkaufen, bekäme er zwar möglicherweise weniger Geld; aber die Käufer würden profitieren, und er selbst würde immer noch einen angemessenen Preis erzielen.

Maklergeschäfte: Abgesehen von den hier erwähnten unrechtmäßigen Fällen werden Maklergeschäfte generell gebilligt, da sie eine Art von Vermittlung zwischen Käufer und Verkäufer darstellen, die in vielen Fällen zumindest einem von ihnen oder auch beiden eine lohnende Transaktion ermöglicht. In modernen Zeiten haben Makler auf Grund der Komplexität von Handel und Wirtschaft, die alle Typen von Import und Export, Großhandel und Einzelhandel unter ihrem Dach vereinen, zunehmend an Bedeutung gewonnen. Makler sorgen dafür, dass die Geschäfte laufen. Wenn sie eine Provision für ihre Bemühungen nehmen, hat das durchaus seine Berechtigung. Diese Provision kann einer bestimmten Summe entsprechen, auf die sich die beteiligten Parteien geeinigt haben, oder in einem bestimmten Verhältnis zum Volumen des Handels stehen.

Ausbeutung und Betrug: Um einer Manipulation des Marktes vorzubeugen, verbot der Gesandte *Nadschasch*-Geschäfte (Scheingeschäfte). Umar erläuterte, ein *Nadschasch*-Geschäft sei ein Geschäft, bei dem jemand für eine Ware wesentlich mehr biete, als diese eigentlich wert ist, nur um andere dazu zu verleiten, noch höher zu bieten. Mit dieser Methode werden oft Menschen getäuscht.

„Wer uns betrügt, gehört nicht zu uns": Der Islam verbietet jede Art von Betrug und Täuschung, sei es bei Kauf und Verkauf oder bei irgendeiner anderen Transaktion zwischen Menschen. Muslime sind dazu angehalten, in allen Situationen aufrichtig und ehrenhaft

zu sein und ihren Glauben wichtiger zu nehmen als jeden weltlichen Gewinn.

Häufiges Beeiden: Die Sünde der Täuschung wiegt noch schwerer, wenn der Verkäufer sie dadurch stützt, dass er bei Gott schwört, dass ein unwahrer Umstand wahr ist. Der Gesandte Gottes empfahl den Händlern, generell auf Eide zu verzichten, insbesondere aber dann, wenn diese eine Lüge bekräftigen sollen: *Das Schwören sorgt für einen prompten Verkauf, nimmt aber den Segen.* Er missbilligte das häufige Beeiden, weil es in vielen Fällen dazu dient, Menschen zu täuschen, und uns den Respekt vor dem Namen Gottes nimmt.

Das Vorenthalten des vollen Maßes: Ein Weg, Kunden zu betrügen, besteht darin, ungenau zu messen bzw. zu wiegen. Der Koran trägt uns auf, das volle Maß bzw. Gewicht zu berechnen, und warnt uns davor, dabei zu betrügen:

> *Wehe denjenigen, die das Maß verkürzen, die, wenn sie sich von den Leuten zumessen lassen, volles Maß verlangen. Und dann jedoch, wenn sie es ihnen ausmessen oder auswägen, verkürzen sie es. Glauben diese nicht, dass sie auferweckt werden an einem großen Tag, an dem die Menschen vor dem Herrn der Welten stehen werden?* (83:1-6)

Der Kauf gestohlener Güter: Zur Verbrechensbekämpfung und um Verbrechern möglichst wenig Spielraum zu lassen, untersagt der Islam den Muslimen, Güter zu kaufen, von denen sie wissen, dass sie widerrechtlich angeeignet, gestohlen oder auf unrechtmäßige Weise vom Vorbesitzer erworben wurden. Jeder, der solche Güter erwirbt, unterstützt den unberechtigten Besitzergreifer, den Dieb oder den ungerecht Handelnden.

Zinsen: Der Islam gestattet die Anhäufung von Kapital durch Handel. Gleichzeitig versperrt er jedem den Weg, der versucht, sein Kapital durch Zinsnahme (*Riba*) zu mehren. Dabei spielt keine Rolle, ob hohe oder niedrige Zinsen erhoben werden.

Verkäufe auf Kredit: Zwar sollten Käufe möglichst in bar getätigt werden; bei gegenseitigem Einvernehmen ist es jedoch auch statthaft, etwas auf Kredit zu kaufen. Einige Rechtsgelehrte sind der Auffassung, dass Ratenzahlung auf eine Zinsnahme hinausläuft, da hier der Käufer um eine aufgeschobene Zahlung bittet, die ihm der Verkäufer nur unter der Bedingung gewährt, dass der Preis erhöht wird. Auch hier werde ein Preis für Zeit gezahlt; deshalb betrachten sie solche Transaktionen als *haram*. Die meisten Gelehrten dulden diese Transaktionen jedoch, da sie ihnen zufolge in ihrer Gesamtheit keine Ähnlichkeit zur Zinsnahme aufweisen. Sie argumentieren, dem Verkäufer stehe es frei, einen ihm angemessen erscheinenden Preis festzulegen, solange er den Käufer nicht eklatant ausbeute oder ihn ganz offensichtlich unfair behandle. Die Bedingung für die Rechtmäßigkeit eines solchen Handels lautet, dass dieser in gegenseitigem Einvernehmen abgeschlossen wird und dass Betrag und Laufzeit von beiden Seiten gemeinsam festgelegt wurden und beiden Seiten bekannt sind.

Bestechung: Bestechungsgelder anzunehmen heißt, sich widerrechtlich das Vermögen anderer Menschen anzueignen. Als Bestechungsgelder gelten alle Arten von Zahlungen, die die Entscheidungen von Richtern oder Beamten im Sinne des Bestechenden beeinflussen oder seinen Rivalen benachteiligen, aber auch Zahlungen, die die Bearbeitung bestimmter eigener Vorgänge beschleunigen und die von anderen verzögern.

Verschwendung: Das Vermögen anderer Menschen gilt als heilig, und jede versteckte wie offene Verletzung ist untersagt. Aber auch das eigene Vermögen ist heilig. Das heißt, dass man es nicht in Ausschweifungen verschwenden darf.

Einkommen: Muslime können eine Anstellung bei der Regierung, in Unternehmen oder bei Individuen anstreben, wenn sie das Anforderungsprofil erfüllen und ihren Pflichten auf angemessene Art und Weise nachkommen. Sie sollten sich keine Jobs suchen, denen sie nicht gewachsen sind; vor allem dann nicht, wenn diese Jobs ihnen richterliche oder exekutive Autorität verleihen.

Unzulässige Beschäftigungsverhältnisse: Muslime dürfen keine Arbeit annehmen, die der Sache des Islam oder den Muslimen schadet. Folglich ist es ihnen untersagt, für Unternehmen zu arbeiten, die *haram*-Waren produzieren. Auch jede Dienstleistung, die einer Ungerechtigkeit Vorschub leistet oder etwas, das als *haram* gilt, zugute kommt, gilt selbst als *haram*. So dürfen Muslime beispielsweise nicht für Organisationen arbeiten, die Zinsen nehmen, und auch nicht in Bars, Alkoholshops, Nachtklubs usw. arbeiten.

Eine allgemeine Regel für das Verdienen des Lebensunterhalts: Was das Verdienen des Lebensunterhalts betrifft, unterscheidet der Islam zwischen rechtmäßigen und unrechtmäßigen Wegen. Jede Transaktion, bei der ein Beteiligter auf Kosten eines anderen Beteiligten verdient, ist unrechtmäßig, während alle Transaktionen, die fair und für alle Parteien gleichermaßen vorteilhaft sind sowie in gegenseitigem Einvernehmen zu Stande kommen, rechtmäßig sind. Diese beiden für alle Transaktionen gültigen Bedingungen werden von folgendem Koranvers verankert:

> *O Ihr Gläubigen! Bringt euch nicht untereinander in betrügerischer Weise um euer Vermögen! Anders ist es, wenn es sich um ein Geschäft handelt, das ihr in gegenseitigem Übereinkommen abschließt. Und tötet euch nicht (gegenseitig)! Allah verfährt barmherzig mit euch. Wenn einer dies in Übertretung und in frevelhafter Weise tut, werden Wir ihn im Feuer brennen lassen, und das ist Allah ein Leichtes. (4:29-30)*

Andere Aktivitäten

Unrechtmäßiger Geschlechtsverkehr: Alle Offenbarungsreligionen haben unerlaubten außerehelichen Geschlechtsverkehr und Ehebruch (*Zina'*) verboten und bekämpft. Der Islam, die letzte jener von Gott offenbarten Religionen ist in diesem Punkt sehr streng. Er verbietet *Zina'*, da dieser zu einer Verwässerung der Abstammungslinie, Kindesmissbrauch, einem Zerfall der Familien, Bitterkeit in den ehelichen Beziehungen, einer Verbreitung von Geschlechtskrankheiten und einer Lockerung der Moral führt. Darüber hinaus öffnet er einer Flut von Gelüsten und Genüssen des Selbst Tür und Tor.

Wenn der Islam etwas verbietet, blockiert er alle Wege, die dorthin führen. Er verbietet alle Schritte und Mittel, die das Verbotene fördern könnten. Alles, was die Leidenschaften weckt, was unrechtmäßigen sexuellen Beziehungen zwischen Mann und Frau Tür und Tor öffnet oder was für Unanständigkeit und Obszönitäten wirbt, gilt demzufolge als *haram*.

Aberglaube und Mythen: Zu Lebzeiten des Propheten gab es in der arabischen Welt viele Wahrsager und Hellseher. Sie betrogen ihre Mitmenschen, indem sie vorgaben, ihnen mit Hilfe ihrer Kontakte zu Dschinn oder anderen geheimen Quellen Informationen über Ereignisse in Vergangenheit und Zukunft zu enthüllen. Der Gesandte bekämpfte diese Täuschungsversuche, die sich nicht auf Wissen, Rechtleitung Gottes oder eine Offenbarungsschrift stützten. Aus dem gleichen Grund sind Wahrsagetechniken mit Pfeilen und Entscheidungsfindungen, die auf Lesen im Sand, in Muscheln, Teeblättern und Palmen basieren, ebenso untersagt wie Wahrsagerei mit Hilfe von Karten und Ähnlichem.

Magie: Der Islam verurteilt die Magie und die Menschen, die sie praktizieren. Der Gesandte Gottes zählte die Praxis der Magie zu jenen sehr schweren Sünden, die zuerst die Völker, dann die Individuen zerstören und alle, die sich ihrer bedienen, entwürdigen. Einige Rechtsgelehrte betrachten die Magie als Unglauben (*Kufr*) oder als etwas, das zum Unglauben führt.

Omen: Aus irgendwelchen Gegenständen, Orten, Zeiten, Individuen usw. bestimmte schlechte Vorzeichen abzuleiten, war und ist ein nach wie vor gängiger Aberglaube.

Die Entspannung des Geistes: Die erhabenen und redlichen Gefährten des Propheten folgten seinem Beispiel und entspannten ihren Körper ebenso wie ihren Geist. Ali ibn Abi Talib sagte: „Der Geist wird müde, so wie der Körper auch; also pflegt beide mit

Humor", und: „Erfrischt euren Geist von Zeit zu Zeit, denn ein müder Geist erblindet." Abul-Darda sagte: „Ich zerstreue mein Herz mit etwas Trivialem, um es stärker für den Dienst an der Wahrheit zu machen."

Demnach spricht nichts dagegen, wenn Muslime Ablenkung suchen, um ihren Geist zu zerstreuen, oder einem rechtmäßigen Sport bzw. einer anderen Aktivität nachgehen. Das Vergnügen sollte allerdings nicht zum Zweck ihres Lebens werden, der sie ihre religiösen Pflichten vergessen lässt. Außerdem sollte niemand über ernsthafte Dinge Witze machen. Sehr treffend heißt es: „Reichere deine Konversation mit genau so viel Witz an, wie du deinem Essen an Salz beigibst."

Muslimen ist es untersagt, sich über die Werte und Ehrvorstellungen anderer Menschen lustig zu machen. Sportarten wie Laufen, Bogenschießen, Speerwerfen und Schwimmen sind statthaft.

Musik und Gesang: Zu den Vergnügungen, die die Seele beglücken, das Herz erfreuen und die Ohren ergötzen, gehört der Gesang. Dieser wird vom Islam gutgeheißen und zu Festtagen wie den Tagen des *Id*, bei Hochzeiten und Hochzeitsfesten, anlässlich von Geburten und *Aqitat* (Dankfesten, bei denen Gott zur Ehre ein Schaf geschlachtet wird) empfohlen. Allerdings gibt es einige Einschränkungen:

- Der Inhalt der Lieder darf sich nicht gegen die Lehren des Islam richten. Lieder, die den Wein preisen und die Menschen zum Trinken einladen, gelten z.B. als *haram*. Außerdem dürfen die Lieder nicht Pessimismus und Verzweiflung verbreiten.

- Auch wenn der Inhalt eines Liedes nicht gegen islamische Lehren verstößt, kann die Art und Weise des Vortrags (Körperbewegungen des Sängers, die Gelüste wecken und die Menschen zu *haram*-Akten auffordern) es zu einem *haram*-Lied machen.

- Der Islam widersetzt sich Exzessen und Extravaganzen in jeder Beziehung. Daher kann er auch eine exzessive Hingabe an Unterhaltung und Vergnügungen nicht tolerieren. Niemand sollte zu viel Zeit mit diesen Dingen verschwenden.

- Jeder Mensch kennt sich selbst am besten. Wenn ein bestimmter Typ Gesang unsere Leidenschaften anfacht, unsere tierischen Gelüste weckt, uns zur Sünde hin treibt und unsere Spiritualität trübt, müssen wir diesen meiden, damit wir nicht in Versuchung geführt werden.

- Uneingeschränkte Einigkeit besteht darüber, dass Gesang, der in Verbindung mit *haram*-Aktivitäten (dem Besuch einer Party, bei der Alkohol getrunken wird, oder Gesang, der mit Obszönitäten oder anderen Sünden verbunden ist) vorgetragen wird, als *haram* gilt.

Das Glücksspiel - der Gefährte des Alkohols: Zwar gestattet der Islam eine Reihe von Spielen und Sportarten; er verbietet jedoch jede Art von Spiel, in der Wetten eine Rolle spielen (d.h., Spiele mit Glücksspielcharakter). Muslime dürfen weder im Glücksspiel Entspannung suchen noch mit Glücksspiel Geld verdienen.

Der Koran nennt Trinken und Spielen in einem Atemzug, denn ihre Auswirkungen auf Individuum, Familie und Gesellschaft ähneln einander sehr. Was käme dem Alkoholismus wohl näher als das Glücksspiel? Das eine tritt zumeist nicht ohne das andere auf. Der Koran hat völlig Recht, wenn er uns lehrt, dass beide vom Satan inspiriert sind. Beide sind mit der Götzenanbetung und dem Wahrsagen verwandt und sind abscheuliche Gewohnheiten, von denen man sich fern halten sollte.

Lotterien: Lotterien und Tombolas sind ebenfalls Glücksspiele, denen man keine Toleranz entgegenbringen sollte, nur weil sie im Namen ,wohltätiger Organisationen' oder aus ,humanitären Gründen' durchgeführt werden.

Filme: Filme gelten als statthaft, solange folgende Bedingungen erfüllt sind:

- Ihre Inhalte müssen frei von Sünde und Unmoral sein, d.h., frei von allem, was gegen islamische Glaubensvorstellungen, Moral und Umgangsformen verstößt. Porträts, die sexuelle Begierden wecken, Gewalt verherrlichen oder abweichende Ideen und falsche Glaubensvorstellungen usw. propagieren, sind nicht statthaft und sollten von Muslimen weder angeschaut noch gefördert werden.

- Das Anschauen von Filmen sollte nicht zu einer Vernachlässigung religiöser oder weltlicher Pflichten führen.
- Um sexuellen Untertönen und Versuchungen vorzubeugen, sollten Frauen und Männer in Kinos nicht nebeneinander sitzen.

Soziale Beziehungen

Die Beziehungen zwischen den Mitgliedern einer islamischen Gemeinschaft basieren auf zwei grundlegenden Prinzipien: erstens auf dem Bewusstsein der starken Bande der Brüderlichkeit und Schwesterlichkeit, die die einzelnen Individuen miteinander verbindet, und zweitens auf dem Schutz der Rechte des Individuums und auf der Unantastbarkeit seines Lebens, seiner Ehre und seines Vermögens, die der Islam garantiert. Alle Worte, Taten oder Verhaltensweisen, die diese beiden Grundprinzipien verletzen, sind verboten. Die Dimension des Verbots orientiert sich am Umfang des entstehenden Schadens und an dem materiellen und moralischen Verhängnis, das aus der Verletzung dieser Grundprinzipien resultiert.

Das Abbrechen einer Beziehung zu einem Muslim: Wenn sich ein Muslim von einem befreundeten Muslim abwendet, ihn meidet oder gar seine Beziehungen zu ihm ganz abbricht, gilt dies als *haram*. Wenn zwei Muslime miteinander im Streit liegen, sollten sie sich eine Auszeit von höchstens drei Tagen geben, nach der sie Versöhnung suchen und zu einem Zustand der Harmonie zurückfinden sollten. Gefühle von Stolz, Wut und Hass sollten sie überwinden.

Streitschlichtung: Zerstrittene Individuen müssen sich um eine Beilegung ihrer Streitigkeiten bemühen; aber auch die muslimische Gemeinschaft steht in der Pflicht, einen aktiven Beitrag zur Streitschlichtung ihrer Mitglieder zu leisten. Da sie sich auf wechselseitige

Fürsorge und Kooperation stützt, darf sie nicht untätig am Rand stehen, beobachten, wie ihre Mitglieder miteinander zanken, und zulassen, dass ein Konflikt sich mehr und mehr ausweitet. Diejenigen, die Respekt und Autorität in der Gemeinschaft genießen, sind aufgefordert, die Dinge unparteiisch und ohne sich emotional in den Streit hineinziehen zu lassen wieder ins Lot zu bringen.

Lasst nicht eine Schar über die andere spotten (49:11): In den Versen 49:10-12 zählt Gott einige Verhaltensregeln auf, die auf den Erhalt der Brüderlichkeit und Schwesterlichkeit abzielen, und erläutert, was diese Regeln für die Gläubigen implizieren. Zunächst kommt hier das Verbot, andere Menschen zu verspotten, zu verhöhnen und zu verlachen zur Sprache.

Und verleumdet einander nicht (49:11): Das zweite Verbot richtet sich gegen *Lamz*, wörtlich: stechen, durchbohren. In diesem Zusammenhang bedeutet *Lamz* so viel wie nach Fehlern suchen. Denn jemand, der bei anderen nach Fehlern sucht, durchbohrt sie quasi mit einem Schwert oder ersticht sie quasi mit einem Dolch. Verletzungen, die mit der Zunge zugefügt wurden, können durchaus dauerhafter sein als alle anderen Wunden. Die Form, die in diesem Vers gewählt wurde, ist sehr subtil; denn die Bedeutung, einander nicht zu verleumden, leitet sich aus der koranischen Sichtweise der muslimischen Gemeinschaft als ein Körper mit wechselseitigen Pflichten und Verantwortlichkeiten ab. Demnach verleumdet jeder, der einen anderen Muslim verleumdet, im Endeffekt auch sich selbst.

Argwohn: Der Islam ist darum bemüht, seine Gemeinschaft auf reinem Gewissen und wechselseitigem Vertrauen aufzubauen, nicht auf Zweifel, Argwohn, Anschuldigungen und Misstrauen. Deshalb erlässt der Koran ein Verbot, das schützen soll, was den Menschen heilig ist:

> *O ihr, die ihr glaubt! Vermeidet häufigen Argwohn; denn mancher Argwohn ist Sünde.* (49:12)

Sündhaft argwöhnisch ist jemand, der anderen böse Motive unterstellt. Muslime dürfen anderen Muslimen nicht ungerechtfertigt und ohne Beweise niedere Beweggründe nachsagen. Es gilt zunächst die Unschuldsvermutung, d.h., unschuldige Menschen dürfen nicht auf Grund von Verdächtigungen angeklagt werden.

Spionieren: Misstrauen gegenüber den Mitmenschen lässt im Geist böse Gedanken entstehen; außerdem veranlasst es den Misstrauenden, anderen Menschen hinterher zu spionieren. Da der Islam seine Gemeinschaft aber auf innerer wie äußerer Reinheit aufbauen möchte und Argwohn und Spionieren Hand in Hand gehen, wird das Verbot zu spionieren direkt nach der Verurteilung des Argwohns genannt. Es ist selbst dann verboten, seine Nase in anderer Leute Angelegenheiten zu stecken und ihre Geheimnisse auszuspionieren, wenn diese sündigen (sofern sie es im Privaten tun).

Üble Nachrede: Ein weiteres Verbot der hier zitierten Verse betrifft die üble Nachrede (*Ghiyba*): *...und führt keine üble Nachrede übereinander.* (49:12) Wer dies doch tut, wird verglichen mit jemandem, der das Fleisch seines toten Bruders isst. Der Gesandte wollte seinen Gefährten anhand von Frage und Antwort begreiflich machen, was sie sich unter übler Nachrede eigentlich vorzustellen hatten. Er fragte sie:

> *Wisst ihr, was üble Nachrede ist? „Gott und Sein Gesandter wissen es am besten", antworteten sie. Es ist, etwas über euren Bruder (eure Schwester) zu sagen, dass ihm (ihr) missfallen würde. Jemand fragte: „Und wenn ich etwas über meinen Bruder (meine Schwester) sage, was wahr ist?" Der Gesandte erwiderte: Wenn das, was du über ihn (sie) gesagt hast, wahr ist, handelt es sich um üble Nachrede; wenn es aber nicht wahr ist, hast du ihn (sie) verleumdet.*[76]

Klatsch und Tratsch: Ein weiteres Laster, das im Umfeld der üblen Nachrede anzutreffen ist und vom Islam verboten wird, ist die Verbreitung von Klatsch und Tratsch. Sie wird definiert als die

---

[76]   Muslim, *Birr*, 70; Abu Dawud, *Adab*, 40

Weitergabe von Informationen, die man von irgendjemandem auf-
geschnappt hat, an Dritte in einer Art und Weise, die zu Streit unter
den Menschen führt, ihre Beziehungen erschüttert oder eine bereits
bestehende Verbitterung weiter verstärkt.

Die Unantastbarkeit der Ehre: Die Lehre des Islam garantiert
den Menschen unantastbare und unverletzliche Würde und Ehre.
Als Abdullah ibn Umar einmal auf die Kaaba schaute, rief er aus:
„Wie bedeutend und unantastbar du doch bist. Doch die Unantastbarkeit des Gläubigen ist noch bedeutender als deine!" Die Unantastbarkeit des Muslims schließt die Unantastbarkeit seines Lebens,
seiner Ehre und seines Vermögens mit ein.

Die Unantastbarkeit des Lebens: Der Islam hat das menschliche Leben für heilig erklärt und dadurch auch für seinen Schutz
gesorgt. Der Lehre des Islam zufolge ist der Angriff auf das Leben
eines Menschen eine der größten Sünden. Sie wird allein vom
Leugnen der Existenz Gottes übertroffen. Der Koran erklärt das Töten
eines Menschen für genauso schlimm wie das Töten der gesamten
Menschheit. (5:22) Weil die menschliche Rasse eine einzige Familie ist, stellt ein Verbrechen gegen eines ihrer Mitglieder auch ein
Verbrechen gegen die ganze Menschheit dar. Wenn der Getötete zudem
noch ein Muslim ist, macht dies das Verbrechen noch schlimmer.

> Und wer einen Gläubigen vorsätzlich tötet, dessen Lohn ist Dschahan-
> nam, worin er auf ewig bleibt. Allah wird ihm zürnen und ihn von Sich
> weisen und ihm eine schwere Strafe bereiten. (4:93)

Der Gesandte sagte:

> Der Verfall der Welt würde Gott weniger bedeuten als der Tod eines
> Muslims.

> Gott vergibt jedem Sünder, außer dem, der als Götzenanbeter (Ungläu-
> biger) stirbt, oder dem, der einen Gläubigen getötet hat.[77]

---

[77] Nasa'i, *Tahrim*, 1:2

Ibn Abbas leitet aus diesen Versen und Hadithen ab, dass die Reue eines Mörders von Gott nicht akzeptiert wird.

Die Unantastbarkeit des Lebens von Verbündeten und ansässigen Nichtmuslimen: Die Warnungen, die bis zu diesem Punkt zitiert wurden, galten Muslimen, die gegen andere Muslime kämpfen oder sie töten. Es möge aber niemand glauben, dass das Leben eines Nichtmuslims in einer muslimischen Gesellschaft nicht sicher sei. Denn Gott hat das Leben eines jedes Menschen für unantastbar erklärt und es unter Schutz gestellt. Dieser Schutz wird jedoch nur solange gewährt, wie die Nichtmuslime die Muslime nicht bekämpfen. Tun sie dies jedoch, dürfen die Muslime Vergeltungsmaßnahmen ergreifen. Wenn die Nichtmuslime jedoch einen Vertrag mit den Muslimen geschlossen haben oder *Dhimmis* (nichtmuslimische Bürger eines islamischen Staates) sind, ist ihr Leben unantastbar, und kein Muslim darf sie angreifen.

Selbstmord: All das, was für den Mord gilt, gilt auch für den Selbstmord. Jeder, der sich selbst das Leben nimmt, hat widerrechtlich ein Leben genommen, das Gott für unantastbar erklärt hat. Die Art und Weise des Selbstmords spielt dabei keine Rolle. Da die Menschen sich nicht selbst erschaffen, nicht einmal eine einzelne Zelle, gehört ihr Leben nicht ihnen, sondern stellt ein Treuhandgut dar, das ihnen von Gott, dem Allmächtigen, anvertraut wurde. Niemandem steht es zu, dieses Treuhandgut zu schwächen, ganz zu schweigen davon, ihm Schaden zuzufügen oder es zu verletzen.

Der Islam fordert die Muslime auf, Schwierigkeiten entschlossen entgegenzutreten. Bei Schicksalsschlägen, wenn sie Opfer von Tragödien werden oder sich ihre Hoffnungen zerschlagen, dürfen sie nicht einfach aufgeben und davonlaufen. Vielmehr wurden sie erschaffen, damit sie sich bemühen, und nicht, damit sie untätig herumsitzen; damit sie kämpfen, und nicht damit sie fliehen. Glaube und Charakter erlauben dem Menschen nicht, vom Schlachtfeld des Lebens Reißaus zu nehmen. Allerdings besitzt der Mensch auch eine Waffe, die niemals versagt, und Munition, die niemals zur Neige geht: die

Waffe des unerschütterlichen Glaubens und die Munition moralischer Standfestigkeit.

Die Unantastbarkeit des Vermögens: Auf der einen Seite ist es Muslimen gestattet, so viel zu verdienen, wie sie für richtig halten, solange sie dies mit rechtmäßigen Mitteln tun und ihren Reichtum mit legalen Investitionen mehren. Auf der anderen Seite warnt der Islam vor der Liebe zum Reichtum und zu weltlichen Dingen, und davor, ein verschwenderisches und luxuriöses Leben zu führen. Er ermuntert die Gläubigen, auf dem Wege Gottes für die Bedürftigen und für die Sache Gottes zu spenden.

Der Islam verbürgt sich für das Recht auf Privateigentum. Er schützt es durch moralisch legitimierte Ermahnungen und Gesetze vor Raub, Diebstahl und Betrug. Der Gesandte erwähnte die Unantastbarkeit des Vermögens in dem gleichen Satz wie die Unantastbarkeit der Ehre und des Lebens. Diebstahl verurteilte er als nicht mit dem Glauben vereinbar:

> *Ein Dieb ist, während er stiehlt, kein Gläubiger.*

> *Einem Muslim ist es verboten, sich auch nur einen Stock zu nehmen, wenn dessen Besitzer damit nicht einverstanden ist.*[78]

Diskriminierungen auf Grund von Rasse und Hautfarbe: Zwischen Menschen mit verschiedenen Hautfarben wird ebenso wenig unterschieden wie zwischen solchen, die verschiedenen ,Rassen' der Menschheit angehören. Muslime sind nicht Kämpfer einer bestimmten Rasse gegen eine andere oder eines bestimmten Volkes gegen ein anderes.

Die Barmherzigkeit des Islam gegenüber Tieren: Die umfassende Barmherzigkeit des Islam bezieht sich nicht allein auf den Menschen, sondern auf alle lebenden Geschöpfe. Dementsprechend verbietet der Islam alle Grausamkeiten gegenüber Tieren. 13 Jahrhunderte bevor der erste Tierschutzverein gegründet wurde,

---

[78] Bukhari, *Aschriba*, 1; Muslim, *Iman*, 24

erklärte der Islam die Güte gegenüber Tieren zu einem festen Bestandteil seines Glaubens und die Grausamkeit ihnen gegenüber zu einem Grund, in die Hölle zu kommen.

Der Gesandte Gottes erzählte seinen Gefährten von einer Prostituierten, die einem vor Durst japsenden Hund zu trinken gab. Sie kletterte in einen Brunnen hinab, füllte ihre Schuhe mit Wasser und gab es dem Hund zu trinken. Dies wiederholte sie solange, bis der Durst des Hundes gestillt war. Der Gesandte sagte:

> *Da freute sich Gott über sie, vergab ihr ihre Sünden und zeigte ihr den Weg ins Paradies.*[79]

Andererseits erwähnte er eine Frau, die eine Katze ohne Futter verhungern ließ. Ihr wurde der Weg in die Hölle gewiesen. Der Respekt vor den Lebewesen war bei dem Gesandten Gottes so ausgeprägt, dass er, als er das gebrandmarkte Antlitz eines Esels sah, diese Praxis anprangerte:

> *Ich würde ein Tier nur an jenem Körperteil mit einem Brandmal versehen, das am weitesten von seinem Antlitz entfernt ist.*[80]

Als Umar einmal sah, wie einige Leute Bogenschießen übten und dabei eine Henne als Zielscheibe benutzten, sagte er: „Der Gesandte verfluchte jeden, der ein lebendes Wesen zur Zielscheibe machte." Ibn Abbas sagte: „Der Gesandte verbot den Menschen, Tiere gegeneinander kämpfen zu lassen. Denn sie würden sie doch nur solange anstacheln, bis eines von ihnen zu Tode oder fast bis zu Tode gehackt oder gebissen worden wäre. Er berichtete weiterhin, dass der Gesandte die Kastration von Tieren aufs Schärfste verurteilte.

Was das Schlachten von Tieren betrifft, besteht der Islam darauf, dass dem Tier dabei keine unnötigen Schmerzen zugefügt werden und dass ein scharfes Messer verwendet wird, welches nicht vor den Augen des Tieres geschliffen werden darf. Außerdem verbietet der Islam das Schlachten von Tieren vor den Augen anderer Tiere.

---

[79]   Bukhari, *Anbiya'*, 54; Muslim, *Salam*, 153
[80]   Canan, Ibrahim, *Hadis Ansiklopedisi*, 6:306

Die Sünde

Was ist eine Sünde?

Gott und Sein Gesandter haben den Menschen verboten, zu sündigen und sich ihren Geboten zu verweigern. Muslime sollen sich so weit es geht von Sünden fern halten. Da Herz und Gewissen der Gläubigen ein sehr feines Gespür für die Sünde und den Gehorsam gegenüber Gott haben, sagte der Gesandte Gottes:

> *Rechtschaffenheit ist gute Moral, und Sünde ist das, was Unbehagen (oder Stiche) in deiner Seele erzeugt und von dem du nicht möchtest, dass andere Leute es erfahren.*[81]

Die schweren Sünden (Al-Kaba'ir)

Als schwere Sünden definieren wir jene Sünden, die zu begehen Gott uns streng verboten hat und bei denen er uns vor schweren Strafen gewarnt hat. Gott möchte, dass wir diese Sünden auf keinen Fall begehen:

> *Wenn ihr euch von den schwereren unter den euch verbotenen Dingen fern haltet, dann werden Wir eure geringeren Übel von euch hinwegnehmen und euch an einen ehrenvollen Platz führen.* (4:31)

Die Gelehrten sind sich nicht ganz einig, welche Sünden als schwere Sünden einzustufen sind. Einige von ihnen sagen, es gebe sieben schwere Sünden, und berufen sich dabei auf folgenden Hadith: *Vermeidet die sieben schlimmen Sünden.* Diese schlimmen Sünden nennt der Prophet direkt im Anschluss:

> *Das Beigesellen von Partnern zu Gott; Magie; das Töten von Menschen, die Gott für unantastbar erklärt hat, ohne triftigen Grund; das Verprassen des Besitzes einer Waise; das Erheben von Zinsen; das Weglaufen, wenn das Heer vorrückt; und die Beleidigung tugendhafter Frauen, die zwar gläubig, jedoch unbesonnen sind.*

---

[81] Tirmidhi, *Zuhd*, 52

Dieser Hadith limitiert die Zahl der schweren Sünden jedoch nicht. Vielmehr zeigt er Sünden auf, die in die Kategorie der ‚schweren' Sünden fallen, ohne aber andere Sünden wie die Verletzung der Rechte der Eltern, Ehebruch und Hurerei, den Konsum von Alkohol, Glücksspiel, Diebstahl und weitere aus dieser Kategorie auszuschließen. Die Gelehrten haben einige Sünden klar benannt und aufgelistet:

• Unglaube in Bezug auf eines der Grundprinzipien, auf denen der Glaube aufbaut;
• Heuchelei;
• das Beigesellen von Partnern zu Gott (*Schirk*);
• die Vernachlässigung einer der Säulen des Islam (d.h., des Glaubensbekenntnisses, der Pflichtgebete, der Zahlung der Sozialabgabe, des Fastens im Ramadan und der Pilgerfahrt;
• die Verletzung der Rechte der Eltern;
• Mord;
• die Ausübung von Magie;
• Ehebruch, Hurerei und Homosexualität;
• Diebstahl und widerrechtliche Aneignung;
• Alkoholkonsum;
• Glücksspiel;
• Zinsnahme;
• die Beleidigung unschuldiger Menschen, insbesondere keuscher Frauen;
• die Flucht vom Schlachtfeld;
• das unrechtmäßige Verprassen des Besitzes einer Waise;
• Lügen;
• üble Nachrede;
• Klatsch und Tratsch;
• das Verspotten anderer Menschen;
• Spionieren und krankhafter Argwohn;
• die Vernachlässigung von Verwandten;
• Ungerechtigkeit;

- Betrug und arglistige Täuschung;
- die Verletzung der Rechte anderer Menschen;
- Stolz und Arroganz;
- Falschaussagen und falsche Eide;
- Unterdrückung;
- das Ausgeben von Vermögen, das man sich auf unrechtmäßige Art und Weise angeeignet hat;
- falsches Abmessen oder Abwiegen;
- Selbstmord;
- das Geben und Nehmen von Bestechungsgeldern;
- Prahlerei;
- das Erlernen islamischer Inhalte zu weltlichen Zwecken;
- Vertrauensmissbrauch;
- das Vorrechnen von Gefallen;
- das Lauschen bei privaten Unterhaltungen;
- Wahrsagerei und der Glaube an Wahrsagerei;
- die Herstellung von Götzenbildern und die Teilnahme an heidnischen Praktiken;
- der Handel mit unerlaubten Dingen;
- eine herablassende Behandlung von Ehepartner, Dienern, Kindern, schwachen Menschen und Tieren;
- die Beleidigung von Nachbarn;
- die Beleidigung und der Missbrauch von Muslimen;
- das Tragen von Seide und Gold (gilt nur für Männer);
- das Opfern eines Tieres im Namen einer anderen Instanz als Gott;
- das Erklären eines Mannes zum Vater, der in Wirklichkeit gar nicht der Vater ist.

Muslime sind dazu angehalten, sich von allen Sünden fern zu halten. Wenn sie jedoch eine Sünde begehen, müssen sie diese sofort bereuen und Gott um Vergebung bitten. Die Gelehrten sagen, dass jede Sünde, so gering sie auch sein mag, solange als schwere Sünde zu betrachten ist, wie sie sorglos und gleichgültig, ohne Reue und ohne Gott um Verzeihung zu bitten begangen wurde. Andererseits sei jede schwere Sünde, so schwer sie auch wiegen mag, keine wirklich schwere Sünde, solange der Betreffende alles unternommen hat, sie zu vermeiden, und sie aufrichtig bereut und Gott um Vergebung bittet.

GEBETE, BITTGEBETE UND GEDENKEN GOTTES[82]

Das Gebet ist ein zuverlässiges Instrument zur Verwirklichung und Vervollkommnung des Glaubens. Ohne das Gebet verkümmert das Wesen des Menschen, und Gott, der Allmächtige, ermahnt uns:

> *Sprich: „Was kümmert sich mein Herr um euch, wenn ihr nicht (zu Ihm) betet?"* (25:77)

> *Bittet Mich; Ich will eure Bitte erhören.* (40:60)

Wenn nun jemand einwendet, er bete sehr oft, aber nie werde ihm gegeben, worum er bitte, obwohl 40:60 Vers doch besagt, dass grundsätzlich jedes Bittgebet angenommen wird", dann lautet die Antwort:

Dass ein Bittgebet erhört wird, muss nicht notwendigerweise heißen, dass es auch auf jeden Fall ‚angenommen' wird. Jedes Bittgebet wird beantwortet. Ob ein Bittgebet jedoch angenommen und das gewährt wird, um was gebeten wurde, bleibt der Weisheit des Allmächtigen überlassen. Man stelle sich einmal folgende Situation vor: Ein krankes Kind bittet einen Arzt, ihm eine bestimmte Medizin zu geben. Der Arzt wird ihm dann entweder diese Medizin oder eine andere verschreiben, die er für besser hält; vielleicht wird er ihm auch gar keine Medizin geben, wenn er zu dem Schluss kommt, dass jede Medizin der Gesundheit des Kindes abträglich wäre. Eine Reaktion des Allmächtigen, des Hörenden und Sehenden, auf das Bittgebet Seines Dieners erfolgt zweifellos und fällt ähnlich aus. Gott verwandelt die Einsamkeit des Betenden in Freude an Seiner Gegenwart. Seine Antwort ist jedoch nicht an die Vorstellungen des

---

[82]   Dieses Kapitel orientiert sich an Abschnitten aus den Büchern *Worte* von Said Nursi, *Fiqh as-Sunna* von Sayyid Sabiq und *Muhammad - Der Gesandte Gottes* von Fethullah Gülen, die hier gekürzt und zusammengefasst wiedergegeben werden.

Menschen gebunden; sie ist vielmehr Seiner Weisheit überlassen. Seiner Weisheit entsprechend gewährt Er entweder das, was erbeten wurde, oder etwas Besseres, vielleicht aber auch gar nichts.

Darüber hinaus ist das Gebet ein Akt der Anbetung, der prinzipiell erst im Jenseits belohnt wird. Das Gebet dient zunächst einmal nicht weltlichen Zwecken; weltliche Zwecke dienen uns vielmehr als Anregung, Gebete zu sprechen. So ist zum Beispiel das Gebet um Regen ein Akt der Anbetung; das Ausbleiben des Regens veranlasst uns, dieses Gebet zu sprechen. Betrachtet man jedoch den Regen als einziges Ziel des Gebets, dann wird dieses Gebet sicherlich nicht angenommen. Denn es wird in diesem Fall nicht aufrichtig und nicht in der Absicht gesprochen, das Wohlgefallen Gottes zu erregen.

Der Sonnenuntergang bestimmt die Zeit für das Abendgebet. Die Sonnen- und Mondfinsternisse wiederum sind zwei besondere Anlässe für zwei besondere Arten der Anbetung. Weil diese Finsternisse zwei Instrumente zur Manifestation der Majestät Gottes sind, ruft der Allmächtige Seine Diener dazu auf, Gebete zu sprechen, die ihnen angemessen sind. Solche Gebete werden jedoch nicht verrichtet, um die Finsternisse zu beenden, denn deren Dauer ist uns ja auf Grund astronomischer Berechnungen bereits bekannt. Gleiches gilt auch für Dürre und andere Katastrophen und Gefahren. Sie alle liefern uns Anlässe, auf unterschiedliche Art und Weise zu beten. Sie lassen den Menschen seine Hilflosigkeit besonders stark spüren und lassen ihn das Bedürfnis empfinden, durch Gebet und Flehen Zuflucht in der Gegenwart des Allmächtigen zu suchen. Wenn ein Schicksalsschlag trotz vieler Gebete nicht gemildert wird, sollte man nicht klagen: „Mein Gebet ist nicht erhört worden!", sondern sich vielmehr sagen: „Ich darf noch nicht aufhören zu beten." Wenn Gott jedoch eine Katastrophe abwendet, lässt er Seine Gnade und Großzügigkeit walten. Der Augenblick Seines Eingreifens markiert dann das Verschwinden des speziellen Anlasses für das Gebet.

Der Mensch muss versuchen, über seine Anbetung das Wohlgefallen Gottes zu erlangen. Er muss seine eigene Hilflosigkeit und Schwäche im Gebet bekräftigen und durch sein Gebet bei Gott Zuflucht suchen; er darf sich nicht in Seine Herrschaft einmischen. Er sollte es Ihm überlassen, Maßnahmen zu ergreifen, und sich auf Seine Weisheit verlassen. Er sollte Seine Barmherzigkeit nicht kritisieren.

In den Versen des Koran wird ausdrücklich betont, dass jedes Geschöpf Gott auf eigene Art und Weise preist und anbetet und dass alles, was aus dem ganzen Universum bis zum Gerichtshof Gottes vordringt, eine Art Gebet ist. Einige Geschöpfe wie Pflanzen und Tiere beten in der Sprache ihres Potenzials darum, eine vollendete Form zu erreichen und bestimmte Namen Gottes zur Schau stellen und manifestieren zu dürfen. (Die Samen von Pflanzen und die Spermien bestimmter Tiere zum Beispiel entwickeln sich auf natürliche Art und Weise zu Pflanzen bzw. Tieren. Sie verfügen über dieses Potenzial, und so ist ihre natürliche Veranlagung zu reifen prinzipiell ein Gebet. Indem sie sich dieser Veranlagung gemäß verhalten, bestätigen sie die Manifestation bestimmter Namen Gottes wie zum Beispiel ‚der Versorger', ‚der Gestalter' usw..) Eine andere Art des Gebets ist die Sprache der natürlichen Bedürfnisse. Alle Lebewesen erflehen vom Großzügigen Einen die Befriedigung ihrer lebenswichtigen Bedürfnisse, die sie allein zu befriedigen nicht in der Lage sind. Ein weiteres Gebet ist das, welches in der Sprache der vollkommenen Hilflosigkeit gesprochen wird. Ein Lebewesen in beschränkten Verhältnissen sucht mit seinem aufrichtigen Flehen bei seinem Unsichtbaren Beschützer Zuflucht und wendet sich an seinen Barmherzigen Herrn. Diese drei Arten von Gebeten werden immer angenommen, es sei denn, es liegen irgendwelche besonderen Hinderungsgründe vor.

Die vierte Art des Gebets - eine Art, die jedem bekannt ist - ist das Gebet, das wir Menschen verrichten. Dieses Gebet lässt sich ebenfalls zwei Kategorien zuordnen: Das eine Gebet wird durch Handlung und Tat verrichtet, das andere verbal und mit dem Herzen. In Übereinstimmung mit bestimmten Ursachen zu handeln, ist z.B. eine aktive Form des Gebets. Der Mensch bemüht sich, indem er sich den Ursachen entsprechend verhält, die Zustimmung Gottes für seinen Wunsch zu erhalten; denn die Ursachen allein reichen nicht aus, um ein bestimmtes Resultat zu erzielen. Gott allein ist es, der uns das Resultat beschert. Einen Acker zu pflügen, ist also ein aktives Gebet und bedeutet gewissermaßen, dass wir an die Tür der Schatzkammer des Mitgefühls Gottes klopfen. Diese Art des Gebets wird in den meisten Fällen angenommen, da sie eine Bitte ist, die an Gottes Namen ,der Großzügige' gerichtet ist.

Was die zweite Kategorie des Gebets von Lebewesen betrifft - das Gebet, dass mit der Zunge und dem Herzen verrichtet wird -, so handelt es sich bei diesem Gebet um das reale Gebet. Es bedeutet, Gott aus ganzem Herzen um etwas zu bitten, das unsere Hände zu erlangen nicht im Stande sind. Der bedeutendste Aspekt dieser Art von Gebet und seine feinste und süßeste Frucht bestehen darin, dass der Flehende weiß, dass der Eine, der ihn erhört, existiert, dass Er Sich dessen, was in seinem Herzen vorgeht, bewusst ist, dass Seine Macht überallhin reicht, dass Er all seine Wünsche erfüllen kann und dass Er ihm aus Mitgefühl für seine Schwäche und Unzulänglichkeit zu Hilfe kommt.

Du hilfloser und armer Mensch! Höre niemals auf zu beten! Das Gebet ist der Schlüssel zur Schatzkammer des Mitgefühls Gottes. Es ermöglicht dir den Zugang zur Unendlichen Macht. Halte an ihm fest! Erhebe dich zum höchsten Rang der Menschlichkeit, und schließe die Gebete des ganzen Universums in deine Gebete mit ein! Denn du bist das begnadetste und das überlegenste aller Geschöpfe. Sprich im Namen aller Lebewesen: *Dich (allein) bitten wir um Hilfe* (1:5), und werde zu einem wunderschönen Vorbild für die gesamte Schöpfung!

Dhikr (Gedenken Gottes)

Alle Worte des Lobpreises und der Verherrlichung Gottes, die Seine vollkommenen Attribute der Macht, der Majestät, der Schönheit und der Erhabenheit rühmen, werden als *Dhikr* (Gedenken Gottes) bezeichnet. Dabei spielt es keine Rolle, ob sie laut mit der Zunge oder still im Herzen vorgetragen werden. Gott hat uns geraten, uns immer und für alle Zeit an Ihn zu erinnern:

> *O ihr, die ihr glaubt! Gedenkt Allahs in häufigem Gedenken und lobpreist Ihn morgens und abends.* (33:41-42)

In einem *Hadith qudsi* (einem Hadith, dessen Bedeutung Gott im Herzen des Propheten stiftete) sagte der Prophet:

> *Gott sagt: „Ich bin Meinem Diener so nah, wie er es von Mir erwartet; Ich bin bei ihm, wenn er Meiner gedenkt. Wenn er Meiner in seinem Herzen gedenkt, erinnere Ich ihn an Mich. Wenn er Meiner in einer Versammlung gedenkt, werde Ich ihn in einer Versammlung erwähnen, die besser ist als seine. Wenn er Mir eine Handspanne näher kommt, werde Ich Mich ihm eine Armlänge nähern. Wenn er Mir eine Armlänge näher kommt, werde Ich Mich ihm einen Faden[83] nähern. Und wenn er mit gemessenem Schritt auf Mich zukommt, werde Ich ihm mit großer Geschwindigkeit entgegeneilen."[84]*

Gott schätzt jene, die Seiner gedenken, ganz besonders. Der Gesandte sagte:

> *Die Frommen haben alles übertroffen. Sie fragten ihn: „Wer sind diese außergewöhnlichen Menschen?" Er erwiderte: Jene Männer und Frauen, die permanent Gottes gedenken.[85]*

Dies sind die Menschen, die ein wahres Leben führen. Abu Musa berichtete vom Gesandten:

> *Ein Haus, in dem Gottes gedacht wird, und ein Haus, in dem Seiner nicht gedacht wird, verhalten sich so zueinander wie ein lebender Mensch zu einem Toten.[86]*

Wie viel Dhikr ist angemessen? Gott, der Erhabene, trug uns auf, Seiner sehr oft zu gedenken. Der Koran beschreibt die weisen Männer und Frauen, die über Seine Zeichen nachdenken:

> *...die Allahs gedenken im Stehen und im Sitzen und (Liegen) auf ihren Seiten. (3:191)*

> *...die Männer, die Allahs häufig gedenken, und die Frauen, die (Allahs häufig) gedenken - Allah hat ihnen (allen) Vergebung und großen Lohn bereitet. (33:35)*

---

83   1,17 Meter
84   Bukhari, *Tawhid*, 50; Muslim, *Dhikr*, 2
85   Muslim
86   Bukhari, *Da'wat*, 66

Mudschahid, einer der ersten Koraninterpreten, erläuterte: „Ein Mensch kann nur dann zu denjenigen gehören, *die Allahs häufig gedenken*, wenn er Gottes unablässig *im Stehen und im Sitzen und Liegen gedenkt.*

Was Dhikr-Zusammenkünfte auszeichnet: Der folgende Hadith bekräftigt, dass die Teilnahme an *Dhikr*-Zusammenkünften oder *Dhikr*-Zirkeln empfehlenswert ist. Ibn Umar berichtete:

> *Der Prophet sagte: Wenn du an einem Paradiesgarten vorbeikommst, bediene dich seiner! Die Gefährten fragten: Was sind Paradiesgärten, Gesandter Gottes? Der Prophet erwiderte: Die Dhikr-Zusammenkünfte oder -Zirkel. Es gibt einige Engel Gottes, die nach solchen Dhikr-Zusammenkünften Ausschau halten und sie, wenn sie sie gefunden haben, umkreisen.*[87]

Die Vorzüglichkeit des Istighfar (der Bitte um Vergebung): Auch Gott um Verzeihung zu bitten, ist außerordentlich wichtig. Said Nursi empfahl uns, das Gebet in die eine Hand und die Bitte um Vergebung in die andere zu nehmen. Das Gebet spornt uns an, Gutes zu tun, während uns die Bitte um Vergebung davon abhält, Sünden zu begehen. Abdullah ibn Abbas sagte: „Wenn jemand nie versäumt, Gott um Vergebung zu bitten, zeigt Er ihm einen Ausweg aus allen Notlagen und Problemen und leistet ihm Beistand auf Wegen, auf denen er es nicht vermutet.“

Die günstigsten Zeiten für Bittgebete: Hierzu gehören z.B. der Tag *Arafat* (der Vorabend des 10. *Dhu'l-Hidscha*), der Monat Ramadan, jeder Freitag, der letzte Teil der Nacht, die Morgendämmerung, Zeiten, in denen es regnet, die Zeit zwischen *Adhan* und *Iqama*, die Momente, in denen Heere aufeinander treffen, Phasen der Not und des Mangels und immer dann, wenn das Herz empfindsam und feinsinnig ist.

Das Gebet für andere Muslime in deren Abwesenheit: Safwan ibn Abdullah berichtete: „Ich suchte das Haus Abu Darads in Syrien

---

[87] Muslim, *Dhikr*, 39

auf, traf ihn dort zwar nicht an, aber Umm Darda (seine Frau) war zu Hause. Sie fragte mich: ‚Wirst du dieses Jahr die *Hadsch* verrichten?‘ ‚Ja‘, antwortete ich ihr. Sie bat mich: ‚Bitte bete zu Gott für uns, denn der Gesandte Gottes pflegte zu sagen:

> *Das Gebet für andere Muslime in deren Abwesenheit wird angenommen. Wenn jemand für seinen Bruder oder seine Schwester um Segen bittet, sagt der zuständige Engel: ‚Amen, möge dieser auch dir zugute kommen.‘‘*

Der Beginn eines Bittgebets: Es wird dringend empfohlen, Gebet und Bittgebet mit einem Lobpreis Gottes zu beginnen, gefolgt von einer Bitte um Vergebung der Sünden, dem Herabrufen des Segens Gottes auf den Gesandten, seine Familie und seine Gefährten sowie der Rezitation einiger Namen Gottes.

Beispiele für Gebete und Bittgebete des Gesandten Gottes

Jeder Schritt, den der Prophet tat, war von einem Gebet begleitet. Wenn wir uns die Hadithsammlungen anschauen, werden wir feststellen, dass er in keiner Situation das Beten vergaß. Wie bereits erwähnt wurde, ist das Gebet ein Mysterium des Dienstes an Gott. Und der Gesandte Gottes ist der ergebenste Diener Gottes. Deshalb erklären wir auch in unserem Glaubensbekenntnis (*Ich bekenne, dass es keine Gottheit außer Allah gibt und dass Muhammad Sein Diener und Gesandter ist*) zuerst, dass Muhammad ein Diener ist. Erst dann bezeichnen wir ihn als Propheten Gottes. Was auch immer er tat - stets vertraute er sich durch sein Gebet Gott an.

Gott ist unser Schöpfer, und Er erschafft auch unsere Taten. Natürlich müssen wir die nötigen Vorkehrungen treffen und Präzedenzfällen folgen, wenn wir in dieser materiellen Welt, in der dem Prinzip von Ursache und Wirkung eine besondere Bedeutung zukommt, etwas vollbringen wollen. Wir dürfen aber auch nie vergessen, dass letzten Endes alles davon abhängt, ob Gott unseren Taten eine Existenz verleiht. Daher sollten wir immer sowohl handeln als auch beten. Dies verlangt auch unser Glaube an die Einheit Gottes.

Der Gesandte Gottes besaß das größtmögliche Wissen um Gott. Darum liebte und fürchtete er Gott auch wie kein Zweiter. Er war sich ganz der Tatsache bewusst, dass alles, egal wie groß oder klein es auch sein mag, darauf angewiesen ist, dass Gott es existent werden lässt und am Leben erhält. Was Gott für richtig hält, geschieht:

Wenn Er ein Ding will, lautet Sein Befehl nur: „Sei!“ - und es ist. (36:82)

Gott hat dafür gesorgt, dass die Existenz der Dinge und der Lauf des Universums auf ‚Gesetzen‘ und der Erfüllung bestimmter Voraussetzungen basieren. Der Prophet Muhammad war sich darüber im Klaren. Er tat, was er tun musste: dann überließ er Gott das Resultat, indem er sein Handeln mit dem Gebet verband und volles Vertrauen in Gott setzte.

Die Bittgebete des Gesandten Gottes sind uns überliefert. Wenn wir sie lesen, merken wir sofort, dass sie tiefe Wahrheiten enthalten und den Gelegenheiten angemessen sind, zu denen sie gesprochen wurden. Sie spiegeln einen festen Glauben, unerschütterliche Aufrichtigkeit, absolute Unterwerfung und vollkommenes Vertrauen wider. Hier einige Beispiele:

Morgen- und Abendgebete

- Jeden Morgen und jeden Abend vor dem Zubettgehen pflegte der Gesandte Gottes dreimal die Suren *Al-Ikhlas, Al-Falaq und An-Nas* zu rezitieren.

- Wir sind am Abend angekommen, und auch die ganze Schöpfung, die Gott gehört, ist am Abend angekommen. Aller Lobpreis gebührt Gott. Es gibt keine Gottheit außer Gott, dem Einen, der keine Partner hat. Sein ist alle Souveränität, Ihm gebührt aller Lobpreis. Er besitzt die Macht über alle Dinge. O Gott, ich bitte Dich um alles Gute für diese Nacht und suche Zuflucht bei Dir vor allem Schlechten dieser Nacht und allem Schlechten, das ihr folgt. O Gott, bei Dir suche ich Zuflucht vor der Faulheit und vor dem Übel der Eitelkeit. O Gott, bei Dir suche ich Zuflucht vor der Qual des Höllenfeuers und vor der Qual des Grabes.

- O Gott, mit Deiner Hilfe haben wir den Abend erreicht, und mit Deiner Hilfe erreichen wir den Morgen. Mit Deiner Hilfe leben wir, und durch Deinen Befehl sterben wir. Zu Dir kehren wir zurück.

- O Gott, Du bist mein Herr. Außer Dir gibt es keine Gottheit. Du hast mich erschaffen, und ich bin Dein Diener. Ich versuche mein Bestes, meinen Vertrag mit Dir einzuhalten und in der Hoffnung auf Dein Versprechen zu leben. Bei Dir suche ich Zuflucht vor allen Sünden, die ich begangen habe. Ich erkenne Deine Gunstbeweise mir gegenüber ebenso an wie meine Sünden. Daher vergib mir, denn niemand außer Dir vergibt Sünden.

- O Gott, Schöpfer der Himmel und der Erde, der Du das Unsichtbare und das Sichtbare kennst, Herr und Besitzer aller Dinge! Ich bezeuge, dass es außer Dir keine Gottheit gibt. Bei Dir suche ich Zuflucht vor dem Bösen, das in mir selbst ist, vor dem Bösen des Satans und davor, dass er dem Menschen einflüstert, Dir Partner beizugesellen.

- Im Namen Gottes, in Dessen Namen nichts auf Erden oder in den Himmeln irgendeinen Schaden anrichten kann, und der der Hörende und der Allwissende ist!

- Ich bin zufrieden damit, dass Gott mein Herr, der Islam meine Religion und Muhammad mein Prophet ist.

- O Gott, ich habe den Morgen erreicht und wende mich an Dich, an die Träger Deines Thrones, an Deine Engel und an alle Geschöpfe, um zu bezeugen, dass Du Gott bist, außer dem keine andere Gottheit existiert, und dass Muhammad Dein Diener und Gesandter ist!

- O Gott, jeder Gunstbeweis, den ich erhalten habe, stammt von Dir allein, der Du keine Partner hast. Aller Lobpreis und aller Dank gebührt Dir.

- O Gott, ich bitte Dich um Sicherheit in dieser Welt und im Jenseits. O Gott, ich bitte Dich um Vergebung und um Sicher-

heit in meiner Religion und in meinen weltlichen Angelegenheiten, in meiner Familie und meinem Besitz. O Gott, verbirg
meine Fehler, und erspare mir die Dinge, die ich fürchte! O
Gott, beschütze mich von vorne und von hinten, von rechts
und von links und von oben! In Deiner Größe suche ich Schutz
vor unerwarteten Gefahren von unten.

- O Gott, gewähre mir eine gute Gesundheit! O Gott, gewähre
mir ein gutes Gehör! O Gott, gewähre mir ein gutes Sehver-
mögen! Außer Dir gibt es keine Gottheit.

- O Gott, mit Deiner Hilfe, Deinem Segen, Deiner Sicherheit
und Deinem Schutz bin ich groß geworden. Gewähre mir auch
weiterhin Deine Gunstbeweise, Deine Sicherheit und Deinen
Schutz in dieser Welt und im Jenseits!

- Gott genügt mir. Außer Ihm gibt es keine Gottheit. In Ihn setze
ich mein Vertrauen, und Er ist der Herr des Mächtigen Throns.
(Siebenmal wiederholt)

- Gott, Du bist mein Gott. Außer Dir gibt es keine Gottheit. In
Dich setze ich mein Vertrauen, und Du bist der Herr des Mäch-
tigen Throns. Was Gott will, geschieht, und was er nicht will,
geschieht nicht. Es gibt keine Macht und keine Stärke, außer bei
Ihm, dem Erhabenen, dem Allmächtigen. Ich weiß, dass Gott
Macht über alle Dinge besitzt und dass Er alle Dinge mit Seinem
Wissen umspannt. O Gott, bei Dir suche ich Zuflucht vor allem
Bösen, was in mir ist, und vor dem Bösen aller Geschöpfe, die
Du kontrollierst. Der gerade Weg ist der Weg meines Versorgers.

Beim Zubettgehen

- O Gott, in Deinem Namen lebe und sterbe ich. Lob sei Gott,
der uns Leben nach dem Tod schenkt! Zu Ihm kehren wir
zurück. O Gott, bewahre mich vor Deiner Strafe an dem Tag,
an dem Du Deine Geschöpfe wiedererwecken wirst!

- O Gott, Du Herr der Himmel, der Erde und des Mächtigen
Throns, unser Herr und Herr über alle Dinge, Du, der Du das
Samenkorn wachsen lässt und den Dattelkern spaltest und

sprießen lässt, Du, der Du die Thora und das Evangelium und den Koran hinabgesandt hast! Bei Dir suche ich Zuflucht vor allem Bösen, das böse Menschen unter Deiner Kontrolle verbreiten. Du bist der Erste, vor Dir existierte nichts; und Du bist der Letzte, nach Dir wird nichts existieren. Du bist das Außen, jenseits von Dir ist nichts; und Du bist das Innen, nichts ist zentraler als Du. Befreie uns aus unserer Schuld und aus unserer Armut!

• Jede Nacht vor dem Zubettgehen pflegte der Gesandte flehentlich seine Hände auszustrecken und, nachdem er die Suren *Al-Ikhlas*, *Al-Falaq* und *An-Nas* rezitiert hatte, auf sie zu pusten. Dann rieb er seine Hände dreimal über jeden erreichbaren Körperteil, angefangen mit Kopf, Gesicht und Vorderseite des Körpers.

• In Deinem Namen, o Herr, lege ich mich schlafen, und mit Deiner Erlaubnis werde ich mich wieder erheben. Wenn Du mir also im Schlaf meine Seele nimmst, dann vergib ihr. Wenn Du sie nach dem Schlaf wiedererweckst, behüte sie so, wie Du Deine frommen Diener behütest.

• (Im Bett liegend:) Sprich 34-mal *Allahu akbar* (Allah ist der Größte!), 33-mal *Subhan'Allah* (Allah sei gepriesen!) und 33-mal *Al-Hamdu li'llah* (Aller Lobpreis gebührt Allah!)!

• O Gott, ich habe mich Dir voller Hoffnung (auf Deine Gnade) und Furcht (vor Deinem Zorn) unterworfen. Ich habe Dir meine Angelegenheiten anvertraut und bei Dir Zuflucht gesucht. Außer bei Dir existiert keine Zuflucht und kein Quell der Sicherheit. Ich glaube an das Buch, das Du hinab gesandt und an den Propheten, den Du erhöht hast.

Beim Aufwachen

• Dank sei Gott, der mir meine Seele zurückgegeben hat, der meinen Körper aufrichtig gemacht und ihm erlaubt hat, Seiner zu gedenken.

- Außer Dir gibt es keine Gottheit. Dir gebührt aller Lobpreis. Dich, o Gott, bitte ich um Vergebung für meine Sünden um Deine Barmherzigkeit. O Gott, mehre mein Wissen, und lasse mein Herz nicht abschweifen, nachdem Du mich auf den rechten Pfad geleitet hast! Gewähre mir Deine Gnade, denn Du bist der Stifter der unermesslichen Gunstbeweise!
- Es gibt keine Gottheit außer Allah. Er ist der Eine und hat keine Partner. Ihm gebührt aller Lobpreis und alle Autorität; Er hat Macht über alle Dinge. Lob sei Gott, und Ehre sei Gott, es gibt keine Gottheit außer Gott! Gott ist der Größte. Außer bei Gott existiert keine Macht und keine Stärke.

Beim Anziehen

- Aller Dank und aller Lobpreis gebühren Gott, der mich gekleidet und mir Unterhalt gewährt hat, während ich selbst keine Macht und keine Kraft besitze.
- Aller Dank und aller Lobpreis gebühren Gott, der mich gekleidet und meine Nacktheit verhüllt hat; der mir meine Kleidung zum Schmuck gemacht hat.

Beim Anblick eines Muslims, der neue Kleidung trägt

- Mögest du so lange leben, dass du noch viele Kleider brauchst!
- Mögest du so lange leben, dass du dieses Kleidungsstück aufträgst, und möge Gott es dann durch ein noch schöneres ersetzen!

Beim Verlassen des Hauses

- Im Namen Gottes! Ich setze mein Vertrauen in Gott. Außer bei Gott existiert keine Macht und keine Stärke.
- Im Namen Gottes! Ich glaube an Gott und suche Seinen Schutz. Außer bei Gott existiert keine Macht und keine Stärke.
- O Gott, bei Dir suche ich Zuflucht davor, fehlgeleitet zu werden oder andere fehlzuleiten, auszurutschen oder andere ausrutschen zu lassen, Unrecht zu tun oder Opfer von Unrecht zu

werden und anmaßend zu sein oder von anderen anmaßend behandelt zu werden.

Beim Betreten eines Hauses

• Beim Betreten eines Hauses spricht man: „Im Namen Gottes, des Erbarmers, des Barmherzigen! Friede sei mit dir!", und dann: „O Gott, von Dir erbitte ich die beste Ankunft und den besten Abschied. Im Namen Gottes treten wir ein, und im Namen Gottes gehen wir fort; wir setzen unser Vertrauen in Gott, unseren Herrn."

Wenn ein kräftiger Wind bläst

• O Gott, von Dir erbitte ich das, was er an Gutem bereithält, was an Gutem in ihm liegt und was er an Gutem mit sich bringt. Bei Dir suche ich Zuflucht vor seinem Übel und vor dem Übel, das ihn begleitet.

Bei Donner

• O Gott, zerstöre uns nicht mit Deinem Zorn, und lasse uns nicht an Deinen Strafen zugrunde gehen! Schenke uns eine gute Gesundheit, bevor die Zeit zum Sterben gekommen ist!

In der Not und bei Problemen

• Es gibt keine Gottheit außer Gott, den Allmächtigen, den Geduldigen. Es gibt keine Gottheit außer Gott, den Herrn des Mächtigen Throns. Es gibt keine Gottheit außer Gott, den Herrn der Himmel und der Erde, den Herrn des Throns der Ehre.
• O Du ewig Lebender, immer Währender, bei Deiner Gnade suche ich Zuflucht.
• O Gott, ich hoffe auf Deine Barmherzigkeit; deshalb überlasse mich nicht mir selber, nicht einmal ein Augenzwinkern lang! Bringe meine Angelegenheiten in Ordnung! Es gibt keine Gottheit außer Dir.

- Außer Dir gibt es keine Gottheit. Dir gebührt aller Ruhm. Ganz sicher gehöre ich zu den Sündern.
- O Gott, ich bin Dein Diener, Sohn Deiner Dienstmagd. Meine Zügel liegen in Deiner Hand. Was Du mir befiehlst, ist maßgeblich, und was Du mir zuweist, ist gerecht. Mit jedem Deiner Schönen Namen rufe ich Dich an. Denn Du hast Dich mit ihnen Selbst charakterisiert, Du hast sie in Deinem Buch offenbart, Du hast sie Deine Geschöpfe gelehrt oder Dich dazu entschlossen, sie im Wissen um das Unsichtbare bei Dir zu bewahren - all das, um den Koran zur Freude für mein Herz, zum Licht für meine Brust und zum Gegenspieler meiner Ängste, Nöte und Kümmernisse zu machen.

Beim Aufeinandertreffen mit dem Feind und bei Angst vor dem Herrscher

- O Meister des Tages des Jüngsten Gerichts! Dich allein bete ich an, und bei Dir allein suche ich Zuflucht.
- Es gibt keine Gottheit außer Gott, den Geduldigen, den Huldvollen. Ehre sei Dir, o Gott, meinem Herrn! Ehre sei Dir, o Gott, dem Herrn der sieben Himmel und des Mächtigen Throns. Außer Dir gibt es keine Gottheit. Stark ist Dein Schutz, und groß ist Dein Lobpreis.
- Gott genügt uns bei allen Dingen. Er ist ein ausgezeichneter Beschützer.

Wenn man Schulden hat

- O Gott, gewähre mir genug von Deinen rechtmäßigen Gunstbeweisen, und bewahre mich so vor allem, was unrechtmäßig ist. Gewähre mir ein großes Maß von Deinem Reichtum, und befreie mich so davor, auf etwas anderes als auf Dich angewiesen zu sein.
- O Gott, bei Dir suche ich Zuflucht vor aller Sorge und allem Kummer. Bei Dir suche ich Zuflucht vor Feigheit und Geiz. Bei Dir suche ich Zuflucht davor, von Schulden übermannt und abhängig von Menschen zu werden.

Allgemeine Gebete, die jederzeit gesprochen werden können

- O Gott, schaffe zwischen mir und den Irrtümern einen Abstand, der genauso groß ist wie der zwischen Ost und West! O Gott, reinige mich von meinen Irrtümern, wie man ein weißes Kleidungsstück von Schmutz befreit!

- O Gott, ich bitte Dich um alles Gute - um das, was nahe bevorsteht, und um das, was in ferner Zukunft liegt, um das, was ich bereits weiß, und um das, was ich noch nicht weiß. Bei Dir suche ich Zuflucht vor allem Bösen, vor dem, was nahe bevorsteht, und vor dem, was in ferner Zukunft liegt, vor dem, was ich bereits weiß, und vor dem, was ich noch nicht weiß.

- O Gott, keine Macht kann das aufhalten, was Du gewährst, und keine Macht kann das gewähren, was Du aufhältst. Kein Reicher kann uns Gutes tun, denn der Besitzer allen Reichtums bist Du.

- O Gott, ich habe nichts gesagt, keinen Eid geschworen, kein Gelübde abgelegt und nichts getan, ohne dass Du es vorher angeordnet hättest. Was immer Du willst, existiert, und was immer Du nicht willst, existiert nicht. Außer bei Dir gibt es keine Stärke und keine Kraft. Du bist tatsächlich aller Dinge mächtig.

- O Gott, ich bitte Dich um Glück nach einem Missgeschick, um ein friedfertiges Leben nach dem Tod, um die Freude, Dein Antlitz zu schauen, und den Wunsch, Dich zu treffen. Bei Dir suche ich Zuflucht davor, andere fehlzuleiten und von anderen fehlgeleitet zu werden, anderen gegenüber feindselig zu sein, und von anderen angefeindet zu werden. Bewahre mich vor Irrtümern und vor unverzeihlichen Sünden! Wenn Du mich mir selbst überlässt, lieferst Du mich Schwäche, Bedürftigkeit, Sünde und Fehlern aus. Ich bin völlig auf Deine Gnade angewiesen. Vergib mir all meine Sünden, denn niemand außer Dir ist dazu in der Lage! Akzeptiere meine Reue, denn Du bist der Mitleid Bekundende, und Deine Barmherzigkeit ist allumfassend!

- O Gott, Du verdienst es mehr als jeder andere, dass von Dir gesprochen wird, und niemand außer Dir verdient, angebetet zu werden. Du bist hilfsbereiter als jeder andere, an den wir uns wenden könnten. Du bist gütiger als jeder Herrscher, freigebiger als alle, die wir um Rat fragen und die uns beschenken könnten. Du bist der Herrscher, der keine Partner hat, und der Einzigartige Eine, dem niemand ebenbürtig ist. Alles mit Ausnahme von Dir ist vergänglich.

- Niemand ist Dir gehorsam, ohne dass Du es gestattest, und niemand ist Dir ungehorsam, ohne dass Du davon weißt. Wenn Dir jemand gehorcht, belohnst Du ihn, und wenn Dir jemand nicht gehorcht, verzeihst Du ihm. Du legst Zeugnis von allen Dingen ab, und kein Zeuge ist ihnen näher als Du. Du behütest alle Dinge, und kein Hüter ist ihnen näher als Du. Du verfügst über das Handeln der Menschen und legst ihren Todeszeitpunkt fest. Du weißt, was die Menschen denken; vor Dir gibt es keine Geheimnisse.

- Statthaft ist, was Du für rechtmäßig erklärt hast, und unzulässig, was Du für unrechtmäßig erklärt hast. Die Religion ist das, was Du verankert hast, und die Gebote sind das, was Du angeordnet hast. Die Schöpfung ist Deine Schöpfung und die Diener sind Deine Diener. Du bist Gott, der Gütige, der Barmherzige. Um des Lichts in Deinem Antlitz willen, das die Himmel und die Erde erstrahlen lässt, um des Rechts willen, das Dir gebührt, und um derentwillen, die etwas von Dir erflehen, bitte ich Dich, dass Du mir heute Morgen und heute Abend verzeihst und mich mit Deiner Macht vor dem Höllenfeuer bewahrst.

- O Gott, bei Dir suche ich Zuflucht vor einem Wissen, von dem ich nicht profitiere, vor einem Herzen, das Dich nicht fürchtet und vor einem Gebet, das kein Gehör finden kann.

- O Gott, ich bitte Dich um Standfestigkeit in meinen Angelegenheiten. Ich bitte Dich um Entschlossenheit in der Unterweisung. Ich bitte Dich um Dankbarkeit für Deine Gunstbeweise und für den wohltuenden Dienst an Dir. Ich bitte Dich um eine wahrheitsliebende Zunge und ein aufrichtiges Herz. Bei Dir suche ich Zuflucht vor allem Bösen, das Du kennst. Ich bitte Dich um das Gute, das Dir bekannt ist. Ich bitte Dich um

Vergebung für das, was Du bereits weißt. Denn wahrlich, Du kennst das Unsichtbare.

- O Gott, ich bitte Dich, mich in die Lage zu versetzen, Gutes zu tun, mich von der Sünde fern zu halten und die Armen zu lieben. Ich bitte Dich, mir zu vergeben und Mitleid mit mir zu haben. Sollte es Dein Wille sein, Zwietracht, Meinungsverschiedenheiten und Zerwürfnisse im öffentlichen Leben herbeizuführen, lass mich bitte zuvor sterben. Ich bitte Dich um Deine Liebe, um die Liebe derer, die Du liebst, um die Liebe derer, die Dich lieben, und um die Liebe der Werke, die mich Deiner Liebe näher bringen.

- O Gott, ich bitte Dich um das Gute am Anfang und am Ende, um das Gute in seiner umfassendsten Form von seinem Beginn bis zu seinen Resultaten, um das offensichtliche wie auch um das verborgene Gute und um den höchsten Rang im Paradies.

- O Gott, hilf mir, mich an Dich zu erinnern, Dir zu danken und Dich in gemessener Form anzubeten!

- O Gott, ich bitte Dich um Rechtleitung, Ehrfurcht vor Dir, Keuschheit und Unabhängigkeit von anderen.

- O Gott, bringe all unsere Angelegenheiten zu einem guten Ende! Bewahre uns vor Schmach und Schande in dieser Welt und erspare uns Qualen im Jenseits!

- O Gott, wir bitten Dich um all das Gute, um das Dich auch der Prophet Muhammad gebeten hat. Bei Dir suchen wir Zuflucht vor allem Bösen, vor dem der Prophet Muhammad bei Dir Zuflucht gesucht hat.

Das Herabrufen des Segens und Friedens Gottes auf Seinen Gesandten, dessen Familie und Gefährten

Gott sagt:

Gott und Seine Engel spenden dem Propheten ihren Segen. Ihr, die ihr glaubt, segnet ihn, und grüßt ihn mit allem Respekt!

Dass Gott dem Propheten Seinen Segen spendet, bedeutet, dass Er ihn in der Gegenwart der Engel lobpreist und ihm gnädig ist. Wenn die Engel den Propheten segnen, heißt das, dass ihre Bittgebete Segen auf den Propheten herabrufen. Der Gesandte selbst sagte:

> *Wenn jemand um Segen für mich bittet, wird Gott ihm zehnmal mehr Segen spenden.*[88]

> *Jeder, der seine Belohnung voll ausschöpfen möchte, sollte uns, den Mitgliedern meiner Familie, seine Grüße übermitteln und sprechen: „O Gott, überhäufe den Propheten Muhammad, seine Ehefrauen, die Mütter der Gläubigen, seine Nachfahren und die Mitglieder seiner Familie mit ebenso vielen Gunstbeweisen, wie du sie der Familie Abrahams gewährt hast. Du bist der Lobenswerte, der Ruhmreiche.*[89]

Einige muslimische Gelehrte sind der Auffassung, dass bei jeder Nennung des Namens des Gesandten der Segen und Frieden Gottes auf ihn herabgerufen werden muss. Dies begründen sie mit folgendem Hadith:

> *Möge die Nase des Menschen, in dessen Anwesenheit mein Name genannt wird und der nicht um Segen für mich bittet, mit Schmutz bedeckt sein. Möge die Nase des Menschen, der den Ramadan kennt, ihn jedoch ausklingen lässt, ohne um Vergebung zu bitten, mit Staub verschmiert sein. Möge die Nase des Menschen, dessen Eltern oder zumindest ein Elternteil noch leben bzw. lebt und der es nicht schafft, für den Dienst an ihnen ins Paradies einzugehen, mit Staub verschmiert sein.*

Andere Experten wiederum meinen, dass pro Versammlung einmal der Segen Gottes auf den Gesandten herabgerufen werden müsse. Danach stelle es keine Pflicht mehr dar, obwohl es besser sei und gern gesehen werde, wenn es dennoch geschehe. Außerdem gilt es als lobenswert, den Segen Gottes auch auf andere Propheten und Engel herabzurufen.

---

[88] Nasa'i, *Sahw*, 55
[89] Bukhari, *Da'wat*, 33

KAPITEL 4

Die islamischen Moralvorstellungen

Der Gesandte Gottes sagte:

Ich wurde nur deshalb gesandt, um den guten Charakter (oder die Moral) zu vervollkommnen.

Demnach ist die Vollkommenheit (ein vervollkommneter Charakter oder eine vervollkommnete Moral) gleichzeitig Frucht und Beweis für die islamischen Lehren und für ein Leben, das dem Islam entspricht. Sie symbolisiert, dass der Mensch ein Geschöpf ist, das den Sprung von einem potenziellen menschlichen Wesen zu einem wahren Menschen schaffen kann. Aus diesem Grunde messen sowohl der Koran als auch der Gesandte der Moral einen sehr hohen Stellenwert bei.

Befragt nach Moral und Charakter des Gesandten antwortete seine Frau Aischa, diese entsprächen dem Koran. Mit anderen Worten: Der Gesandte verkörperte den Koran, oder, wie einige es beschrieben haben: Der Prophet war ein aktiver Koran, der sich bewegte und auf seinen Füßen ging. Die folgende Darstellung der Tugenden des Propheten folgt dem Buch ‚Muhammad - der Gesandte Gottes' von Fethullah Gülen (erschienen 2005 im Fontäne-Verlag).

EIN PROPHET VON ALLUMFASSENDER GNADE

Der Beginn der Existenz entsprang einem Akt der Gnade und des Mitgefühls. Ohne Gnade würde das Universum im Chaos versinken. Mitgefühl hat alles Leben hervorgebracht, und Mitgefühl lässt alles harmonisch existieren.

Muslimische Gelehrte pflegen zu sagen, das Universum sei der Atem des Mitfühlenden Einen. D.h., das Universum wurde als eine

Manifestation des Gottesnamens ‚der Mitfühlende' erschaffen. Auch seine Weiterexistenz verdankt es diesem Namen. Der Name ‚der Mitfühlende' spiegelt sich zunächst in dem Ernährer wider, der den Lebensunterhalt und das Überleben der Geschöpfe mit Hilfe von Nahrung und Verpflegung garantiert. Das Leben ist die größte und offensichtlichste Gunst Gottes, des Allmächtigen, und das wahre und immer während Leben ist das Leben im Jenseits. Der Mensch kann sich dieses Leben verdienen, indem er so handelt, dass er das Wohlgefallen Gottes findet. Darum hat Gott die Propheten gesandt und aus Mitgefühl für die Menschheit Seine Heiligen Schriften offenbart. In der Sure *Ar-Rahman* spricht Er von Seinen Gunstbeweisen:

> *Der Erbarmer hat den Koran gelehrt. Er hat den Menschen erschaffen.*
> *Er hat ihm das deutliche Reden beigebracht.* (55:1-4)

Alle Aspekte dieses Lebens sind ein Test für das Jenseits, und jedes Geschöpf handelt allein aus diesem Grunde. Jede Bemühung kündet von einer Ordnung, und jede Leistung birgt Mitgefühl. Einige ‚Naturereignisse' und soziale Umwälzungen der menschlichen Ordnung, die uns auf den ersten Blick fatal erscheinen, sind in Wirklichkeit sehr wohl mit dem Mitgefühl Gottes in Einklang zu bringen. Sie ähneln dunklen Wolken, Blitzen oder Donner, die uns zwar erschrecken mögen, aber dennoch gute Kunde in Form von Regen bringen. Das ganze Universum, von den kleinsten Teilchen bis hin zu den gewaltigsten Galaxien, singt das Loblied des Mitfühlenden Einen.

Der Prophet Muhammad ähnelt einer Quelle reinen Wassers im Herzen einer Wüste oder einer Lichtquelle in der Dunkelheit, die das Universum einhüllt. Wer sich an diese Quelle wendet, kann so viel Wasser aus ihr schöpfen, bis er seinen Durst gestillt hat, sich von allem spirituellen und intellektuellen Schmutz gereinigt hat und fortan vom Licht des Glaubens durchdrungen ist.

Der Gesandte Gottes verkündete den Islam, die Religion der universellen Gnade. Er wünschte sich, dass alle Menschen Rechtleitung erfuhren. Dies war seine größte Sorge, wie auch der Koran betont:

So wirst du dich vielleicht noch aus Kummer über sie zu Tode grämen,
wenn sie dieser Rede keinen Glauben schenken. (18:6)

Aber was konnte er für diejenigen tun, die im Unglauben ver-
harrten und Krieg gegen ihn führten, um ihn und seine Botschaft
zu vernichten? Auf Grund seines Mitgefühls, das alle Geschöpfe im
Universum umfasste, musste er seine Feinde bekämpfen. Aus seinem Mitgefühl heraus hob er, als er in der Schlacht von Uhud
schwer verletzt wurde, seine Hände gen Himmel und betete:

O Gott, vergib meinen Männern, denn sie kennen (die Wahrheit) nicht.[90]

In Mekka bürdete ihm sein eigenes Volk unermessliches Leid auf.
Schließlich zwang es ihn, nach Medina zu emigrieren, und erklärte
ihm fünf Jahre später sogar den Krieg. Doch als der Gesandte Gottes
Mekka im 25. Jahr seiner Prophetenschaft ohne Blutvergießen
eroberte, ließ er die Götzenanbeter Mekkas über sich urteilen: *Was*
glaubt ihr, wie ich euch behandeln werde? „Du bist ein ehrenhafter
Mann, der Sohn eines ehrenhaften Mannes!", entgegneten sie ihm.
Da verkündete er, was er mit ihnen zu tun gedachte:

Ihr könnt gehen! Euch sollen heute keine Vorwürfe gemacht werden.
Gott wird euch vergeben. Er ist der Gnädigste der Gnädigen.[91]

Das Gleiche sagte der Sultan Mehmet, der Eroberer, zu den
geschlagenen Byzantinern, als er 825 Jahre später die Stadt Istanbul
eroberte. In diesen Worten offenbart sich das universelle Mitgefühl
des Islam.

Das Mitgefühl des Gesandten Gottes gegenüber den Gläubigen war unbeschreiblich groß. Der Koran charakterisiert es im folgenden Vers:

Wahrlich, ein Gesandter aus eurer Mitte ist zu euch gekommen; es
schmerzt ihn sehr, wenn ihr unter etwas leidet; er setzt sich sehr für euer
Wohl ein; gegen die Gläubigen ist er mitleidig und barmherzig. (9:128)

---

[90] Bukhari, *Anbiya*, 54; Muslim, *Dschihad*, 104
[91] Ibn Hischam, *Sira*, 4.55; Ibn Kathir, *Al-Bidaya*, 4.344

Er senkte seine Flügel auf die Ungläubigen und stand den Gläubigen näher als diese sich selbst. (15:88; 33:6) Als einer seiner Gefährten starb, fragte der Prophet die bei dem Begräbnis Anwesenden, ob jener irgendeine Rechnung nicht beglichen habe. Als man ihm mitteilte, eine Rechnung stünde noch offen, trug er den oben zitierten Vers vor und ließ seine Gläubiger wissen, sie sollten sich zur Begleichung seiner Schulden an ihn wenden.[92]

Was die Ungläubigen betrifft, so befreite Gott sie von der vollständigen Vernichtung. Vorher hatte Er ja bereits viele Völker ausgelöscht:

> *Allah aber wollte sie nicht bestrafen, solange du unter ihnen weiltest, noch wollte Allah sie bestrafen, während sie um Vergebung baten.* (8:33)

Dieser Vers bezieht sich nicht nur auf die Ungläubigen zu Lebzeiten des Gesandten Gottes, sondern auch auf alle, die nach ihm lebten. Gott wird die Menschheit nicht völlig zu Grunde richten, solange noch Anhänger des Propheten Muhammad in der Welt leben. Gott hält das ‚Tor der Reue‘ bis zum Jüngsten Tag geöffnet. Jeder Mensch, kann zum Islam konvertieren oder Gott um Verzeihung bitten, egal wie groß seine Schuld auch sein mag. Die angebliche Feinseligkeit von Muslimen gegenüber Ungläubigen ist also in Wirklichkeit eine Form von Mitleid. Als Umar, der zweite Kalif, einmal einen 80-jährigen Priester sah, setzte er sich nieder und begann zu weinen. Auf die Frage, warum er denn weine, antwortete er: „Gott hat ihm eine so lange Lebensspanne gewährt, aber er hat es nicht geschafft, den Pfad der Wahrheit zu finden." Umar war ein Schüler Muhammads, von dem die folgenden Aussprüche stammen:

> *Ich bin nicht jemand, der gekommen ist, die Menschen zu verfluchen, sondern ich kam als eine Gnade.*[93]

> *Ich bin Muhammad und Ahmad (der Gepriesene) und Muqaffi (der letzte Prophet). Ich bin auch Haschir (der letzte Prophet, in dessen Gegenwart die Toten wieder zum Leben erweckt werden) und der Prophet der*

---

[92]   Muslim, *Fara'iz*, 14; Bukhari, *Istiqraz*, 11
[93]   Muslim, *Birr*, 87

Reue (der Prophet, für den das ‚Tor der Reue' immer offen steht) und
der Prophet der Gnade.[94]

Als Ma'iz für seinen Ehebruch bestraft wurde, klagte ihn einer
der Gefährten an und beleidigte ihn: Der Gesandte Gottes aber
tadelte Ma'iz: *Du hast deinen Freund verleumdet. Seine Reue und seine*
Bitte um Vergebung seiner Sünde würden ausreichen, damit allen Sün-
dern in dieser Welt vergeben wird.[95]

Besonders mitfühlend war der Gesandte Gottes gegenüber Kindern. Wann immer er ein Kind weinen hörte, setzte er sich daneben und teilte seine Gefühle mit ihm. Er spürte die Sorge einer
Mutter um ihr Kind mehr als die Mutter selbst. Einmal sagte er:

> *Ich stand im Gebet und dachte daran, noch etwas länger zu beten. Doch*
> *dann hörte ich den Schrei eines Kindes und beendete es, um die Sorge*
> *der Mutter zu lindern.*[96]

Er pflegte die Kinder in den Arm zu nehmen und sie an sich zu
drücken. Als er einmal gerade dabei war, seinen geliebten Enkeln
Hasan und Husayn einen Kuss zu geben, sprach ihn Aqra ibn Habis
an: „Ich habe zehn Kinder. Bis zum heutigen Tag habe ich keines von
ihnen jemals geküsst." Da erwiderte der Prophet: *Wer kein Mitgefühl*
für andere aufbringt, dem wird auch kein Mitgefühl entgegengebracht.[97]
Einer abweichenden Version zufolge sagte Muhammad: *Was kann*
ich für dich tun, wenn Gott dir dein Mitgefühl genommen hat?[98]

Bei anderer Gelegenheit erklärte der Gesandte Gottes:

> *Zeigt Mitgefühl mit den Menschen auf Erden, damit die Bewohner der*
> *Himmel Mitgefühl mit euch haben!*[99]

Als Sa'd ibn Ubada einmal krank war, besuchte ihn der Prophet
zu Hause. Er sah seinen treuen Gefährten in einem so schlimmen

---

[94] Ibn Hanbal, 4.395; Muslim, *Fada'il*, 126
[95] Muslim, *Hudud*, 17-23; Bukhari, *Hudud*, 23
[96] Bukhari, *Adhan*, 65; Muslim, *Salat*, 192
[97] Bukhari, *Adhan*, 18
[98] Bukhari, *Adab*, 18; Muslim, *Fada'il*, 64; Ibn Madscha, *Adab*, 3
[99] Tirmidhi, *Birr*, 16

Zustand, dass ihm die Tränen kamen und er sagte: *Gott bestraft keine Tränen und keinen Kummer, sondern Er bestraft diese hier...*, und deutete auf seine Zunge.[100]

Ein Angehöriger des Stammes der Banu Muqarrin hatte seine Dienstmagd geschlagen. Die arme Frau wandte sich daraufhin an den Gesandten Gottes, der ihren Dienstherrn rufen ließ und ihn kritisierte: *Du hast sie geschlagen, ohne ein Recht dazu zu haben. Deshalb lass sie frei.*[101] Seine Sklavin freizulassen, war für den Dienstherrn weit vorteilhafter, als für diesen Vorfall erst im Jenseits bestraft zu werden.

Der Gesandte Gottes setzte sich stets und auch schon vor seiner Prophetenschaft für Witwen, Waisen, Arme und Behinderte ein. Als er nach der ersten Offenbarung in einem Zustand starker Erregung von der Höhle Hira zurückkehrte, ermutigte ihn seine Frau Khadidscha: „Ich hoffe, du wirst der Prophet dieser Gemeinschaft werden. Du spricht immer die Wahrheit, erfüllst das dir entgegengebrachte Vertrauen, unterstützt deine Verwandten, hilfst den Armen und den Schwachen und gibst deinen Gästen Speise."[102]

Das Mitgefühl des Gesandten Gottes galt aber nicht den Menschen allein. Er berichtete uns, dass z.B. eine Prostituierte von Gott zur Wahrheit geleitet wurde und ins Paradies kam, weil sie einem vor Durst sterbenden Hund Wasser gab. Eine andere Frau hingegen wurde den Qualen der Hölle überantwortet, weil sie eine Katze verhungern ließ.[103] Auf dem Rückweg von einer militärischen Expedition holten Gefährten des Propheten einmal einige Jungvögel aus einem Nest, um sie zu streicheln. Als die Mutter der Jungen dies bemerkte, flatterte sie um sie herum und stieß dabei laute Schreie aus. Muhammad erfuhr von dem Vorfall, wurde wütend und befahl, die Jungen ins Nest zurückzulegen.[104] Dann erzählte er seinen Gefährten, dass einer der früheren Propheten von Gott dafür getadelt worden war, dass er einen Ameisenbau in Brand gesteckt hatte.[105]

---

[100]   Bukhari, *Dschana'iz*, 45; Muslim, *Dschana'iz*, 12
[101]   Muslim, *Ayman*, 31,33; Ibn Hanbal, 3.447
[102]   Ibn Sa'd, *Tabaqat*, 1.195
[103]   Bukhari, *Anbiya'*, 54; *Musaqat*, 9; Muslim, *Salat*, 153; Ibn Hanbal, 2.507
[104]   Abu Dawud, *Adab*, 164, *Dschihad*, 112; Ibn Hanbal, 1.404
[105]   Bukhari, *Dschihad*, 153; Muslim, *Salam*, 147

In Mina sah der Gesandte Gottes einigen seiner Gefährten aus der Ferne dabei zu, wie sie eine Schlange angriffen, um sie zu töten. Die Schlange konnte entkommen. Da merkte er an: *Die Schlange ist eurem verwerflichen Handeln entkommen, ebenso wie ihr ihrem entkommen seid.*[106] Ibn Abbas überliefert uns, dass der Gesandte Gottes einen Mann ermahnte, der gerade damit beschäftigt war, direkt vor einem Schaf, das er schlachten wollte, sein Messer zu wetzen: *Willst du es gleich mehrmals töten?*[107]

Der Gesandte Gottes lebte nicht für sich selbst, sondern für andere, und war eine Gnade für alle Welten.

SANFTMUT UND GÜTE DES PROPHETEN

Eine weitere Dimension des Charakters des Gesandten Gottes ist seine Sanftmut. Muhammad war ein glänzender Spiegel, in dem Gott Seine Barmherzigkeit widerspiegeln ließ.

Die Sanftmut ist eine Reflexion des Mitgefühls. Gott hat Seinen Gesandten sanftmütig und gütig gemacht, nicht streng und unnachgiebig. Durch seine Sanftmut gewann der Prophet viele Menschen für den Islam. Mit ihrer Hilfe überwand er viele Hindernisse, die ihm auf dem Weg zum Erfolg im Weg standen.

Nach dem Sieg in der Schlacht von Badr stellte die Schlacht von Uhud die muslimische Gemeinschaft in Medina auf eine harte Probe. Obwohl der Gesandte Gottes der Meinung war, es sei besser, dem Feind in den Stadtgrenzen Medinas gegenüberzutreten, drängte ihn die Mehrheit der Muslime, hinauszuziehen und eine offene Feldschlacht auszufechten. Als die beiden Armeen am Fuß des Berges Uhud aufeinander trafen, postierte der Gesandte Gottes 50 Bogenschützen auf dem Pass von Aynayn und befahl ihnen, ihre Stellungen nicht ohne Genehmigung zu verlassen, selbst dann nicht, wenn sie zu erkennen glaubten, dass die Muslime den Sieg errungen hatten.

---

[106] Nasa'i, *Hadsch*, 114; Ibn Hanbal, 1.385
[107] Hakim, *Mustadrak*, 4.231, 233

Die Armee der Muslime, die nur ein Drittel der Stärke und der Ausrüstung des Feindes besaß, hatte die Götzenanbeter aus Mekka zu Beginn der Schlacht schon fast in die Flucht geschlagen. Doch als die Bogenschützen sahen, dass der Feind vom Schlachtfeld floh, vergaßen sie den Befehl des Propheten und nahmen die Verfolgung auf. Khalid ibn Walid, der Befehlshaber der Kavallerie der Armee Mekkas erkannte die Situation, ritt um den Berg herum und fiel den Muslimen in den Rücken. Die fliehenden Soldaten des Feindes kehrten zurück und die Muslime, die sich nun eingekreist sahen, mussten eine Niederlage einstecken. Über 70 von ihnen starben den Märtyrertod, und der Gesandte Gottes wurde verwundet. Nun hätte er die Befürworter der offenen Feldschlacht oder die Bogenschützen, die ihre Stellungen verlassen hatten, tadeln können. Er aber tat das Gegenteil und zeigte Nachsicht. Im Koran steht geschrieben:

Und in Anbetracht der Barmherzigkeit Gottes warst du (o Muhammad) mild zu ihnen; wärst du aber rau und harten Herzens gewesen, so wären sie dir davongelaufen. Darum vergib ihnen, und bitte sie um Verzeihung, und ziehe sie in der Sache zu Rate; und wenn du entschlossen bist, dann vertrau auf Allah; denn wahrlich, Allah liebt diejenigen, die Ihm vertrauen. (3:159)

Dieser Vers ruft die Mächtigen dazu auf, gegenüber Fehlern, die aus einer guten Absicht heraus begangen werden, nachsichtig und verständnisvoll zu sein. Daneben unterstreicht er die Bedeutung, die der Islam der Beratung in öffentlichen Angelegenheiten zumisst.

Die Sanftmut und die Güte des Gesandten Gottes waren Reflexionen der drei Gottesnamen ‚der Sanftmütige‘, ‚der Gütige‘ und ‚der Verzeihende‘. Gott sorgt auch dann weiterhin für die Menschen, wenn sie aufsässig oder ungläubig sind. Die meisten Menschen sind Ihm gegenüber ungehorsam, weil sie nicht an Ihn glauben, weil sie Ihm heimlich oder in aller Deutlichkeit Partner beigesellen oder weil sie Seine Gebote missachten. Die Sonne jedoch spendet ihnen weiterhin unablässig Wärme und Licht, die Wolken stehen ihnen mit ihren Tränen - dem Regen - bei, und die Erde ernährt sie mit ihren Früchten und Pflanzen. Den Anstrengungen dieser Elemente liegen die Sanftmut und die Güte Gottes zu Grunde, die der Gesandte Gottes durch sein Mitgefühl, seine Sanftmut und seine Güte reflektierte.

Der Prophet Muhammad hegte nie Rachegedanken und war nie nachtragend, egal was man ihm antat. Als seine Frau Aischa einmal zur Zielscheibe übler Nachrede wurde, dachte er auch später, nachdem die Verleumdung vom Koran widerlegt worden war, nicht daran, die Denunzianten zu bestrafen. Oft bekam er Besuch von Beduinen, die sich unhöflich benahmen, doch er sah sie nicht einmal missbilligend an. Obwohl er äußerst sensibel war, verhielt er sich Freund und Feind gegenüber nachsichtig.

Der Gesandte Gottes war gerade dabei, nach der Schlacht von Hunayn die Kriegsbeute zu verteilen, als ein Mann namens Dhu l-Huwaysira protestierte und zu ihm sagte: „Sei gerecht, Muhammad!" Dieser Einwand war ein unverzeihlicher Affront gegen den Charakter eines Propheten, der für Gerechtigkeit in der Welt sorgen sollte. Umar, der diese Provokation nicht hinnehmen konnte, wandte sich an den Propheten: „Lass mich diesen Heuchler töten, Gesandter Gottes!" Muhammad jedoch unternahm gar nichts und sagte stattdessen: *Wer soll denn gerecht sein, wenn nicht ich? Wenn ich nicht gerecht bin, bin ich verloren und gescheitert.*[108]

Als der Prophet eines Tages nach Hause zurückkehrte, nachdem er in der Moschee eine Unterhaltung mit seinen Gefährten geführt hatte, hielt ihn ein Beduine am Kragen fest und forderte ihn unsanft auf: „Muhammad, gib mir mein Recht! Belade mir meine beiden Kamele hier! Denn du wirst sie weder mit deinem eigenen Reichtum noch mit dem deines Vaters beladen." Der Gesandte Gottes antwortete auf diese Dreistigkeit, ohne irgendein Anzeichen von Ärger zu zeigen: *Gebt diesem Mann, was er will.*[109]

Zayd ibn San'an berichtet:

---

[108] Muslim, *Zakat*, 142, 148; Bukhari, *Adab*, 95, *Manaqib*, 25
[109] Abu Dawud, *Adab*, 1; Nasa'i, *Qasama*, 24

„Eines Tages lieh sich der Gesandte Gottes etwas Geld von mir. Damals war ich noch kein Muslim. Noch bevor seine Schulden fällig wurden, ging ich zu ihm hin und beleidigte ihn, indem ich zu ihm sagte: ‚Ihr Kinder des Abd al-Muttalib zahlt immer nur ungern eure Schulden zurück.' Da wurde Umar sehr wütend und schrie: ‚Du Feind Gottes, gäbe es keinen Vertrag zwischen uns und der jüdischen Gemeinschaft, würde ich dir deine Hand abhauen! Sprich höflich zum Gesandten Gottes!' Jener aber lächelte mir zu und wandte sich an Umar: *Umar, zahl diesem Mann sein Geld! Und gib ihm noch zwanzig Gallonen zusätzlich dafür, dass du ihn erschreckt hast.*"

Den Rest dieser Geschichte erzählt Umar selbst:

„Wir gingen zusammen weg. Unterwegs sprach mich Zayd plötzlich an: ‚Umar, du warst wütend auf mich. Aber ich habe in ihm alle Eigenschaften erkannt, die der letzte Prophet der Thora, dem Alten Testament, zufolge besitzen soll. Da gibt es zum Beispiel den Vers: *Seine Sanftmut ist stärker als sein Zorn. Die Dreistigkeit, der er ausgesetzt ist, macht ihn nur noch sanftmütiger und gütiger.* Um seine Geduld auf die Probe zu stellen, habe ich ihn absichtlich provoziert. Nun bin ich überzeugt, dass er der Prophet ist, dessen Kommen die Thora angekündigt hat. Ich glaube und lege davon Zeugnis ab, dass er der Letzte Prophet ist.'"

Die Nachsicht und die Güte des Propheten hatten ausgereicht, um Zayd ibn San'an, einen angesehenen jüdischen Gelehrten jener Zeit zum Islam konvertieren zu lassen.

Die Sanftmut und die Güte des Gesandten Gottes ergriffen die Herzen und bewahrten den Muslimen ihre Einheit. Wäre er, wie es der Koran beschreibt, rau und harten Herzens gewesen, so wären sie ihm davongelaufen. Doch im Gegenteil: Diejenigen, die ihn sahen und ihm zuhörten, wurden mit so unbeschreiblichen Manifestationen Gottes beschenkt, dass sie in den Rang von Heiligen aufstiegen. Khalid ibn Walid z.B. war jener Heerführer der Quraysch, der den Muslimen in der Schlacht von Uhud die Niederlage zugefügt hatte. Als man ihm am Tage nach seinem Übertritt zum Islam nicht gestattete, sich der Armee der Muslime anzuschließen, die zu einer militärischen Expedition aufbrach, war er verärgert und weinte.

Neben Khalid gehörten auch Ikrima und Amr ibn al-As zu jenen, die dem Gesandten Gottes und den Muslimen übel mitgespielt hatten. Doch nachdem sie die neue Religion angenommen hatten, wurde jeder von ihnen zu einem Schwert des Islam, das gegen die Ungläubigen kämpfte. Ibn Hischam, der Bruder Abu Dschahls, konvertierte kurz vor dem Tod des Propheten zum Islam. Er wurde ein so aufrichtiger Muslim, dass er kurz vor seinem Märtyrertod in der Schlacht von Yarmuk (zwei Jahre nach dem Tod des Gesandten Gottes) Wasser, das ihm Hudayfa l-Adawi anbot, ausschlug und ihm stattdessen befahl, es dem neben ihm liegenden und um Wasser flehenden Mann zu reichen. Noch während er starb, gab er einem seiner muslimischen Brüder den Vorzug vor sich selbst.[110]

Die Gefährten wurden vom Propheten geschult. Um uns ihre Erhabenheit bewusst zu machen, reicht es, wenn wir uns ihre Leistung vor Augen zu führen: Obwohl ihre Zahl nicht besonders groß war, trugen sie den Islam innerhalb weniger Jahrzehnte bis in die entlegensten Winkel Asiens und Afrikas. Und obwohl sich die Kräfte der Feinde des Islam auf der ganzen Welt mitsamt ihrer Kriegsmaschinerie und ihren technologischen Möglichkeiten über Jahrhunderte hinweg bemühten, den Islam vom Antlitz der Erde zu wischen, erhält er doch mit jedem Tag neue Kraft. Er ist die einzige Alternative für das Wohl der Menschen in der Zukunft. Die Gefährten entstammten allesamt den erbärmlichen Verhältnissen des vorislamischen Zeitalters der Unwissenheit. Und trotzdem wurden sie zu Lehrern und Leitfiguren eines beträchtlichen Teils der Menschheit bis zum Jüngsten Tag und zur Vorhut der großartigsten Zivilisation auf Erden.

Der Gesandte Gottes war ein Mann des absoluten Gleichgewichts. Sein universelles Mitgefühl hielt ihn jedoch nicht davon ab, das Urteil Gottes zu vollstrecken. Sein Mitgefühl und seine Sanftmut gingen nicht so weit, dass er irgendeinen Bruch der islamischen Gebote oder Demütigungen übersehen hätte. Bei einer militärischen Expedition z.B. hatte Usama ibn Zayd einen gegnerischen Kämpfer

---

[110] Hakim, *Mustadrak*, 3.242

zu Boden geworfen. In dem Moment, in dem er ihn umbringen wollte, bekannte sich dieser zum Glauben. Usama aber war der Ansicht, das Glaubensbekenntnis wäre allein aus der Todesangst seines Kontra-henten erwachsen, und tötete ihn. Als der Gesandte Gottes von die-sem Vorfall erfuhr, regte er sich so sehr über Usama auf, dass er ihm einen Verweis erteilte: *Hast du sein Herz entzwei gehauen und gesehen* (ob sein Glaubensbekenntnis auf seine Todesangst zurückzuführen war)? Diese Worte wiederholte er so oft, dass Usama später sagte: „An jenem Tag, an dem ich so gescholten wurde, wünschte ich mir, noch kein Muslim geworden zu sein."[111]

Einmal wurde Abu Dharr so wütend auf Bilal, dass er ihn beschimpfte: „Du Sohn einer Schwarzen!" Bilal ging zum Prophe-ten und erzählte ihm unter Tränen, was passiert war. Der Prophet tadelte Abu Dharr: *Trägst du immer noch die Zeichen der Dschahiliya?* Abu Dharr bereute, was er gesagt hatte, warf sich auf den Boden und sagte: „Der Kopf Abu Dharrs wird sich nicht eher wieder erhe-ben, bis Bilal mit seinem Fuß über ihn hinweg geschritten ist." Da verzieh ihm Bilal, und sie versöhnten sich wieder.[112] Dieses Beispiel steht für die Brüderlichkeit und Menschlichkeit, die der Islam unter den zuvor doch so primitiven Menschen stiftete.

DIE FREIGEBIGKEIT DES PROPHETEN

Der Gesandte Gottes ist der am feinsten geschliffene Spiegel in der ganzen Schöpfung. Er reflektiert die Namen und Attribute Gottes in vollkommener Art und Weise. Dadurch dass der Gesandte Gottes eine vollkommene Manifestation der Namen und Attribute Gottes darstellt und gleichzeitig den Koran und den Islam verkörpert, ist er der beste, der entscheidendste und der umfassendste Beweis sowohl für die Existenz und die Einheit Gottes als auch für die Wahrheit des Islam und des Koran. Wer den Propheten Muhammad sah, musste automatisch an Gott denken. Neben der Sanftmut und Güte des

---

[111]   Muslim, *Iman*, 158; Ibn Madscha, *Fitan*, 1
[112]   Bukhari, *Iman*, 22

Gesandten Gottes ist seine Freigebigkeit eine weitere Dimension seiner vorzüglichen und einzigartigen Persönlichkeit. Auch sie ist eine Reflexion und ein Beweis seiner Prophetenschaft.

Die Menschen auf der Arabischen Halbinsel waren selbst in der vorislamischen Epoche der Dschahiliya für ihre Freigebigkeit bekannt. Wenn wir einen Blick auf die Dichtkunst jener Zeit werfen, stellen wir fest, dass die Araber damals sehr stolz auf ihre Freigebigkeit waren. Diese Freigebigkeit galt jedoch nicht der Sache Gottes und entsprang nicht Uneigennützigkeit, sondern diente lediglich der Zurschaustellung des eigenen Stolzes. Der Prophet hingegen stellte seine Freigebigkeit allein in den Dienst Gottes. Er erwähnte sie nie auch nur mit einer Silbe, und er schätzte es auch nicht, wenn andere dies taten. Wenn ihn dennoch ein Dichter für seine Freigebigkeit lobte, betonte er stets, dass alles Lob Gott gebühre, der ihm ermögliche, freigebig zu sein. Generell schrieb er seine Eigenschaften und guten Taten nie sich selbst zu.

Dem Gesandten Gottes bereitete es Freude, das, was er hatte, zu verteilen. Vor seiner Prophetenschaft hatte er sich im Handel betätigt und über beträchtliche Reichtümer verfügt. Doch später verteilten er und seine Frau Khadidscha alles, was sie besaßen, auf dem Weg Gottes. Als Khadidscha starb, verfügten sie noch nicht einmal mehr über das nötige Geld, um ein Totenhemd für sie zu kaufen. Der Gesandte Gottes musste sich Geld leihen, um den ersten Menschen, der den Islam angenommen hatte, und gleichzeitig dessen ersten Anhänger, zu beerdigen.[113]

Wenn der Gesandte nur gewollt hätte, hätte er der reichste Mann Mekkas werden können. Aber entsprechende Angebote wies er ohne zu zögern zurück. Gott hatte im Koran angeordnet, dass ein Fünftel der Kriegsbeute dem Propheten zur freien Verfügung stehen sollte. Doch Muhammad dachte nicht daran, diesen Anteil für sich zu behalten. Er und seine Familie gaben sich mit dem Nötigsten zufrieden und führten ein sehr genügsames Leben. Bei der Verteilung der Kriegsbeute bevorzugte er stets andere.

---

[113] Ibn Kathir, *Al-Bidaya*, 3.158-159

Der Prophet Muhammad betrachtete sich selbst als einen Reisenden in der Welt. Einmal sagte er:

In was für einer Beziehung stehe ich zu dieser Welt? Ich bin wie ein Rei-
sender, der unter einem Baum Schatten sucht und dann seinen Weg
fortsetzt.[114]

Dem Propheten zufolge ähnelt die Welt einem Baum, unter dem
die Menschen Schatten suchen. Niemand kann ewig in dieser Welt
leben, deshalb müssen die Menschen die notwendigen Vorkehrungen für den zweiten Teil ihrer Reise treffen, der ins Paradies oder
aber in die Hölle führt. Die Mission des Gesandten Gottes bestand
darin, die Menschen zur Wahrheit zu führen. Deshalb stellte Muhammad alles, was er besaß, sein Leben und seine Besitztümer, in diesen Dienst. Als Umar ihn, wie bereits geschildert, bei Gelegenheit
auf einer harten Matte liegen sah, begann er zu weinen. Der Prophet
fragte ihn, was los sei, und Umar antwortete: „Während Könige in
weichen Federbetten schlafen, liegst du auf einer harten Matte. Du
bist der Gesandte Gottes, und verdienst es mehr als jeder andere
Mensch, ein angenehmes Leben zu führen." Der Prophet aber entgegnete ihm:

Bist du nicht mit mir einer Meinung, dass ihnen die Pracht der Welt,
uns aber die Pracht des Jenseits gehört?[115]

Den Worten Anas zufolge war der Gesandte Gottes der schönste und freigebigste aller Menschen.[116] Dschabir ibn Samura erzählt:
„Wir saßen einmal in der Moschee. Der Mond schien über uns. Da
trat der Gesandte ein. Zuerst schaute ich auf den Mond und dann
auf das Antlitz des Gesandten Gottes. Bei Gott, ich schwöre, dass
das Antlitz des Gesandten heller als der Mond strahlte."[117]

Der Gesandte Gottes wies niemanden zurück. Er gebrauchte
nie das Wort ‚Nein', außer wenn er gerade im Sitzen das Glaubens-

---

[114]   Bukhari, *Riqaq*, 3
[115]   Bukhari, *Tafsir*, 2; Muslim, *Talaq*, 31
[116]   Muslim, *Fada'il*, 48; Bukhari, *Manaqib*, 23
[117]   Suyuti, *Al-Khasa'is*, 1.123; Hindi, *Kanz al-Ummal*, 7.168

bekenntnis sprach. Einmal kam ein Beduine zu ihm und bat ihn um irgendetwas. Der Gesandte Gottes gab ihm, worum er gebeten worden war. Daraufhin verlangte der Beduine mehr und mehr, und der Prophet gab ihm solange, bis er nichts mehr zu geben hatte. Als der Beduine nun aber immer noch nicht aufhörte zu fragen, versprach ihm Muhammad, zu einem späteren Zeitpunkt mehr zu geben. Umar war angesichts der Taktlosigkeit des Beduinen verärgert und sagte zum Propheten: „Du wurdest gefragt, und du hast geben. Du wurdest wieder gefragt, und erneut hast du gegeben. Und noch einmal wurdest du gefragt, und du hast Versprechungen gemacht." Damit wollte Umar zum Ausdruck bringen, dass sich der Prophet das Leben nicht so schwer machen sollte. Der Gesandte Gottes pflichtete Umar in diesem Punkt aber nicht bei. Da erhob sich Abd Allah ibn Hudafa s-Sahmi und sagte: „Gesandter Gottes, gib und hab keine Angst davor, dass dich der Besitzer des Sitzes der Ehre arm machen wird." Der Prophet freute sich über diese Worte As-Sahmis und erklärte: *Mir war aufgetragen, so zu handeln.*[118]

Niemals schlug er jemandem eine Bitte ab. Von ihm stammen auch folgende Aussprüche:

> *Die Freigebigen sind Gott nah, dem Paradies nah und den Menschen nah. Dem Feuer aber sind sie fern. Die Geizigen sind Gott fern, dem Paradies fern und den Menschen fern. Dem Feuer aber sind sie nah.*[119]

> *Ihr Menschen, Gott hat den Islam als Religion für euch bestimmt. Deshalb verbessert eure Praxis des Islam durch Freigebigkeit und gute Umgangsformen!*[120]

DIE BESCHEIDENHEIT DES PROPHETEN

„Im sozialen Leben besitzt jeder Mensch ein Fenster namens Status, durch das er heraus sehen und selbst von anderen gesehen werden kann. Wenn sich das Fenster eines Menschen oberhalb seiner

---

[118]   Ibn Kathir, *Al-Bidaya*, 6.63
[119]   Tirmidhi, *Birr*, 40
[120]   Hindi, *Kanz al-Kunuz*, 6.571

tatsächlichen Statur befindet, wird er versuchen, sich durch Auf-
schneiderei und Hochmut zu strecken, um größer zu erscheinen,
als er in Wirklichkeit ist. Befindet sich das Fenster aber unterhalb
seiner tatsächlichen Statur, wird er sich demütig beugen müssen,
um herauszusehen und von außen gesehen zu werden. Die Demut
ist das Maß der Bedeutsamkeit des Menschen. Eitelkeit und Einbil-
dung hingegen weisen auf einen ordinären Charakter hin."[121]

Der Gesandte Gottes besitzt eine Statur so gewaltig, dass sie
das ‚Dach der Himmel' berührt. Deshalb achten ihn alle, die in der
‚Sphäre der Tugenden reisen', als das höchste aller erschaffenen
Wesen inklusive der Engel. Said Nursi beschreibt ihn als den erhabenen Adjutanten Gottes, der sich hinab beugt und sich für eine
Weile in der Welt aufhält, um den Menschen den Weg zu Gott zu
weisen. Da der Gesandte Gottes der erhabenste aller Menschen ist,
ist er zugleich auch der bescheidenste. Allgemein gilt: Je erhabener
ein Mensch ist, desto bescheidener ist er auch.

Der Gesandte Gottes hielt sich nie für etwas Besseres. Von seinen Gefährten unterschied er sich allein durch sein strahlendes Antlitz und sein angenehmes Wesen. Er lebte als der Ärmste unter ihnen,
trug die gleiche Kleidung wie sie, saß und aß mit ihnen und sogar
mit Sklaven und Dienern am Tisch. Einmal sah eine Frau ihn essen
und kommentierte: „Er isst, als wäre er ein Diener." Der Gesandte
Gottes entgegnete: *Könnte es einen besseren Diener als mich geben?*
Ich bin ein Sklave Gottes.[122]

Bei anderer Gelegenheit war er gerade dabei, seine Freunde zu
bewirten, als ein Beduine hinzu kam und rief: „Wer ist der Gebieter
dieser Menschen?" Mit seiner Antwort stellte sich der Gesandte Gottes
nicht nur selbst vor, sondern brachte außerdem noch ein bedeutendes Prinzip islamischer Herrschaft und öffentlicher Verwaltung zum
Ausdruck. *Der Gebieter der Menschen ist der, der ihnen dient.* Ali zufolge
war der Prophet ein Mensch unter Menschen. Als der Gesandte Gottes
während der Hidschra in Begleitung von Abu Bakr Quba erreichte,
versuchten einige Bewohner Medinas, die ihn noch nie zuvor gese-

---

[121]   Said Nursi, *Letters*, 2.315
[122]   Haythami, *Madschma'*, 9.21

hen hatten, nicht ihm, sondern Abu Bakr die Hände zu küssen. Denn rein äußerlich unterschieden sich die beiden nur dadurch voneinander, dass Abu Bakr älter zu sein schien.[123]

Bei der Errichtung der Moschee in Medina nach der Hidschra trug der Gesandte Gottes immer zwei von der Sonne getrocknete Ziegel, während alle anderen nur einen trugen.[124] Beim Ausheben des Grabens um Medina vor dem Grabenkrieg banden sich die Gefährten gegen den Hunger einen Stein um den Bauch. Der Prophet aber empfand einen stärkeren Hunger als alle anderen und band sich deshalb gleich zwei Steine um.[125] Einmal begann ein Mann, der den Propheten angesehen hatte, auf Grund dessen Ehrfurcht gebietender Erscheinungsform vor Angst zu zittern. Der Gesandte aber beruhigte ihn: *Bruder, fürchte dich nicht! Genauso wie du bin auch ich ein Mensch, dessen Mutter sich von trockenem Brot ernährte.*[126] Ein anderes Mal nahm eine an einer Geisteskrankheit leidende Frau den Propheten an die Hand und forderte ihn auf: „Komm mit mir, und verrichte meine Hausarbeit für mich." Der Gesandte Gottes ging mit der Frau mit und erledigte ihre Arbeit.[127] Aischa, die Mutter der Gläubigen, berichtete, dass der Prophet seine Kleidung und seine Schuhe flickte und seinen Frauen im Haushalt zur Hand ging.[128]

Obwohl ihn seine Bescheidenheit auf die höchste Stufe erhob, betrachtete sich der Gesandte Gottes selbst als einen gewöhnlichen Diener Gottes. Als er bei Gelegenheit sagte: *Niemand kann das Paradies allein auf Grund seiner Taten betreten*, wurde er gefragt, ob dies denn auch für ihn selbst gelte. Da antwortete er: *Auch ich nicht, nur mit der Barmherzigkeit Gottes.*[129]

Die Bescheidenheit war der wichtigste Aspekt des Dienstes des Propheten an Gott. Muhammad erklärte: *Wer auch immer bescheiden*

---

[123] Ibn Hischam, 2.137

[124] Bukhari, 1.111; Muslim, 2.65; Semhudi, *Wafaʿ*, 1.237; Ibn Saʿd, 1.240

[125] Tirmidhi, *Zuhd*, 39

[126] Ibn Madscha, *Aṭʿima*, 30; Haythami, *Madschmaʿ*, 9.20

[127] Qadi Iyad, *Asch-Schifaʿ*, 1.131, 133

[128] Tirmidhi, *Schamaʾil*, 78; Ibn Hanbal, 6.255

[129] Bukhari, *Riqaq*, 18

ist, den erhöht Gott; und wer auch immer überheblich ist, den erniedrigt Gott.[130]

Ali beschreibt den Gesandten Gottes mit folgenden Worten:

„Der Gesandte Gottes war der am großzügigsten spendende, der liebenswürdigste, der geduldigste und der beharrlichste Mensch. Er sprach am aufrichtigsten, seine Gesellschaft war die angenehmste und warmherzigste, und in der Familie war er der Großmütigste. Wer ihn zum ersten Mal sieht, ist von Ehrfurcht vor ihm geschlagen, doch wer ihn näher kennt, fühlt sich stark zu ihm hingezogen. Wer ihn zu beschreiben versucht, sagt: ‚Weder vor noch nach ihm habe ich jemals jemanden wie ihn gesehen.'"[131]

---

[130]   Hindi, *Kanz al-Ummal*, 3.113; Haythami, *Madschma'*, 10.325
[131]   Tirmidhi, Hadith Nr. 3880

KAPITEL 5

Weitere Aspekte des Islam

DAS ISLAMISCHE GEMEINSCHAFTSLEBEN

Der Islam unterweist uns in sämtlichen Bereichen des menschlichen Lebens. Das islamische Recht beschränkt sich nicht auf zivile oder strafrechtliche Angelegenheiten, sondern setzt sich auch mit politischen, ökonomischen, sozialen, nationalen und internationalen Sachverhalten auseinander.

Allgemein gesprochen ist das islamische Recht die Kenntnis, die Disziplin und die Wissenschaft der Rechte und Pflichten des Menschen. Es zeigt auf, was für die Menschheit auf individueller wie auch auf gesellschaftlicher Ebene gut bzw. schlecht ist. Der Plan des Lebens, wie der Islam ihn entwirft, sieht eine Reihe von Rechten und Pflichten vor, nach denen die Muslime ihr Leben ausrichten sollen. Themen des islamischen Rechts sind im weitesten Sinne die Beziehung des Menschen zu Gott, seinem Schöpfer, sein Verhältnis zu sich selbst (unser Recht gegenüber uns selbst), seine Beziehung zu seinen Mitmenschen und sein Verhältnis zu seiner natürlichen Umwelt (die Rechte an den Ressourcen, die Gott dem Menschen zur Verfügung gestellt hat, damit dieser Nutzen aus ihnen ziehe).

Die Menschen beten instinktiv; das Wesen der angebeteten Gottheit und die Art und Weise der Anbetung unterscheiden sich jedoch. Gottes Liebe bleibt in den Herzen der Menschen haften. Die Geschöpfe gehorchen ihrem Schöpfer schon auf Grund ihrer Eigenschaft, erschaffen worden zu sein. Alle Geschöpfe einschließlich des Menschen innerhalb seines biologischen Lebens sind deshalb Muslime, die - ob sie nun wollen oder nicht - den Gesetzen der Schöpfung Folge leisten. Der Koran stellt klar, *dass* Gott die natürliche Gottheit ist, die vom Menschen verehrt werden muss, und zeigt auf, *wie* Er verehrt werden soll. Er verkündet die Einheitlichkeit der Anbetung, ebenso wie er die Einheit Gottes, die Einheit des Angebeteten und die Einheit der Anbetung verkündet.

Zwischen unserer Anbetung Gottes und unserer Haltung dem Leben gegenüber muss ebenfalls eine Einheit bestehen. Die Gottheit, die wir anbeten, ist dieselbe Gottheit, an die wir uns wenden, während wir studieren, während wir unseren Lebensunterhalt verdienen oder versuchen, unsere Lebensbedingungen auf dieser Welt zu verbessern. Derselben Gottheit gedenken wir, wenn wir essen, trinken oder - unabhängig von Zeit und Raum - mit der Familie, anderen Individuen, anderen Gesellschaften, Völkern und Staaten interagieren.

> *Sprich: „Mein Gebet und meine Opferung und mein Leben und mein Tod gehören Allah, dem Herrn der Welten."* (6:162)

Das ständige Wiederholen des Namen Gottes im Herzen ruft uns Gottes Gebote und unsere individuellen und sozialen Verantwortlichkeiten in Erinnerung. Es bewirkt etwas sehr Bedeutendes in unserem Leben. Die regelmäßige Anbetung Gottes schenkt uns eine außergewöhnliche Seele. Das tägliche Pflichtgebet (*Salat*) in der Morgendämmerung, am Mittag, Nachmittag, Abend und in der Nacht entspricht z.B. den fünf Lebensabschnitten Kindheit und Jugend, Zeit der Reife, Alter, Tod und Leben nach dem Tod bis zur Wiederauferstehung. Die Morgendämmerung des folgenden Tages kündigt die Wiederauferstehung an. Somit gleicht jeder einzelne Tag dem abgeschlossenen Zyklus unseres Lebens, der wiederum parallel zum Leben der Welt verläuft.

Während der Gebete lösen sich die Muslime für einige Minuten von ihren weltlichen Pflichten, ja sogar von der ganzen Welt, und wenden sich mit ihrem ganzen Wesen ihrem Herrn zu. Die Rezitation des Koran erhebt uns auf eine Ebene, auf der es uns so scheint, als würden wir den Koran direkt vom Herrn der Welten empfangen. Wir bitten Gott, uns zu ermöglichen, den von Ihm auserkorenen Weg zu folgen, unseren Glauben zu erneuern, uns daran zu erinnern, dass wir eines Tages Rechenschaft über unsere Taten ablegen müssen, uns von unseren Lasten zu befreien und uns durchs Leben zu geleiten.

Daher bestärkt uns das tägliche Gebet in unserem Glauben; es bereitet uns auf die Führung eines Lebens in Rechtschaffenheit und Gehorsam gegenüber Gott vor und schenkt uns Mut, Aufrichtigkeit, Entschlossenheit, eine reine Seele und eine bessere Moral. Der Koran befindet:

Wahrlich, das Gebet hält von schändlichen und abscheulichen Dingen ab. (29:45)

Der Gesandte Gottes betrachtete das Gebet als die (spirituelle) Himmelfahrt der Muslime zur heiligen Gegenwart Gottes.

Die Muslime sind dazu angehalten, ihre Gebete in Gemeinschaft mit anderen zu verrichten, was insbesondere für die freitäglichen Gebete gilt. Diese Richtschnur spannt ein Band der Liebe und des gegenseitigen Verständnisses zwischen den Muslimen. Sie schenkt ihnen einen Sinn für ihre kollektive Einheit und für ihre gemeinsamen Ziele. Außerdem fördert sie Gefühle von Brüderlichkeit und Schwesterlichkeit. Die Gebete sind auch ein Symbol für Gleichheit, denn ob arm oder reich, ‚hoch‘ oder ‚tief‘, Herrscher oder Beherrschter, Gebildeter oder Analphabet, schwarz oder weiß – beim Gebet stehen die Menschen in Reihen nebeneinander und werfen sich vor ihrem Herrn zu Boden. Darüber hinaus verleihen die Gebete den Menschen ein ausgeprägtes Bewusstsein für Gemeinschaftsdisziplin. Sie bilden die Menschen in allen Disziplinen aus, die die Entwicklung eines ausgefüllten individuellen und gemeinschaftlichen Lebens ermöglichen.

Der Islam betrachtet den Menschen als Statthalter Gottes und duldet nicht, dass er entwürdigt wird, indem man ihn demütigt oder unterdrückt. Der Islam ist der wahre Weg zu Freiheit und Unabhängigkeit. Er lädt die Menschen dazu ein, gegen Unterdrückung und Tyrannei und für Freiheit und Würde zu engagieren. Dadurch, dass sich die Muslime ausschließlich vor Gott zu Boden werfen, demonstrieren sie, dass sie nicht dazu bereit sind, sich vor irgendeiner anderen Macht zu verneigen. Der Islam verbietet die Sklaverei, er verspricht der ganzen Menschheit Freiheit und Unabhängigkeit in Denken und Handeln, in Besitz und Religion. Er schützt die Integrität des Menschen ebenso wie seine Ehre und Würde.

Der Islam befreit den Menschen aus der Gefangenschaft seiner Gelüste; sinnliche Freuden sollen ihn nicht in Versuchung führen und verderben. Drogenkonsum, sexuelle Freizügigkeit, Glücksspiel, Nachtklubs, anstößige Filme, Unzucht und Ehebruch, außereheliche Beziehungen, Pornografie, Verschwendung, Arroganz, Gier usw. sind erniedrigende Beschäftigungen, die dem Menschen Ehre und Würde rauben. Das tägliche Gebet und andere Formen der Anbetung wie z.B. die Sozialabgabe (*Zakat*) hingegen schärfen den Willen des Menschen, sich gegen jede Form der Selbsterniedrigung aufzulehnen.

Die anerkannte italienische Orientalistin Laura Veccia Vaglieri schreibt:

> „Der Geist des Menschen wurde (durch den Islam) vom Vorurteil befreit und sein Wille von den Fesseln, die ihm den Willen anderer Menschen oder so genannter verborgener Mächte, Priester, falscher Mysterienhüter und Heilsvermittler aufzwangen. All diejenigen, die vorgaben, Mittler zwischen Gott und dem Menschen zu sein, und dementsprechend der Auffassung waren, Macht über den Willen anderer zu besitzen, fielen von ihren hohen Sockeln.
>
> Da die Einheit Gottes alle anderen Einheiten mit einschließt, kam der Islam mit dem einzigartigen Charakteristikum, das Säkulare mit dem Religiösen und das Weltliche mit dem Außerweltlichen zu verschmelzen, sowie mit einem klaren Lösungsmodell für sozio-ökonomische Probleme und mit einem genau festgelegten politischen System in die Welt.
>
> Der Mensch war nur noch Diener Gottes; anderen Menschen gegenüber besaß er fortan nunmehr lediglich die Pflichten eines freien Menschen gegenüber anderen freien Menschen. Hatte der Mensch bis dahin die Ungerechtigkeiten sozialer Ungleichheit ertragen müssen, verkündete der Islam nun die Gleichheit der Menschen. Jeder Muslim unterschied sich von anderen Muslimen nur durch seine größere Gottesfurcht, durch seine besseren Taten und durch seine moralischen und intellektuellen *Eigenschaften*."[132]

---

[132]   Vaglieri, Laura Veccia, *Apologia dell Islamismo*, Washington 1957, S. 30-34

Das wichtigste und elementarste islamische Prinzip ist der
Grundsatz des Monotheismus, wobei dieser nicht nur ein theologi-
sches Prinzip darstellt, sondern ein Eckstein der islamischen Episte-
mologie, das Hauptprinzip der islamischen Methodologie und aller
islamischen Studien ist. Dem Monotheismus zufolge liegen Autorität,
Souveränität, Urteilsvermögen und Macht allein bei Gott. Dieser
Grundsatz befreit die Menschheit von allen Arten von Bevormundung, Zwischenhändlertum und Unterwerfung. Er schenkt den Muslimen ein Gefühl von Unabhängigkeit.

Dieser Grundsatz in Verbindung mit dem islamischen Prinzip
des *Amr bi'l-Ma'ruf wa'l-Nahy an al-Munkar* (Gebieten, was rechtens
ist, und verbieten, was unrecht ist) verleiht dem Menschen das rechtliche, politische, spirituelle, soziale, theologische und ethische Motiv,
eine von Gott inspirierte Ordnung, eine gerechte Regierungsform zu
errichten. Der Islam verurteilt jede Form von Imperialismus, Dikta-
tur, Kolonialismus, Unterdrückung, Tyrannei, Machtpolitik, Totalita-
rismus, Oligarchie und Monarchie.

DER ISLAMISCHE STAATSWESEN

Die beiden auffälligsten Kennzeichen eines islamischen Staatswesens sind zum einen, dass alle Menschen Geschöpfe Gottes sind;
d.h., niemandem wird auf Grund seiner Herkunft (Familienzu-
gehörigkeit oder Hautfarbe) eine höhere Position eingeräumt. Zum
anderen übt die Regierung weder absolute Macht über die Bürger
aus, noch sind die Bürger ihre Sklaven. Das Hauptziel des islamischen Staatswesens liegt vielmehr darin, die von Gott verliehenen
Tugenden einzusetzen und zu verfechten und gleichzeitig Sünden zu
verhindern und zu bekämpfen. Aus diesem Grunde sollten sich
Rechtschaffenheit und Gottesfurcht im Charakter aller Führungs-
persönlichkeiten widerspiegeln. Alle Regierungsangestellten, Richter und Militäroffiziere sollten den Geist von Rechtschaffenheit und
Gottesfurcht verinnerlichen und ihn der Gesellschaft einhauchen.

Unentbehrlich für eine islamische soziale Ordnung ist die
Herrschaft des Gesetzes. Der Prophet Muhammad wurde mit dem
Buch (der Verfassung des muslimischen Gemeinwesens) und dem

Gleichgewicht (dem Richtmaß Gottes, mit dessen Hilfe die Herrschenden das Buch in die Praxis übertragen müssen, um so die Menschen in absoluter Gerechtigkeit regieren zu können) auf die Erde hinabgesandt. Kein Muslim steht über dem Gesetz oder darf dessen Grenzen überschreiten. Das Gesetz sollte für ausnahmslos alle Menschen ohne jede Diskriminierung gelten, und die Gerichtshöfe sollten frei von äußerem Druck arbeiten können. Die Geschichte war Zeuge, dass die meisten muslimischen Kalifen als sehr gute Vorbilder fungierten, weil sie sich an diese Prinzipien hielten. Zwar erfreuten sie sich größerer Macht als die Könige der Vergangenheit und die Präsidenten der Gegenwart, und dennoch blieben sie dem Gesetz treu. Freundschaft und Vetternwirtschaft konnten vorgeschriebene Regeln und Vorschriften nicht außer Kraft setzen; und ihre persönlichen Aversionen verleiteten die Kalifen nicht dazu, den Kanon des islamischen Gesetzes zu verletzen.

Gerechtigkeit und Gesetzesherrschaft sind die wichtigsten Elemente einer islamischen Verfassung. Die Bürger sind dazu aufgefordert, der Regierung zu gehorchen, um Anarchie und sozialen Unruhen vorzubeugen. Doch auch für Ungehorsam findet sich Platz, denn der Prophet sagte: *In der Sünde gibt es keinen Gehorsam.* Dies bedeutet jedoch nicht, dass die Menschen gegen die Regierung rebellieren sollen. Eher heißt es, dass jeder einzelne Muslim für sein eigenes Wohlergehen und seine eigene Erlösung verantwortlich ist.

> *Allah ändert die Lage eines Volkes nicht, ehe sie (die Leute) nicht selbst das ändern, was in ihren Herzen ist.* (13:11)

Menschen gestalten ihre eigene Geschichte und sind für ihre eigenen individuellen und sozialen Lebensbedingungen verantwortlich. Deshalb sollten Konsultation und Gebet immer den Vorzug vor Aufruhr erhalten.

Ein weiteres wichtiges Element ist die Errichtung eines Beratungssystems auf Regierungsebene. In entsprechende Ausschüsse berufen werden sollten Gelehrte und fromme Menschen mit gutem Urteilsvermögen und Expertenwissen, die das Vertrauen der Bevölkerung genießen. Diese sind dann dazu aufgerufen, ihre Meinung präzise darzulegen und so zu verkünden, wie es ihr Gewissen ihnen vorschreibt. Dieses Beratungssystem ist für die islamische Gemeinschaft so wichtig, dass Gott die erste und vorbildliche islamische Gemeinschaft pries als Menschen, ...*deren Handlungsweise (eine Sache) gegenseitiger Beratung ist.* (42:38)

Noch klarer wird die Bedeutung dieses Systems, wenn man sich vor Augen führt, dass es der Prophet selbst war, der dieser Gemeinschaft vorstand. Denn er ...*spricht nicht aus Begierde. Vielmehr ist es eine Offenbarung, die (ihm) eingegeben wurde.* (53:3-4) Gott hob die Bedeutung, die Er dem Beratungssystem zumisst, zusätzlich dadurch hervor, dass Er seinem geliebten Propheten befahl, sich mit seinen Gefährten zu beraten. (3:159) Sogar nach dem Rückschlag, den die Muslime in der Schlacht von Uhud hinnehmen mussten und der auf den Ungehorsam einiger muslimischer Soldaten gegenüber dem Propheten zurückzuführen war, wies Gott diesen an, das Gespräch zu suchen. Wo und wann immer es notwendig war, griffen der Prophet und seine rechtgeleiteten Nachfolger auf das System der Beratung zurück.

Mit Hilfe von Beratung oder Konsultation lassen sich viele Streitigkeiten beilegen. Per Konsultation entscheiden Richter Fälle in Übereinstimmung mit Koran und Sunna, bei denen keine zweifelsfreien Urteile gefällt werden können; insofern ähnelt die Konsultation durchaus auch *Idschtihad* und *Qiyas* (Analogieschluss). Darüber hinaus sind kompetente muslimische Rechtsgelehrte befugt, nach einer Beratung unbedeutendere Strafen, die in Koran und Sunna nicht explizit erwähnt werden, zu verhängen.

Ein anderes Grundprinzip einer islamischen Ordnung ist die Bildung von Regierungen mit der Zustimmung des Volkes, und nicht durch den Einsatz von Gewalt. Dem Volk sollte Gehör geschenkt werden. Es sollte die Macht dem besten Kandidaten anvertrauen. Auf genau diese Weise kamen auch die rechtmäßigen Nachfolger des Propheten an die Macht.

Obwohl dieses System nach der Amtsniederlegung Hasans, des Sohns Ali ibn Abi Talibs, im Jahre 661 durch ein dynastisches System ersetzt wurde, blieben die meisten muslimischen Herrscher dem Gesetz und den Geboten des islamischen konstitutionellen Systems treu. Wenn Herrscher vom rechten Weg abkommen, sollten sich das Volk oder seine gelehrten Repräsentanten beraten, um Reformen einzuleiten oder die Herrschenden zu einem Machtverzicht zu bewegen.

Die Verfassung einer islamischen Ordnung schützt auch die Meinungsfreiheit. Die Unterstützung des Guten und die Beseitigung des Bösen wurden den Muslimen nicht nur als Recht gewährt, sondern auch als grundlegende Pflicht auferlegt. Die Gewissensfreiheit und die freie Meinungsäußerung sind Dreh- und Angelpunkte, die gewährleisten, dass die islamische Gesellschaft und ihr Staatswesen gut funktionieren. Das Volk besitzt die Freiheit, auch die prominentesten Muslime zu kritisieren, wenn diese auf Abwege geraten, und das Recht, in allen Angelegenheiten die eigene Meinung vorzubringen.

Das letzte Element einer islamischen Verfassung, das hier erwähnt werden soll, ist die Staatskasse. Sie gehört zum Besitz Gottes und stellt ein Treuhandgut dar, dass den Muslimen anvertraut wurde. Alles, was sich in ihr befindet, sollte aus rechtmäßigen Quellen stammen, und nichts sollte für unrechtmäßige Zwecke verwendet werden. Den Herrschern steht nur ein so großer Anteil an der Staatskasse zu, wie einem Treuhänder vom Besitz einer minderjährigen Waisen unter seiner Obhut zusteht:

> *Und wer (als Vormund) reich ist, der soll sich zurückhalten, und wer arm ist, der soll nach Billigkeit zehren.* (4:6)

Alle Herrscher sind dazu verpflichtet, über die Einnahmen und Ausgaben der Staatskasse Rechenschaft abzulegen, und die Muslime haben das Recht, sie zu ihrer Haushaltsführung zu befragen.

MENSCHENRECHTE IM ISLAM

Der Islam bescherte der Menschheit bereits vor 14 Jahrhunderten einen beispielhaften Kanon der Menschenrechte. Diese Rechte verleihen dem Menschen Ehre und Würde und beseitigen Ausbeutung, Unterdrückung und Ungerechtigkeit.

Die Menschenrechte des Islam wurzeln in dem Glauben, dass Gott, und Gott allein die Quelle aller Menschenrechte ist. Auf Grund ihres göttlichen Ursprungs darf kein Herrscher, keine Regierung,

keine Nationalversammlung und auch keine andere Autorität die von
Gott verliehenen Menschenrechte beschneiden oder in irgendeiner
Weise verletzen. Auch kann niemand, der Muslim bleiben möchte,
diese Rechte abtreten.

Die Menschenrechte sind ein integraler Bestandteil der islamischen Ordnung; alle muslimischen Regierungen und alle Organe
einer muslimischen Gesellschaft sind dazu verpflichtet, ihnen in
Theorie und Praxis innerhalb des Gefüges dieser Ordnung Geltung
zu verschaffen. Diese Rechte, die von bedeutenden muslimischen
Gelehrten auf der Basis von Koran und Sunna zusammengestellt
wurden, können wie folgt spezifiziert werden:

- Alle Menschen sind gleich. Niemand genießt besondere Privilegien, und niemand darf auf Grund seiner Zugehörigkeit zu
einer Ethnie, auf Grund seiner Hautfarbe, seines Geschlechts,
seiner Herkunft oder seiner Sprache diskriminiert werden.
- Alle Menschen werden als freie Menschen geboren.
- Sklaverei und Zwangsarbeit werden als verabscheuungswürdig
abgelehnt.
- Die Familie ist die Basis allen sozialen Lebens. Daher müssen
Bedingungen hergestellt werden, die diese Institution schüt-
zen, bewahren und in Ehren halten.
- Sowohl Herrscher als auch Beherrschte sind an das Gesetz gebunden und vor diesem gleich.
- Nur Befehlen, die mit dem Gesetz übereinstimmen, muss Folge
geleistet werden.
- Alle weltliche Macht wird als heiliges Treuhandgut Gottes
betrachtet, das innerhalb der vom Gesetz vorgeschriebenen
Grenzen in einer Art und Weise gehandhabt werden darf, die von
eben diesem Gesetz gebilligt wird und auf dessen Prioritäten
Rücksicht nimmt.
- Alle ökonomischen Ressourcen sind als Gunstbeweise Gottes
zu betrachten, die den Menschen übertragen wurden. Daher sollen alle Menschen in ihren Genuss kommen, wobei die Regeln
und Werte, die von Koran und Sunna aufgezeigt wurden, befolgt
werden müssen.

- Alle öffentlichen Angelegenheiten sollen mittels wechselseitiger Konsultation geregelt werden. Die Befugnis, eine bestimmte Angelegenheit zu regeln, soll in Übereinstimmung mit den Ergebnissen dieser Konsultation erteilt werden.

- Jeder Mensch soll seinen Fähigkeiten entsprechend Pflichten übernehmen und anteilmäßig für seine Taten zur Rechenschaft gezogen werden.

- Wenn die Rechte eines Menschen verletzt wurden, soll er sich sicher sein können, in Übereinstimmung mit dem Gesetz eine angemessene Entschädigung zu erhalten.

- Niemand darf seiner vom Gesetz garantierten Rechte beraubt werden, es sei denn, dies geschieht durch die Autorität des Gesetzes und innerhalb dessen Grenzen.

- Jedes Individuum soll das Recht besitzen, rechtliche Schritte gegen jeden einzuleiten, der ein Verbrechen gegen die Gesellschaft als Ganze oder gegen eines ihrer Mitglieder begeht.

- Jeder vom Gesetz autorisierte Schritt soll dem Zweck dienen, die Menschheit von jeder Art von Ausbeutung, Ungerechtigkeit und Unterdrückung zu befreien und die vom Gesetz definierte Sicherheit, Würde und Freiheit des Menschen zu bewahren.

WEITERE RECHTE

Das Recht auf einen Glauben und die Praktizierung dieses Glaubens

- Jeder Mensch hat das Recht, einen Glauben zu wählen und diesen auch zu praktizieren. Darüber hinaus wird dem Islam jedoch das Recht eingeräumt, allen Menschen auf der Welt in Übereinstimmung mit den Regeln Gottes und der Handlungsweise des Gesandten vermittelt zu werden. Niemand darf gezwungen werden, zu glauben, nicht zu glauben oder einen bestimmten Glauben zu wählen.

- Kein Mensch darf die Glaubensvorstellungen anderer Menschen verletzen und lächerlich machen oder Feindseligkeit ihnen gegenüber in der Öffentlichkeit schüren; denn alle Muslime sind dazu verpflichtet, die religiösen Gefühle anderer Menschen zu achten.

Das Recht auf Leben

- Da das menschliche Leben heilig und unverletzbar ist, muss alles getan werden, um es zu schützen. Niemand darf verletzt oder getötet werden, es sei denn, das Gesetz sieht dies ausdrücklich vor.
- Die Unverletzlichkeit des menschlichen Körpers gilt auch über den Tod des Menschen hinaus für dessen Leichnam. Muslime müssen sicherstellen, dass der Leichnam eines Verstorbenen mit der gebotenen Würde behandelt wird.

Das Recht auf Freiheit

- Jeder Mensch wird als freier Mensch geboren. Übergriffe auf das Recht auf Freiheit sind nur dann gestattet, wenn sie durch die Autorität des Gesetzes legitimiert sind und durch ein angemessenes Verfahren begründet werden.
- Jedes Individuum und jedes Volk besitzt das unveräußerliche Recht auf physische, kulturelle, ökonomische, politische und alle andere Arten von Freiheit. Alle Völker und Individuen sind berechtigt, mit allen Mitteln gegen jede Verletzung und jeden Verstoß gegen dieses Recht zu kämpfen. Weiterhin besitzt jedes Individuum und jedes Volk, wenn es einen solchen Kampf zu führen hat, einen rechtmäßigen Anspruch auf die Unterstützung durch andere Individuen bzw. Völker.

Das Recht auf Gleichheit und das Verbot unbotmäßiger Diskriminierung

- Alle Menschen sind vor dem Gesetz gleich und haben einen Anspruch auf Chancengleichheit, die auch sichergestellt werden muss.

- Alle Menschen besitzen das Recht auf gleichen Lohn für gleiche Arbeit.
- Niemandem darf auf Grund von Glauben, Hautfarbe, Ehtnienzugehörigkeit, Herkunft, Geschlecht oder Sprache das Recht auf Arbeit abgesprochen werden. Niemand darf aus den gleichen Gründen diskriminiert oder größeren körperlichen Gefahren als andere Menschen ausgesetzt werden.

Das Recht auf Gerechtigkeit

- Jeder Mensch hat das Recht dem Gesetz gemäß und ausschließlich dem Gesetz gemäß behandelt zu werden.
- Jeder Mensch hat das Recht und die Pflicht, gegen Ungerechtigkeiten zu protestieren, alle vom Gesetz vorgesehenen Möglichkeiten auszuschöpfen, um ungerechtfertigte persönliche Ungerechtigkeiten oder Verluste wiedergutzumachen, sich gegen alle Ansprüche selbst zu verteidigen und bei Streitigkeiten mit öffentlichen Autoritäten oder auch mit anderen Individuen vor einem unabhängigen Gericht einen fairen Prozess in Anspruch zu nehmen.
- Jeder Mensch hat das Recht und die Pflicht, die Rechte anderer Menschen und der ganzen Gemeinschaft zu verteidigen.
- Kein Mensch darf bei seinen Bemühungen, private oder öffentliche Rechte zu verteidigen, diskriminiert werden.
- Jeder Mensch hat das Recht, sich allen Befehlen, die im Widerspruch zum Gesetz stehen, zu widersetzen, unabhängig davon, wer diese erteilt hat.

Das Recht auf einen fairen Prozess

- Kein Mensch darf eines Verbrechens für schuldig befunden und zu einer Strafe verurteilt werden, bevor seine Schuld nicht von einem unabhängigen Gericht bestätigt wurde.
- Kein Mensch darf schuldig gesprochen werden, bevor er nicht einen fairen Prozess erhalten hat und ihm nicht eine vernünf-

tige Chance zur Verteidigung seines Standpunkts und seines Handelns gegeben wurde.

- Strafen sollen in Übereinstimmung mit dem Gesetz so bemessen werden, dass sie der Schwere des Verbrechens Rechnung tragen. Auch die Begleitumstände des Verbrechens sollen berücksichtigt werden.

- Keine Tat darf als Verbrechen bezeichnet werden, solange das Gesetz sie nicht eindeutig als solches kennzeichnet.

- Jedes Individuum ist für seine Taten selbst verantwortlich. Die Verantwortung für ein Verbrechen darf nicht auf andere Familienmitglieder oder Gruppen, die nicht direkt oder indirekt an diesem Verbrechen beteiligt waren, übertragen werden.

Das Recht auf Schutz vor Machtmissbrauch

- Jeder Mensch hat das Recht auf einen Schutz vor Schikanierung seitens der Öffentlichkeit. Jeder Mensch muss nur dann Rechenschaft über sein Handeln ablegen, wenn er sich bei einem berechtigten Verdacht gegen ganz bestimmte Vorwürfe zur Wehr setzen muss.

Das Recht auf Schutz vor Folter

- Kein Mensch darf physischer oder mentaler Folter ausgesetzt werden. Niemandem darf mit einer Verletzung der eigenen Person, verwandter oder geliebter Menschen gedroht werden. Niemand darf gezwungen werden, ein Verbrechen zu gestehen oder etwas gegen seinen Willen zu tun.

Das Recht auf Ehre und Reputation

- Jeder Mensch hat das Recht, seine Ehre und seinen guten Ruf gegen Verleumdung, haltlose Vorwürfe, Beleidigung und Erpressung zu schützen.

Das Recht auf Asyl

• Jeder verfolgte und unterdrückte Mensch hat, unabhängig von Ehtnienzugehörigkeit, Religion, Hautfarbe und Geschlecht, das Recht, Schutz und Asyl zu suchen.

• Die Heilige Moschee (*Al-Masdschid al-haram*) in Mekka ist eine Zufluchtsstätte für alle Muslime.

Die Rechte der Minderheiten

• Das koranische Prinzip, demzufolge es keinen Zwang in der Religion gibt, regelt die religiösen Rechte der nichtmuslimischen Minderheiten.

• In einem muslimischen Land haben die religiösen Minderheiten die Wahl, ihre staatsbürgerlichen und persönlichen Rechte entweder vom islamischen oder von ihrem eigenen Recht regeln zu lassen.

Rechte und Pflichten bei der Beteiligung an der Regelung öffentlicher Angelegenheiten

• Abhängig vom Gesetz ist jedes Mitglied der Gesellschaft dazu berechtigt, ein öffentliches Amt auszuüben.

• Die freie Konsultation dient allen administrativen Beziehungen zwischen Regierung und Volk als Basis. Als Ergebnis einer solchen Konsultation kann das Volk die Regierenden ihrer Ämter entheben.

Das Recht auf Glaubensfreiheit, Gedankenfreiheit und freie Meinungsäußerung

• Jeder Mensch hat das Recht, seinen Gedanken und Glaubensvorstellungen Ausdruck zu verleihen, solange dies in den vom Gesetz vorgesehenen Grenzen geschieht. Andererseits jedoch hat niemand das Recht, Lügen und Geschichten zu verbreiten, die das öffentliche Anstandsgefühl verletzen, sich an Unterstellungen und Verleumdungen zu beteiligen oder Schmähungen gegen andere Menschen auszustoßen.

- Der Erwerb von Wissen und Wahrheit ist Recht und Pflicht eines jeden Muslims.
- Jeder Mensch hat das Recht und die Pflicht, (innerhalb der Grenzen des Gesetzes) gegen Unterdrückung zu protestieren und anzukämpfen, selbst wenn dies bedeutet, die höchste Autorität im Staat herauszufordern.
- Der Informationsfluss ist keinen Einschränkungen unterworfen, sofern nicht die Sicherheit der Gesellschaft oder des Staates auf dem Spiel steht und er sich innerhalb der Grenzen des Gesetzes bewegt.

Das Recht auf Versammlungsfreiheit

- Jeder Mensch hat das Recht, als Individuum oder in der Gruppe am religiösen, sozialen, kulturellen und politischen Leben teilzunehmen und Institutionen zu gründen und zu unterstützen, die dem Guten Vorschub leisten und Schlechtes verhindern.
- Jeder Mensch hat das Recht, Institutionen zu gründen, die dem Zweck dienen, dass die hier vorgestellten Rechte Beachtung finden. Die Gesellschaft als Ganze ist dazu verpflichtet, Rahmenbedingungen zu schaffen, die ihren Mitgliedern ermöglichen, ihre Persönlichkeit zu entwickeln.

Die ökonomische Ordnung und verwandte Rechte

- Jeder Mensch hat das Recht, bei der Wahrung seiner ökonomischen Interessen von der Natur und ihren Ressourcen zu profitieren. Denn diese sind Gunstbeweise, die Gott der ganzen Menschheit zur Verfügung gestellt hat.
- Jeder Mensch hat das Recht, im Rahmen der Gesetze seinen Lebensunterhalt zu verdienen.
- Jeder Mensch hat das Recht, für sich allein oder in Gemeinschaft mit anderen Menschen Vermögen zu besitzen. Ein staat-

liches Eigentumsrecht an bestimmten ökonomischen Ressourcen im öffentlichen Interesse ist legitim.

• Arme Menschen besitzen ein Recht auf einen bestimmten Anteil am Vermögen wohlhabender Menschen. Dieser Teil wird von der *Zakat* definiert und in Übereinstimmung mit dem Gesetz erhoben und eingezogen.

• Alle Produktionsmittel sollen im Dienst der Gemeinschaft als Ganzer stehen. Sie dürfen weder vernachlässigt noch missbraucht werden.

• Um eine ausgewogene Entwicklung der Ökonomie zu ermöglichen und die Gesellschaft vor Ausbeutung zu schützen, verbietet das islamische Recht Monopole, übermäßige Handelsbeschränkungen, Zinsnahme, unter Zwang zu Stande gekommene Verträge und irreführende Werbung.

• Rechtmäßig sind alle ökonomischen Aktivitäten, die den Interessen der Gesellschaft nicht schaden und nicht gegen islamische Rechte und Werte verstoßen.

Das Recht auf Schutz des Vermögens

• Vermögen darf grundsätzlich nicht enteignet werden, außer im Rahmen des Gesetzes im öffentlichen Interesse bei fairer und angemessener Entschädigung.

Status und Würde der Arbeiter

• Der Islam achtet Arbeit und Arbeiter und weist die Muslime an, Arbeiter gerecht und großzügig zu behandeln. Ihnen ist pünktlich Lohn zu zahlen, außerdem haben sie Anspruch auf Erholungszeiten und Freizeit.

Das Recht auf soziale Sicherheit

• Jeder Mensch hat ein Recht auf Nahrungsmittel, Kleidung, Bildung und medizinische Versorgung im Rahmen der Möglichkeiten der jeweiligen Gesellschaft. Die kommunale Fürsorgepflicht gilt für all jene Individuen, die vorübergehend oder permanent nicht in der Lage sind, ihren Lebensunterhalt selbst zu bestreiten.

Das Recht, eine Familie zu gründen, und ähnliche Rechte

- Jeder Mensch hat das Recht zu heiraten, eine Familie zu gründen und in Übereinstimmung mit seiner Religion, seinen Traditionen und seiner Kultur Kinder großzuziehen. Jeder Ehepartner hat Anspruch auf alle Rechte, trägt aber auch alle Pflichten, die das Gesetz vorsieht.

- Jeder Ehepartner hat Anspruch auf den Respekt seines Partners und auf dessen Rücksichtnahme.

- Jeder Ehemann ist dazu verpflichtet, seinen Mitteln entsprechend für seine Frau und seine Kinder zu sorgen.

- Jedes Kind hat das Recht, von seinen Eltern versorgt und gewissenhaft erzogen zu werden. Kinder dürfen nicht in jungen Jahren dazu gezwungen werden, zu arbeiten oder Lasten zu tragen, die ihre natürliche Entwicklung beeinträchtigen könnten.

- Wenn Eltern ihren Verpflichtungen gegenüber ihren Kindern nicht nachkommen können, muss die Gemeinschaft diese Verpflichtungen aus den öffentlichen Kassen bestreiten.

- Jeder Mensch hat während seiner Kindheit, im Alter oder bei Erwerbsunfähigkeit ein Recht auf materielle Unterstützung, Fürsorge und Schutz seitens seiner Familie. Eltern haben ihren Kindern gegenüber Anspruch auf materielle Unterstützung, Fürsorge und Schutz.

- Die Mutterschaft berechtigt zu besonderem Respekt, Fürsorge und Unterstützung seitens der Familie und der Öffentlichkeit.

- Mann und Frau teilen sich in der Familie Pflichten und Verantwortlichkeiten gemäß ihrem Geschlecht und ihren natürlichen Talenten und Neigungen. Dabei sollte ihr Hauptaugenmerk der gemeinsamen Verantwortung für die Kinder und Verwandten gelten.

- Kein Mensch darf gegen seinen Willen verheiratet werden. Niemand verliert seinen individuellen Rechtsanspruch auf Grund der Ehe.

Die Rechte der verheirateten Frau

Jede verheiratete Frau hat ein Recht darauf,

- im selben Haus zu wohnen wie ihr Ehemann;
- alles zu bekommen, was sie braucht, um nicht schlechter zu leben als ihr Ehemann, und im Fall der Scheidung während der Wartefrist (*Idda*) eine Unterstützung für sich selbst ihre eigenen Kinder und die Kinder, die sie stillt, zu erhalten, die den Mitteln des Ehemannes entspricht (unabhängig vom eigenen finanziellen Status, von Einkünften oder von Vermögen, das sie selbst besitzt);
- die Auflösung einer Ehe in Übereinstimmung mit dem Gesetz anzustreben und zu erreichen, bzw. eine Scheidung durch die Gerichte herbeizuführen;
- vom Ehemann, von Eltern, Kindern und anderen Verwandten in Übereinstimmung mit dem Gesetz zu erben;
- dass ihr Ehemann bzw. Ex-Ehemann alle vertraulichen Informationen in Bezug auf sie, die ihr oder ihren Interessen schaden könnten, für sich behält. Ihr Ehemann bzw. Ex-Ehemann hat ihr gegenüber vergleichbare Rechte.

Das Recht auf Erziehung

- Jeder Mensch hat das Recht, in den Genuss einer Erziehung zu kommen, die seiner natürlichen Begabung entspricht.
- Jeder Mensch hat das Recht, Beruf und Karriere frei zu wählen und sich selbst in vollem Umfang selbst zu verwirklichen.

Das Recht auf eine Privatsphäre

- Jeder Mensch hat das Recht auf die Wahrung seiner Privatsphäre. Verdächtigungen, Spionieren, üble Nachrede und Verleumdungen sind verboten.

Das Recht auf Bewegungsfreiheit und auf freie Wahl des Wohnsitzes

- Jeder Muslim hat das Recht, sich innerhalb der muslimischen Länder frei zu bewegen und diese auch zu verlassen.
- Kein Mensch darf gezwungen werden, sein Land oder das Land seines Wohnsitzes verlassen zu müssen, und kein Mensch darf ohne ein angemessenes Verfahren willkürlich deportiert werden.

SUFISMUS: DER WEG ZUR VERVOLLKOMMNUNG DES INDIVIDUUMS UND ZUR SPIRITUALITÄT[133]

Der Name des Weges, auf den sich die Sufis begeben, um Gott zu erreichen, lautet *Tasawwuf*, zu Deutsch: Sufismus. Während der Begriff *Tasawwuf* normalerweise den theoretischen oder philosophischen Aspekt der Suche nach der Wahrheit bezeichnet, wird die praktische Seite dieser Suche normalerweise mit der Definition Derwisch sein umschrieben.

Was bedeutet Sufismus?

Tasawwuf wurde schon auf unterschiedlichste Art und Weise definiert. Manchen zufolge bedeutet *Tasawwuf* die Aufhebung von Ego und Selbst-Zentriertheit des Menschen durch den Allmächtigen Gott und die spirituelle Wiedererweckung des Menschen durch das Licht Seines Wesens. Mit anderen Worten: die Ersetzung des menschlichen Willens durch den Willen Gottes. Ein anderer Ansatz zur Definition von *Tasawwuf* sieht diesen als fortdauerndes Bestreben, alle fehlerhaften Grundsätze und schlechten Verhaltensweisen über Bord zu werfen und sich stattdessen gute Eigenschaften anzueignen.

Zuweilen erachtet man auch das Hinausblicken über die (äußere) Realität der Dinge und Ereignisse und die Interpretation all dessen, was sich in der Welt in Bezug auf Gott ereignet, als *Tasawwuf*. Weiter-

---

[133] Das folgende Kapitel ist dem 2003 im INID-Verlag erschienenen Buch *Sufismus* von Fethullah Gülen entnommen.

hin gilt als *Tasawwuf*, jede Handlung des Allmächtigen als ein Fenster zu betrachten, durch das man Ihn ‚schauen' kann, das eigene Leben im ständigen Bemühen zu leben, Ihn durch einen tiefgründigen, spirituellen ‚Blick', der sich nicht mit physischen Begriffen wiedergeben lässt, zu betrachten, und sich schließlich ganz darüber bewusst zu sein, ständig in Seinem Blickfeld zu sein.

All diese Erklärungsversuche können folgendermaßen zusammengefasst werden: *Tasawwuf* bedeutet, dass man durch die Befreiung von den Übeln und Schwächen, die uns Menschen eigen sind, und durch die Aneignung von Eigenschaften der Engel sowie durch Gott gefälliges Verhalten sein Leben in Übereinstimmung mit den Erfordernissen des Wissens um Gott und mit der Liebe zu Ihm und im daraus resultierenden spirituellen Entzücken lebt.

Der *Tasawwuf* gründet auf die Befolgung der Regeln des islamischen Rechts und auf die Durchdringung ihrer (inneren) Bedeutungen. Auch gute Umgangsformen sind in diesem Zusammenhang unerlässlich. Ein Eingeweihter oder Reisender auf dem Pfad (arab.: *Salik*), der erfolgreich ist, kann niemals die äußere Befolgung der Scharia von ihrer inneren Dimension trennen; er erfüllt beide, die inneren wie auch die äußeren Erfordernisse der Religion. Dadurch reist er in äußerster Demut und Ergebenheit seinem Ziel entgegen.

Der *Tasawwuf* ist ein Pfad, der zur Kenntnis Gottes führt, und ein Weg, der Ernsthaftigkeit (von Ziel und Richtung) erfordert. Für gleichgültiges oder leichtfertiges Verhalten bietet er keinen Platz. Er verlangt vom Eingeweihten, ähnlich wie die Honigbiene, die ständig vom Bienenstock zur Blume und wieder zurück fliegt, ausdauernd um die Kenntnis Gottes zu ringen. Der Eingeweihte sollte sein Herz von allen anderen Bindungen als der Suche nach Gott reinigen und allen Neigungen, Wünschen und Gelüsten des fleischlichen Selbst widerstehen. Er sollte sein Leben auf spiritueller Ebene mit der Bereitschaft, den Segen Gottes zu empfangen, und in strikter Befolgung des Beispiels des Propheten führen. Er sollte seine eigenen Interessen zu Gunsten der Ansprüche Gottes zurück stellen und dabei aufrichtig seine Verbundenheit mit Gott bekennen.

Ziel, Nutzen und Prinzipien des *Tasawwuf*

Der *Tasawwuf* erfordert eine strikte Befolgung der religiösen Pflichten, Enthaltsamkeit in der Lebensführung und den Entschluss, allen triebhaften Gelüsten zu entsagen.

Tasawwuf bedeutet, auf einer spirituellen Ebene zu leben, und erreicht dieses Ziel durch die Reinigung des Herzens und die Entwicklung der Sinne und Fähigkeiten auf dem Weg zu Gott.

Die ständige Ausübung der Praktiken zur Verehrung Gottes hilft dem Suchenden, sein Bewusstsein, ein Diener Gottes zu sein, zu vertiefen. Sie ermöglicht ihm, auf die vergängliche Dimension der Welt und ihre den Wünschen und Launen zugekehrte Seite zu verzichten; sie macht ihn aufnahmebereit für die Welt hinter unserer Welt. So kann der Suchende die ‚Engelsseite' seiner Existenz weiter entwickeln und sich ein starkes, tief empfundenes und erfahrenes Bewusstsein um die Wahrheit und die Glaubensartikel aneignen, die er anfangs zunächst nur oberflächlich akzeptiert.

Die Prinzipien des *Tasawwuf*

* Einen festen, wahren Glauben an die Einheit Gottes zu erlangen und das Leben nach dessen Anforderungen auszurichten;
* neben den Geboten des Koran auch die Anordnungen der Kraft und des Willens Gottes gegenüber dem Universum (d.h. die Gesetze der Schöpfung und des Lebens, die Inhalt der Wissenschaft sind) zu erkennen und sie zu befolgen;
* von der Liebe zu Gott überzufließen und ein gutes Verhältnis zu allen anderen Wesen in dem (aus der Liebe zu Gott abgeleiteten) Bewusstsein zu unterhalten, dass das Universum eine Wiege der Brüderlichkeit ist;
* aus Nächstenliebe zu handeln und damit dem Wohlergehen und Glück anderer Menschen Priorität einzuräumen;
* in Übereinstimmung mit den Anforderungen des Willens Gottes - nicht des eigenen - zu handeln und zu versuchen, das Leben so

weit es geht in Selbstauflösung in Gott und in Abhängigkeit von Ihm zu leben;

- sich für Liebe, spirituelle Sehnsucht, Vergnügen und Ekstase zu öffnen;
- sich die Möglichkeit anzueignen, das, was in den Herzen oder im Verstand der Menschen ist, sowohl anhand der oberflächlichen Erscheinungen als auch anhand der Mysterien und Bedeutungen Gottes an der Oberfläche der Ereignisse wahrzunehmen und zu entschleiern;
- Orte und die Nähe solcher Freunde aufzusuchen, die die Vermeidung von Sünden und das Voranschreiten auf dem Weg Gottes ermutigen;
- zufrieden zu sein mit den rechtmäßigen und legalen Genüssen und entschlossen zu sein, keine Schritte zum Unrechtmäßigen hin zu unternehmen;
- beständig gegen weltliche Begierden und Illusionen anzukämpfen, die uns dazu verführen, anzunehmen, diese Welt sei ewig;
- Erkenntnisse über die religiösen Wissenschaften und die Prinzipien des Sufismus zu sammeln und den Weisungen eines makellosen spirituellen Lehrers zu folgen.

DIE TREIBENDEN KRÄFTE HINTER DER RASCHEN AUSBREITUNG DES ISLAM[134]

Der Islam war im 10. Jahrhundert die vorherrschende Religion auf einer Fläche, die mehr als die Hälfte der damals bekannten Welt umspannte. Seine Anhänger bewohnten drei Kontinente: ein Gebiet von den Pyrenäen und Sibirien bis nach China und Neuguinea und von Marokko bis zur Südspitze Afrikas. Eindrucksvoll ist schon, dass die Verbreitung des Islam über eine so riesige Fläche innerhalb von nur drei Jahrhunderten stattfand. Noch erstaunlicher ist jedoch, dass der Islam innerhalb von nur einem Jahrhundert nach der Hid-

---

[134]   Das folgende Kapitel fasst einige Gedanken des 1978 in London erschienenen Buches *An Introduction to the History of the Spread of Islam* von Abu'l-Fazl Ezzati zusammen.

schra schon ganz Nordafrika (von Ägypten bis Marokko) und den ganzen Mittleren Osten (vom Jemen bis zum Kaukasus und von Ägypten bis zu den entlegenen Ländern Transoxaniens) erobert hatte. Schon während der Regierungszeit des dritten Kalifen Uthman (644-656) erreichten die muslimischen Abgesandten den chinesischen Palast, wo sie begeistert empfangen wurden. Den Historikern zufolge markierte dieses bedeutende Ereignis den Beginn der islamischen Präsenz in China.

Die Verbreitung des Islam

Menschen aller Zeitalter waren aus den unterschiedlichsten Gründen gern dazu bereit, den Islam anzunehmen. Den wohl wichtigsten Grund für diesen Umstand zeigt Muhammad Asad, ein jüdischer Konvertit zum Islam, auf:

> „Der Islam erscheint mir wie ein vollkommenes Bauwerk. Alle seine Teile sind so konstruiert, dass sie einander harmonisch ergänzen und unterstützen; es fehlt ihm an nichts. Das Resultat ist ein Zustand völligen Gleichgewichts und fundierter Gelassenheit. Alles, was die Lehre und die Gebote des Islam ausmacht, befindet sich am richtigen Platz."[135]

Die meisten westlichen Autoren behaupten nach wie vor, der Islam sei durch das Schwert verbreitet worden. Dieses Vorurteil ist vor allem darauf zurückzuführen, dass die Verbreitung des Islam oftmals auf Kosten des Christentums ging. Einige unvoreingenommene Autoren aus dem Westen haben dies zugegeben:

> *„Muslime sind durch ihre Glaubensprinzipien dazu verpflichtet, zum Zwecke der Vernichtung anderer Religionen Gewalt anzuwenden [Vielleicht meint Bayle hiermit den Dschihad, der vielfach fehlinterpretiert wurde und in Wirklichkeit nicht diesem Zweck dient]. Trotzdem haben sie andere Religionen einige Jahrhunderte lang toleriert. Den Christen wurde nichts anderes aufgetragen, als zu beten und zu unterrichten. Sie aber haben seit undenklichen Zeiten mit Hilfe von Feuer und Schwert diejenigen ausgerottet, die eine andere Religion besaßen... Wir dürfen*

---

[135] Asad, Muhammad, *Islam at the Crossroads*, 1982, S. 5

uns wohl sicher sein, dass sich, wenn die Christen des Westens an Stelle der Sarazenen und Türken die Herrschaft über Asien erlangt hätten, heute nicht eine Spur der Griechischen Kirche mehr fände; auch hätten sie den Mohammedanismus niemals so toleriert, wie die vermeintlichen Ungläubigen dort die Christen toleriert haben."[136]

Der Islam verdankt seinen unvergleichlichen Aufstieg, der von keiner anderen Religion übertroffen wurde, seinen religiösen Inhalten und Werten; das wird auch von vielen neutralen westlichen Intellektuellen bestätigt:

„Viele haben sich bemüht herauszufinden, warum der Islam einen so schnellen und so vollständigen Durchbruch feierte. Warum haben so viele Millionen die Religion des Islam angenommen und kaum Hundert je widerrufen? ... Einige haben versucht, den anfänglichen überwältigenden Erfolg des Islam dem Schwert zuzuschreiben. Dabei vergaßen sie jedoch die lakonische Gegenrede Carlisles: ‚Finde erst einmal dein Schwert! Du musst die Herzen der Menschen gewinnen, bevor du sie dazu bringen kannst, ihr Leben für dich zu riskieren. Die ersten Eroberer des Islam müssen zunächst einmal Muslime geworden sein, bevor sie zu Kämpfern auf dem Pfad Gottes wurden.‘ Andere führen die geringe Moralität dieser Religion und das sinnliche Paradies, das sie den Menschen verspricht, als Triebfedern für den Eifer ihrer Anhänger an. Selbst wenn man dies aber so hinnehmen würde - keine Religion hat durch die Kraft ihrer sinnlichen Zugeständnisse und ihrer fleischlichen Versprechungen jemals einen bleibenden Einfluss auf die Seelen der Menschen gewonnen...

Bei all diesen Erklärungen wird die Religion selbst außer Acht gelassen. Ohne Frage war der Islam selbst der Hauptgrund für seinen Erfolg. Der Islam wurde nicht nur (von vielen Völkern und Rassen) in Arabien, Syrien, Persien, Ägypten, Nordafrika und Spanien unmittelbar nach seinem Erscheinen akzeptiert; nirgends außer in Spanien hat er seine Führungsposition jemals wieder eingebüßt. Seitdem es ihn gibt, hat er sich unentwegt durchgesetzt. Auch wenn man die verschiedenen Gründe, die zur ersten raschen Verbreitung des Islam führten, akzeptieren würde, erklären diese noch lange nicht die Beständigkeit des Islam. In der Religion selbst

---

[136] Bayle P., *Dictionary: „Mahomed"*, 1850

muss es etwas geben, was ihre Fortdauer und Verbreitung begründet und auf das sich ihr gegenwärtiger Einfluss auf einen so großen Teil der Erdbewohner stützt... Der Islam hat eine Begeisterung geweckt, die niemals übertroffen wurde. Der Islam hatte seine Märtyrer, seine Einsiedler, die allesamt das Leben, das sich ihnen bot, aufgaben und für den Glauben, der in ihnen steckte, den Tod mit einem Lächeln akzeptierten."[137]

Auch A.J. Arberry wies auf diese Tatsache hin. Er stellte fest:

„Das Tempo, mit dem sich der Islam ausbreitete, ist ein entscheidender Punkt in der Geschichte... Die erhabene Rhetorik des Koran, diese unnachahmliche Sinfonie, deren außerordentlicher Klang Menschen zu Tränen rühren und zur Ekstase treiben kann..."[138]

Arberry weiter:

„Dies und die Eindringlichkeit der einfachen Botschaft, die überbracht wird, sind die Schlüssel zu einer der größten Umwälzungen in der Religionsgeschichte. Wenn alle militärischen, politischen und ökonomischen Faktoren erschöpft sind, muss eben der religiöse Impuls als ausschlaggebend und beständig anerkannt werden."[139]

Auch Brockelman, der normalerweise sehr teilnahmslos und parteiisch ist, erkannte die religiösen Werte des Islam als Hauptfaktor für dessen Ausbreitung an.[140] Rosenthal schrieb:

„Entscheidender für die Ausbreitung des Islam ist das religiöse Gesetz der Islam, das entworfen wurde, um alle Manifestationen des Lebens einzuschließen. (Die Scharia ist ein alles einschließender, alles umfassender Weg zu denken und zu leben.)"[141]

Neben vielen anderen Gründen, die für die Ausbreitung des Islam verantwortlich sind, ist der Aufstieg des Islam auf den beispielhaften Lebensstil und auf die unablässigen Bemühungen ein-

---

[137] Lane-Poole, Stanley, *Studies in a Mosque*, Beirut 1966, S. 86-89
[138] Zitiert nach: Pickhtal, M., *The Meaning of the Glorious Qur'an*, S. VII
[139] Arberry, A.J., *Aspects of Islamic Civilisation*, Westport 1977, S. 12
[140] Brockelman, Carl, *History of the Islamic Peoples*, London 1949, S. 37
[141] Rosenthal, Franz, *Political Thought in Medieval Islam*, Cambridge 1958, S. 21

zelner Muslime, die Botschaft des Islam in der ganzen Welt bekannt zu machen, zurückzuführen. Diese Bemühungen liegen an der Wurzel der Eroberung der Herzen durch den Islam. Der islamische Universalismus ist eng mit dem Prinzip des *Amr bi'l-Ma'ruf* (dem Befehl, das Gute zu verbreiten und zum Guten zu ermuntern) verbunden; denn getreu diesem Motto soll der Islam von den Muslimen verbreitet werden. Dieses Prinzip strebt an, die Botschaft des Islam zu ausnahmslos jedem Menschen zu tragen und eine beispielhafte islamische Gemeinschaft aufzubauen, die der Welt den Islam präsentiert. Die islamische Gemeinschaft wird vom Koran als eine vorbildliche Gemeinschaft eingeführt:

> *Und so machten Wir euch zu einer Gemeinde von redlicher Gesinnung, auf dass ihr Zeugen seiet über die Menschen und auf dass der Gesandte Zeuge sei über euch. (2:143)*

Die islamischen Moralvorstellungen und die ethischen Werte des Islam spielten bei seiner Ausbreitung in der Regel eine wichtige Rolle. Es folgt eine Einschätzung des Einflusses der islamischen Ethik auf die eingeborenen Stämme durch einen westlichen Autor des 19. Jahrhunderts:

> „Kann es über die Wirkung des Islam auf den ersten konvertierten Stamm überhaupt irgendeinen Zweifel geben? Der Polytheismus verschwindet fast umgehend, die Hexerei stirbt mitsamt ihrer Übel langsam aus; Menschenopfer gehören von nun an der Vergangenheit an. Am deutlichsten aber tritt die Erhöhung der allgemeinen Moralvorstellungen zu Tage. Die Eingeborenen beginnen, sich zum ersten Mal in ihrer Geschichte einzukleiden, und das auf geschmackvolle Art und Weise. Schmutz und Dreck werden ersetzt durch erste Ansätze persönlicher Sauberkeit; Gastfreundschaft wird zur religiösen Pflicht. Trunkenheit ist nicht länger die Regel, sondern eine vergleichsweise seltene Ausnahme... Keuschheit gilt als eine der höchsten Tugenden und wird tatsächlich zu einer der meistpraktizierten Haltungen. Faulheit nimmt von nun an ab, Arbeitsfreude zu, und nicht umgekehrt. Verstöße werden fortan von einem geschriebenen Gesetz geahndet, nicht mehr durch die willkürlichen Launen eines Stammesführers - ein Schritt, der wie jeder zugeben wird, für die Entwicklung eines Stammes von größter Wichtigkeit ist. Die Moschee

gibt eine Vorstellung von der ganzen Architektur, die höher zu bewerten ist als jede andere, die diese Stämme jemals besaßen. Ein Verlangen nach Literatur besteht ebenso wie eines nach Wissenschaft, Philosophie und Kommentaren zum Koran."[142]

Ein weiterer Faktor bei der Ausbreitung des Islam ist seine Toleranz. Toynbee lobte die Toleranz der Muslime gegenüber den Buchbesitzern verglichen mit der Haltung der Christen gegenüber den Muslimen in ihren eigenen Ländern.[143] Link führte die Ausbreitung des Islam auf die Glaubwürdigkeit seiner Prinzipien, auf seine Toleranz und Überzeugungskraft und auf weitere Anreize zurück.[144]

Makarios, ein orthodoxer Patriarch Antiochiens im 17. Jahrhundert, verglich die harte Behandlung, die den Russen der orthodoxen Kirche durch die römisch-katholischen Polen zu Teil wurde, mit der toleranten Haltung, die die osmanische Regierung orthodoxen Christen angedeihen ließ und betete für die Sultane.[145]

Dies ist nicht das einzige Beispiel dafür, dass Anhänger anderer Religionen eine muslimische Herrschaft der Befehlsgewalt eigener Glaubensgenossen vorzogen. Die orthodoxen Christen von Byzanz favorisierten ganz offen den osmanischen Turban Istanbuls gegenüber den Hüten der katholischen Kardinäle. Elisee Reclus, ein französischer Reisender des 19. Jahrhunderts, schrieb, dass die muslimischen Türken den Anhängern der unterschiedlichen Religionen gestatteten, ihren religiösen Pflichten und Ritualen nachzugehen und dass die christlichen Untertanen des Sultans bei der Gestaltung ihres Lebens freier waren als jene Christen, die in einem Land unter der Herrschaft eines Mitglieds einer rivalisierenden christlichen Sekte lebten.[146]

---

[142] Zitiert von Waitz nach: B. Smith, *Muhammad and Muhammadanism*, S. 42-43

[143] Toynbee, Arnold, *A Historian's Approach to Religion*, Oxford 1956, S. 246

[144] Link, T., *A History of Religion*, zitiert nach: Yayinevi, Bedir; Yabancilara Göre Eski Türkler; Istanbul

[145] Link, T., *A History of Religion*, zitiert nach: Yayinevi, Bedir; Yabancilara Göre Eski Türkler; Istanbul

[146] Reclus, Elisee, *Nouvelle Geographie Universelle*, Vol. IX, zitiert nach: Yabancilara Göre Eski Türkler

Popescu Ciocanel zollte den muslimischen Türken Anerkennung, indem er feststellte, dass die rumänischen Völker glücklicherweise im Herrschaftsbereich der Türken lebten und nicht unter der Obrigkeit der Russen oder Österreicher. „Sonst würde sich", führt er an, „...heute kein Hinweis mehr auf die rumänische Nation mehr finden."[147]

Die Haltung der Muslime gegenüber den eroberten Völkern verdeutlicht folgende Anordnung der rechtgeleiteten Kalifen:

> „Erinnert euch stets an eure Gottesfurcht! Denkt daran, dass ihr ohne Seine Gnade nichts tun könnt! Vergesst nicht, dass der Islam eine Mission des Friedens und der Liebe ist! Haltet euch den Propheten (Friede sei mit ihm) als Beispiel für Tapferkeit und Frömmigkeit vor Augen! Verwüstet keine Obstbäume oder fruchtbare Felder, an denen ihr vorüberzieht! Seid gerecht, und schont das Leben der Besiegten! Respektiert alle religiösen Menschen, die in Einsiedeleien oder Klöstern wohnen, und verschont ihre Gebäude! Tötet keine Zivilisten! Vergeht euch nicht an der Keuschheit der Frauen und der Ehre der Besiegten! Tut den Alten und Kindern nichts zu Leide! Akzeptiert nirgends irgendwelche Geschenke von der Zivilbevölkerung! Quartiert eure Soldaten oder Offiziere nicht bei Zivilisten ein! Vergesst nicht, eure täglichen Gebete zu verrichten! Fürchtet Gott! Erinnert euch daran, dass der Tod früher oder später unweigerlich auf euch wartet, selbst wenn ihr Tausende Kilometer vom Schlachtfeld entfernt sein solltet; seid daher ständig bereit, dem Tod zu begegnen!"[148]

Eine historische Episode, die Baladhuri, ein berühmter muslimischer Historiker, in seinem Werk *Futuh al-Buldan* festhält, schildert, wie zufrieden die eingeborenen Völker mit den muslimischen Eroberern waren, und ist von großer Bedeutung:

> „Als Heraclius, der Kaiser des Oströmischen Reiches (610-641) seine Truppen gegen die Muslime zusammenzog und die Muslime erfuhren, dass jene antraten, um sich ihnen entgegen zu stellen, zahlten sie den Bewohnern der Stadt Hims das Tribut, das sie von ihnen eingefordert hatten, wieder zurück und sagten: Wir sind zu sehr beschäf-

---

[147] Ciocanel, Popescu, *La Crise de L'Orient*, zitiert nach: Yabancilara Göre Eski Türkler
[148] Miller, Andrew, *Church History*; Ali ibn Abi Talib, *Nahdsch al-Balagha*

tigt, um euch zu unterstützen und zu beschützen. Schützt euch
selbst!' Die Bewohner von Hims jedoch entgegneten: ‚Wir schätzen
eure Herrschaft und Gerechtigkeit weit mehr als die Unterdrückung
und Tyrannei früherer Zeiten. Mit eurer Hilfe werden wir die Trup-
pen von Heraclius mit Sicherheit in die Flucht schlagen.' Da erhoben
sich die Juden und bekräftigten: ‚Wir schwören bei der Thora, dass
kein Kommandant von Heraclius die Stadt Hims betreten soll, bevor
wir nicht besiegt und völlig erschöpft sind!' Daraufhin schlossen sie
die Stadttore und bewachten sie. Bewohner anderer Städte, die sich
den Muslimen ergeben hatten - Juden wie Christen - hatten das Gleiche getan. Als die Armee Heraclius' mit Gottes Hilfe geschlagen worden war und die Muslime die Oberhand behielten, öffneten sie die
Stadttore, liefen mit den Sängern und Musikanten hinaus und zahlten
den Tribut."

Von der Vergangenheit in die Zukunft

Schaut man sich den Islam und seine Geschichte an, verblüfft besonders, dass er denjenigen, der ihn annimmt, egal wie unwissend, pri-
mitiv und unzivilisiert er auch gewesen sein mag, vollständig in eine
Verkörperung fast aller Tugenden und menschlichen Werte verwandelt. Die intellektuelle, religiöse, kulturelle, soziale und ökonomische
Dekadenz der vorislamischen nomadischen Araber ist weithin
bekannt. Allein dem Islam gelang es, dieselben Araber über viele Jahrhunderte hinweg zu Lehrern und Wegweisern der Menschheit und zu
Vorbildern für alle Epochen zu machen. Das Auftreten des Gesandten
der Muslime beim Oberbefehlshaber der Sassaniden anlässlich der
Schlacht von Qadisiya (636) und die Worte, die er jenem entgegen-
schleuderte, zeigen ganz deutlich, wie der Islam ‚Steine' in ‚Gold' und
‚Diamanten' verwandelte; allein diese beiden Zeugnisse beweisen den
göttlichen Ursprung des Islam.

WAS DER ISLAM DEN MENSCHEN GEBRACHT HAT

Rabiʿ ibn Amir war im dunklen, polytheistischen Klima Arabiens
aufgewachsen, wo das Leben nur aus Töten und Plünderung zu
bestehen schien. Durch seine Konversion zum Islam aber wurde er
zu einem der ‚unsterblichen' Wegweiser der Menschheit. Im Krieg

von Qadisiya betrat dieser Mann mit nichts als einem weißen, losen Gewand und einem Turban bekleidet, in der Hand einen Speer, das reich geschmückte Zelt des Oberbefehlshabers der Sassaniden. Im Zelt sprang er vom Pferd, griff sich das Kissen, auf das sich der feindliche Heerführer stützte, riss ein Loch hinein und band daran die Zügel seines Pferdes fest. Er verbeugte sich nicht vor dem Oberbefehlshaber, rollte den Teppich auf und setzte sich im Schneidersitz auf den Fußboden. Damit wollte er die Würde und Überlegenheit des Islam gegenüber allen anderen Religionen demonstrieren und zeigen, wie sich die Muslime um ihrer erhabenen Aufgabe willen von ihrem eigenen Leben lossagen. Als der verdutzte Oberbefehlshaber ihn fragte, worin denn seine Aufgabe bestehe, antwortete er ihm:

> „Unsere Aufgabe ist es, die Menschen aus den dunklen Abgründen des weltlichen Lebens in die hohe, grenzenlose Sphäre des Geistes zu führen. Wir wollen sie von der Erniedrigung, falsche und vom Menschen erschaffene Götter anzubeten, hin zu der Ehre und Würde geleiten, den Einen Gott, den Schöpfer und Erhalter des Universums, zu verehren, und sie von Unterdrückung und Erschöpfung befreien, die falsche Religionen in das klare und friedfertige Klima des Islam gebracht haben."

Dies ist die Aussage eines Menschen, der die Schönheiten des Islam erfahren hat, der gesehen hat, wie der Islam seine Anhänger kulturell, intellektuell und seelisch erhöht.

Einige bedeutende menschliche Errungenschaften verdankt die Welt allein dem Islam:

• Dem Islam kam das Verdienst zu, die Menschen vom Aberglauben, von der Liebe für das Unnatürliche und Unerklärliche und vom Mönchstum abgebracht und zu einer rationalen Einstellung, Realitätsliebe und zu einem frommen ausgewogenen weltlichen Leben hin gelenkt zu haben.

• Der Islam inspirierte den Drang zu rationalen und wissenschaftlichen Forschungen und Beweisen, die die Wahrheiten bestehender Überzeugungen belegen sollten.

- Der Islam öffnete denjenigen die Augen, die bis dahin Gott mit den natürlichen Phänomenen gleichsetzten.

- Der Islam führte die Menschen auf den Pfad rationalen Verstehens und korrekter Argumentation auf der Basis von Beobachtung, Experiment und Forschung und erteilte haltlosen Spekulationen eine Absage.

- Der Islam definierte die Grenzen und Funktionen von Sinneswahrnehmung, Vernunft, Intuition und spiritueller Erfahrung.

- Dem Islam ist es zu verdanken, dass es zu einer Annäherung zwischen geistigen und materiellen Werten kam.

- Der Islam schaffte es, den Glauben mit Wissen und Handeln zu vereinen. Der Islam beseitigte Götzenanbetung, Menschenverehrung und Polytheismus in all ihren Formen und legte den Grundstein zu einem festen Glauben an die Einheit Gottes.

- Der Islam wies den Weg zu spiritueller Entwicklung, moralischer Emanzipation und Erlösung durch aktive Teilnahme an den praktischen Dingen der Welt, in der wir leben.

- Der Islam gab dem Menschen seinen wahren Wert und seine ursprüngliche Stellung zurück. Denjenigen, die eine ,Gottesinkarnation' oder einen ,Sohn Gottes' als ihren moralischen Lehrer oder spirituellen Führer akzeptierten, hielt der Islam entgegen, dass Menschen wie sie selbst zwar keinen Anspruch darauf erheben dürfen, Gottheiten zu sein, sehr wohl jedoch Statthalter Gottes auf Erden werden können. Menschen, die starke Persönlichkeiten zu ihren Göttern beriefen und anbeteten, realisierten, dass ihre falschen Herren nichts als gewöhnliche Menschen waren.

- Der Islam betonte, dass niemand Heiligkeit, Macht oder Oberherrschaft als Erbrecht beanspruchen kann und andererseits niemand mit dem Stigma von Unberührbarkeit, Sklaverei oder Dienerschaft zur Welt kommt.

- Der Islam ermunterte Ideen von der Einheit der Menschheit, der Gleichheit der Menschen und wahrer Freiheit. Viele Prinzipien wie z.B. gutes Benehmen, Kultur und Zivilisation oder

Reinheit der Gedanken und Taten verdanken ihren Ursprung dem Islam. Die Sozialgesetze, die der Islam etabliert hat, haben die Struktur des menschlichen Zusammenlebens sehr nachhaltig beeinflusst, während die ökonomischen Prinzipien, die der Islam lehrte, vielen Bewegungen den Weg wiesen und dies auch in Zukunft tun werden. Die islamischen Gesetze, die das Regieren betreffen, besitzen nach wie vor Einfluss und werden auch in der Zukunft maßgeblich sein. Und seine grundlegenden Prinzipien von Recht und Gerechtigkeit bilden auch heute noch eine reich sprudelnde Quelle der Rechtleitung der Menschheit.

- Der Islam errichtete ein Gerüst für alle Aspekte internationaler Beziehungen und regelte die Gesetze von Krieg und Frieden. Dieses Gerüst, das erste seiner Art in der Geschichte der Menschheit, verankerte einen ethischen Kodex für die Kriegführung und die Beziehungen zwischen den Völkern auf der Grundlage der gemeinsamen Menschlichkeit. Der Islam hat auf den Seiten der Geschichte ein Zeichen hinterlassen, das unauslöschlich ist und nie wieder ausradiert werden kann, das darüber hinaus erst dann, wenn sich die Welt weiter entwickelt, zur Gänze anerkannt werden wird.

- Dass der Islam die außergewöhnlichste Zivilisation der Geschichte begründet hat, sollte nicht weiter verwundern, denn die Offenbarung des Koran begann mit dem ausdrücklichen Befehl: *Lies, im Namen deines Herrn, der erschuf.* (96:1) Der Koran befahl den Menschen zu lesen, als es noch gar nichts zu lesen gab; d.h., dem Menschen wurde aufgetragen, das Universum selbst als Buch der Schöpfung zu lesen; der Koran aber ist dessen Gegenstück in Worten oder Buchstaben. Der Mensch muss das Universum beobachten und versuchen, seine Bedeutung und seine Inhalte zu begreifen. Je mehr ihm dies gelingt, desto besser versteht er die Schönheit und den Glanz des Systems des Schöpfers und die Unendlichkeit Seiner Macht. Deshalb ist der Mensch dazu verpflichtet, tief in die vielfältigen Bedeutungen des Universums einzudringen, Gottes Gesetze für die Natur zu entdecken und eine Welt zu errichten, in der Wissenschaft und Glaube einander ergänzen. Nur auf diese Weise wird der Mensch in der Lage sein, wahre Freude in beiden Welten zu finden. Bertrand Russel warnte den Menschen:

> „Wenn der Mensch nicht in Weisheit (und Glauben) genauso wächst wie im Wissen, wird größeres Wissen auch größeres Leid nach sich ziehen."[149]

> „Die Wissenschaft lehrt die Menschen, wie Vögel in der Luft zu fliegen und wie Fische im Wasser zu schwimmen; aber ohne Glauben kann der Mensch nicht auf der Erde leben."[150]

ZIELE UND WISSENSCHAFTEN DES KORAN

Der Koran enthält alles, was der Schöpfer für unsere materielle und spirituelle Weiterentwicklung für notwendig erachtet. Die vorrangigen Ziele des Koran bestehen darin, Gott den Menschen vorzustellen, den Weg zu Glauben und Anbetung zu ebnen und das individuelle und das Gemeinschaftsleben des Menschen so zu organisieren, dass wir Menschen vollkommene Glückseligkeit in beiden Welten finden können. Der Koran erwähnt alle Themen proportional zu ihrer Bedeutung für die Erreichung dieser Ziele: Je wichtiger etwas ist, desto eher kommt der Koran darauf auch zu sprechen. Während der Koran ausführlich auf die Säulen des Glaubens, die Fundamente der Religion, die Grundmauern des menschlichen Lebens und die Grundlagen der Anbetung eingeht, schneidet er andere Dinge nur kurz an. Die Bedeutung eines Verses kann mit einer Rosenknospe verglichen werden: Diese wird von einander überlagernden Schichten von Blütenblättern verhüllt. Jedes Mal, wenn sich ein neues Blatt öffnet, erscheint eine neue Bedeutung.

Ein Vers zum Beispiel deutet technologische Fortschritte an und charakterisiert deren Entwicklungen in der Endphase dadurch, dass er die Wunder der Propheten anführt. Er ermutigt den Menschen zu fliegen, indem er auf Flugzeuge und Raumschiffe hinweist:

---

149 Russell, Bertrand, *Impact of Science on Society*, New York 1951, S. 121
150 Zitiert nach Joad, C.E.M., *In Counter Attack from the East*, S. 28

> *Und Salomo (machten Wir) den Wind (dienstbar); sein Herweg dauerte einen Monat, und sein Hinweg dauerte einen Monat.* (34:12)

In Vers 3:49 lädt er uns ein, nach Heilmitteln gegen alle Krankheiten zu suchen:

> *Und ich heile den Blindgeborenen und den Aussätzigen und mache die Toten mit Allahs Erlaubnis lebendig.* (3:49)

Mit dem Vers wird angedeutet, dass dieses Ziel in der Zukunft erreicht werden wird; es entsteht sogar der Eindruck, dass wir irgendwann einmal gegen den Tod immun sein werden.

In dem Vers *Ich bringe ihn* (den Thron der Königin von Jemen) *dir* (Salomo in Jerusalem) *innerhalb eines Augenzwinkerns von dir* (27:40) kündigt der Koran an, dass irgendwann einmal mit Hilfe des Wissens des Heiligen Buches des Universums Bilder oder sogar Gegenstände im Bruchteil einer Sekunde übertragen werden können und dass Menschen, die das Wissen um dieses Buch der Offenbarung Gottes besitzen, in der Lage sein werden, im Bruchteil einer Sekunde Dinge von weit her herbei zu schaffen.

Der Koran berichtet uns auch in symbolischer Form davon, dass es möglich sein wird, den Mörder einer Person anhand einiger Zellen zu bestimmen, die man auf dem Leichnam des Opfers findet. Einen vergleichbaren Fall gab es zu Lebzeiten Mose, als Gott den Israeliten auftrug, eine Kuh zu schlachten und einen Körperteil von ihr auf den Leichnam eines Ermordeten zu legen. (2:71-72) Dies sind nur einige Beispiele für Hinweise des Koran auf wissenschaftliche und technologische Fortschritte, die die Menschheit in der Zukunft machen wird.

Der Koran, das Buch für jedes Zeitalter und jeden Menschen bis zum Jüngsten Tag, verfügt über eine ungeheure Bedeutungstiefe. Er ist ein unendlich weiter Ozean, in dem jeder, der das Wissen und die Fähigkeit besitzt, tief tauchen und seinen Kenntnissen entsprechend Perlen und Korallen finden kann. Die wissenschaftliche Weisheit des Koran wird und wurde im Laufe der Zeit immer frischer. Jede Generation entdeckt von neuem seine Weisheit, und auch in Zukunft werden immer neue Geheimnisse des Koran enthüllt werden.

Im dem Vers *Dann wandte Er Sich zum Himmel, welcher noch Nebel war, und sprach zu ihm und zu der Erde: „Kommt ihr beide, willig oder widerwillig." Sie sprachen: „Wir kommen willig"* (41:11) beschreibt der Koran, dass die Kooperation zwischen Himmel und Erde schwierig ist. Bekanntermaßen versuchen die Moleküle und Atome in der Atmosphäre in den Weltraum zu gelangen, während die Erde umgekehrt danach trachtet, sie anzuziehen und zu fangen. Für die Bildung einer Atmosphäre müssen die Bewegungen, die zur Flucht der Moleküle führen, durch die Erdanziehung ausgeglichen werden. Diese Voraussetzung zu erfüllen, ist fast unmöglich. Vom Standpunkt der Geophysik aus betrachtet, müssen hierfür drei verschiedene Konstanten vorliegen: die atmosphärische Temperatur, die angemessene Anziehungskraft der Erde und die Nichtverletzung dieses Gleichgewichts durch verschiedene strahlenförmige Energien, die aus dem Weltraum stammen. Der Koran bringt all diese Fakten in dem oben zitierten Vers zum Ausdruck. Die Gewährleistung dieser fast unmöglichen Grundvoraussetzungen durch Seine Macht bejaht er durch den Satz *„Wir kommen willig."*

Moderne Wissenschaftler interpretieren den Vers *Ich schwöre bei den Stationen der Sterne - und wahrlich, das ist ein großer Schwur, wenn ihr es nur wüsstet* (56:75-76) als Hinweis auf die Positionen von Sternen, auf Schwarze Löcher und Weiße Löcher (Quasare). Der Vers *Preis (sei) Ihm, der die Arten alle paarweise geschaffen hat von dem, was die Erde sprießen lässt, und von ihnen selber und von dem, was sie nicht kennen* (36:36) berichtet nach der Aussage, Gott stehe jenseits aller Vielfältigkeit, Ähnlichkeit oder Gleichheit, von der Existenz erschaffener Dinge, die paarweise vorkommen; diese Existenz lässt gleichzeitig Widerspruch und Ähnlichkeit erkennen. Die wissenschaftliche Definition zur Schöpfung von Paaren lautet ‚gleichartige Gegenstücke'. Der Koran nennt drei Beispiele:

- Paare, die die Erde hervor bringt (Positron - Elektron, Antiproton - Proton, Antineutron - Neutron), Paare, die sich in ihren physischen und chemischen Eigenschaften unterscheiden (Metalle und Nichtmetalle), biologisch gegensätzliche Paare (männliche und weibliche Geschlechter von Pflanzen und Tieren) sowie physisch gegensätzliche Paare,

- Paare ihrer selbst (Mann und Frau, Persönlichkeitscharakteristika wie Grausamkeit - Mitleid oder Großzügigkeit - Geiz und Charakteristika, die jenen ähneln, aber gegensätzlichen Werturteilen unterworfen sind wie Scheinheiligkeit - Rücksichtnahme) und
- Paare, von denen wir nichts wissen. Die Entdeckung des Positrons und der ‚Parität' (paarweise Schöpfung), die schon vor vierzehn Jahrhunderten vom Koran erwähnt wurde, darf als Wendepunkt in der modernen Physik betrachtet werden.

Der folgende Vers weist auf die sphärische Gestalt der Planeten und deren Drehbewegungen hin:

> *Wahrlich, euer Gott ist Einzig, Herr der Himmel und der Erde und all dessen, was zwischen beiden ist, und der Herr aller Osten (Orte der Aufgänge von Sonne, Mond und Sternen). (37:4-5)*

Denn das Konzept der ‚Osten' bringt unendliche Dimensionen ein und gelangt an jedem Ort der Erde zu anderen Ergebnissen. Jeder beliebige Ort auf der Erde befindet sich nur von seinen westlichen Regionen aus gesehen im Osten; deshalb unterscheidet sich das Konzept des ‚Ostens' von Ort zu Ort; es entsteht also ein Ensemble von ‚Osten'. Daneben gibt es 180 verschiedene Punkte, an denen die Sonne aufgeht, das heißt, die Sonne erscheint nur an zwei Tagen im Jahr an einem bestimmten Punkt; demnach gibt es 180 ‚Osten'. Man kann also davon sprechen, dass dieser Vers nicht nur auf die Rotation der Erde und die sphärische Gestalt der Planeten, sondern auch auf die Längengrade, die unendlichen Dimensionen und die Relativität des Weltraums hinweist.

Der französische Wissenschaftler Jacques Cousteau fand heraus, dass sich das Mittelmeer und der Atlantische Ozean in ihrer chemischen und biologischen Beschaffenheit unterscheiden. Cousteau führte verschiedene Unterwasserexpeditionen in der Meerenge von

Gibraltar durch, um diesem Phänomen auf die Spur zu kommen. Er zog folgendes Fazit:

> „Unvermutete Frischwasserquellen entspringen an der Süd- und Nordküste Gibraltars. Diese Wasserströme fließen in einem Winkel von 45° gegeneinander und formen dabei einen Damm, ähnlich den einzelnen Zähnen eines Kammes. Aus diesem Grunde können sich das Mittelmeer und der Atlantische Ozean nicht miteinander vermischen."

Im Anschluss an diese Entdeckung war Cousteau sehr erstaunt, mit Vers 55:19-20 des Koran konfrontiert zu werden:

> *Losgelassen hat er die beiden Wasser, die sich begegnen; Zwischen beiden ist eine Schranke, die sie nicht überschreiten.* (55:19-20)

Dieser Vers richtet unsere Aufmerksamkeit außerdem auf die Beschaffenheit des Planktons der Meere und auf die Flora und die Fischvorkommen, die sich mit den Temperaturschwankungen verändern. Es gibt noch viele weitere Verse im Koran, die ein Licht auf wissenschaftliche Fakten werfen. Jeder ist eingeladen, diese zu studieren.

> *Und wahrlich, Wir haben den Qur'an zur Ermahnung leicht gemacht. Gibt es also einen, der ermahnt sein mag?* (54:17)

DIE ZWEI BÜCHER UND DIE ISLAMISCHE ZIVILISATION

Der Mensch ist verpflichtet, die vielfältigen Bedeutungen des Universums zu ergründen, die Gesetze Gottes für die Natur zu entdecken und eine Welt aufzubauen, in der Wissenschaft und Glaube einander ergänzen. Nur so ist er in der Lage, seiner Rolle als Statthalter Gottes auf Erden gerecht zu werden und Glückseligkeit in beiden Welten zu erlangen.

Muslime, die der Weisung des Heiligen Koran folgten, haben sowohl das Buch der Offenbarung Gottes, den Koran, als auch das Buch der Schöpfung, das Universum, studiert. So gelang es ihnen, eine der außergewöhnlichsten Zivilisationen in der Geschichte der

Menschheit zu errichten. Gelehrte auf der ganzen Welt profitierten von den islamischen Hochburgen des Wissens in Damaskus, Bukhara, Bagdad, Kairo, Fes, Kairuan, Tunis, Cordoba, Sizilien, Isfahan, Delhi und anderen berühmten Städten in der islamischen Welt. Historiker vergleichen die islamische Welt des Mittelalters mit einem Bienenstock. Ihre Straßen wimmelten nur so von Studenten, die von einer Hochburg des Wissens zur anderen wanderten. Männer der ‚Renaissance' wie Dschabir ibn Hayyan, ibn Ishaq al-Kindi, Muhammad ibn Musa al-Khawarizmi, Farabi, Avicenna, Abu'l-Hasan al-Mas'udi, Ibn al-Haytham, Al-Biruni, Al-Ghazali, Nasir ad-Din at-Tusi, Abu Bakr ar-Razi und viele andere waren die leuchtenden Sterne am Firmament der Wissenschaften.

Da der Islam stets besonderen Wert auf eine enge Bindung der Naturwissenschaften zu den anderen Disziplinen islamischer Wissenschaften gelegt hat, war die Grundausbildung der muslimischen Wissenschaftler insbesondere in der Frühzeit des Islam breit genug, um die meisten Wissenschaftszweige der damaligen Zeit abzudecken. Nach Abschluss ihrer Grundausbildung spezialisierten sich die Wissenschaftler dann auf einzelne Bereiche.

Zweifellos trugen Institutionen wie Akademien, Bibliotheken und Observatorien entscheidend dazu bei, der islamischen Wissenschaft ihre Vitalität zu bewahren. Hinzu kam die Bereitschaft der Studenten, Hunderte von Kilometern zu reisen, um sich von anerkannten Gelehrten unterrichten zu lassen. So blieb das ganze System der Wissensvermittlung über Jahrhunderte hinweg intakt. Es wurde von einem Ort zum anderen und von einer Generation zur anderen weitergegeben, wobei es ständig expandierte und wertvoller wurde. Heute existieren in den Bibliotheken dieser Welt Hunderttausende von islamischen Urkunden (die meisten von ihnen in arabischer Sprache), die sich größtenteils mit wissenschaftlichen Fragestellungen befassen.

Abu Yusuf Yaqub al-Kindi, auch ‚der Philosoph der Araber' genannt, widmete sich nicht allein der Philosophie, sondern auch zahlreichen anderen Wissenschaften wie Mineralogie, Metallurgie, Geologie, Physik und Medizin. Außerdem war er ein hervorragender Arzt. Ibn al-Haytham war einer der außergewöhnlichsten muslimischen Mathematiker und zudem unbestritten der brillanteste muslimische Physiker. Die Namen von über 100 seiner Werke sind uns bekannt, und ca. 90 von ihnen zu Themen wie Mathematik, Astronomie und Physik werden auch von Gelehrten der Neuzeit weiterhin studiert. Das Werk al-Haythams, der im Westen unter dem Namen Alhazen berühmt wurde, übte einen großen Einfluss auf spätere Gelehrte in Ost und West aus. Eines seiner Werke, das ‚Buch der Optik' wurde im Jahre 1572 ins Lateinische übersetzt.

Al-Biruni, Abu-r-Rayhan, war einer der bemerkenswertesten muslimischen Gelehrten des Mittelalters und ganz sicher der originellste und gründlichste. In der Mathematik, Astronomie und Physik war er gleichermaßen versiert. Darüber hinaus zeichnete er sich aber auch als Geograph, Historiker, Chronist und Linguist aus. Schließlich war er ein aufmerksamer Beobachter von Sitten und Religionen. Al-Khawarizmi auf dem Gebiet der Mathematik, Ibn Schatir im Bereich Astronomie, al-Khazini und Dschabir ibn Hayyan in den Disziplinen Physik und Chemie sind weitere herausragende Vertreter der islamischen Wissenschaften, deren Zentrum Andalusien (Spanien) war. Jahrhunderte lang dienten sie dem Westen als Quell des Wissens und der Gelehrsamkeit.

In seiner imposanten ‚Introduction to the History of Science' übernahm George Sarton, ein Professor der Wissenschaftsgeschichte an der Universität Harvard, die Praxis, sein Werk chronologisch in Kapitel zu unterteilen, die er den Namen der wichtigsten Wissenschaftler der jeweiligen Epochen zuordnete. Von Beginn des achten Jahrhunderts (dem zweiten Jahrhundert nach der Hidschra) bis Mitte des elften Jahrhunderts (dem fünften Jahrhundert nach der Hidschra) trägt jede Zeitspanne von fünfzig Jahren den Namen eines muslimischen Wissenschaftlers. Insgesamt sind es sieben Zeitalter: das Zeitalter al-Khawarizmis, das Zeitalter al-Birunis etc.. Innerhalb der einzelnen Kapitel begegnen uns die Namen von über hundert wichtigen muslimischen Wissenschaftlern und ihren Hauptwerken. John Davenport, selbst ein berühmter Wissenschaftler, äußerte sich so:

„Man muss anerkennen, dass sich das gesamte Wissen der Physik, Astronomie, Philosophie oder Mathematik, das in Europa ab dem 10. Jahrhundert blühte, ursprünglich von den arabischen Schulen herleitete. Der spanische Sarazene darf als Vater der europäischen Philosophie gelten."[151]

Der berühmte britische Philosoph Bertrand Russell schrieb:

„Die Überlegenheit des Ostens war nicht nur militärischer Natur. Wissenschaft, Poesie und die Künste - sie alle florierten in der mohammedanischen Welt zur selben Zeit, in der Europa in Barbarei versunken war. Die Europäer nennen diese Zeit mit unverzeihlicher Engstirnigkeit ‚Das Dunkle Zeitalter'. Dunkel war es jedoch nur in Europa - und hier auch nur im christlichen Teil; denn Spanien, das mohammedanisch regiert war, besaß eine brillante Kultur."[152]

Der namhafte Historiker Robert Briffault räumte in seinem Buch ‚The Making of Humanity' ein:

„Es ist sehr wahrscheinlich, dass sich die moderne europäische Zivilisation ohne die Araber niemals den Rang erworben hätte, der es ihr erlaubte, alle früheren Entwicklungsphasen zu überwinden. Zwar existiert kein einziger Aspekt menschlichen Wachstums, in dem der maßgebliche Einfluss der islamischen Kultur keine Spuren hinterlassen hätte, nirgends jedoch zeigt er sich so klar und deutlich wie im Ursprung jener Energie, die die höchste und charakteristischste Kraft der modernen Welt und letztlich den Grund für ihren Triumph darstellt - in den Naturwissenschaften und im wissenschaftlichen Geist... Das, was wir Wissenschaft nennen, setzte sich in Europa vorangetrieben durch den neuen Forschergeist durch; durch neue Methoden in der Forschung, in der Wahrnehmung und bei der Messung, auf Grund neuer Versuchsverfahren und der Weiterentwicklung der Mathematik in einer Form, die den Griechen unbekannt gewesen war. Jener Geist und jene Methoden wurden durch die Araber in der westlichen Welt bekannt gemacht."[153]

[151] Zitiert nach Karim, A.; in: *Islamic Contribution to Science and Civilization*
[152] Russell, Bertrand; *Pakistan Quaterly*, Vol. IV, Nr. 3
[153] Für die oben genannten Anführungen siehe: Abul A'la l-Mawdudi, *Toward Understanding Islam*; 1970; I.I.F.S.O., S. 69-70

Cordoba war im zehnten Jahrhundert (unter muslimischer Herrschaft) die zivilisierteste Stadt Europas; sie wurde von der ganzen Welt bewundert. Reisende aus dem Norden vernahmen den Namen der Stadt stets mit einem gewissen Respekt, denn hier gab es 70 Bibliotheken mit Hunderttausenden von Büchern und 900 öffentliche Bäder. Jedes Mal, wenn die Herrscher von Leon Navarre in Barcelona einen Chirurgen, einen Architekten, einen Schneider oder einen Musiker brauchten, wandten sie sich nach Cordoba.[154] Der Einfluss islamischer Literatur war so groß, dass es z.B. in Spanien für notwendig erachtet wurde, die Bibel und die Liturgie zum Nutzen für die christliche Gemeinde ins Arabische zu übersetzen. Selbst die nichtmuslimischen Spanier fühlten sich von der islamischen Literatur angezogen.

In den ersten fünf Jahrhunderten der Existenz des Islam war der islamische Einflussbereich das am weitesten entwickelte und fortschrittlichste Gebiet der Erde. Gespickt mit prächtigen Städten, schönen Moscheen und beschaulichen Universitäten bot der islamische Osten einen nicht zu übersehenden Gegensatz zum christlichen Westen, der in der Nacht des Dunklen Zeitalters versunken war. Diese glänzende Zivilisation überdauerte eine lange Zeit. Noch bis zur Katastrophe des 13. Jahrhunderts n.Chr. bewies sie ihre Vitalität und war dem christlichen Westen voraus.

DER ETHOS, DEN DER PROPHET SCHUF

Wir Menschen, die wir heute leben, tun uns schwer, den Propheten Muhammad richtig zu verstehen. Da wir dazu neigen, das Universum, das Leben und die Menschheit selbst in kleine Einheiten zu zerlegen, besitzen wir keine einheitliche Vision mehr. Der Prophet Muhammad jedoch vereinigt in seiner Person die Intelligenz eines Philosophen, die Tapferkeit eines Oberbefehlshabers, das Genie eines Wissenschaftlers, den Scharfsinn eines Weisen, die Einsicht und die Regierungsfähigkeit eines Staatsmanns, die spirituelle Tiefe eines Sufimeisters und das Wissen eines Gelehrten. Philosophen bringen

---

[154] Arnold, T., *The Legacy of Islam*, Oxford 1931, S. 9

Studenten hervor, keine Anhänger. Einflussreiche Persönlichkeiten in der Gesellschaft oder Revolutionsführer bringen Anhänger hervor, aber keine kompletten Menschen. Sufimeister bringen ‚Meister der Unterwerfung' hervor, aber keine aktiven Kämpfer oder Intellektuelle. In der Person des Propheten Muhammad hingegen begegnen uns sowohl die Eigenschaften des Philosophen, als auch die des Revolutionsführers und des Sufimeisters. Seine Schulen sind die Schule des Verstands und des Geistes, die Schule der Revolution, die Schule der Unterwerfung und der Disziplin, die Schule der Tugend, der Schönheit, der Ekstase und der Aktivität.

Der Prophet Muhammad formte aus grausamen, unwissenden, rauen und eigensinnigen Wüstenbewohnern eine Armee von fähigen Kämpfern. Eine Gemeinschaft aufrichtiger und begeisterter Anhänger verwandelte er in eine Gesellschaft, in der Güte und Mitgefühl herrschten. Und aus einer Ansammlung von rechtschaffenen Menschen machte er eine Oase der Intellektuellen und Gelehrten. Weder in irgendeiner Gemeinschaft auf Erden noch unter den Anhängern irgendeines bedeutenden Menschen in der Geschichte inklusive der Propheten treffen wir auf Menschen, die den rechtschaffenen Anhängern des Propheten Muhammad in den verschiedenen Jahrhunderten ähneln. In ihnen verbinden sich Leidenschaft und Begeisterung mit Barmherzigkeit, Güte, Aufrichtigkeit und Mitgefühl. Hierbei handelt es sich um ein charakteristisches Kennzeichen der muslimischen Gemeinschaft, das bereits in den ersten Tagen des Islam sichtbar wurde.

Die Schule des Propheten Muhammad, der Islam, erinnert an einen ‚Garten', der reich an allen Arten von ‚Blumen' ist. In ihm hat Gott, Getreide, Pflanzen und üppige Grünanlagen hervorgebracht.

Abu Bakr, Umar, Uthman, Ali, Umar ibn Abd al-Aziz, Mahdi l-Abbasi, Harun ar-Raschid, Alp Arslan, Mehmed der Eroberer, Selim und Süleyman waren nicht nur hervorragende Staatsmänner und unbesiegbare Oberbefehlshaber, sondern zeichneten sich auch durch tiefe Spiritualität, ein enormes Wissen, Beredsamkeit und Gelehrsamkeit aus.

Im dem gesegneten und reinen Klima des Gesandten Gottes wuchsen unbesiegbare Heerführer von Weltformat heran. Jene der ersten Generation - Khalid, Sa'd ibn Abi Waqqas, Abu Ubayda, Schurahbil ibn Hasana und Ala l-Khadrami - sind in der Menschheitsgeschichte ohne Beispiel. Ihre Nachfolger, deren militärisches Genie in der ganzen Welt ebenso gerühmt wurde wie ihre Feinfühligkeit und ihre religiöse Überzeugung und Hingabe, hießen Tariq ibn Ziyad und Uqba ibn Nafi'. Als Uqba, der muslimische Eroberer Nordafrikas, sich von seiner Familie verabschiedete und sein Pferd bestieg, um sich ins Abenteuer zu stürzen, das ihn einen Streifen von über 2500 Kilometern Länge erobern ließ und ihn schließlich in Marokko bis an die Gestade des Atlantiks führen sollte, rief er: „Und nun Gott, nimm meine Seele!" Auch folgender Ausspruch ist von ihm überliefert: „O Gott, würde sich nicht dieses Meer hier vor mir auftun, würde ich Deinen heiligen Namen in die Länder hinter dem Meer tragen."[155] Dass Alexander der Große ähnliche Gedanken hegte, als er zu seiner Eroberung Persiens aufbrach, ist schwer vorstellbar. Als Eroberer vollbrachten diese beiden Männer vergleichbare Heldentaten. Der Idealismus Uqbas und seine Unterwerfung unter den Willen Gottes schlugen sich in einem Handeln wider, dem niemand etwas entgegenzusetzen hatte. Alexanders Reich zerfiel nach seinem Tod. Doch in den von Uqba eroberten Ländern bestimmt der Islam, die Religion Uqbas, trotz fortgesetzter Attacken der westlichen Mächte, die seine Zerstörung über Jahrhunderte hinweg betreiben, auch 14 Jahrhunderte später noch Weltsicht, Glauben und Lebensstil der Menschen.

Auch Tariq war ein vorzüglicher Oberbefehlshaber. Mit nur wenigen aufopferungsvoll kämpfenden tapferen Männern besiegte er die 90.000 Mann starke Armee der Spanier. Ähnlich erfolgreich war er, als er vor den Schatzkammern des Königs stand und sich sagte: „Sei vorsichtig, Tariq! Gestern noch warst du ein Sklave. Heute bist du ein siegreicher Oberbefehlshaber. Und schon morgen wirst du unter der Erde liegen."

---

[155] Ibn Athir, *Al-Kamil fi t-Tarikh*, 4.1207

Yavuz Selim, ein osmanischer Sultan, der Jahrhunderte nach
ihm lebte und der Auffassung war, die Welt sei zu klein für zwei
Herrscher, zeichnete sich nicht in erster Linie dadurch aus, dass er
einige Könige krönte und andere entthronte, sondern vor allem
dadurch, dass er die Hauptstadt Istanbul nach der Eroberung Syri-
ens und Ägyptens spät in der Nacht in aller Stille betrat, um Jubel
und Applaus der Menschen aus dem Weg zu gehen. Siegreich war
er auch deshalb, weil er befahl, dass das Gewand, das vom Pferd
seines Lehrers beschmutzt worden war, über seinem Sarg ausgebreitet werden sollte - er betrachtete es als erhaben, da es vom Pferd
eines Gelehrten beschmutzt worden war.

Während der schnellen Eroberungen nach dem Tod des Propheten wurden viele der Gefangenen unter den muslimischen Familien verteilt. Sie sollten später einmal zu den größten Gelehrten ihrer
Zeit gehören. Aus ihren Reihen gingen auch die bedeutendsten religiösen Gelehrten hervor: Hassan ibn Hassan al-Basri in Basra, Ata'
ibn Rabah, Mudschahid sowie Sa'id und Sulayman ibn Yasar in
Mekka, Zayd ibn Aslam, Muhammad ibn al-Munkadir und Nafi'
ibn Abi Nudschayh in Medina, Ibrahim und Alqama ibn Qays an-
Nakha'i, Aswad ibn Yazid, Hammad und Abu Hanifa Nu'man ibn
Thabit in Kufa, Tawus ibn Kaysan und Ibn Munabbih im Jemen,
Ata' ibn Abd Allah al-Khorasani in Khorasan und Maqhul in Damas-
kus. Sie alle waren freigelassene Sklaven, die die Elite der Rechtsge-
lehrten ihrer Zeit stellten. Sie alle ,blühten' als prächtige wohlriechende
,Blumen' im ,Garten' des Propheten Muhammad. Sie etablierten das
Gesetzbuch des islamischen Rechts und waren Vorbilder Tausender
Rechtsgelehrter, die unzählige Bände selbst schrieben oder zusam-
menstellten, die noch heute in der Disziplin Islamisches Recht als
Nachschlagewerke genutzt werden.

Abu Hanifa beispielsweise war der Gründer der hanafitischen
Rechtsschule, die inzwischen Hunderte von Millionen Anhänger in
aller Welt hat. Dieser bedeutende Imam brachte bekannte Gelehrte
wie Imam Abu Yusuf, Imam Zufar und Imam Muhammad Hasan
asch-Schaybani hervor, den Lehrer des Imams Muhammad Idris

asch-Schafi'i. Die Anmerkungen, die Abu Hanifa Imam Muhammad asch-Schafi'i diktierte, wurden Jahrhunderte später von Imam Sarakhsi, der als die Sonne der Imame gilt, in 13 Bänden unter dem Titel *Al-Mabsut* (der Zufriedene) veröffentlicht.

Imam Schafi'i wird als ein Erneuerer (*Mudschaddid*) der religiösen Wissenschaften betrachtet. Er war der Erste, der die Prinzipien der Methodologie des islamischen Rechts niederlegte. Doch als seine Studenten Imam Sarakhsi eines Tages erzählten, dass Imam Schafi'i 300 Ordner Hadithe auswendig gekannt habe, entgegnete ihnen Sarakhsi: „Er kannte das *Zakat* (ein Vierzigstel) dessen, was ich kenne."

Imam Schafi'i, Abu Hanifa, Imam Malik, Ahmad ibn Hanbal und all den anderen war eines gemein: Sie alle durchliefen die Schule des Propheten Muhammad.

Auch Koraninterpreten wie Ibn Dscharir at-Tabari, Fakhr ad-Din ar-Razi, Ibn Kathir, Imam Suyuti, Allama Hamdi Yazir und Sayyid Qutb oder schillernde Gestalten des Hadith wie Imam Bukhari, Muslim, Tirmidhi, Abu Dawud, Ibn Madscha, Nasa'i, Ibn Hanbal, Bayhaqi, Darimi, Daraqutni, Sayf ad-Din al-Iraqi, Ibn Hajar al-Asqalani und viele andere sind ewig glänzende ‚Sterne' am ‚hellen Horizont' der islamischen Wissenschaften. Sie alle beziehen ihr Licht von der ewig scheinenden ‚Sonne am Himmel der Menschheit' - dem Propheten Muhammad.

Dem Islam zufolge hat Gott den Menschen in seiner schönsten Form und als eine allumfassende Schaubühne für Seine Namen und Attribute erschaffen. Auf Grund seiner Achtlosigkeit kann der Mensch indessen aber auch auf die niedrigste aller Stufen zurückfallen. Mit seinen inneren oder spirituellen Dimensionen ist der Islam der Weg, der den Menschen zur Vollkommenheit führt und ihn dazu befähigt, seinen ursprünglichen engelgleichen Zustand zurück zu erlangen. Der Islam hat in seiner inzwischen über 14 Jahrhunderte währenden Geschichte Hunderttausende von rechtschaffenen Menschen hervorgebracht. Weil im Islam die metaphysische Suche des Menschen oder auch die Gnosis nie vom Studium der Natur getrennt wurden, waren viele dieser rechtschaffenen Menschen bedeutende Wissenschaftler: Abd al-Qadir al-Dschilani, Schah Naqschband, Ma'ruf al-Karkhi, Hasan Schazili, Ahmad Badawi, Schaykh al-Harrani, Dscha'far as-Sadiq, Muhyi ad-Din ibn al-Arabi, Mawlana Dschalal ad-Din ar-Rumi, um nur einige Beispiele zu nennen. Sie alle haben den Menschen den Weg zur Wahrheit gewiesen und ihnen gezeigt, wie sie ihr Selbst reinigen können. Die Sufimeister, die die Eigenschaften Aufrichtigkeit, göttliche Liebe und lautere Absicht verkörpern, entwickelten sich zur treibenden Kraft und zur entscheidenden Energiequelle hinter den islamischen Eroberungen und der Islamisierung der eroberten Länder und Menschen. Persönlichkeiten wie Ghazali, Imam Rabbani und Bediuzzaman Said Nursi sind 'Erneuerer' höchster Güte, die in ihrer Person sowohl die Erleuchtung der Weisen als auch das Wissen der religiösen Gelehrten und die Spiritualität der rechtschaffensten Menschen vereinen.

Der Islam ist die Religion des Mittelwegs. Er verfügt über eine wohl durchdachte Hierarchie des Wissens, deren Dach das Prinzip der Einheit Gottes (*Tawhid*) bildet. Juristische, soziale und theologische, aber auch gnostische und metaphysische Wissenschaften beziehen dem Islam zufolge ihre Prinzipien allesamt aus der Quelle der Offenbarung, dem Koran. Innerhalb der islamischen Kultur entstanden ausgereifte philosophische, natürliche und mathematische Wissenschaftszweige, deren Ursprung jeweils in einem der wunderbaren Namen Gottes liegt: Der Name 'der Heilende' wirft sein Licht auf die Medizin, Geometrie und Ingenieurwesen gründen sich auf Namen wie 'der Gerechte', 'der Beschließende', 'der Gestalter' und 'der Versöhner'. Die Philosophie reflektiert den Namen 'der Weise' usw.. Auf jeder Ebene des Wissens wird die Natur aus einem besonderen Blickwinkel betrachtet. Für die Juristen und die Theologen ist die Natur der Hintergrund für das Handeln des Menschen. Für die Philosophen und Naturwissenschaftler ist sie ein Bereich, der analysiert und verstanden werden muss. Auf der metaphysischen und gnostischen Ebene ist sie das Objekt der Betrachtung und ein Spiegel, der äußerst sensible Wahrheiten widerspiegelt.

Der ‚Autor‘ der Natur prägt Seine Weisheit jedem Blatt und jedem Stein ein. Er hat die Natur der Welt so erschaffen, dass jedes Phänomen als ein Zeichen (*Aya*) fungiert, das die Pracht und Herrlichkeit Seiner Einheit besingt.

Fazit

Obwohl der Islam über mindestens elf Jahrhunderte hinweg zwei Drittel der alten zivilisierten Welt beherrschte, waren für den Niedergang der islamischen Zivilisation nicht der Islam, sondern Faulheit und die Vernachlässigung dessen, was im Rest der Welt vor ging, verantwortlich. Unterstrichen werden muss an dieser Stelle, dass nur die islamische Zivilisation verkümmerte, keinesfalls jedoch der Islam selbst. Militärische Siege und das Gefühl der Überlegenheit hatten die Muslime dazu veranlasst, sich auf ihren Lorbeeren auszuruhen und weitere Forschungen im Bereich der Wissenschaft zu vernachlässigen. Im Zuge dessen kümmerten sie sich fortan vor allem darum, ihr eigenes Leben zu gestalten. Zwar rezitierten sie auch weiterhin den Korn, schenkten seiner tieferen Bedeutung jedoch keine Beachtung mehr. Währenddessen machte der Westen große Fortschritte in den Wissenschaften, die er ursprünglich von der islamischen Welt erlernt hatte.

Wie schon an anderer Stelle in diesem Buch erwähnt wurde, sind die Wissenschaften in Wirklichkeit die Sprachen des göttlichen Buches der Schöpfung, welches wiederum ein Aspekt des Islam ist. Als die Muslime das Studium dieses Buches zu vernachlässigen begannen, war es nur noch eine Frage der Zeit, wann sie von äußeren Mächten (in diesem Fall von Europa) unterworfen werden würden. Grausamkeit, Unterdrückung und imperialistische Tendenzen Europas trugen ihren Teil zu dieser Entwicklung bei.

Da die westliche Zivilisation materialistisch orientiert und weit davon entfernt ist, die Grundbedürfnisse des Menschen befriedigen zu können, wird sie aber auf keinen Fall lange überdauern. Westliche Soziologen wie Oswald Spengler und andere sagen den Kollaps dieser Zivilisation aus eben diesem Grunde voraus. Unabhängig davon, ob sich ihre Prophezeiungen erfüllen werden oder nicht, glauben wir, dass den Völkern der Welt die ewig währenden Werte der von Gott offenbarten Religionen schon bald wieder ins Bewusstsein rücken werden. Diese Werte wurden im Laufe der Menschheitsgeschichte von allen Propheten und Gesandten verkündet und von ihnen und ihren Anhängern repräsentiert. Der Islam, den Gott durch den Propheten Muhammad schickte, ist die letzte und vollkommene Form jener Religionen, die die Bedürfnisse aller Völker bis zum Jüngsten Tag befriedigen soll. Der Prophet Muhammad wiederum ist der letzte in der Reihe der Propheten und Gesandten. Auf die Werte, die dieser Religion Gottes innewohnen, werden die Völker dieser Welt in der Zukunft wieder hören. Denn diese Religion vereinigt die Welt und das Jenseits, Materie und Geist, Herz und Verstand, Glaube und Wissenschaft auf sehr harmonische Art und Weise. Auf dem festen Fundament der Ethik des Islam, auf seiner Spiritualität und auf seinen sozioökonomischen wie politischen Strukturen wird eine leuchtende Welt der Zukunft errichtet werden.

WIE WERDE ICH MUSLIM?

Um Muslim zu werden, bedarf es keiner speziellen Zeremonie; denn bei diesem Schritt handelt es sich um eine persönliche Verpflichtung. Es reicht, wenn der oder die Betreffende glaubt und erklärt: Ich bezeuge, dass es keine Gottheit außer Allah gibt, und ich bezeuge, dass Muhammad Sein Diener und Gesandter ist! (*Aschhadu an la Ilaha illa'llah wa aschhadu ann Muhammadan Abduhu wa Rasuluh.*) Dieses Glaubensbekenntnis sollte vor zwei oder mehr muslimischen Zeugen abgelegt werden. Sinn dieser Regelung ist, dass der Bekennende fortan als Muslim bekannt ist. Der Mangel an Zeugen sollte jedoch nicht dazu führen, dass die Entscheidung, Muslim zu werden, aufgeschoben wird.

Nach der Konversion sollte der angehende Muslim die Ganzwaschung (*Ghusl*) vollziehen und damit beginnen, Kenntnisse über die Prinzipien und Glaubensvorstellungen des Islam zu erwerben.

Er sollte lernen, wie er sein Leben führen, die kleinere Waschung (*Wuduʿ*) vornehmen und beten sollte. Danach sollte sich der neue Muslim nach Kräften bemühen, sich mit anderen individuellen Pflichten vertraut zu machen. Einer der besten Wege, dies zu schaffen, besteht darin, die Nähe von Muslimen zu suchen, die ihren Glauben aktiv praktizieren und dessen Prinzipien und höchsten Ziele gut erläutern können.

INDEX

A

Aaron, 227

Aberglaube, 18, 253

Abgrenzung, 98

Abraham, 7, 18, 65, 78, 167, 171

Absicht, 43, 45, 46, 69, 76, 89, 90, 94, 106, 107, 110, 112, 125, 156, 158, 159, 169, 170, 172, 174, 188, 221, 225, 238, 239, 242, 245, 267, 294, 352

Abtreibung, 196

Abu Bakr, 177, 223, 302, 303, 344, 348

Abu Hanifa, 112, 168, 350, 351

Adhan, vi, 67, 76, 88, 90, 95, 96, 271, 291

Adoption, viii, 197, 222

Ägypten, 150, 157, 329, 330

Ahl al-Bayt, 230

Aischa, 227, 231, 287, 295, 303

Alkohol, vii, 37, 42, 68, 144, 145, 179, 237, 238, 241, 243, 255, 264

Almosen, vii, 34, 123, 130, 132, 134, 176, 229

Anarchie, xiv, 10, 312

Anbetung, v, vii, xviii, 9, 10, 12, 22, 23, 24, 25, 48, 51, 56, 57, 58, 64, 66, 67, 72, 77, 100, 101, 102, 107, 108, 112, 119, 120, 122, 125, 176, 236, 238, 241, 267, 307, 308, 310, 339

Andalusien, 345

Armut, 115, 116, 131, 276

Asch-Schaffi, 220, 351

Asien, 330

Askese, 134, 135, 181

Asr-Gebet, vi, 55, 78

Atheisten, 176

Aufrichtigkeit, 7, 9, 48, 72, 81, 123, 273, 309, 348, 352

Ausbeutung, 137, 152, 249, 314, 316, 322

Außerehelicher Geschlechtsverkehr, 198

B

Badr, 293

Basmala, 4

Begierde, 101, 204, 313

Begräbnis, 290

Begräbnisgebete, vii, 93

Beleidigung, 263, 265, 319

Beredsamkeit, 348

Bescheidenheit, ix, 62, 72, 180, 246, 301, 303

Beschneidung, 40, 41

Bestrafung, 4, 11, 147

Betrug, 6, 9, 10, 137, 233, 247, 249, 261, 265

Bibel, 198, 207, 347

Bittgebet, 9, 43, 62, 73, 74, 90, 106, 237, 266, 272